学以致用系列丛书

网店装修与推广（第2版）

智云科技 编著

清华大学出版社
北京

内 容 简 介

本书是一本介绍淘宝店铺装修和推广的专用工具书，全书共16章，主要内容包括网店装修前的准备工作与宝贝图片的拍摄处理方法、网店首页和细节的装修、利用淘宝平台推广、利用站外免费资源推广以及如何进行站内优化5个部分。通过本书的学习，能使读者掌握网店装修和推广的所有相关知识。另外，本书还列举了大量的案例，读者可以举一反三，在实际的网店装修和推广工作中更加得心应手。

此外，本书还设置了丰富的栏目板块，如“小绝招”“长知识”和“给你支招”，这些板块不仅丰富了书中的内容，同时可以让读者掌握更多的实用技巧，从而提高读者的实际操作能力。

本书主要定位于希望快速掌握网店装修和推广的读者，特别适合店铺掌柜、淘宝店长、负责店内装修的美工、淘宝装修工作人员、店铺日常运营专员、负责店内活动报名的专员、负责店内促销策划的专员阅读和学习，同时也可以作为社会网商培训院校相关专业的教学参考书。

图书在版编目(CIP)数据

网店装修与推广/智云科技编著. —2版. —北京：清华大学出版社，2016
(学以致用系列丛书)
ISBN 978-7-302-44022-2

Ⅰ. ①网… Ⅱ. ①智… Ⅲ. ①电子商务—商业经营 Ⅳ. ①F713.36

中国版本图书馆CIP数据核字(2016)第123379号

责任编辑：李玉萍
封面设计：杨玉兰
责任校对：吴春华
责任印制：王静怡
出版发行：清华大学出版社
　　网　　址：http://www.tup.com.cn, http://www.wqbook.com
　　地　　址：北京清华大学学研大厦A座　　**邮　　编**：100084
　　社 总 机：010-62770175　　**邮　　购**：010-62786544
　　投稿与读者服务：010-62776969, c-service@tup.tsinghua.edu.cn
　　质量反馈：010-62772015, zhiliang@tup.tsinghua.edu.cn
印 装 者：北京亿浓世纪彩色印刷有限公司
经　　销：全国新华书店
开　　本：190mm×260mm　　**印　　张**：20　　**字　　数**：486千字
(附DVD 1张)
版　　次：2015年1月第1版　2016年8月第2版　　**印　　次**：2016年8月第1次印刷
定　　价：78.00元

产品编号：068439-01

前言

关于本丛书的内容

在工作节奏如此快的今天，计算机已成为不可替代的一种工作方式。为了让更多的初学者学会计算机和计算机软件的操作，经过我们精心的策划和创作，“学以致用”丛书自上市以来，一直颇受消费者青睐，而且销量突破预计。

为了回馈广大读者，让更多的人学会使用计算机这个必备工具和一些常用软件的操作，时隔一年，我们对“学以致用”丛书进行了全新升级改版，不仅优化了版式，更对内容进行了全面更新，让内容更具深度，让读者能学到更多实用的技巧。

本丛书涉及计算机基础与入门、网上开店、Office 办公软件、图形图像和网页设计等领域，每本书的内容和讲解方式都根据其特有的应用要求进行了量身打造，目的是让读者真正学得会、用得好。本系列丛书具体包括如下书目。

- Excel 高效办公入门与实战
- Excel 函数与图表入门与实战
- Excel 数据透视表入门与实战
- Access 数据库基础及应用（第 2 版）
- PPT 设计与制作（第 2 版）
- 新手学开网店（第 2 版）
- 网店装修与推广（第 2 版）
- Office 2013 入门与实战（第 2 版）
- 新手学电脑（第 2 版）
- 中老年人学电脑（第 2 版）
- 电脑组装、维护与故障排除（第 2 版）
- 电脑安全与黑客攻防（第 2 版）
- 网页设计与制作入门与实战
- AutoCAD 2016 中文版入门与实战
- Photoshop CS6 平面设计入门与实战

丛书两大特色

本丛书主要体现了我们的“理论知识和操作学得会，实践工作中能够用得好”这两个策划和创作宗旨。

理论知识和操作学得会

◆ 讲解上——实用为先，语言精练

本丛书在内容挑选方面注重 3 个“最”——内容最实用，操作最常见，案例最典型，并且用通俗的语言精练讲解理论知识，可以提高读者的阅读和学习效率。

◆ 外观上——单双混排，全程图解

本丛书采用灵活的单双混排方式，主打图解式操作，并且每个操作步骤在内容和配图上均采用编号进行逐一对应，使整个操作更清晰，让读者能够轻松和快速掌握操作要领。

◆ 结构上——布局科学，学习 + 提升同步进行

本丛书在每章知识的结构安排上，采取“主体知识 + 给你支招”的结构，其中，“主体知识”主要针对当前章节涉及的所有理论知识进行讲解；“给你支招”则是对本章相关知识的延伸与提升，其实用性和技巧性更强。

◆ 信息上——栏目丰富，延展学习

本丛书在知识讲解过程中，穿插了各种栏目板块，如小绝招、长知识和给你支招。通过这些栏目的设置，有效地增加了本书的知识量，扩展了读者的学习宽度，从而帮助读者掌握更多实用的操作技巧。

实战工作中能够用得好

本丛书采用“知识点 + 实例操作”的结构来讲解，为了让读者清楚这些知识在实际工作中的具体应用，所有的案例均来源于实际工作中的典型案例，比较有针对性。通过这种讲解方式，让读者能在真实的环境中体会知识的应用，从而达到举一反三、融会贯通的目的。

关于本书的内容

全书共 16 章，主要包括网店装修前的准备工作与宝贝图片的拍摄处理方法、网店首页和细节的装修、利用淘宝平台推广、利用站外免费资源推广以及如何进行站内优化五部分内容，各部分的具体内容如下。

章节介绍	内容体系	作　用
Chapter 1~4	具体内容包括：确定网店整体风格，掌握装修审美知识，收集装修素材资料，掌握拍摄技巧，利用 Photoshop 处理宝贝图片等	通过本部分的学习，可以为后面网店装修奠定基础
Chapter 5~9	具体内容包括：学会设计网店店标，对首页进行装修，随网店细节进行装修和学会使用模板为网店装修等	通过本部分的学习，可以掌握网店装修的具体方法
Chapter 10~11	具体内容包括：了解淘宝客推广，用直通车推广网店，通过麻吉宝、钻展推广，掌握如何加入聚划算、淘宝清仓和免费试用推广等	通过本部分的学习，让读者掌握如何通过淘宝网提供的工具进行推广
Chapter 12 ~ 14	具体内容包括：使用不同的论坛进行推广，通过 QQ 空间和 QQ 群进行推广等	学会利用免费的资源推广网店
Chapter 15 ~ 16	具体内容包括：学会对网店进行淘宝站内优化，利用定价技巧推广网店，了解博客推广，图片打水印推广方法和其他简单的推广方法	通过本部分的学习，学会站内优化方法并掌握其他推广方法

关于本书的特点

特　点	特点说明
专题精讲	本书体系完善，由浅入深地对网店装修和推广实战应用进行了 16 章专题精讲，其内容涵盖网店装修与推广的基础知识，如网店装修基础准备、图片拍摄和处理方法、首页装修如何布局、运用淘宝官方活动进行推广、利用论坛进行推广和进行网店的站内优化等相关知识和各种技巧
案例实用	本书安排了一百多个案例，通过这些案例，可以让我们在学会知识的同时，掌握网店装修与推广的具体操作方法，使得理论知识和实践相结合
体例丰富	本书安排了上百个“小绝招”和“长知识”板块，用于对相关知识进行提升或延展。另外，在每章的最后还专门增加了“给你支招”板块，可以让读者学会更多的进阶技巧，从而提高工作效率
语言轻松	本书语言通俗易懂、贴近生活，略带幽默元素，让读者能充分享受到阅读的乐趣。本书语言逻辑性较强，前后呼应，可以强化读者的记忆

关于读者对象

本书主要定位于希望快速掌握网店装修和推广的读者，特别适合店铺掌柜、淘宝店长、负责店内装修的美工、淘宝装修工作人员、店铺日常运营专员、负责店内活动报名的专员和负责店内促销策划的专员阅读和学习，同时也可以作为社会网商培训院校相关专业的教学参考书。

关于创作团队

本书由智云科技编著，参与本书编写的人员有邱超群、杨群、罗浩、林菊芳、马英、邱银春、罗丹丹、刘畅、林晓军、周磊、蒋明熙、甘林圣、丁颖、蒋杰、何超等，在此对大家的辛勤工作表示衷心的感谢！

由于编者经验有限，加之时间仓促，书中难免会有疏漏和不足，恳请专家和读者不吝赐教。

目录

Chapter 01 网店装修的基础知识

Chapter 02 网店装修前的准备

Chapter 03 商品图片的拍摄

Chapter 04 巧用 Photoshop 美化宝贝图片

Chapter 05 网店招牌的装修

Chapter 06 首页商品展示的装修

Chapter 07 商品详情页面的装修

Chapter 08 网店细节装修

Chapter 09 实用的网店装修方法

Chapter 10 善用淘宝推广平台

Chapter 13 种类丰富的论坛推广

Chapter 14 用 QQ 工具做免费推广

Chapter 15 使用淘宝站内推广

Chapter 16 其他简单的推广方式

Chapter 01 网店装修的基础知识

学习目标

网店的装修对淘宝电商来说具有重要意义，因为网店是网上购物的交易场所。在实体店中，需要精美的门面装修来吸引消费者，而网上的店铺同样也需要精美的门面装修来吸引买家。接下来我们就对网店装修的基础工作进行详细解说。

本章要点

- 网店需要形象标识
- 塑造品牌形象
- 商品信息一目了然
- 确定整体配色
- 避免装修误区
- 不同色系的表现力
- 文字也要赏心悦目
- 网店布局要合理

知识要点	学习时间	学习难度
确定网店装修整体风格	30 分钟	★
认识装修必备的审美知识	40 分钟	★★

1.1 为什么要进行装修

阿智：小白，你知道装修网店前要学习哪些基础知识吗？

小白：知道如何用不同的色彩进行搭配就行了吧。

阿智：懂得色彩搭配是网店装修基础知识中的一部分，除此之外，还要知道网店装修的重要意义，以及网店装修必备的审美知识才行。掌握了这些基础知识，在后期网店装修中才能使自己的网店更加赏心悦目。

网店装修一直是淘宝电商间的热门话题，网店是消费者在网上进行交易的场所，网店装修得体能很好地塑造店铺的良好形象。在本章的开头，我们就一起来看看为什么要为自己的网店进行装修。

1.1.1 网店需要形象标识

装修得体的网店总能给买家留下好的印象，买家在网店中挑选宝贝的同时也会记住该网店，从而下次继续光顾。而店标凌乱，商品标题大小不一的网店一般不会给买家留下好印象的。

不管是知名的大型网店电商还是小型网店，他们都拥有自己的Logo，在网店的形象设计方面拥有自己独特的风格。下面通过对比介绍茵曼和韩都衣舍的店招来进一步说明。

●茵曼女装形象标识分析

网店需要有自己独有的名称和装修设计风格，从而区别于其他网店，如图1-1所示的是茵曼网店的店招和Logo。

图1-1　茵曼网店的店招和Logo

从茵曼的店招可以看出茵曼女装的整体风格，即知道其女装材质以棉麻为主。茵曼女装店招的背景色为白色，与简单、贴身的感觉相契合。其店招的名称和Logo也较简单，容易记忆，使得茵曼的品牌更容易被人感知。

●韩都衣舍形象标识分析

下面我们再来看看韩都衣舍网店的店招，如图1-2所示。

图1-2　韩都衣舍网店的店招

从韩都衣舍的店招可以看出，该网店主打的商品是时尚女装。与茵曼的店招相比，韩都衣舍采用了红色字体，更能凸显韩式女装追求时尚和富有活力的特点。

从以上两个女装品牌的对比可以看出，

两者所树立的形象是不同的，而两者的区别从其网店的名称和独具特色的网店标识上即可辨别出来，这就与竞争对手形成了很好的对比。

茵曼凭借以“棉麻艺术家”为定位的原创设计享誉互联网，而韩都衣舍凭借“款式多，更新快”的理念赢得了广大消费者的喜爱和信赖。

学习目标 认识通过装修如何树立网店形象标识

难度指数 ★

1.1.2 塑造品牌形象

消费者在网上购买商品由于看不到实物，相比之下会比在实体店购买的时候更为谨慎，那么，怎样才能让店铺售卖的宝贝获得消费者的信任呢？这就需要从店铺的装修入手，从视觉上增强消费者的信任感。

试想有一家网店标题的字体有大有小、完全不统一，图片没有经过任何处理，使得整个网店看起来像个“垃圾场”一样。这样的网店无疑会给买家造成信任危机，买家会怀疑该网店是否是骗子，再加上不时也有商家欺骗买家的事件发生，就会使得消费者对这类网店的信任感大打折扣。

有了好的商品，也需要通过装修来美化商品，才能使得商品更有人气。让买家从视觉、心理上信任店铺，感受到店家是在用心地经营，这才能提升网店的形象，从而促成网店品牌的形成。

下面我们来看看某网店的首页商品显示情况，如图 1-3 所示。

图 1-3 某网店首页商品显示页面

从该网店的商品图片显示来看，该商品虽然有明确的标价但却没有实物图片。

当买家看到这样的网店时，是不会购买该商品的。即使其他商品图片是完善的，并且也足够吸引人，但是因为其中一部分做得很简陋，买家也会转身离开。

虽然我们不能做到商品完全与众不同，但是我们可以做到让网店的装修独一无二。特别是买家初次进入网店时，留给买家的第一印象一定要好。

只有网店装修能够吸引到足够多的买家购买后，并且买家对商品和服务都比较满意，久而久之网店才会形成品牌，进而在买家之间形成良好口碑效应。而其中引起“第一眼效应”的装修就显得极其重要了。

学习目标 了解装修为什么会树立网店品牌形象

难度指数 ★

1.1.3 商品信息一目了然

面对琳琅满目的商品，如何让消费者更快地挑选出适合自己的商品，尽快成交，让网店容纳更多的产品是许多网店都在努力实现的目的。

买家购物的时间是有限的，如果在有限的时间内买家没有挑选到合适的商品，就可能失去这个买家。

在淘宝网的首页可以看到，产品分类很明确，买家可以快速地进入需要购买的产品页面，如图1-4所示。

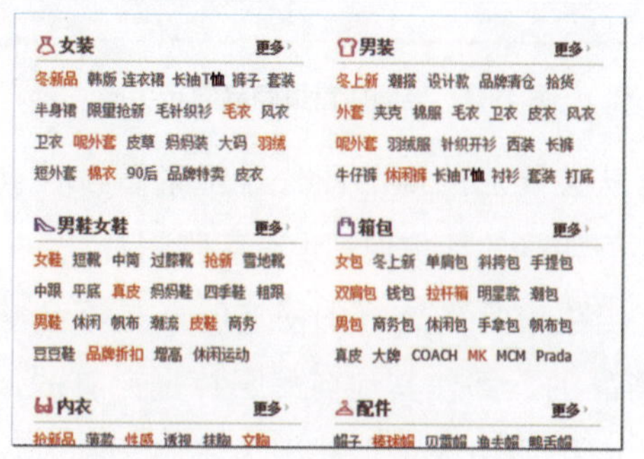

图 1-4　淘宝网首页分类

从淘宝网首页的分类可以看出，女装的类别下还分有冬新品、韩版、连衣裙以及毛衣等。通过这种分类方式，可使购买女装的买家快速找到自己需要购买的商品。

作为网店的产品类目也要清晰明了，便于买家查找，使得买家在看到产品类目时便能明白自己想要购买的产品在哪里。

网店首页的导航栏以及推荐栏中的装修都可以实现这一点，如图1-5所示为某网店首页商品类别分类页面。

图 1-5　某网店首页类别页面

学习目标　认识装修如何让商品一目了然
难度指数　★

1.2 确定装修整体风格

小白：阿智，我的网店应该如何确定整体装修风格呢？

阿智：确定整体的装修风格要从网店的定位和配色这两大方面来考虑，同时还要避免陷入装修误区。下面就和我一起来看看如何确定网店的整体装修风格。

针对不同的消费群体，网店的装修风格应该是不同的，男装、女装以及童装等网店装修使用的色彩也会不同。童装多使用活泼明亮的颜色，男装则经常使用灰色和黑白色等。

1.2.1 定位决定风格

网店的装修风格是由网店所销售的商品类型来确定的，如果买家对网店的定位有认同感，那么会更容易吸引到这些潜在的买家。

店铺的风格直接体现在店铺的装修上，那么网店的定位又是如何体现其装修风格的呢？下面我们以两个不同的服装品牌进行对比分析。

●男装品牌分析

如图1-6所示为某男装品牌首页部分内容。

图 1-6 某男装品牌首页部分内容

从图 1-6 可以看出，该男装品牌的背景色为白色，其字体显示为黑色，而商品显示图片也以灰色和深蓝色为主。虽然只是部分内容，但仍然可以感受到该男装品牌所体现的装修风格。

男装针对的消费群体并不喜欢太过鲜艳和明亮的颜色，而黑白色可以给人高贵和稳重的印象，正与男装所体现的高贵和神秘形象相匹配。

●童装品牌分析

如图 1-7 所示为某童装品牌首页部分内容。

图 1-7 某童装品牌首页部分内容

从图 1-7 可以看出，该童装品牌的页面背景色为红色，字体显示也以红色为主，而商品图片为身着粉色服装的小女孩。

由于童装的消费群体是富有青春活力的儿童，红色给人以强有力、喜庆的色彩，鲜艳的颜色极容易吸引买家的目光。

从上面的两个例子可以看出，由于两个网店销售的产品不同，面对的消费群体不同，因此店铺装修的风格定位也有所不同。

确定网店装修的定位可以从以下几方面来分析，如图 1-8 所示。

从消费群体出发

分析目标消费者的年龄、性别以及性格特征等，如目标消费者是年轻、有文艺气质的女性，那么装修风格就要定位于有小众和小资特色的网店。

从产品出发

从网店产品的定位出发，网店销售的产品不同，店铺的商品展示图片以及排版方式和色彩也会有所不同。

从时间出发

网店的装修风格是可以更改的，在夏季和冬季的装修风格可以不同，冬季可以营造温馨的氛围，而在夏季则要给人以清凉的感觉。同时在开展促销活动时，网店的装修也要有所改变，装修风格上要体现商品很热卖和价格很便宜的特点。

图 1-8 定位网店装修风格

学习目标	掌握如何确定网店的装修定位
难度指数	★

1.2.2 确定整体配色

不同的色彩具有不同的表现力，网店装修的配色可以很好地体现网店的独特风格。在确定网店的整体配色时，需要从以下几个方面来把握，如图 1-9 所示。

主色调

主色调是指网店的主要色调，即使用最多的色调，主色调既要符合目标消费群体的心理特征，也要与网店所要体现的理念相融合。比如，保健品网店就可以使用绿色来体现健康的气息。

确定辅色

辅色不能与网店的主色完全一致，而应有所区别，同时也不能喧宾夺主，使用的色彩不宜过多。

确定点缀色

在网店的装修中还包括点缀色，点缀色起着画龙点睛和营造独特页面风格的作用。

图 1-9　确定整体配色的要点

下面我们来具体分析某网店的整体配色情况。

●相宜本草网店配色分析

相宜本草的网店采用了在主色调的基础上，以深浅不一的色彩来配色的方式。这种配色方式也是配色设计中常用的一种方法，如图1-10所示。

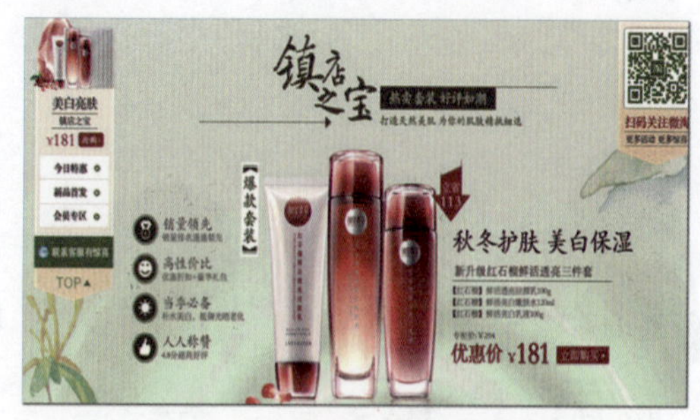

图 1-10　相宜本草网店首页

从图 1-10 可以看出，相宜本草网店的主色调为浅绿色，而字体采用的是深绿色。二者虽然同是绿色，但并不会让人觉得没有层次，二者起到了很好的对比作用。

在我们自己网店整体色调的定位中也可以采用这种方法。除此之外，还可以采用对比色的方式来确定主色和辅色，比如黑色和白色。

长知识 | 不同类型店铺的风格

下面整理了一些常见的店铺风格及其注意事项，如图 1-11 所示。

时尚女装网店

时尚女装网店面对的消费群体多为时尚女性，因此网店在装修上不能档次太低，应尽量避免与其他品牌雷同，图片的选择以及色彩的搭配都要以时尚为主，体现网店的审美风格。

礼品网店

礼品店的设计要更具有个性，以体现网店的独特性。如果是针对年轻人的礼品店，网店设计可以活泼一些；如果是高端礼品，网店的设计就要更加有品位。

珠宝首饰店

珠宝首饰店销售的商品价格通常不会太低，因此网店整体要展现出高端大气的风格。由于购物群体有青年人和老年人，所以网店的设计可以偏中性。

图1-11　几种不同网店的风格

1.2.3 避免装修误区

在网店的装修过程中容易陷入一些误区，下面我们就来看看常见的误区都有哪些。

●网店装修误区一——图片过大加载缓慢

网店中的图片过大会导致图片加载缓慢，如果买家的网速不太好就会更影响图片的显示，而很多买家常常没有太多的耐心去等待图片的加载。这样就会白白流失掉一个可能会产生消费行为的买家，是很不划算的。

如图 1-12 所示为某网店的商品页面不能很快显示而导致出现空白画面。

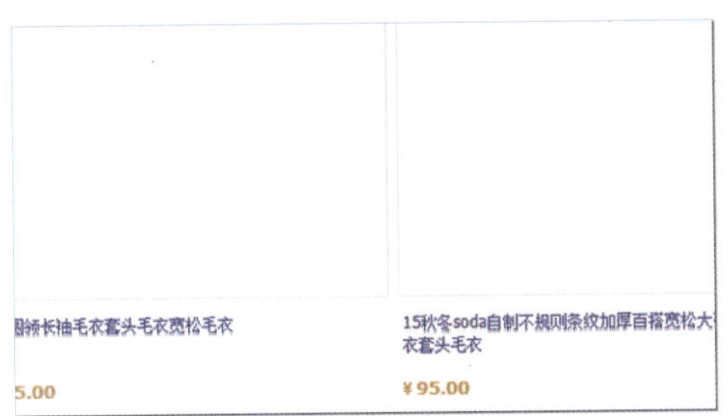

图 1-12　网店页面不能很快加载

●网店装修误区二——首页配色不协调

网店首页的配色不协调或者过于丰富会导致网店看起来花里胡哨，影响网店的美观。

下面我们来看看某网店的首页是如何设计的，如图 1-13 所示。

●网店装修误区三——没有搜索功能

由于网店内的商品常常有几十种甚至上百种，买家在进入网店后，会通过搜索的方式来搜索自己想要的商品。如果在首页没有“搜索”功能就可能会流失买家。

图 1-13　网店首页配色不协调

相反，如果有搜索功能则会大大节约买家的时间，同时也会增加订单的概率。如图 1-14 所示为某网店首页右上角的搜索功能。

图 1-14　网店搜索功能

●网店装修误区四——没有明确的导航

网店的导航能够让买家快速地进入某一商品页面，而有些网店在装修时常常会忽略这一点。没有清晰明确的导航，使得买家不能很好地了解其他的商品。如图 1-15 所示为某网店导航栏显示方式。

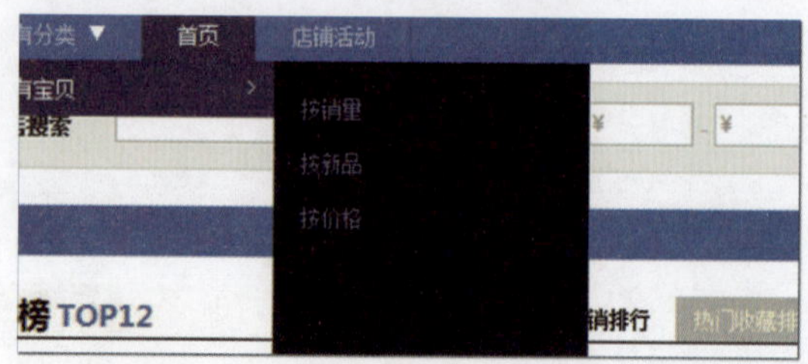

图 1-15　某网店导航栏显示方式

从图 1-15 中可以看出，该网店导航栏中显示的所有宝贝只分了三个类别，分别是按销量、按新品和按价格，这样的分类相对过于简单，商品的分类也并不明确。

●网店装修误区五——其他误区

网店装修的其他误区还包括首页内容多而复杂，没有抓住重点，使用模板没有进行美化等。这些问题都会导致网店的装修不够吸引人或者不能给买家很好的购物体验。

1.3 装修必备的审美

阿智：小白，考考你，你知道装修网店需要具备哪些审美知识吗?

小白：不太清楚。

阿智：网店的装修需要注意的细节很多，学习一些必备的审美知识能够帮助我们把网店装修得更美观。其主要包括色彩的基础知识、文字的设计以及整体布局的规划三个方面。

在网店的装修中，色彩的搭配、字体大小的设置以及布局的整体排列都会影响整个网店的装修效果。要使网店的装修能吸引到买家，带来更多的销量，还要了解网店设计的审美知识。

1.3.1 不同色系的表现力

不同的颜色会给人以不同的心理暗示，网店的装修会运用到不同的色彩，因此了解不同色彩所表现的效果是很有必要的。

要了解色系的表现力首先要知道色彩的基本原理。色彩是以色光为主体的客观存在，对于人则是一种视像感觉。

色彩的属性由三部分组成，分别是色相、明度和纯度，其具体含义如图1-16所示。

色相

色相是指色彩的容貌，是区分色彩的主要依据，如红色、橘红色和翠绿色等，也是色彩最大的特征。

明度

明度是指色彩的明暗差别，如浅绿色、草绿色、深绿色和墨绿色等。

纯度

纯度是指各色彩中包含的单种标准色成分的多少，是色彩的强弱标志。

图 1-16　色彩属性的含义

在了解了色彩的属性后，我们来看看不同色系所表现出来的视觉效果。

●黄色系

黄色给人以明快愉悦的感觉，同时也可以起到突出强调的作用，比如交通指示灯中的黄灯和大型机器上的黄色标志等。另外，黄色还象征着丰收和财富。黄色在网店装修中多用于特价标志或者突出背景色。如图 1-17 所示为某家具品牌的首页。

图 1-17　家具品牌网店首页

从图 1-17 可以看出，该网店首页图片字体使用的是黄色，以此来突出“0 元送装”的优惠活动，而买家也容易被这一明亮的颜色所吸引。

●白色系

白色会给人以寒冷和严峻的感觉，同时也具有高级和科技的意向，白色是永远都不会过时的颜色。

在网店装修中白色也被广泛运用，为了使白色看起来更柔和，也会搭配乳白色、米白色以及象牙白等进行装饰。如图1-18所示为魅族淘宝网店首页内容。

图 1-18　魅族淘宝网店首页

从图 1-18 可以看出，首页的背景色为白色，给人以明亮和洁净的感觉。导航栏的颜色为蓝色，两者搭配使得魅族手机更显科技感。

●红色系

红色会给人以喜庆、热烈以及冲动的感觉。红色具有较强的视觉效果，能传达出积极、有活力以及温暖的氛围。同时，红色也有警示的作用，如防火标志和禁止通过的警示牌等。

网店装修中使用红色能够营造出古典和热情的装修风格。如图 1-19 所示为某家纺网店首页。

图1-19　某家纺网店首页

从图1-19可以看出，该网店以红色系为主，很好地营造出喜庆欢乐的氛围。该网店主营的商品是婚庆系列，与红色所表达的含义相符合。

●蓝色系

蓝色是天空和大海的颜色，蓝色是永恒的象征。纯净的蓝色给人以理智、沉稳和安静的感觉。生活中常见的卫生设备、工业设备以及计算机上许多软件的图标也多使用蓝色。

网店装修中使用蓝色可以给人简洁和庄重的印象，如图1-20所示。

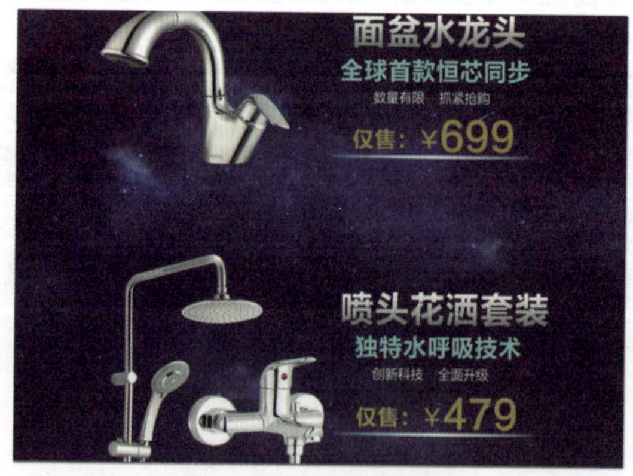

图1-20　五金网店首页

从图1-20可以看出，该网店的装修使用的是蓝色系，给人充实和干净的感觉。这也很好地体现了五金器材的清洁和耐用特性。

●黑色系

在日常生活中，手机、汽车以及电视等生活用品多采用黑色，黑色可以营造高贵、稳重和科技的意象。

在网店设计中，使用黑色可以塑造高贵的形象，因此服装网店以及生活用品网店使用得较多，如图1-21所示。

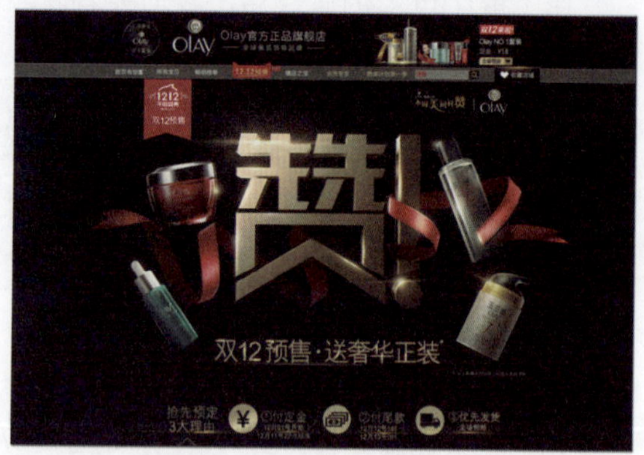

图1-21　洗护网店首页

从图1-21可以看出，该网店使用的主色是黑色，给人酷感十足的感觉。

●绿色系

绿色会给人清爽、健康和生长的感觉。生活中常见的化妆品以及保健品的包装大多使用绿色。绿色的使用范围比较广，同时其也是耐看色，具有缓解眼部疲劳的效果。在许多网店的装修中也多使用绿色来营造生机勃勃、希望以及安宁的氛围。

●紫色系

紫色具有女性化的特征，它美丽而神

秘，具有低明度的特点。在网店的装修中，通常只有与女性有关的商品才会使用紫色。

●橙色系

橙色系常常给人以朝气活泼的感觉，它可以使原本抑郁的心情变得豁然开朗。在网店的装修中，运用橙色在视觉上可以刺激人的眼球。

学习目标	掌握不同色系在网店装修中的表现力
难度指数	★

1.3.2 文字也要赏心悦目

文字也是网店装修中比较重要的一部分，在观察其他网店装修的字体设计时我们会发现，大多数网店都不会只使用一种字体，并且字体也趋于图像化，使得枯燥的文字更加形象化。

在网店装修中经常使用的字体有以下几种，下面我们就一起来认识它。

●书法字体

书法字体分为篆书、隶书、楷书、行楷和草书。在网店的装修中使用较多的是隶书、楷书和行楷，这些字体便于识别，同时也具有美感，如图1-22所示。

图1-22　书法字体

●3D字体

3D字体能够营造出层次感、空间感和纵深感，它能使平面的字体更具有视觉冲击力，如图1-23所示。

图1-23　3D字体

●粗笔画的字体

粗笔画的字体有方正兰亭粗黑和大黑等，这种字体能营造出硬朗、大气和稳重之感，如图1-24所示。

图1-24　粗笔画的字体

●较细笔画的字体

较细笔画的字体有方正兰亭纤细黑、方正兰亭黑简体、方正中黑以及方正兰亭刊黑等。较细的字体看起来飘逸、纤细、秀美和柔软，如图1-25所示。

图 1-25　较细笔画的字体

●艺术字体

艺术字体是通过对传统的字体进行创意性、特殊的美化与修饰来得到的。它能够突出字体的形态美，强调语言的内在含义，如图1-26所示中的“快”字使用的便是艺术字体。

图1-26　艺术字体

●手写字体

手写字体的横竖画的粗细以及大小各有不同，这种字体在严谨中又透着小清新的感觉。在英文字体设计中使用较多，如图1-27所示。

图1-27　手写字体

学习目标　认识不同的字体设计
难度指数　★

1.3.3　网店布局要合理

要做好网店的装修，还要学会如何为网店布局。网店的布局合理会提升网店的整体形象，网店的装修布局是由以下几部分组成的。

●店招

店招是网店的招牌，展示的内容一般包括网店的名称、Logo、收藏图标、优惠信息、分享图标、简单的商品推荐信息或者小图等。

●导航栏

导航栏一般展示的是商品的分类信息，不同店铺的导航栏内容的分类是不同的，主要功能是使买家快速地链接到相应的页面。

●首页海报

首页海报是网店布局中比较重要的区域，在这个区域中通常会展示店铺的主打商品、促销商品以及其他优惠信息等。

●商品轮播图

商品轮播图用于展示需要滚动展示的产品，通常会把热销的产品用于该区域进行展示。

●商品展示区

有些店铺会把大部分商品放在首页展示，使用图片排列的方式，把店铺内的产品排列在一起。

●侧边栏

根据不同的网店设计样式的不同，有的网店侧边栏会放置客服旺旺、收藏栏、购物车、会场导航以及优惠等。

而有些网店的侧边栏内容是隐藏的，只有当买家的鼠标移动到该位置的时候才会显示出来。

部分网店是设计成全屏展示的，因此没有侧边栏显示。

●店铺背景

在一个网店中，店铺背景常常会占据大部分的位置，背景的设计风格关系到网店的整体风格。因此，背景图片的设计需要格外重视。

●店铺尾页

店铺的尾页是网店页面的结束位置，这个位置买家关注得较少，但是也不能完全忽视。通常情况下，会在店铺尾页展示网店的物流、介绍、售后服务以及支付方式等内容。

目前，网店中的布局样式有多种，但并不是所有的布局都是合理的。要做到使自己的网店布局合理，首先需要了解买家的浏览习惯。要把重要的信息放在醒目、买家容易看到的地方。

通常情况下，买家浏览网店时会按照从左到右、从上到下的顺序浏览。也就是说，人的视线浏览路线会呈现出 Z 型、F 型或者 E 型。如图 1-28 所示为 Z 型视线的示意图。

明白这一点后，在为自己的店铺装修时就可以设计成Z型、F型或者E型。把店铺活动、优惠信息以及商品分类等放在偏左的地方。而右边则可以展示互动性的模块，如客服、收藏以及二维码等。中间位置的布局要错落有致，采用图文并茂的方式来减少买家的视觉疲劳。

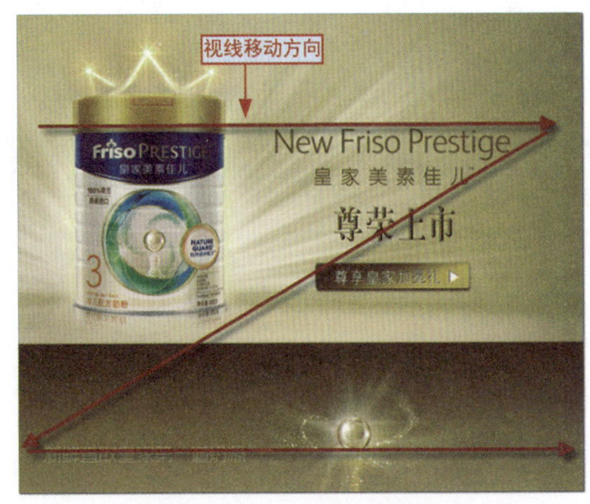

图1-28 Z型视线示意图

下面我们就来看看某数码网店的布局，可以帮助我们理解这一布局方式，如图1-29所示。

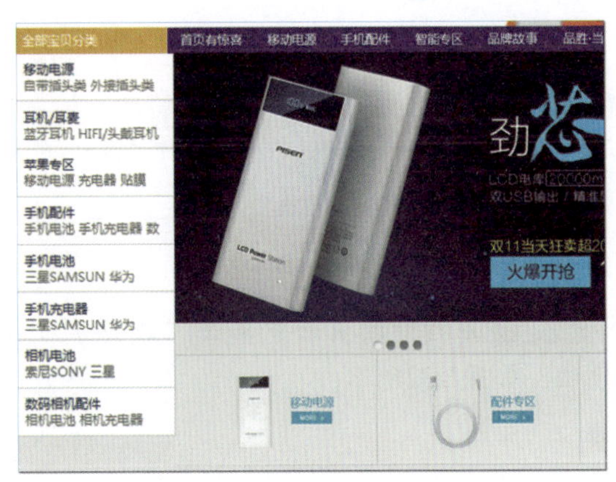

图1-29 某数码网店的布局

给你支招 | 在淘宝大学学习装修课程

小白：有没有什么好的网站能够让我学习与网店装修有关的知识呢？

阿智：淘宝大学是一个很好的网站，在上面不仅能够学习装修知识，还能学习淘宝营销、推广等方面的相关知识，下面来具体分析如何学习网店装修。

步骤01 进入淘宝大学官方网站(http://daxue.taobao.com/)，在首页选择要学习的类型，如单击“新手开店”下的“店铺装修”超链接，如图 1-30 所示。

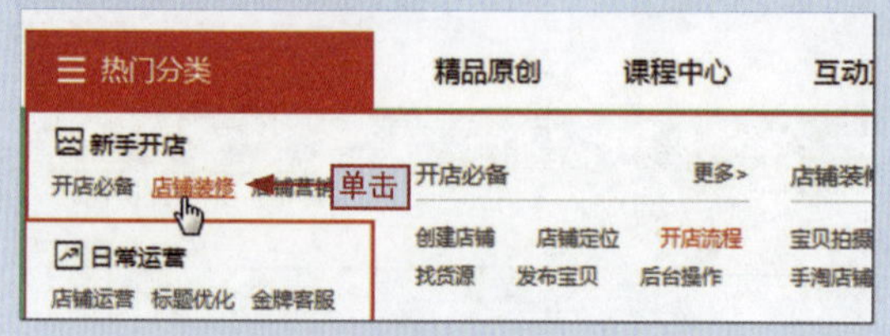

图 1-30　选择学习类型

步骤02 在打开的页面中可以看到许多课程，选择要学习的课程并单击名称超链接，如单击“首页固定背景-店铺装修 17”超链接，如图 1-31 所示。

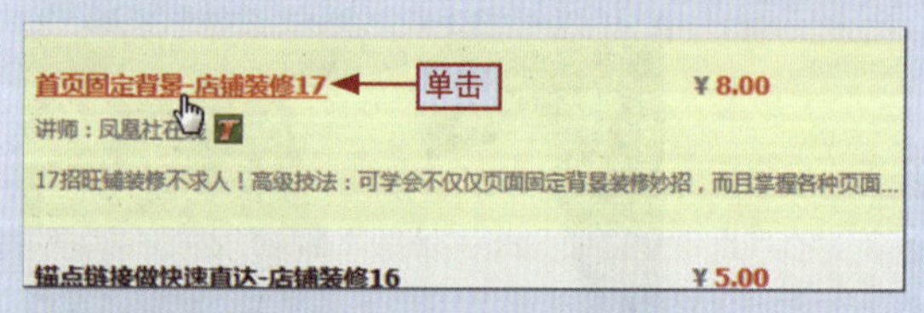

图 1-31　选择课程

步骤03 在打开的页面中单击“购买学习”按钮，如图1-32所示。

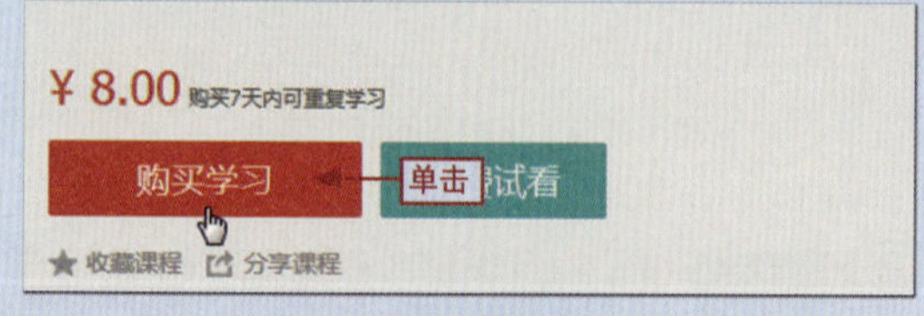

图 1-32　准备购买

步骤04 ❶在打开的页面中输入淘宝账号名和密码，❷再单击“登录”按钮，如图1-33所示。

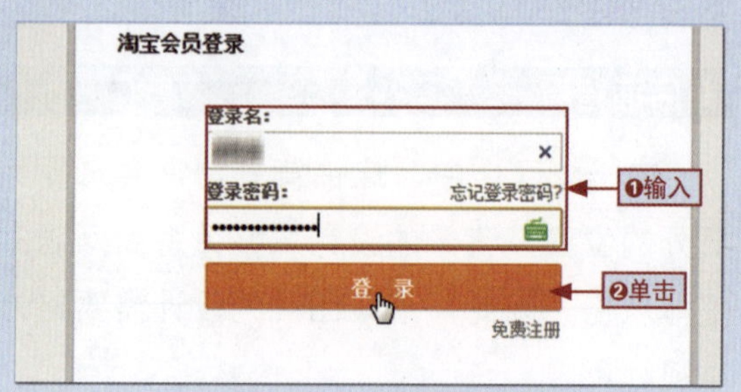

图 1-33　登录个人账号

步骤05 在打开的页面中单击“确认并支付”按钮，最后完成支付即可学习该课程，如图 1-34 所示。

图 1-34　提交订单

在淘宝大学还可以学习许多免费的课程(免费的课程都有“免费”的标识)。

给你支招 | 如何向他人请教装修知识

小白：若我在网店装修过程中遇到难题，该怎么办呢？

阿智：你应该向他人请教，寻求帮助，从而解决问题。下面就来看看如何在搜狗问问中发“请教”提问。

步骤01 进入搜狗问问官方网站(https://wenwen.sogou.com)，单击“我要提问”按钮，如图1-35所示。

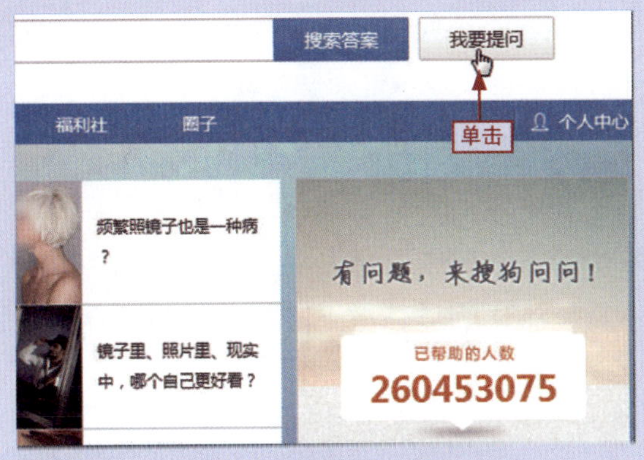

图1-35 搜狗问问主页

步骤02 ❶在打开的页面文本框中输入问题，❷单击“提交问题”按钮，如图1-36所示。

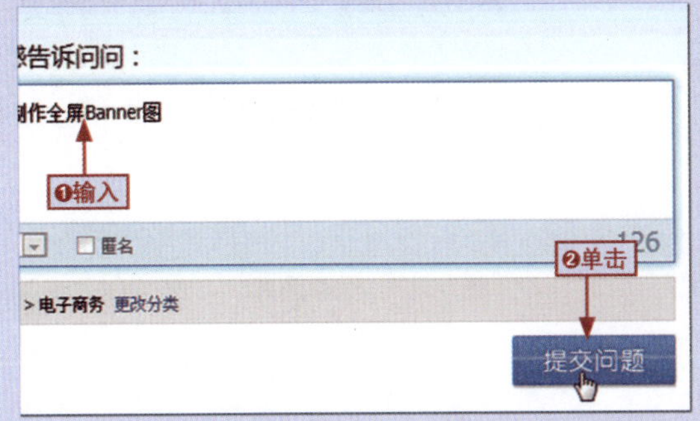

图1-36 输入问题

步骤03 单击头像登录QQ账号，如图1-37所示。

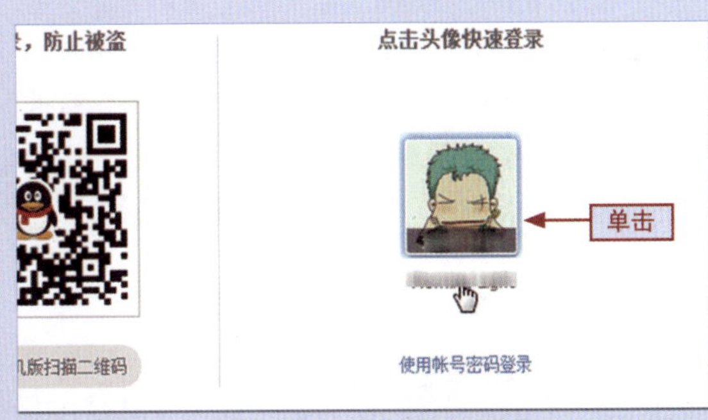

图1-37 登录账号

步骤04 完成以上步骤后便成功发起了提问，单击“发出求助”按钮还可以向他人求助，如图1-38所示。

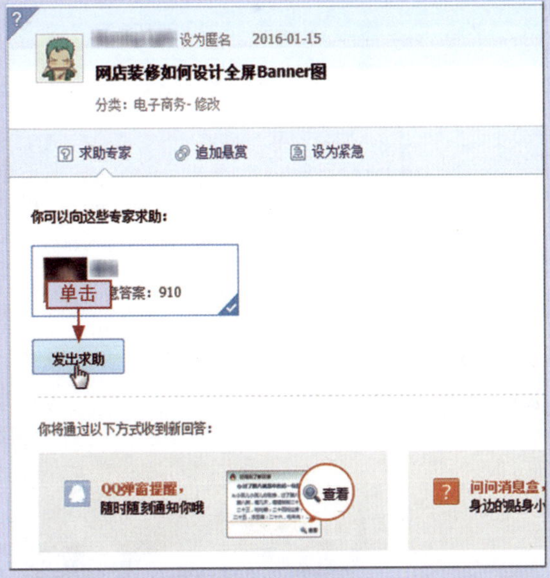

图1-38 发起求助

给你支招 | 从其他网店学艺

小白：在为自己的网店装修时，一时缺乏设计灵感该怎么办呢？

阿智：告诉你一个可以激发设计灵感的简单实用的方法，那便是从其他同行的网店“偷招”，下面我们就一起来看看如何查看其他网店的装修。

步骤01 ❶进入淘宝网官方网站(http://www.taobao.com/)，在首页单击“店铺”选项，❷根据自己的店铺类型输入要查看的店铺，比如输入“餐具套装”关键词，按Enter键，如图1-39所示。

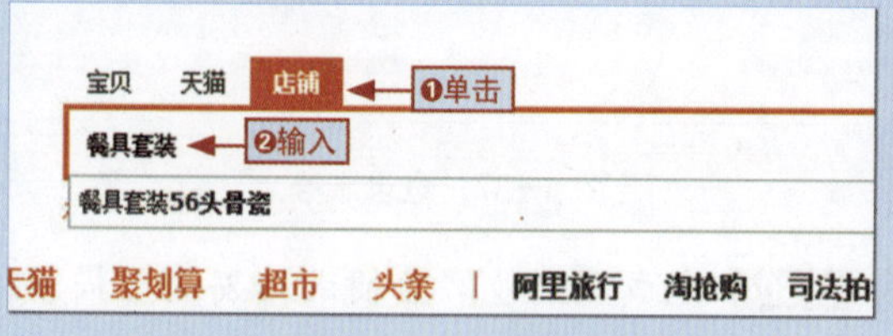

图1-39 输入要查看的店铺类型关键词

步骤02 在打开的页面中选择要查看的店铺，单击其名称超链接，如图1-40所示。

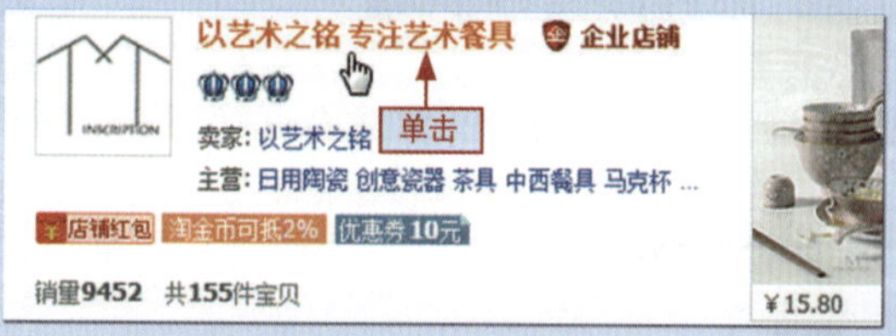

图1-40 选择要查看的店铺

步骤03 在打开的页面中即可看到该店铺的装修情况，如图1-41所示。

图1-41 查看店铺装修

进入他人网店后我们应该重点看该店铺的整体装修风格、首页展示方式以及收藏区的放置方式等内容。

如果看到有值得借鉴的地方，可以把图片保存下来，便于下次装修网店时使用。

如果看到该网店的优惠券制作方式以及配色方式值得借鉴，也可以进行保存。保存图片的方法比较简单，在图片上右击，在弹出的快捷菜单中选择“图片另存为”命令，如图1-42所示。

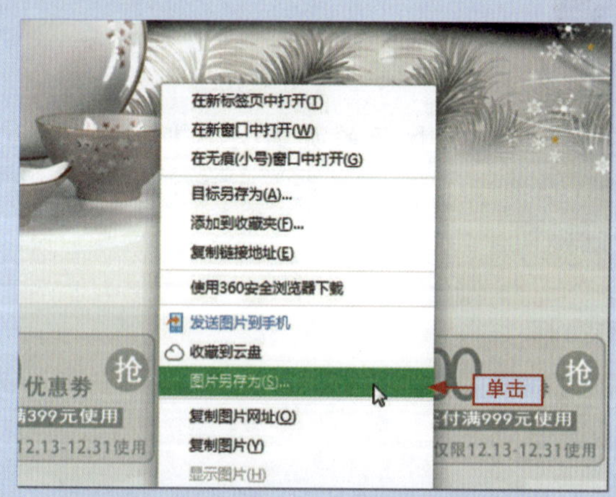

图1-42 保存图片

保存下来的图片不能直接使用，还需要使用Photoshop软件处理后才能使用，也可以只借鉴风格，重新制作成符合自己网店风格的图片。

学习目标

俗话说“不打无准备之仗”，这告诉我们在装修网店前就要把装修中会使用到的工具和材料准备好。本章我们就一起来准备网店装修所需要的工具以及材料。

本章要点

- 认识常用的素材网站
- 下载素材
- 素材的分门别类
- 网易网盘存储
- 百度云空间存储
- 其他空间存储
- 认识Photoshop
- 认识Dreamweaver

知识要点	学习时间	学习难度
搜集网店装修所需要的素材	30 分钟	★★
学会用不同的工具存储素材	30 分钟	★★
安装网店装修所需要的软件	40 分钟	★★

2.1 收集装修素材

阿智：小白，考考你，你知道网店装修常用的素材网站有哪些吗？

小白：不太清楚。

阿智：为网店装修提供素材的网站有很多，接下来就让我们一起去看看吧，并学习如何下载这些有用的素材。

在网店的装修中我们会使用大量的素材，因此我们需要先收集有用的素材。但是下载后的素材一般还需要进行美化处理，所以还需要安装必备的图片处理软件。

2.1.1 认识常用的素材网站

素材在网店的装修中起着重要的作用，在申请开网店时会提供相应的素材，但是有些素材并不适用，还需要去收集和购买一些更具有使用价值的素材。

装修素材的收集和购买都是在不同的素材网站上进行的，下面我们就来看看常用的素材网站都有哪些。

学习目标	认识常见的素材网站
难度指数	★

● 三角梨

三角梨网站(http://www.sanjiaoli.com/)提供了大量的网店装修素材，包括店招素材、营业时间素材、网店背景图片、分割线图片、店铺挂件、侧边栏素材以及店铺欢迎图片等。三角梨官方网站首页如图2-1所示。

图 2-1 三角梨网站首页

● 红动中国

红动中国(http://www.redocn.com/)最初只是Q群会员发布作品和交流的地方，后来逐渐成为设计爱好者交流作品和讨论的平台。

目前，红动中国平台已经包含了论坛、原稿设计图、摄影图精美免费素材、设计大赛以及设计教程。在红动中国平台上可以下载到精美且实用的素材，网站首页如图2-2所示。

图 2-2 红动中国网站首页

● 爱图网

爱图网(http://www.aiimg.com/)以“为广大设计师提供精美实用的素材”为宗旨，主打PSD素材、高清图片和PS素材等资源的下载服务，其网站首页如图2-3所示。

图 2-3 爱图网网站首页

● 素材之家

素材之家(http://sc.jb51.net/)网站提供了PSD素材、矢量素材、图片素材、网页素材、AE素材以及字体打包等。我们可以在素材之家非常轻松地找到大量淘宝素材，其网站首页如图2-4所示。

图 2-4 素材之家网站首页

● 素彩网

素彩网(http://www.sc115.com/)是一个以分享经典设计素材为主的资源网站，站点内容包括矢量、PSD、Flash、PNG、Gif、模板、源码、欣赏、酷站、壁纸、软件、字体和教程等，其网站首页如图2-5所示。

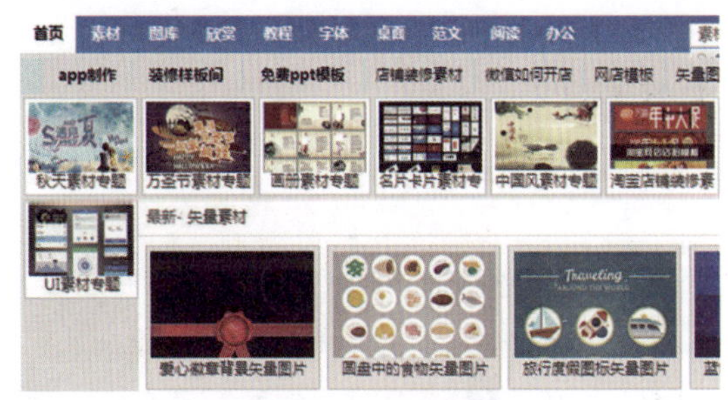

图 2-5 素彩网网站首页

● 素材堆

素材堆(http://www.sucaidui.com/)网站拥有大量精美的淘宝素材，包括海报素材、店招素材、主图素材、详情页面描述素材以及店铺首页等。素材堆专注于淘宝素材的分享，是寻找网店装修素材比较实用的一个网站，在首页还可以通过搜索找到所需要的素材，其网站首页如图2-6所示。

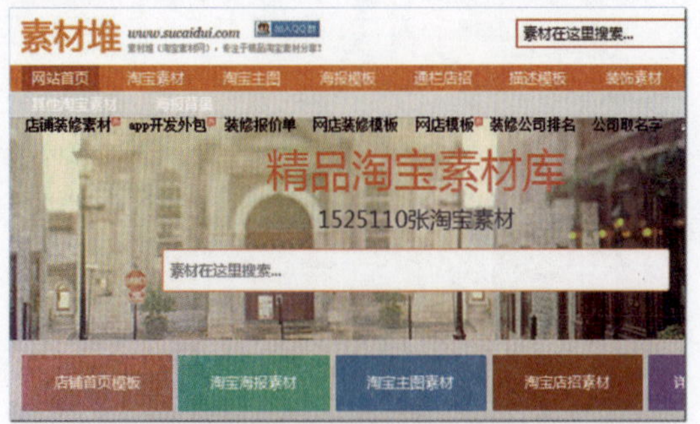

图 2-6　素材堆网站首页

● 我图网

我图网(http://www.ooopic.com/)是设计作品交易平台，其中淘宝素材包括综合模板、店铺详情页面素材、节日促销素材以及店铺首页素材等，网站首页如图2-7所示。

图 2-7　我图网网站首页

● 昵图网

昵图网(http://service.nipic.com/)是一个图片分享交流平台，其以摄影、设计和多媒体数字视觉文件为主要内容。

昵图网拥有丰富的设计图库，在上面可以找到很多精美的图片，其网站首页如图2-8所示。

图 2-8　昵图网网站首页

2.1.2 下载素材

了解了不同的素材网站后，还需要把有用的素材下载下来，建立自己的素材库。这样一来，在网店装修的时候才可以方便快速地使用。下面我们以素材堆网站为例看看如何下载素材。

学习目标	掌握下载素材的方法
难度指数	★

步骤01 进入素材堆官方网站，在首页选择要下载的素材类型，比如单击“淘宝店招素材”超链接，如图2-9所示。

图 2-9　选择素材类型

步骤02 在打开的页面中选择需要下载的素材，单击其名称超链接。比如单击“淘宝店铺首页坚果店招素材”超链接，如图2-10所示。

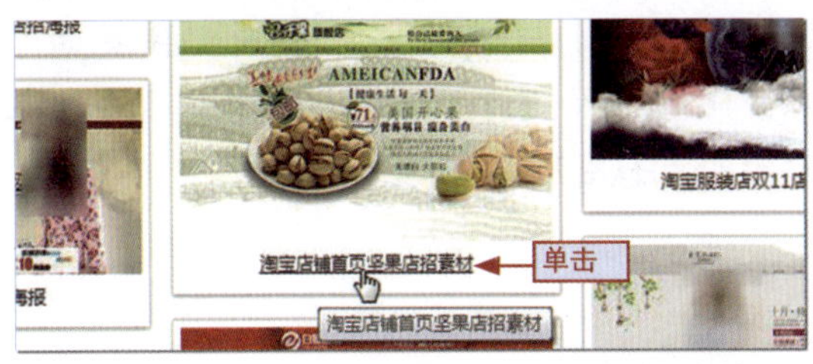

图 2-10 选择要下载的素材

步骤03 ❶在打开的页面中单击“本地下载”按钮。❷进入新的页面后，选择下载地址，比如单击“电信下载①”按钮，如图2-11所示。

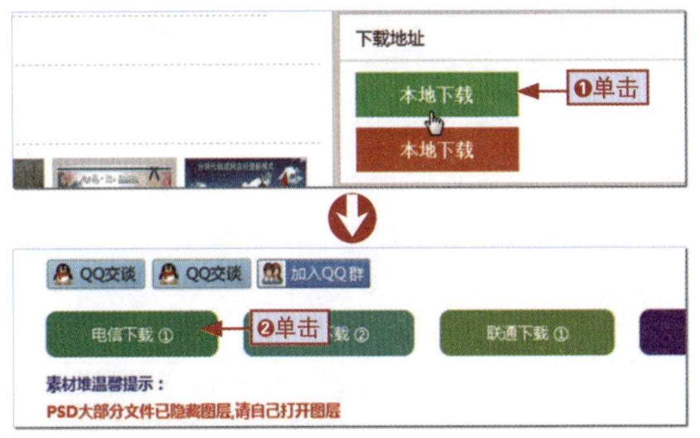

图2-11 选择下载类型

步骤04 在打开的页面中单击“下载”按钮即可，如图2-12所示。

图2-12 下载素材

需登录账号后才能下载

部分网站的素材不能直接下载，需要先注册平台账号，登录后才能下载。因此，在下载素材前，需要了解是否需要登录平台账号。

2.1.3 素材的分门别类

在网上下载了相关素材后，还需要对不同的素材进行分类整理，以方便使用。

通常情况下都是用计算机下载素材，下载好的素材便直接存储在计算机中，因此可以在计算机中选择一个磁盘，在磁盘中新建不同的文件夹，并对其命名，使素材分类一目了然。下面我们就来看看如何在计算机中新建文件夹并命名。

步骤01 ❶在计算机桌面双击“计算机”图标。❷在打开的页面中选择磁盘，比如双击“软件(D:)”选项，如图2-13所示。

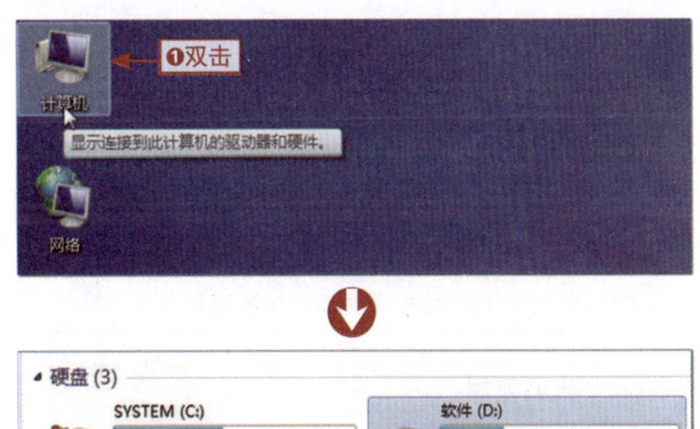

图2-13 进入磁盘页面

步骤02 进入磁盘页面后，在空白处右击，在弹出的快捷菜单中选择“新建”|“文件夹”命令，如图2-14所示。

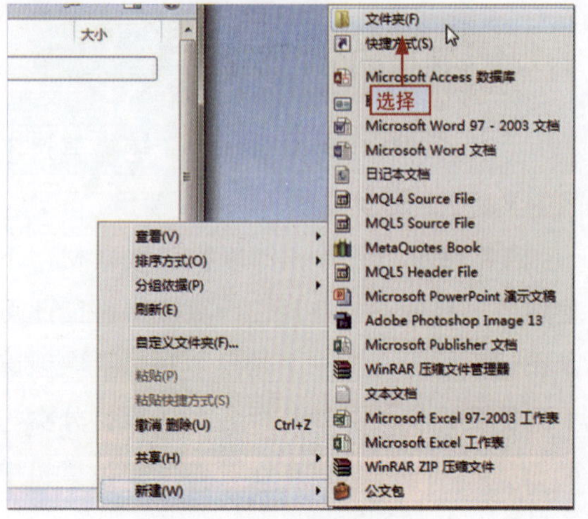

图2-14　新建文件夹

步骤03 在打开的页面中输入文件夹的名称，比如输入“网店装修素材”，再按Enter键即可，如图2-15所示。

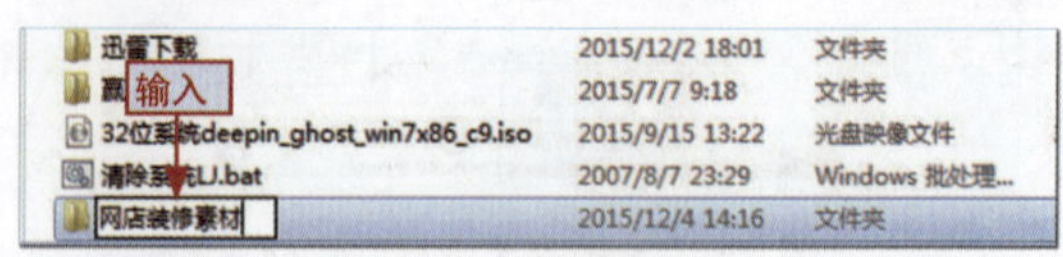

图2-15　新建文件夹

小绝招

文件夹中可再次新建文件夹

在磁盘中新建文件夹后，还可以在新建的文件夹中再次新建文件夹。使素材资料分类更加明细。比如在磁盘中新建了“网店装修素材”的文件夹后，可在该文件夹中新建一个命名为“店招素材”的文件夹。

长知识 | 素材应该怎样分类

在网店的装修中使用的素材有很多种，因此在新建文件夹时要准确命名，在使用素材时才会清楚哪些素材放在了哪个文件夹里，我们可以把网店装修会用到的素材分为以下几类，如图 2-16 所示。

主图素材
主图素材文件夹可以分为海报素材、店招素材、首页模板素材、详情页面素材以及背景素材。

活动素材
活动素材可以分为节日素材、促销活动素材和店庆活动素材等。

代码素材
在代码素材文件夹中存储的是网店装修的代码，可以建立海报、轮播图、模板以及其他代码文件夹。

配件素材
在配件素材的文件夹中，可分为店铺挂件、店铺公告、加入收藏、网店名片以及分割线文件夹。

图2-16　素材分类

2.2 素材的存储

阿智：小白，你在素材网站中下载的素材都存放在哪里呢？

小白：我通常都存在计算机里。

阿智：其实我们还可以把素材存放在其他空间，如果只存在计算机中，一旦计算机出现问题，可能所有的文件都没有了，因此还要善于使用其他存储空间。

优秀的网店设计师都有自己的素材库，大多数人都会将素材存储在硬盘中。但是当硬盘出现问题后，即使进行数据恢复也不能保证所有素材都还存在，那么，还有没有其他存储和管理素材的途径呢？下面我们就一起来看一看。

2.2.1 QQ空间存储

QQ空间相信很多人都不陌生，在QQ空间里可以写日志、写说说、上传用户个人的图片、听音乐和写心情，可通过多种方式展现自己。由于QQ空间具有的这些功能，使得其也成为存储素材图片的一个工具。

在QQ空间存储图片是通过上传图片的方式来实现的，下面就来看看如何上传素材图片。

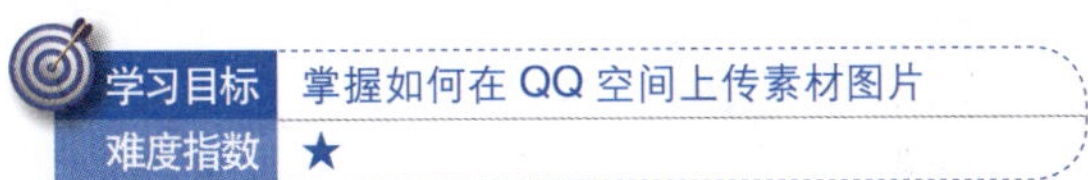

学习目标　掌握如何在QQ空间上传素材图片

难度指数　★

步骤01 进入QQ空间官方网站(http://qzone.qq.com/)，在首页输入QQ账号和密码，再单击"登录"按钮，如图2-17所示。

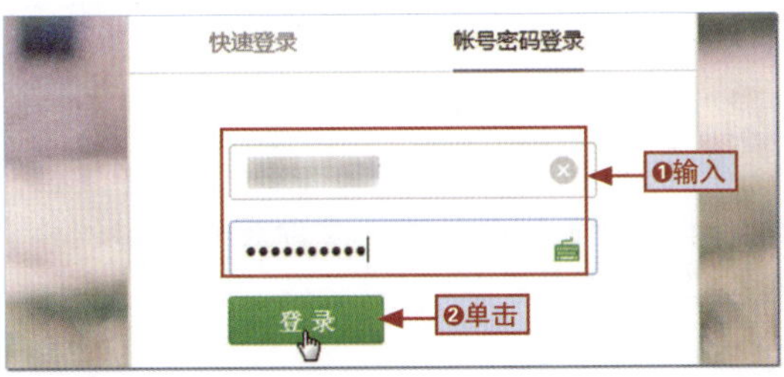

图2-17　登录QQ空间

步骤02 进入个人QQ空间后，在打开的页面中单击"相册"超链接，如图2-18所示。

图2-18　进入QQ空间相册

步骤03 进入相册后，单击"上传照片"按钮，如图2-19所示。

图2-19　准备上传图片

步骤04 在打开的页面中单击"选择照片"按钮，如图2-20所示。

图2-20　准备选择图片

步骤05 ❶在计算机中选择要上传的图片，❷单击"确定"按钮，如图2-21所示。

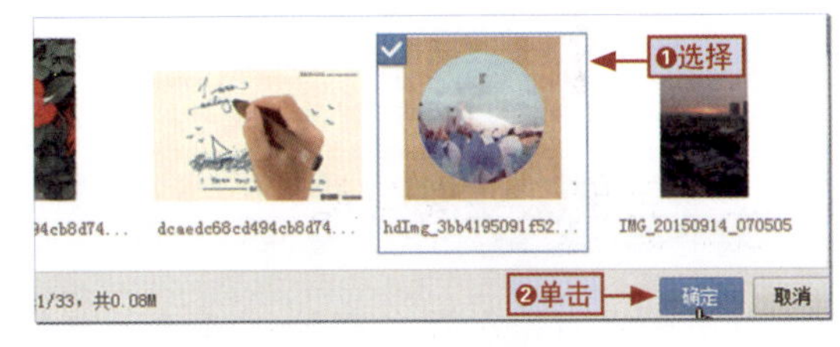

图2-21　选择图片

步骤06 在打开的页面中单击"开始上传"按钮即可，如图2-22所示。

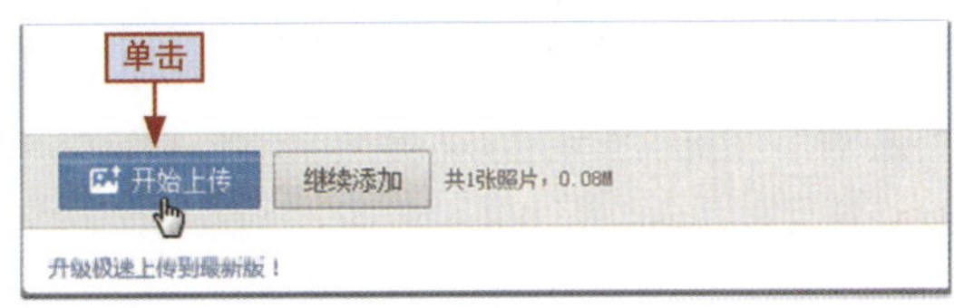

图2-22　开始上传图片

长知识 | QQ 空间疑难解答

疑难一：有时图片上传到 QQ 空间以后我们会发现图片的尺寸变小了，出现这种情况的原因是在上传图片时没有选中“原图”单选按钮，如图 2-23 所示。

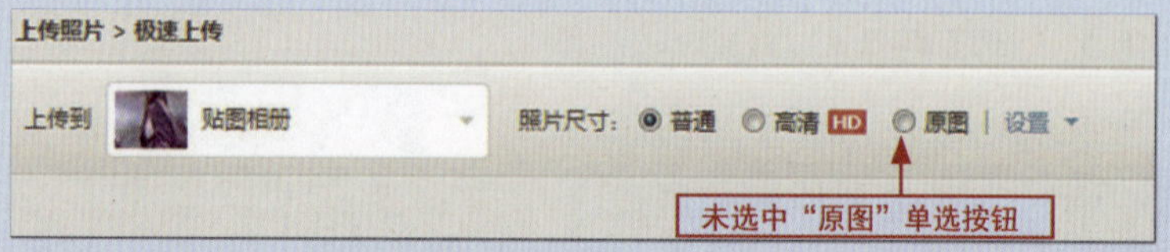

图 2-23　QQ 空间上传图片页面

疑难二：有时会发现在上传图片时无法批量选择照片，这是因为上传图片时没有选择极速上传，而选择的是普通上传。在普通上传方式下，如果要批量上传图片，需要单击“选择照片”按钮后，在打开的页面中按住 Ctrl 键不放，逐一单击选择要上传的照片即可，如图 2-24 所示。

图 2-24　选择图片页面

2.2.2 百度云空间存储

百度云是百度公司创造的一款云服务产品，不仅为用户提供免费存储空间，还可以将视频、照片、文档和通讯录等数据在移动设备和PC端之间实现跨平台同步和备份等。

要使用百度云空间首先需要注册个人百度账号，下面我们先来看看如何注册百度账号。

学习目标　掌握如何注册百度账号和使用百度云盘

难度指数　★★

步骤01　❶进入百度官方网站 (https://www.baidu.com/)，在首页单击“登录”超链接。❷在打开的页面中单击“立即注册”超链接，如图 2-25 所示。

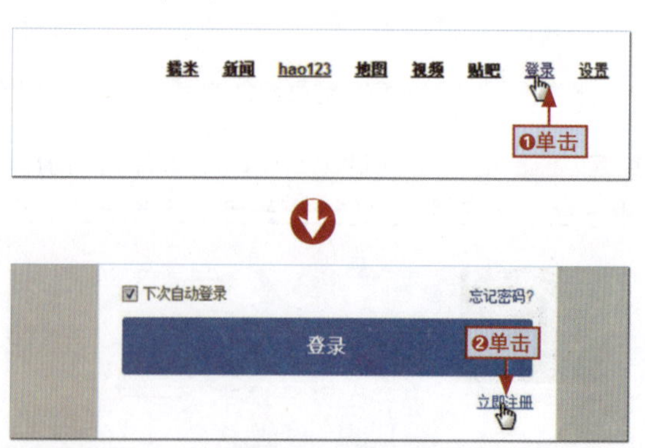

图 2-25　百度首页

步骤02 ❶在打开的页面中输入邮箱号码、密码和验证码，❷单击“注册”按钮，如图 2-26 所示。

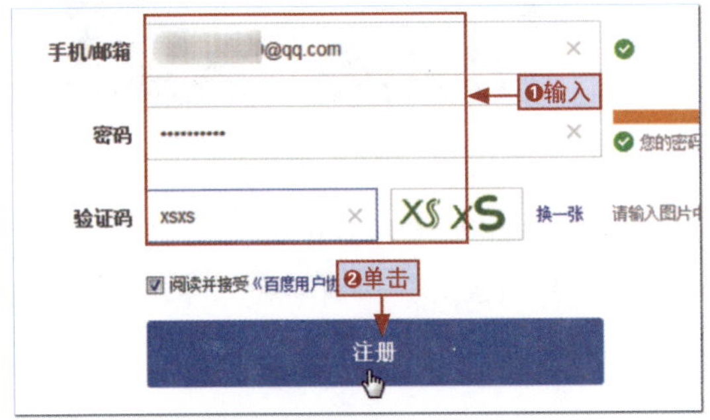

图 2-26　输入注册账号

步骤03 在打开的页面中单击“立即进入邮箱”按钮，如图2-27所示。

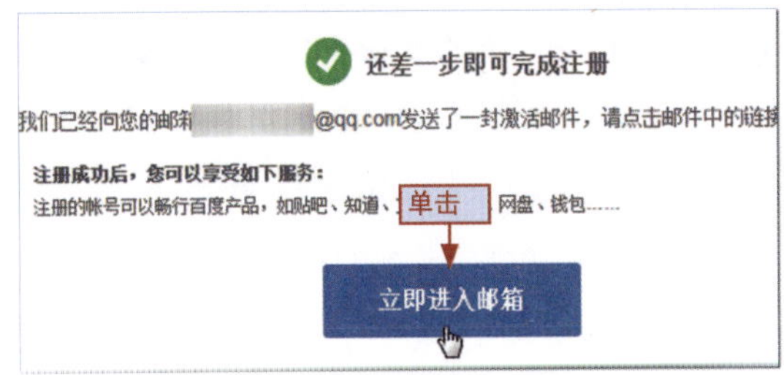

图 2-27　准备进入邮箱

步骤04 ❶在打开的页面中输入QQ账号和密码，❷再单击“登录”按钮，如图2-28所示。

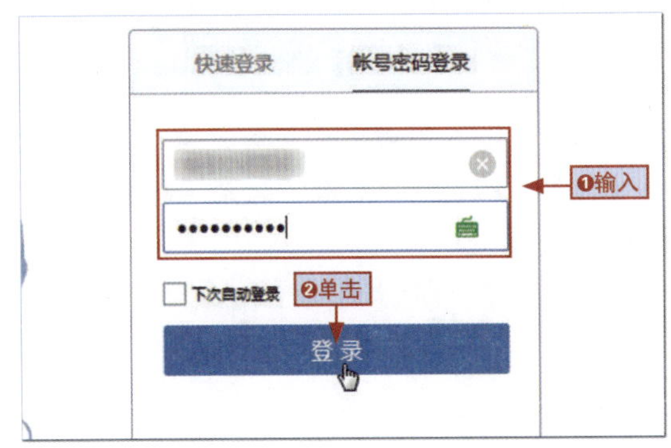

图2-28　输入登录账号和密码

步骤05 进入个人QQ邮箱后单击“收件箱”超链接，如图2-29所示。

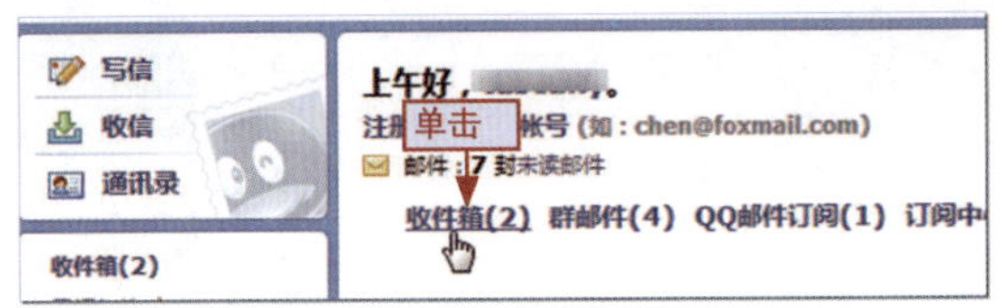

图 2-29　进入 QQ 邮箱

步骤06 进入“收件箱”后找到百度发来的激活邮件，单击其名称超链接，如图2-30所示。

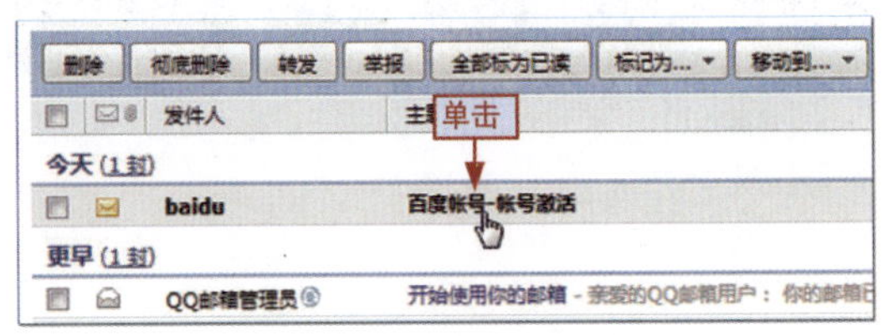

图 2-30　准备激活账号

步骤07 在打开的页面中单击激活超链接，如图2-31所示。

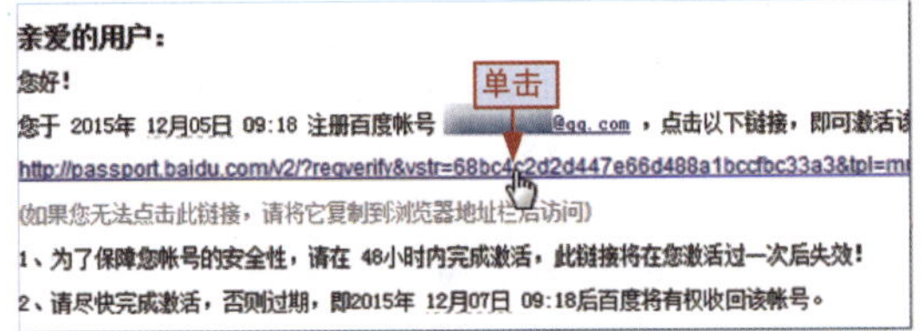

图 2-31　账号激活

完成以上步骤便完成了百度账号的注册，注册的百度账号可以使用百度产品，包括贴吧、知道、文库、音乐、网盘和钱包等。

接下来我们看看如何使用百度云来存储素材。

步骤01 ❶进入百度云官方网站(http://pan.baidu.com/)，在首页输入账号和密码，❷单击“登录”按钮，如图2-32所示。

步骤02 登录成功后单击“上传文件”按钮，如图2-33所示。

步骤03 ❶在打开的页面中选择要上传的文件夹，❷单击“打开”按钮即可完成上传，如图2-34所示。

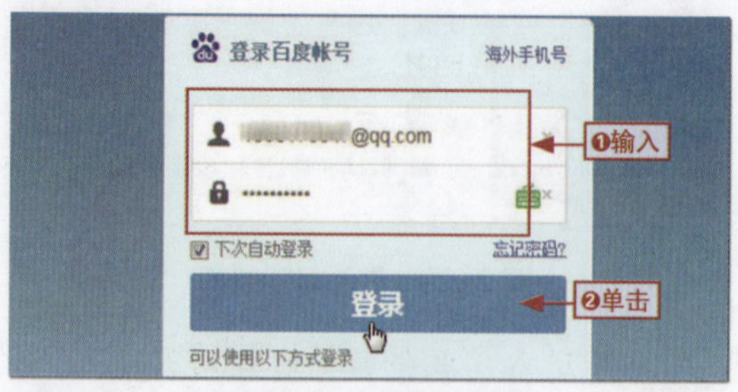

图 2-32 填写账号信息

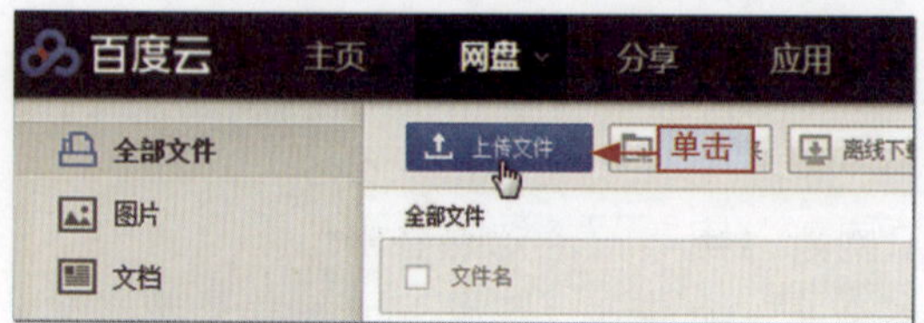

图 2-33 准备上传文件

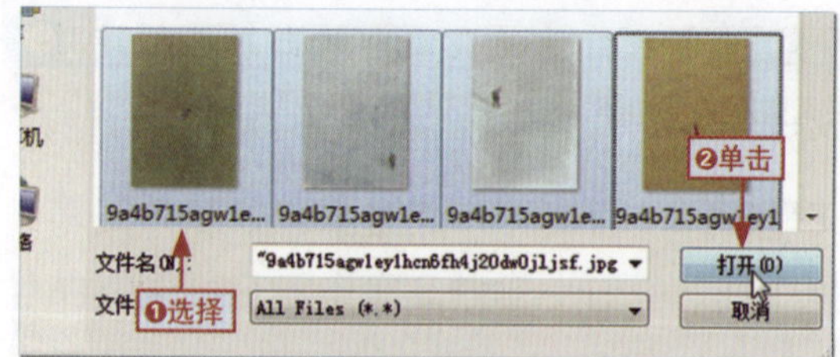

图 2-34 选择上传文件

2.2.3 新浪微盘空间存储

新浪微盘是一款云存储网盘及新浪微博的官方网盘，可以用来存储文件，支持计算机和手机等多种终端访问，简单易用，可随时随地上传和下载数据。

要使用新浪微盘存储数据，需要注册新浪微博账号，下面我们就来看看如何注册新浪微博账号。

学习目标	掌握如何注册新浪账号和使用微盘
难度指数	★★

步骤01 进入新浪微博官方网站(http://weibo.com/)，在首页单击“立即注册”超链接，如图2-35所示。

图2-35 进入新浪微博首页

步骤02 在打开的页面中选择注册方式，比如选择“邮箱注册”，则单击“邮箱注册”超链接，如图2-36所示。

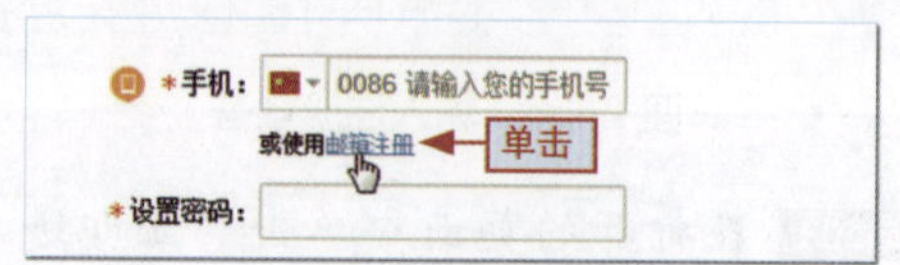

图2-36 选择邮箱注册

步骤03 ❶在打开的页面中输入邮箱账号、密码和验证码，❷再单击“立即注册”按钮，如图2-37所示。

图2-37 输入账号信息

步骤04 ❶进入短信验证页面，输入手机号码和短信验证码，❷再单击“提交”按钮即可，如图2-38所示。

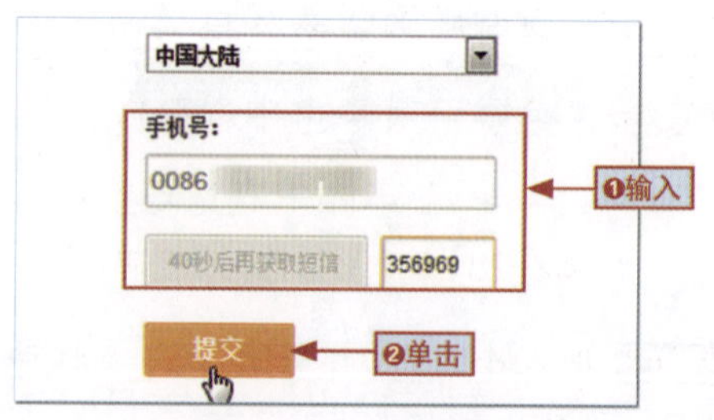

图2-38 进行短信验证

完成以上步骤便完成了新浪微博账号的注册，接下来我们看看如何使用新浪微盘存储素材。

步骤01 进入新浪微盘官方网站(http://vdisk.weibo.com/)，在首页单击"登录"超链接，如图2-39所示。

图2-39 新浪微盘首页

步骤02 ❶在打开的页面中输入账号和密码，❷单击"登录"按钮，如图2-40所示。

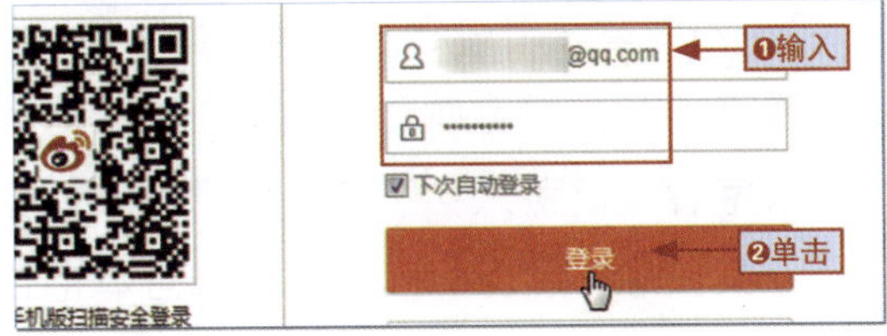

图2-40 输入账号信息

步骤03 在打开的页面中单击"上传"按钮，如图2-41所示。

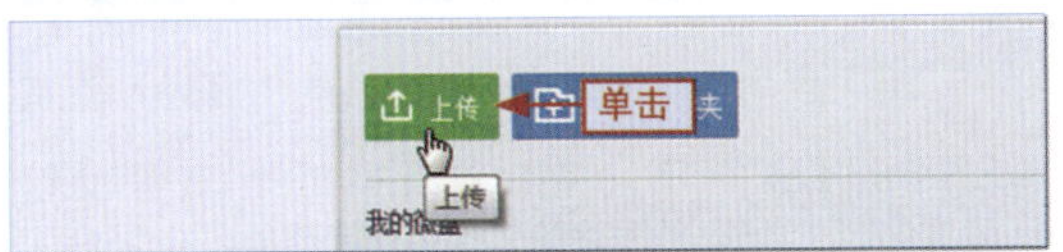

图2-41 准备上传

步骤04 在打开的页面中单击"选择文件"按钮，如图2-42所示。

图2-42 准备选择文件

步骤05 ❶选择要上传的文件，❷单击"打开"按钮即可上传，如图2-43所示。

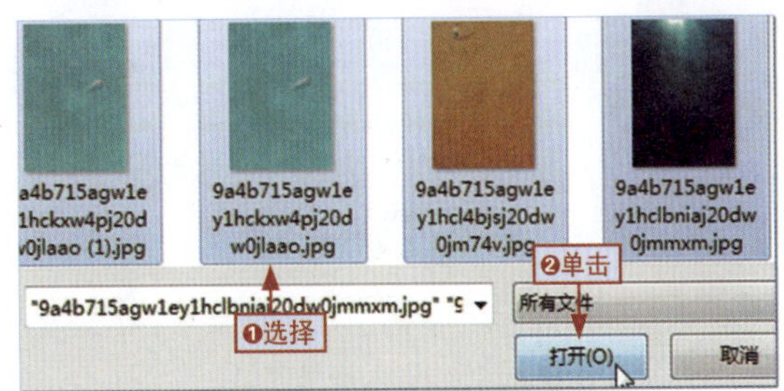

图2-43 选择文件

2.2.4 网易网盘存储

网易网盘是网易公司推出的在线存储服务软件，可以为用户提供文件的存储、访问、备份、共享等文件管理功能。

不管是在家中、单位或其他任何地方，只要连接到网络，就可以管理和编辑网盘里的文件。要使用网易网盘需要登录网易账号，同时也可以使用第三方平台账号登录，下面我们看看如何使用网易网盘。

学习目标 掌握如何使用网易网盘

难度指数 ★★

步骤01 进入网易网盘官方网站(http://wp.163.com/)，在首页选择第三方登录工具，比如选择QQ登录，如图2-44所示。

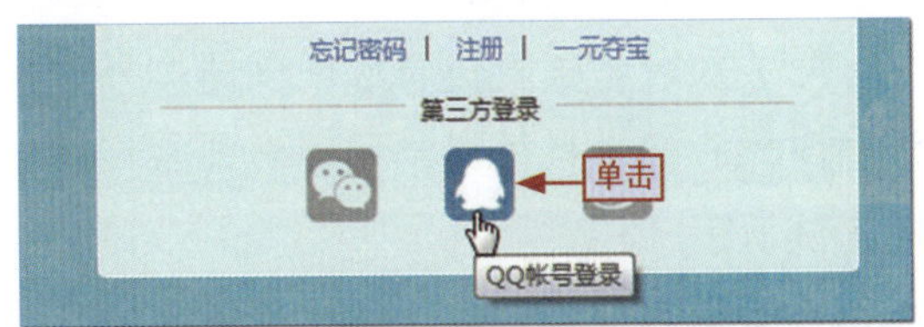

图2-44 选择QQ登录

步骤02 ❶在打开的页面中输入QQ账号和密码，❷再单击"授权并登录"按钮，如图2-45所示。

步骤03 登录成功后单击"上传文件"按钮，如图2-46所示。

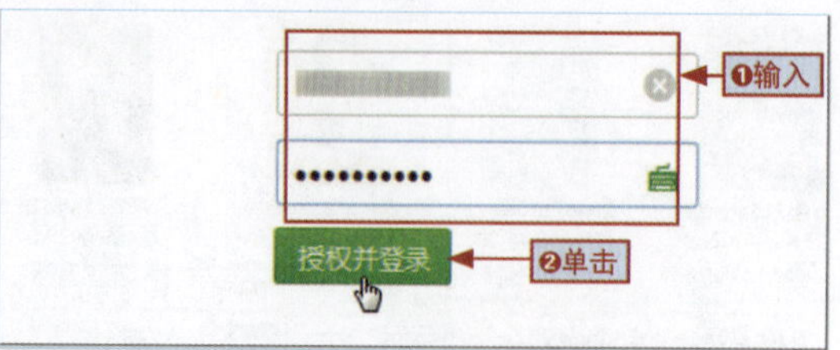

图2-45 输入账号信息

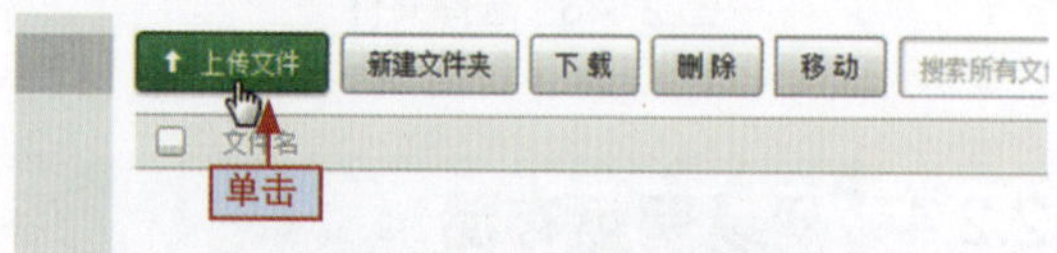

图2-46 准备上传文件

步骤04 ❶在打开的页面中选择要上传的文件，❷再单击“打开”按钮即可完成上传，如图2-47所示。

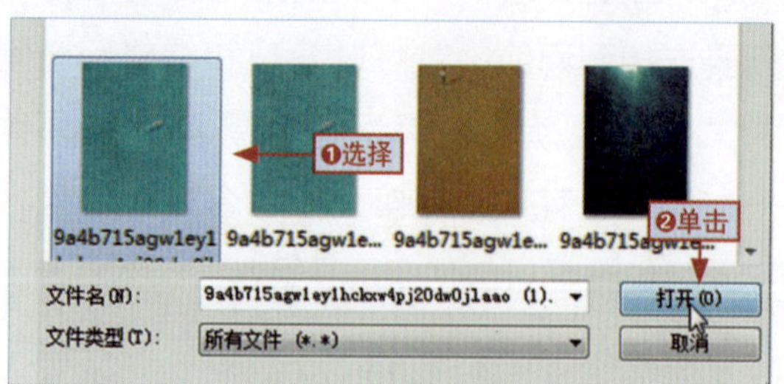

图2-47 选择上传文件

2.2.5 其他空间存储

除了我们上面讲到的几种存储工具外，还有其他存储工具值得一用，下面我们就一起来认识它们。

学习目标 认识其他存储工具
难度指数 ★★

● 金山快盘

快盘是金山软件推出的免费网盘，具备文件同步、文件备份和文件共享功能，其网站首页如图2-48所示。

图2-48 金山快盘网站首页

● 微云

微云是腾讯公司为用户精心打造的一项智能云服务，可以通过微云在手机和计算机之间同步文件、推送照片和传输数据。使用QQ号和微信号都可以登录腾讯微云，其网站地址是：http://www.weiyun.com/，网站首页如图2-49所示。

图2-49 腾讯微云网站首页

● 360云盘

360云盘是奇虎360科技旗下的分享式云存储服务产品，360云盘为每个用户提供18GB的免费初始容量空间，通过简单任务和抽奖可以扩容到36GB，甚至更多。其网站地址是：http://c6.yunpan.360.cn/，首页显示如图2-50所示。

图 2-50 360 云盘首页

● 华为网盘

华为网盘是华为软件技术有限公司旗下的互联网存储服务，拥有5GB免费存储空间，可存储任意类型的文件。其网站地址是：http://www.dbank.com/，首页显示如图2-51所示。

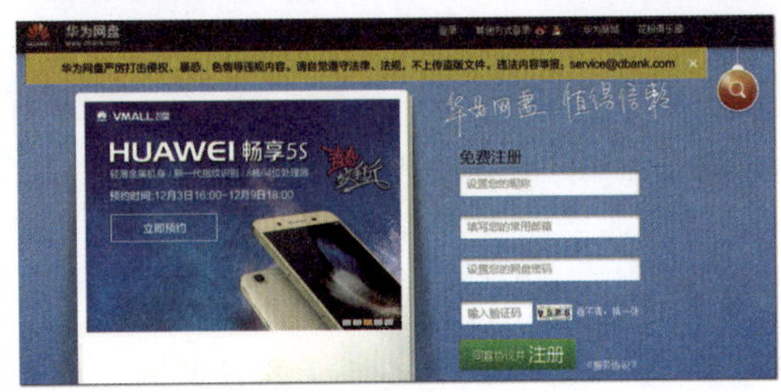

图 2-51 华为网盘首页

2.3 认识装修必备的软件

阿智：你在装修网店时使用了哪些软件呢？

小白：我只使用了 Photoshop 软件。

阿智：Photoshop 是经常会用到的软件，但对一些简单的图片处理，我们还可以使用更简单的工具。

2.3.1 认识 Photoshop

Adobe Photoshop，简称PS，是由Adobe Systems开发和发行的图像处理软件。在对网店进行装修时，我们会利用Photoshop来对一些图片进行处理，使图片的展示效果更好。

要使用Photoshop的图像处理功能，首先要保证计算机中安装了Photoshop软件，下面我们就来看看如何安装Photoshop软件。

学习目标	掌握如何安装 Photoshop
难度指数	★

步骤01 ❶使用IE浏览器进入百度软件中心(http://rj.baidu.com/)，在首页搜索栏中搜索Adobe Photoshop CS6。❷再单击“搜索”按钮，如图2-52所示。

图2-52 百度搜索

步骤02 在打开的页面中选择与计算机系统相匹配的版本，单击“下载”按钮，如图2-53所示。

图2-53 选择版本

步骤03 在打开的页面中单击“保存”按钮，如图2-54所示。

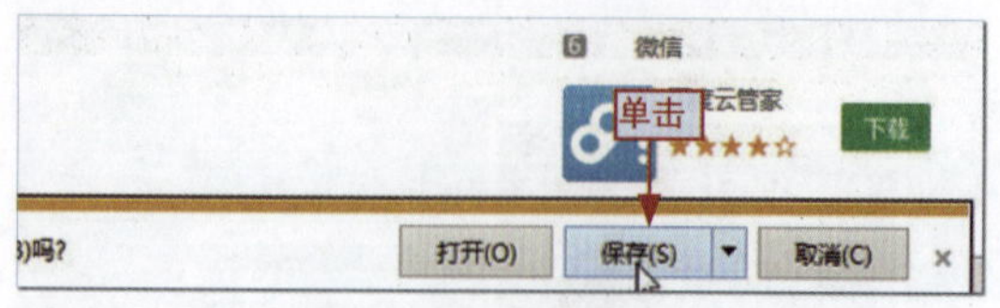

图2-54 准备下载软件

步骤04 软件下载完成后，在计算机中找到安装文件，双击其应用程序，如图2-55所示。

名称	修改日期	类型
Deployment	2013/10/25 11:22	文件夹
packag…	2013/10/25 11:22	文件夹
payloads	2013/10/25 11:23	文件夹
resources	2013/10/25 11:23	文件夹
Set-up.exe	2012/4/6 4:37	应用程

双击

图2-55 找到安装文件

步骤05 在打开的页面中单击“运行”按钮，如图2-56所示。

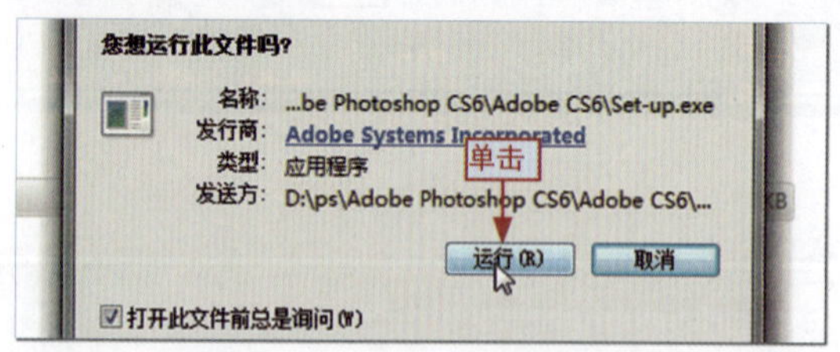

图2-56 准备运行安装程序

步骤06 等待安装程序初始化，完成后如果有序列号便单击“安装”超链接，如图2-57所示。

步骤07 在打开的页面中单击“接受”按钮，如图 2-58 所示。

步骤08 ❶在打开的页面中输入序列号，❷单击“下一步”按钮，如图2-59所示。

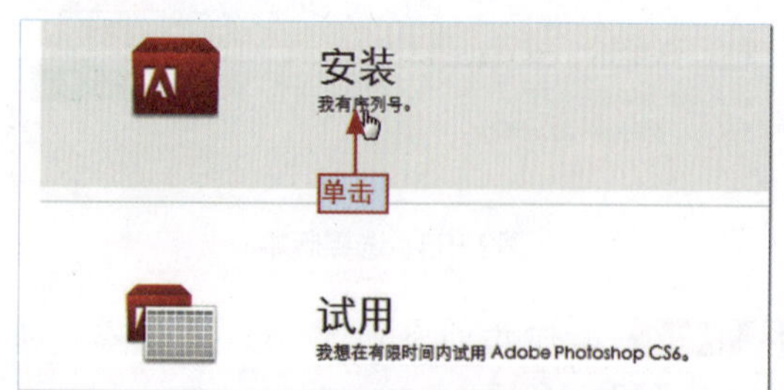

图2-57 选择安装方式

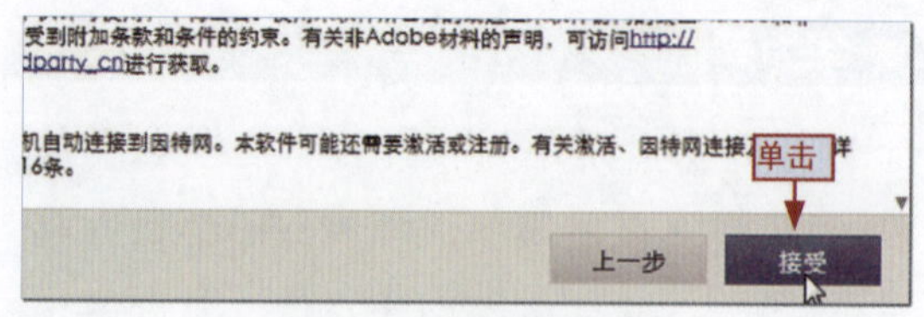

图2-58 接受服务条款

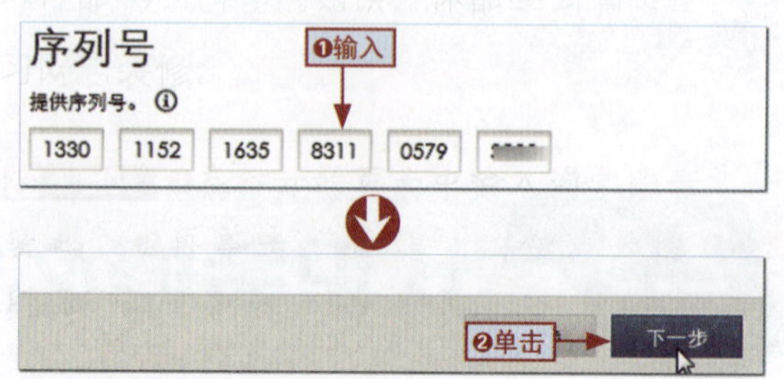

图2-59 输入序列号

步骤09 在打开的页面中单击“安装”按钮即可完成安装，如图2-60所示。

图2-60 完成安装

2.3.2 认识 Dreamweaver

Adobe Dreamweaver，简称DW，是专业的网页开发工具，利用它可以轻而易举地制作出跨越平台限制和浏览器限制的网页。

要使用Dreamweaver软件同样需要对软件进行下载安装，软件可到Adobe官方网站购买或者下载试用版，下面就来看看如何下载试用版。

步骤01 进入Adobe中国官方网站(http://www.adobe.com/cn/)，在首页单击“下载”超链接，如图2-61所示。

图2-61 Adobe中国官方网站

步骤02 在打开的页面中单击“试用”超链接，如图2-62所示。

图2-62 产品中心

步骤03 在打开的页面中，选择Dreamweaver CS6下拉列表中的“文件1”选项，如图2-63所示。

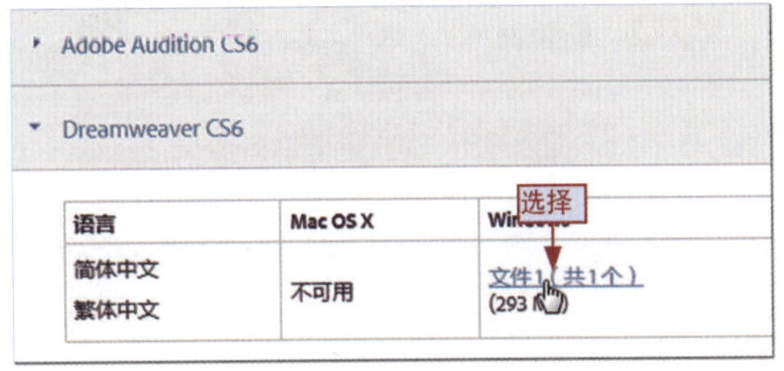

图2-63 准备下载

步骤04 在页面下方单击“保存”按钮即可将安装程序下载到电脑中，如图2-64所示。

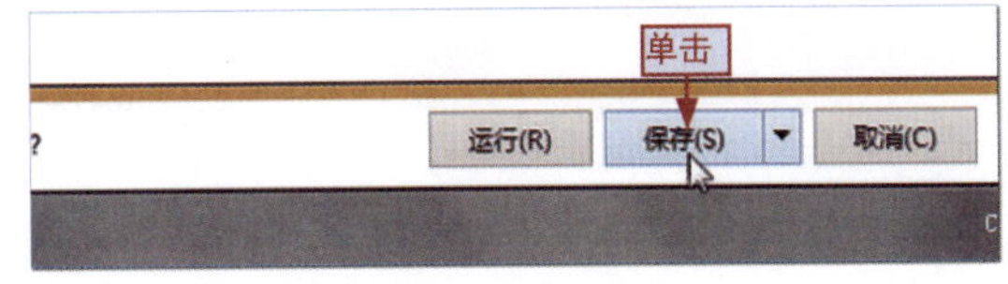

图2-64 保存文件

下载完成后，再按照提示的步骤完成安装即可。

2.3.3 实用的图片处理工具

在对图片进行美化处理时除了会用到Photoshop外，一些简单的图片处理工具也是常用的，接下来就来看看这些简单实用的工具。

● 美图秀秀

美图秀秀(http://xiuxiu.web.meitu.com/)是由美图网研发推出的一款免费的图片处理软件。与Photoshop相比，其操作更简单，在计算机和手机上都可以操作，网站首页如图2-65所示。

图2-65 美图秀秀网站首页

● 可牛影像

可牛影像(http://yx.keniu.com/)是一款免费的照片处理管理软件，具有场景选择、强效人像美容、多种特殊效果以及全面图片编辑等功能，网站首页如图2-66所示。

图2-66 可牛影像网站首页

● QQ影像

QQ影像是腾讯公司推出的一款桌面图片处理软件，具有相框装饰、快调美白祛痘、调曝光、加文字、剪裁图片以及修改大小等功能，需要下载后才能使用。

● PicsArt照片

PicsArt照片是一款集合拍照和照片处理的应用软件，具有魔法效果、绘画和图片编辑等功能。使用该软件需要在应用市场下载。

● 光影魔术手

光影魔术手(http://www.neoimaging.cn/)是一款针对图像画质进行改善提升及效果处理的软件，具有批量处理照片的功能，网站首页如图2-67所示。

图2-67 光影魔术手网站首页

● 拼立得

拼立得(http://www.fotoable.com.cn/)是一款相册编辑软件，它可以把照片变成杂志，具有设计感强和简单易用的特点，网站首页如图2-68所示。

图2-68 拼立得网站首页

● 玩图

玩图是一款拼图软件，可以把照片进行拼接，还可以使用该软件制作GIF动画、添加滤镜和动态相框等。

给你支招 | 素材存储空间的扩容

小白：搜集了大量素材后，发现存储空间不够该怎么办呢？

阿智：许多存储工具都提供了空间扩容的功能，通过这种方式可以使存储空间大大提高。下面我们以百度云为例看看如何扩大存储空间容量。

步骤01 进入百度云官方网站，登录百度云个人账号，登录成功后，在首页单击“扩容”超链接，如图2-69所示。

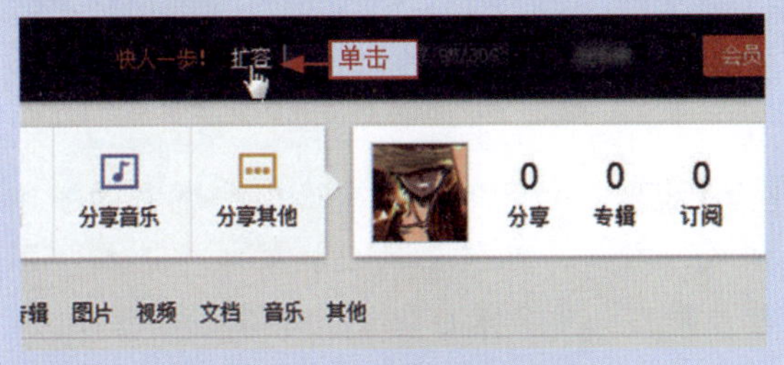

图2-69 百度云个人中心

步骤02 在打开的页面中选择扩容套餐类型，在页面下方单击“立即购买”按钮，如图2-70所示。

图2-70 选择套餐类型

步骤03 ❶在打开的页面中选择支付方式，❷单击“立即支付”按钮，如图2-71所示。

图2-71 选择支付方式

步骤04 ❶进入在线支付页面，按要求输入内容，❷单击“确认付款”按钮，完成付款即可，如图2-72所示。

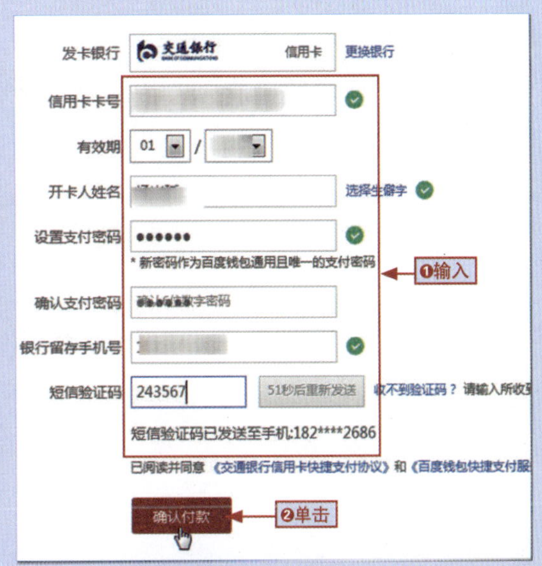

图2-72 完成支付

给你支招 | 如何获取书法字体

小白：我的网店装修需要使用书法字体，自己设计很麻烦，在哪里可以获取在线生成的书法字体呢？

阿智：在千图网素材网站中可以使用在线书法工具进行获取，下面就来看看具体的操作。

步骤01 进入千图网官方网站(http://www.58pic.com/)，在首页“设计工具”菜单中选择“在线书法”命令，如图2-73所示。

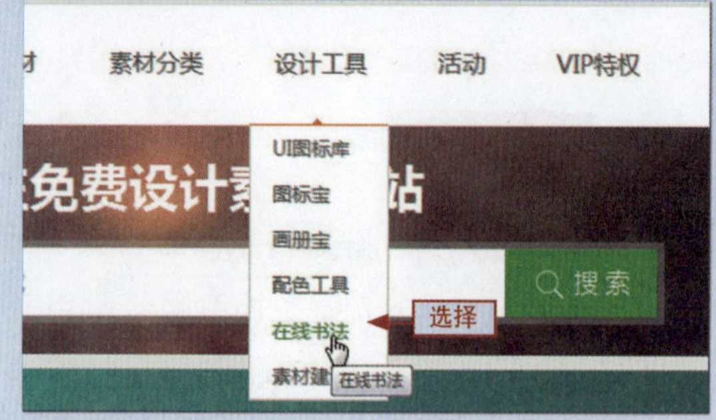

图 2-73 千图网首页

步骤02 ❶在打开的页面中输入要生成的文字，❷单击“生成矢量书法”按钮，如图 2-74 所示。

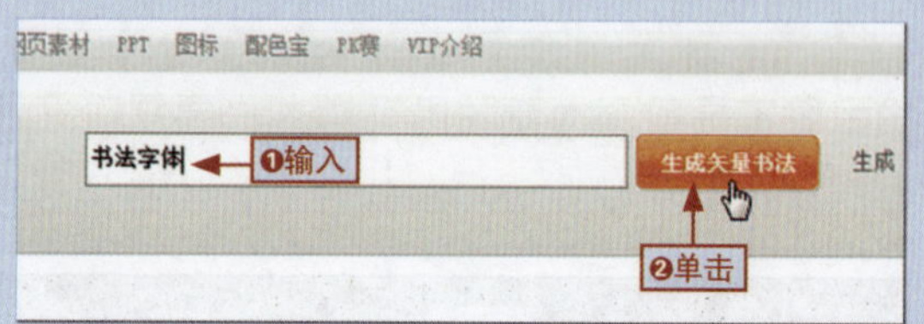

图 2-74 输入要生成的文字

步骤03 在打开的页面中选中要下载的字体样式，右击，在弹出的快捷菜单中选择“图片另存为”命令保存即可，如图 2-75 所示。

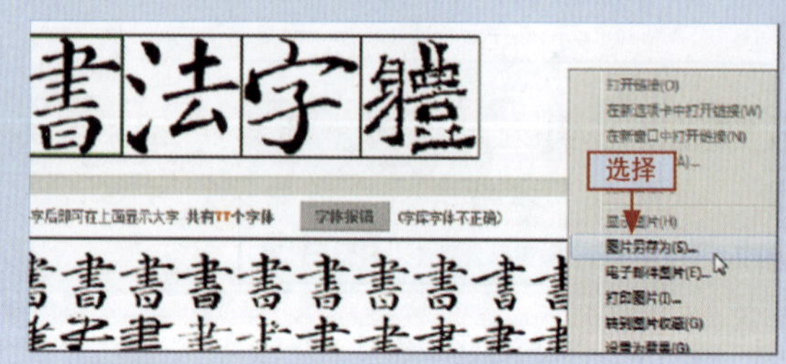

图 2-75 保存字体

Chapter 03

商品图片的拍摄

学习目标

买家在网上购物看到的都是商品的图片，商品图片是否有吸引力关系到买家是否愿意购买该商品的问题，所以如何把商品真实、清晰地呈现在买家眼前很重要。本章我们就一起来看看如何拍摄商品图片。

本章要点

- 摄影器材的分类
- 选择摄影器材
- 摄影器材的购买
- 拍摄网上商品的要求
- 布置拍摄场景
- 光线的运用
- 服装的拍摄技巧
- 饰品的拍摄技巧
- 化妆品的拍摄技巧
- 玩具的拍摄技巧

知识要点	学习时间	学习难度
选择摄影器材	30 分钟	★★
准备拍摄前的工具	30 分钟	★★
掌握拍摄不同商品的技巧	50 分钟	★★★

3.1 选择摄影器材

阿智：你知道拍摄网店宝贝要使用哪些器材吗？

小白：使用相机就可以了吧。

阿智：相机是必备的工具，但在拍摄时还会使用其他辅助工具，如三脚架和反光板等。

拍摄网店的商品图片摄影器材是不可或缺的，在拍摄的过程中为了使商品图片更加引人注目，还需要使用一些辅助工具，下面我们就来认识一下这些摄影器材。

3.1.1 摄影器材的分类

我们都知道拍摄商品图片需要使用相机，目前使用的基本上都是数码相机，然而数码相机也分为不同的类别，下面我们就来看看目前常用的几款相机。

学习目标	认识不同的相机
难度指数	★

● 单反相机

单反相机全称是单镜头反光式取景照相机，单镜头是指摄影曝光光路和取景光路共用一个镜头。

单反相机的优点在于其只有一个镜头，既可用于摄影也可用于取景，视差问题基本能得到解决。并且可以随意换用其他广角、中焦距、远摄或者变焦距镜头进行摄影，其调焦和取景的便捷性使得单反相机深受人们喜爱。

单反相机的缺点在于机身笨重，携带不是特别方便。常见的单反相机如图3-1所示。

图3-1　单反相机

● 微单相机

微单相机的“微”是微型小巧的意思。“单”是可更换式单镜头的意思，其优点在于小巧轻便，同时也能获得很好的画面表现力。由于这一特点，微单相机的使用者大多是寻求数码相机的轻便性，又想获得良好画面表现力的用户。微单相机的品牌也很多，比如松下、索尼、佳能以及尼康等。常见的微单相机如图3-2所示。

图3-2　微单相机

● 卡片相机

卡片相机并没有明确的概念，通常情况下，外形小巧、机身相对较轻以及超薄时尚的数码相机都可以被叫作卡片相机。其优点在于携带方便，但是从功能上来看，与单反相机有一定的差距。常见的卡片相机如图3-3所示。

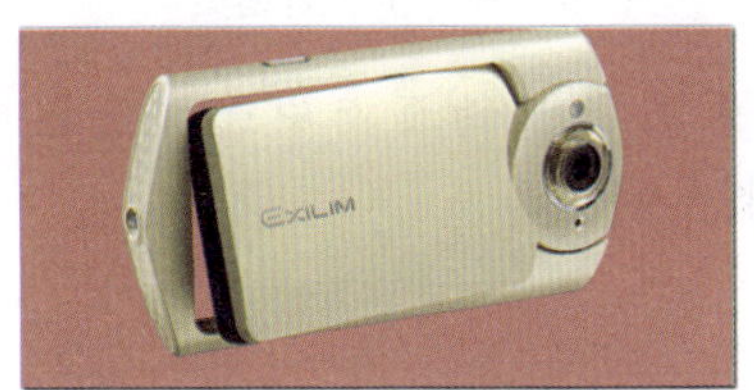

图3-3 卡片相机

● 长焦相机

长焦相机是指拥有长焦镜头的数码相机，特别适合拍摄远处的景物或者在拍摄者不愿意被打扰的情况下拍摄。

由于焦距越长则景深越浅，因此长焦相机能够拍摄出浅景深的效果，使拍摄照片更加专业。常见的长焦相机如图3-4所示。

图 3-4 长焦相机

3.1.2 选择摄影器材的方法

在选购数码相机的时候很多人会感到难以选择，这是因为市场中的相机品牌很多，并且不同的相机具有不同的性能。其实选择一款自己满意的相机并没有想象中那么困难，我们可以从以下几方面入手。

学习目标 掌握如何挑选适合自己的相机

难度指数 ★

● 预算

在购买相机前首先需明确自己的预算是多少，比如1000元、2000元或者3000元。在网上选购时可以通过价位搜索来缩小搜索范围，在实体店选购也能有目的地选择，可以节省挑选的时间。如图3-5所示为淘宝网价格筛选页面。

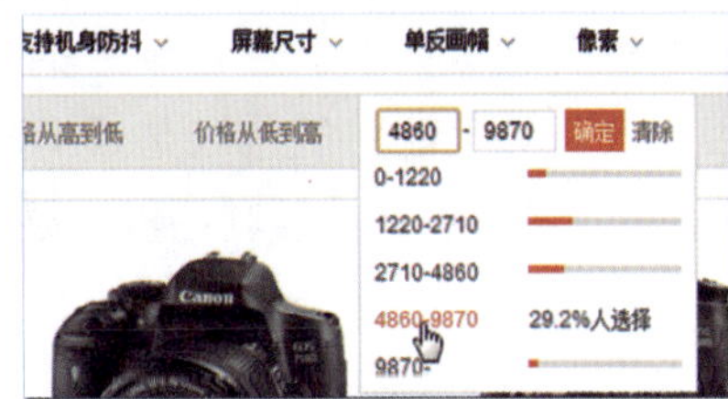

图3-5 淘宝网价格筛选页面

● 了解参数

通过价格筛选出自己可以接受的价位范围内的相机后，可重点了解相机的参数，包括屏幕参数、镜头参数、曝光控制、性能参数、闪光灯参数以及电源参数等。佳能某款数码相机的规格参数如图3-6所示。

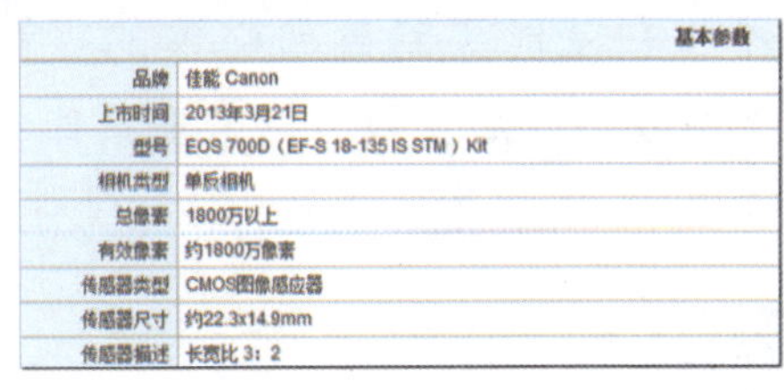

基本参数	
品牌	佳能 Canon
上市时间	2013年3月21日
型号	EOS 700D（EF-S 18-135 IS STM）Kit
相机类型	单反相机
总像素	1800万以上
有效像素	约1800万像素
传感器类型	CMOS图像感应器
传感器尺寸	约22.3x14.9mm
传感器描述	长宽比 3：2

图3-6 相机规格参数

● 货比三家

选中一款相机以后不要急于马上付款，还要货比三家，看看售后服务、价格以及信誉等，如图3-7所示为佳能数码相机的保修服务。

图3-7　售后保修年限

● 验机

在实体店购买相机时在付款前要当场验机，检查机身、保修卡以及包装上的序列号是否一致，其他配件的包装是否有拆封的痕迹，可试拍几张照片看其拍摄效果。

网上购买在确认收货前验机

在网上购买的相机需在确认收货前进行检查，以确保购买的相机能够正常使用，在购买时要索要发票。

3.1.3 摄影器材的购买

在网上购买摄影器材是比较便捷的，可以足不出户就能买到自己心仪的摄影器材，下面我们以淘宝网为例来看看如何在网上购买。

学习目标	掌握如何在淘宝网购买数码相机
难度指数	★

步骤01 进入淘宝网官方网站(https://www.taobao.com/)，在搜索栏中输入要购买的相机类型，比如输入“单反相机”，再按Enter键，如图3-8所示。

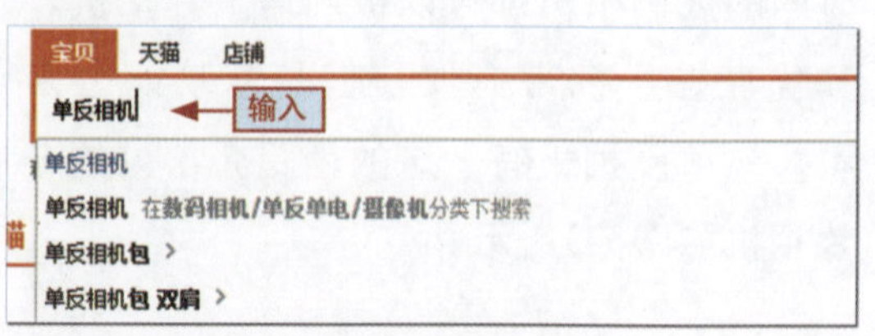

图3-8　淘宝网首页

步骤02 在打开的页面中选择价格筛选范围，如图3-9所示。

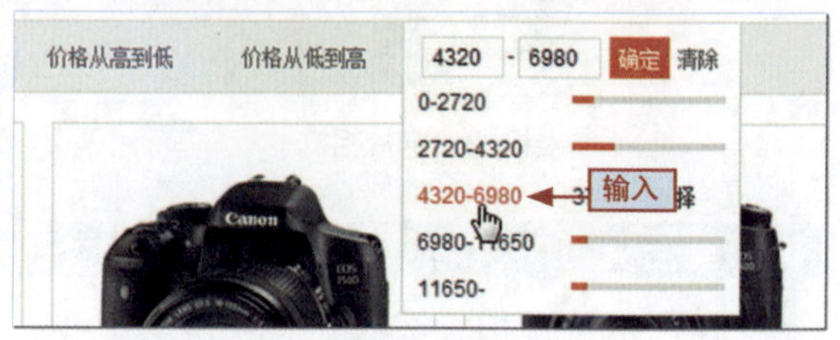

图3-9　进行商品筛选

步骤03 在打开的页面中选择自己要购买的相机，单击其名称超链接，如图3-10所示。

图3-10　选择商品

步骤04 在打开的页面中可以看到正在售卖该款相机的店铺，选择要了解的店铺，单击商品名称超链接，如图3-11所示。

步骤05 ❶在打开的页面中查看商品介绍以及参数，如果确定购买则选择套餐类型，❷再单击“立即购买”按钮，如图 3-12 所示。

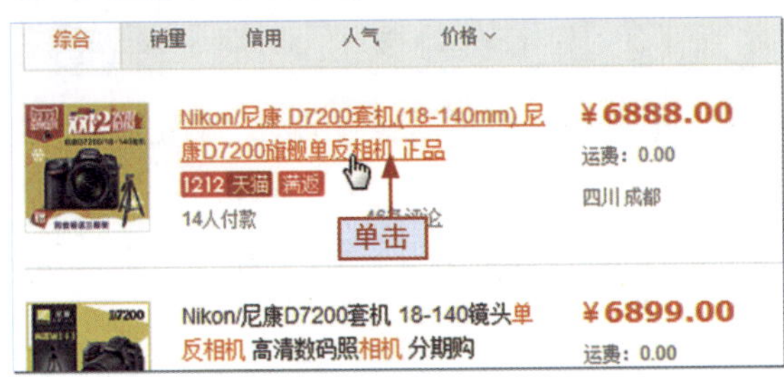

图3-11 选择店铺

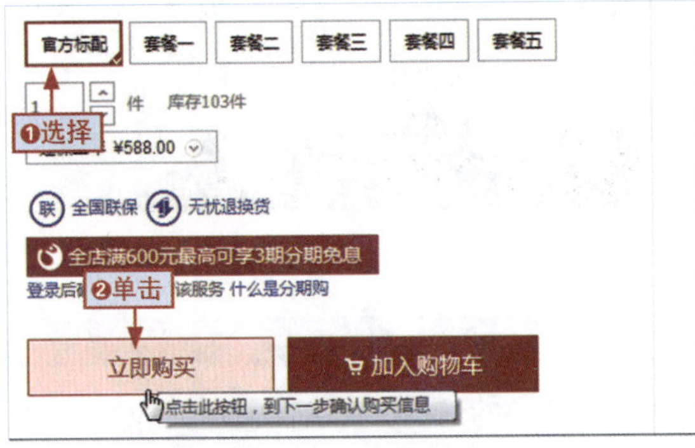

图 3-12 选择套餐类型

步骤06 ❶进入登录页面后，输入个人淘宝账号和密码，❷再单击“登录”按钮，如图 3-13 所示。

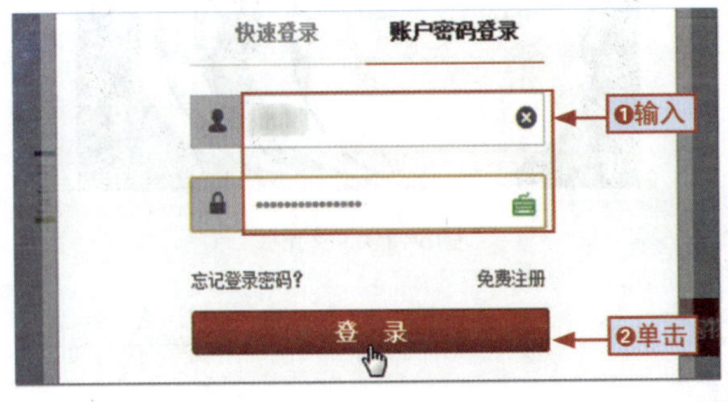

图 3-13 登录账号

步骤07 ❶登录成功后，在打开的页面中选择收货地址，❷再单击“提交订单”按钮，如图 3-14 所示。

步骤08 ❶进入在线支付页面，选择支付方式，❷输入支付宝密码，❸再单击“确认付款”按钮即可，如图3-15所示。

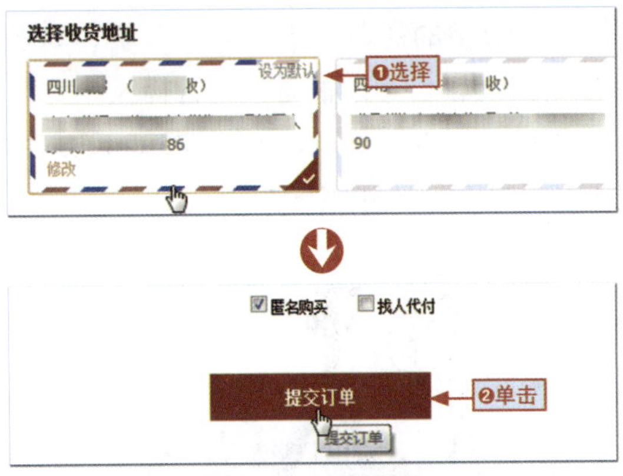

图 3-14 提交订单

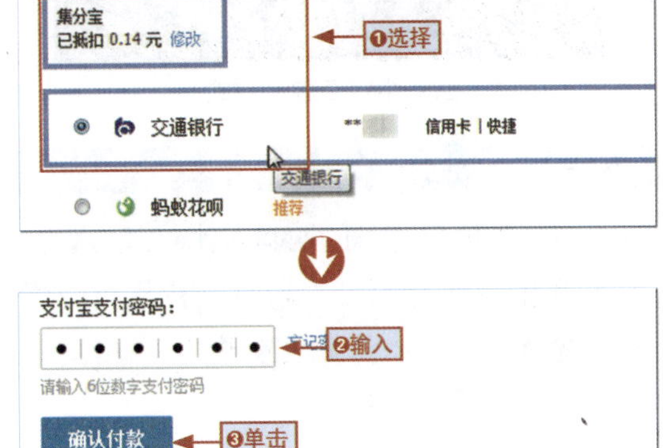

图3-15 完成支付

3.1.4 摄影辅助工具

拍摄商品图片的过程中，除了会用到相机外，还会使用其他工具来帮助完成摄影的整个过程。那么，具体都有哪些工具呢？下面我们就一起来看一看。

学习目标 了解摄影会用到的其他工具

难度指数 ★★

三脚架

在许多照片的拍摄过程中都离不开三脚架，不管是专业的摄影师还是业余爱好者都不能忽视三脚架的重要作用，其能够稳定照照相机，使摄影作品达到某种效果。

三脚架的材质多样，包括木质、高强塑料以及合金等。根据脚管管径大小可分为32mm、28mm、22mm以及25mm等。常见的三脚架样式如图3-16所示。

图3-16　三脚架样式

● 灯光设备

灯光能够使商品的明暗对比更加协调，常使用的灯光有主灯、辅灯、背景灯、发灯、聚光效果灯以及其他效果灯。如图3-17所示为摄影灯光设备。

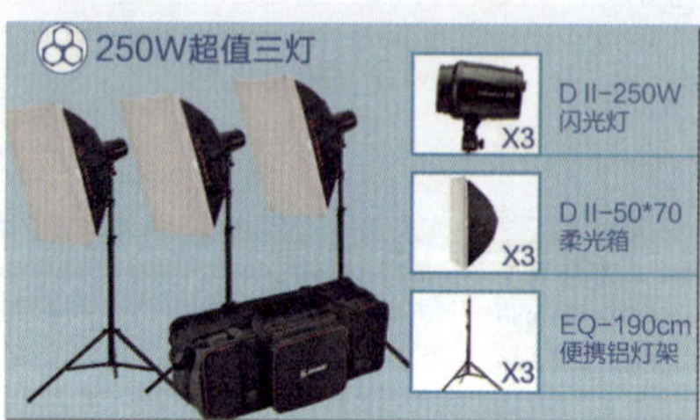

图3-17　摄影灯光设备

● 摄影棚

摄影棚是用于拍摄商品图片的空间，摄影棚内需布置照明设备、道具、布景以及电力设备等。如图3-18所示为某摄影棚的布置情况。

图3-18　摄影棚布置

● 其他工具

在摄影的过程中还会使用反光板、反光伞、背景纸以及背景板等。如图3-19所示为反光板。

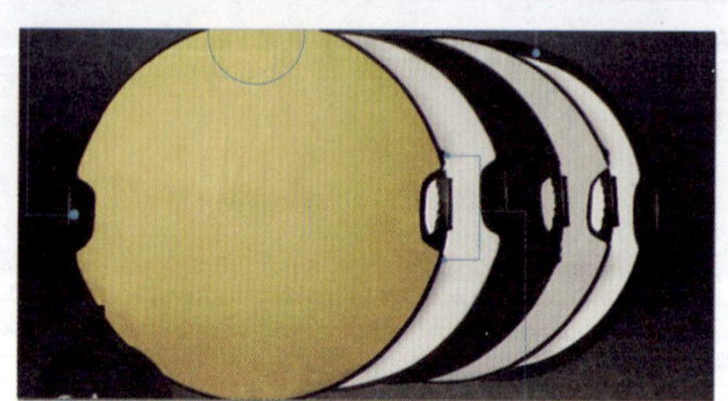

图3-19　反光板

3.2 拍摄前的准备

阿智：小白，你知道拍摄网店商品照片前需要做哪些准备工作吗？

小白：准备好要拍摄的商品和相机就可以了吧。

阿智：这两样是必备的工具，要使商品图片能够脱颖而出还需要准备其他辅助设备，虽然网店商品的拍摄没有摄影室拍摄的要求那么高，但是我们仍不能马虎。本节我们就来看看需要做哪些准备工作。

通常情况下，买家更愿意购买图片专业而又漂亮的网店“宝贝”，为了使自己网店的商品也能畅销，我们不得不从商品的拍摄入手。要想拍摄出好看的图片需要在拍摄前做足准备工作。

3.2.1 拍摄网上商品的要求

网上商品的拍摄与生活中的拍照有所不同，下面我们就来看看网店商品的拍摄具体有哪些要求。

学习目标	认识网店商品拍摄的要求
难度指数	★

● 图片清晰

商品的图片首先要保证清晰，保证买家能够准确地看清商品的颜色、轮廓以及质感等。许多买家在购物时都会比较重视商品的细节，清晰的图片才能保证商品的细节都得到很好的呈现。使得买家能够从图片中了解有效信息并做出购买的决策。

尽职的卖家不能嫌麻烦，而应该满足买家想要了解商品的愿望。如图3-20所示为某店铺胎菊商品的图片。

图 3-20　某店铺胎菊商品图片

从图 3-20 可以很清晰地看出该胎菊形态整齐、花瓣内敛蜷曲且色泽金黄，很好地展现了胎菊的颜色和形态。

● 背景干净

商品图片的背景不能过于花哨，这会影响主体商品的呈现，应保证买家能够一眼就看到商品的整体状况。

干净的背景能够很好地突出商品本身，下面就来看看某店铺商品图片，如图3-21所示。

图3-21　脐橙商品图片

从图3-21可以看出该商品是脐橙，背景色为白色，看起来干净整洁，使买家一眼便看出了橙子的整体特征。

● 风格一致

网店商品的展示图片一般不止一张，而是有多张图片。同一个商品在同一页面或者同类商品的展示风格应该是统一的，尽量使用相同的背景和光源，如图3-22所示。

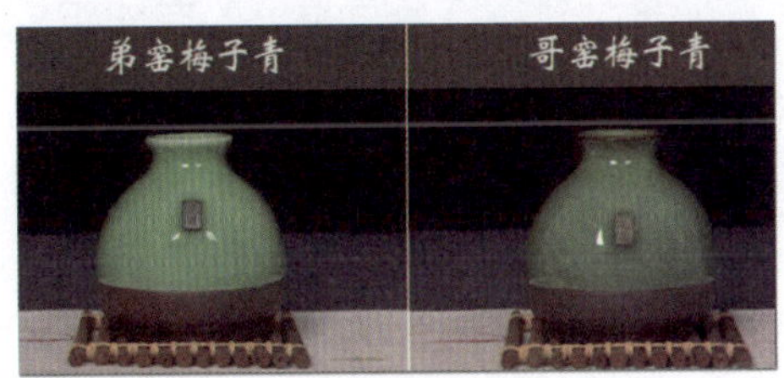

图3-22　迷你花器商品图片

从图3-22可以看出，这两种商品都属于迷你花器。左右两边图片的区别在于右边的花器有冰裂纹且色泽更深。虽然两者有一定区别，但是由于是同类商品，因此拍照时使用的背景是统一的，两者并没有表现出风格迥异的特征。

● 色彩对比

色彩对比能够让商品画面更加生动和饱满，使用对比色也能很好地突出商品本身的颜色，如图3-23所示。此外，也可以在商品的旁边放置一个与商品本身色彩有对比性的物件，也能起到突出商品的作用。

图 3-23　腕表商品图片

从图 3-23 可以看出，该商品的背景色为黑色，很好地突出了表带和表盘的色彩，使该腕表散发出无穷魅力。

● 大小对比

图片展示并不能很直观地表现出商品的大小，若在展示商品时没有标明商品尺寸，买家收到商品后与想象的有差距，就会造成买家要退换货或者给商品差评等现象的出现，因此对于有大小尺寸要求的商品，最好在拍照时使用参照物来体现商品的大小，如果没有使用参照物，最好在图片上注明尺寸，如图3-24所示。

图3-24　花盆商品图片

从图 3-24 可以看出，为了突出该花盆的大小，拍照时在该商品旁边放置了一个松果，使得买家能够直观地看出该花盆的尺寸。

3.2.2 布置拍摄场景

在商品的拍摄过程中，背景起着表现整个画面的色调和烘托气氛的作用。商品拍摄的好坏与背景的布置有很大的关系。我们不能把网店中要出售的商品随便放置在任意环境中拍摄，网店商品拍摄的背景主要有以下几种。

学习目标　掌握网店商品拍摄几种背景的布置

难度指数　★

● 白色背景

白底看起来简洁、美观，因此白色是网店商品拍摄中使用最多的一种背景。白色背景拍摄环境的布置比较简单，首先准备白色的背景布、背景纸或者使用白色的背景墙，最好不要使用反光的材料，之后再准备好背景灯和物品灯。被拍摄的商品要放置在背景灯的前面，让背景灯的灯光照射在背景墙或者背景布上。在光线不足的情况下，可以使用物品灯，物品灯要放置在最前面，如图3-25所示。

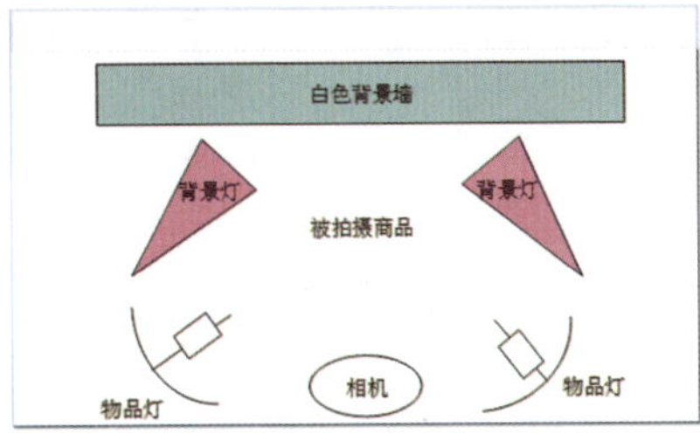

图3-25 白色背景布置

图 3-25 所示的背景布置方法适用于大多数商品的拍摄，在商品的具体拍摄过程中还需要不断地调整被拍摄商品与拍摄灯之间的距离，使拍摄环境的光线达到最佳。

另外，以白色为背景拍摄的照片还分为全白无影、全白有影但是影子模糊和全白有影且影子清晰的效果，之所以形成不同的效果是因为光线的照射角度和拍照的角度不同造成的。

小绝招

如何使白色背景显得更白

在使用白色背景拍摄时，经常会出现背景发灰的效果，这种情况可以通过提高相机的曝光时间或者曝光补偿来解决，使拍摄出来的背景看起来是纯白色。

● 灰色背景

灰色的背景能够营造出很好的空间感，该背景的布置可以使用淡灰色的背景布或背景墙。

另外，也可以通过调节白色背景的光照来营造银灰斜影的效果，比如在背景布的前方或者侧面再加一盏灯，让被拍摄物离背景布稍近些，在拍摄时拍摄出影子。如图3-26所示为浅灰色背景下拍摄的商品。

图3-26 浅灰色背景下拍摄的商品

● 生活背景

把拍摄背景布置成生活中的场景可以使商品显得不那么单调，具有立体感、真实感和生活情调。生活场景的布置可以使用的道具比较多，如家具、沙发、衣柜、床以及茶几等。

在布置生活背景时，使用何种道具要根据被拍摄物来决定(要考虑到商品的协调统一，不能让场景喧宾夺主)。如图3-27所示为某家纺被芯商品的生活背景布置情况。

图3-27 家纺商品生活背景布置

从图 3-27 可以很直观地看出，该商品的拍摄是以卧室场景作为背景。由于被芯是床上用品之一，因此把拍摄背景布置成卧室场景能让买家产生联想，从画面中环境的布置以及商品本身也能感受到该被芯给人带来的温暖。

● 室外背景

服装类的商品选择在室外拍摄的较多，如公园、商业中心、古色古香的城墙、广告牌、建筑和街头等，如图3-28所示。

图3-28　室外背景

从图 3-28 可以看出，该商品是在城市的街道上拍摄的，但并没有受到其他行人的干扰，这也告诉我们，在选择室外背景时要尽量选择人流量少、不容易被打扰的地方。如果在背景中出现其他行人，则会影响图片的展示效果。

● 黄色背景

不同明度的黄色能赋予人不同的视觉感受，商品拍摄中使用黄色作为背景的情况也比较多。黄色可以分为米黄色、深土黄和香橙黄等。如果想要营造平和的心境可以使用较浅的黄色，如米黄色。而要营造活力十足的氛围，则可以使用更明亮的黄色，如香橙黄和晨光黄，如图3-29所示。

从图 3-29 可以看出，该商品的拍摄背景是晨光黄，这种颜色会给人阳光般的感觉，能够滋润和温暖人心。

黄色背景的布置比较简单，只需要按照白色背景来布置，把背景布或者背景墙换成黄色即可。

图3-29　黄色背景

● 其他背景

拍摄时还可以使用墙纸和砖墙等布置成墙体的效果。如果要布置纯色的拍摄背景，除了前面提到的白色、黄色和灰色外，还可以使用其他颜色，比如绿色和红色等，不管使用何种颜色都要重视背景与商品本身的搭配，切忌商品颜色与背景色不协调。如图3-30所示为砖墙背景。

图3-30　砖墙背景

从图3-30可以看出，该商品的拍摄背景使用的是砂质砖墙，与服装体现的民族风格相符合，营造出一种怀旧、复古和沧桑的氛围。

3.2.3 光线的运用

布置好商品拍摄的背景后还需要合理布光，光线运用得当才能拍摄出称心如意的图片。光线运用得当也可以减轻图片后期处理工作的负担，避免再次使用图片处理软件调整图片的光线。下面我们就来看看不同的布光方法。

学习目标 掌握摄影的布光方法

难度指数 ★★

● 浅色背景布光

浅色背景的布光可以使用闪光灯直射光，从正对光线的方向摄入。这种拍摄使用的是逆光，通常用于拍摄透明或者半透明的商品，能够使透明的物体通透，并勾勒出轮廓，如图3-31所示。

图3-31 浅色背景拍摄效果

小绝招

玻璃制品布光技巧

在拍摄玻璃制品时要使杯体通透，可以使用浅色背景，采用正逆光或者侧逆光拍摄。具体方法包括：一是把玻璃制品放在有机玻璃或者其他物体上，在有机玻璃的后下方打光。二是使用白色背景纸或背景墙，让灯光直接照射在背景上，形成反射光。

● 中间亮、四周暗

中间亮、四周暗的布光要让光线更加集中，也就是打光要集中于一处，并根据具体情况调整灯光与物体的距离，从而使物体完整地放置在亮光区。

有些物品本身就是发光材料，为了体现出物品本身的特质，不会使用太多的其他灯光，而是让物体自然发光，从而体现出中间亮、四周暗的效果，如图3-32所示。

图3-32 中间亮、四周暗的拍摄效果

● 利用自然光

利用自然光拍摄商品时可以使用反光板和皱纹纸等改变光线射入的方向，从而使光线变得柔和自然，同时也可以增加亮度。如图3-33所示为自然光拍摄效果。

图3-33 自然光拍摄效果

上亮下暗布光

上亮下暗的布光方法是在商品的顶部使用柔光，但是光线不要直接照在商品上，而应该照射到商品背后，并且不能离商品太近，同时也要求获得一定的反光。越靠近商品底部的光线应越暗，如图3-34所示。

图3-34　上亮下暗布光

挂拍商品布光

挂拍物品的布光要把握好商品与灯光的距离，通常情况下挂拍物与灯光呈现出等腰三角形的形状，灯光与挂拍物的距离，即等腰三角形的边的长度为1.5~2m，灯光为135W左右即可。如图3-35所示的是挂拍物拍摄效果图片。

图3-35　挂拍拍摄效果

平铺布光

平铺商品可以从商品斜上方30°左右打灯，通常情况下会在左上方和右上方都布置灯光，这两个灯可作为辅灯。主灯要设置在辅灯前方，主灯和辅灯呈现等腰三角形形状，这种灯光布置被叫作三灯布光，如图3-36所示为平铺拍摄效果。

图 3-36　平铺拍摄效果

模特布光

拍摄珠宝和服装等商品时会用到模特，拍摄模特的布光方法有多种，这里我们介绍比较常用的一种。具体方法是让模特站在背景墙或者背景布前，在模特的左右两边分别放置背景灯，在左边或者右边背景灯的前方布置一盏主灯，这三盏灯光在300W左右即可。如图3-37所示的是模特实拍效果图片。

图3-37　模特拍摄效果

布光方式并不是唯一的

商品拍摄的布光并不是只有一种方式，在实际拍摄中，可以根据实际情况调整光线距离和灯光盏数，通过不断尝试使光线达到最佳效果。

3.2.4 选择拍摄角度

选择不同拍摄角度拍摄出来的商品效果也会有所不同，下面我们就一起来学习如何选择恰当的拍摄角度。

学习目标	掌握如何选择恰当的拍摄角度
难度指数	★

● 平摄

平摄是指摄像机与被摄商品在同一水平线上。这种拍摄角度可以分为正面拍摄、侧面拍摄和斜面拍摄。

正面拍摄是指摄像机与商品的视平线在一条直线上，正面拍摄能够让画面表现出对称美；侧面拍摄是指商品与摄像机视平线呈现直角，优点在于能够凸显商品侧面轮廓；斜面拍摄是指商品与摄像机呈现的角度介于正面拍摄与侧面拍摄之间。如图3-38所示为正面平摄效果。

图 3-38　正面平摄拍摄效果

● 俯摄

俯摄是指摄像机从商品的上方向下拍摄，能够很好地展现周围环境，使被摄物变得更加渺小。最典型的是鸟瞰场景，如图3-39所示。

图3-39　俯摄拍摄

● 仰摄

仰摄与俯摄相反，摄像机从下处向上拍摄，能够让被摄影物显得更加高大，如图3-40所示。

图3-40　仰摄拍摄

● 顶摄

顶摄是指摄像机与地面垂直进行拍摄，能够表现出商品的平面图案，在展示商品上面的细节时会使用这种拍摄方式，如图3-41所示。

图3-41 顶摄

图3-42 侧反拍摄

● 侧反拍摄

侧反拍摄是指从被摄影物侧面的后方进行拍摄，能够很好地展现商品的背影轮廓。在人像摄影中，使用侧反拍摄能够让面部呈现较少，而更多地展现人物背面的形态，如图3-42所示。

如何选择拍摄距离

拍摄距离是指被拍摄物与相机的距离，拍摄小件商品时可以让相机离被摄物距离更近，拍摄较大的物体则可以让距离更远。这是因为距离越近，被摄主体在画面中占据的面积也就越大；反之，主体占据面积越小。

3.3 不同商品的拍摄技巧

阿智：你知道服装、化妆品和玩具等，这些商品怎样才能拍摄出更好的效果吗?

小白：我也觉得自己拍的图片不尽如人意，但还没有找到解决办法。

阿智：其实只要掌握了一些拍摄技巧就可以很好地解决这个问题了。

商品的拍摄是有技巧的，掌握这些技巧能够帮助我们拍摄出清晰、美观和真实的商品图片。大部分网店卖家虽然都没有接受过专业的摄影培训，但是掌握一些简单的摄影技巧还是很容易的，下面我们就一起来看一看。

3.3.1 服装的拍摄技巧

服装是网上商品中比较常见的商品之一，服装的拍摄最重要的是要展现服装的质感、样式和色彩，在拍摄时可以掌握以下几方面技巧。

学习目标	掌握服装的拍摄技巧
难度指数	★★

服装造型技巧

服装的拍摄主要有平铺、挂拍和模特实拍三种。这三种拍摄方法中，平铺尤其要注意服装的造型。女装上衣的平铺要把腰身的线条展现出来，男装上衣可以平板一些，但是两者都要表现出褶皱，太平的话，看起来会比较呆板。

裤子的摆放可以采用几条裤子重叠起来，重点展示其中一条裤子的方法。裤脚可以挽起，方便看到里面的材质，比如展示加绒裤时可让买家清晰地看到里面的绒。拍摄时可在旁边摆放其他物品使画面更丰富，如图3-43所示。

图3-43 服装平铺造型

模特实拍造型技巧

通常情况下，服装都是用真人模特实拍，较少用假人模特。真人模特实拍时要注意在表现服装的美感时也要兼顾模特的美感。模特服装的搭配要得体，身上的配饰也要和服装的风格一致。模特不能呆板地直立着而应该有相应的动作，比如走路动作、看书动作和抬脚动作等；表情要自然，可面带微笑。可以根据卖家想要呈现的效果做出相应的表情。

细节图拍摄技巧

服装的展示图片不能只有一张，而应该有多张。细节图也要展示出来，通常情况下会展示拉链、链头、领口、图案、纽扣、口袋、走线、袖口以及水洗标等。

在拍摄细节图时可以采用超微距的方式，尽可能地体现材质，如图3-44所示为服装细节图。

图3-44 服装细节图

光线技巧

拍摄服装时要选在光源充足的地方，室内拍摄可使用不同强度的灯光，一盏较强、另一盏则较弱。如果不能控制光源强弱可以通过调节距离来改变。调节光线强弱可以让阴影显得更好看、自然或者没有阴影。

在室外拍摄时要注意避免强光直射，光线太强会影响曝光度，使服装色泽失真。如图3-45所示为室内服装拍摄图片。

图3-45 室内服装拍摄图片

● 拍摄角度技巧

服装平铺拍摄要使用顶摄。拍摄挂拍服装时可以使用平摄。模特实拍可以使用侧反拍摄、平摄和仰摄的方式。

3.3.2 饰品的拍摄技巧

饰品的体积通常不会太大，这些小饰品要吸引买家购买，就必须从图片的拍摄入手，饰品的拍摄要注意以下几点。

学习目标	掌握饰品的拍摄技巧
难度指数	★★

● 布局搭配

饰品的布局搭配是非常重要的，在拍摄时可以在旁边放置其他装饰物来搭配，但装饰物一定要和饰品本身相协调。

摆放位置可以是中间也可以是左上角或者右上角，关键是要让图片看起来比较舒服。比如戒指和耳钉放在中间的居多，而丝巾斜放的居多。

背景材料的搭配不要选择有反光效果的材料，这样会影响拍摄效果。如图3-46所示为丝巾斜摆布局。

图3-46 丝巾斜摆布局

● 拍摄角度

拍摄饰品的相机要使用有微距功能的，角度可以是从上到下，也可以从近到远，有的则需要从侧面拍摄，最重要的是要能体现商品的立体效果，拍摄前可以不同角度仔细观察发现不同角度的视觉效果，再选择最佳的角度拍摄。如图3-47所示为饰品侧面拍摄。

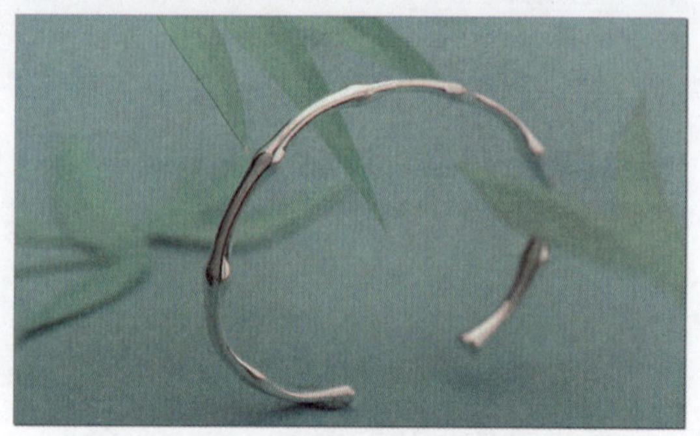

图3-47 银饰侧面拍摄效果

● 光线运用

拍摄饰品尤其要注意光线，使用自然光进行拍摄时，最好在9:00～11:00和15:00～17:00时间段拍摄。在光线不好时可以使用小型的摄影棚，使用柔光布光，使商品背后的阴影显得更加柔和。

3.3.3 化妆品的拍摄技巧

化妆品的包装通常都很精美，这类商品在拍摄时要把握住以下几点。

学习目标	掌握化妆品的拍摄技巧
难度指数	★★

● 摆放要合理

化妆品要体现出层次感和不同的色彩搭配，因此可以通过错落有致的摆放来体现，比如高低、大小和前后的搭配摆放。背景可以使用白色，也可以利用渐变纸使背景呈现渐变色等。如图3-48所示为由高到低的化妆品摆放。

图 3-48 化妆品由高到低摆放

● 光线的布置

化妆品的瓶了是反光材料，因此通常不使用直接照明，这样会让瓶子出现强烈的反光，可以使用柔光箱来照明，避免产生浓重的阴影。拍摄透明液体的化妆品时如果背景较暗，可以使用反光板把光线反射在商品上，更好地表现液体的颜色。如图3-49所示为拍摄出液体颜色的效果。

图3-49 拍摄出液体颜色的效果

3.3.4 玩具的拍摄技巧

作为网店玩具卖家，掌握玩具的拍摄技巧是很重要的，下面来看看如何为玩具拍照。

学习目标 掌握玩具的拍摄技巧

难度指数 ★★

● 拍摄距离

大多数儿童玩具的体积都不会太大，为了更好地展现玩具的细节，使重点突出，在为玩具拍照时要离被拍摄物近些。让被拍摄对象在相机的取景器或液晶显示屏上尽可能占据更多的位置或者填满屏幕。

拍摄时可粗略对焦后，再构图，之后进一步精确对焦。如图3-50所示为近距离拍摄的玩具效果。

图3-50 玩具车近距离拍摄效果

● 尝试改变角度

同一个玩具以不同的角度拍摄会呈现出不同的效果，在拍摄时不妨尝试多种角度拍摄，展示玩具的不同部位。如图3-51所示为小汽车玩具。

图3-51 小汽车侧面拍摄图片

从上图 3-51 可以看出，小汽车是从侧面拍摄的，如果从小汽车的车尾处拍摄会得到不同的效果，如图 3-52 所示。

图3-52 小汽车车尾拍摄图片

● 制造有创意的背景

给被拍照的玩具构造一个有创意或者有趣的场景，能够增强玩具的趣味性，让玩具更生动。需要注意的是，不能让背景太过花哨，这样会喧宾夺主，可以使用明亮素色的背景。如图3-53所示为挖掘机玩具正在挖掘的场景。

图3-53 正在挖沙的挖掘机玩具图片

小绝招

保证玩具干净整洁

小型玩具的拍摄大多使用微距镜头，许多肉眼看不到的小瑕疵会被相机很好地捕捉到，因此在拍摄前首先要检查玩具是否足够干净，切忌粘上一层灰或者在玩具零件有损坏时拍摄，这样会使图片效果大打折扣。

给你支招 | 摄影器材的保养

小白：阿智，为什么我的相机没有使用多久镜头就变花了呢？

阿智：这是因为你没有保养好相机镜头，除了镜头以外，机身也是需要保养的，这样才能延长相机的寿命。

镜头的更换

相机镜头要尽量在干净、背风以及没有水的地方更换。如果在有风或者灰尘大的地方更换镜头，会使镜头沾上水滴和灰尘。

镜头的清洁

镜头可使用镜头纸、清洁毛刷、吹气球或者棉签清洁，不要用嘴吹气后直接用手擦拭。清洁方法是用吹气球吹去灰尘，再用毛刷或者镜头纸由外侧开始旋涡式擦去灰层。如果还有污渍，可以使用棉签蘸水后由镜头中心以螺旋状擦拭镜面。擦拭方式如图3-54所示。

图3-54　镜头擦拭方法

机身的清洁

相机机身同样也需要清洁，清洁相机机身时可以先用镜头布或者清洁毛刷将相机外部整体擦拭干净，按钮和转盘上不易清除的污渍，可使用棉签蘸少量的清洁液，沿外围擦拭。注意清洁液不能蘸太多，以免相机的内部流入清洁液。

相机的保存

在潮湿或者风沙大的地方要使相机性能保持良好，需要将相机放置在良好的环境中。可以放在封闭的塑料盒中，里面放置一个干燥剂。有条件的可以放在塑料干燥箱或电子干燥箱中。如图3-55所示为相机电子干燥箱。

图3-55　相机电子干燥箱

给你支招 | 用手机拍摄宝贝图片技巧

小白： 拍摄网店商品一定要使用相机吗？

阿智： 随着手机像素越来越高和功能日益强大，使用手机也可以拍摄出我们想要的商品图片效果，但是这同样需要掌握以下技巧。

手机的拿法

手机的拿法主要有两种，竖着拿和横着拿，在拍摄商品细节图的时候可以竖拍，如果要拍摄场景图可以选择横拍。除此之外，还要根据图片的展示效果来确定，如果商品是竖着的长方形那就要竖拍，相反则可以横拍。

使用手机自带滤镜

大多数手机都有滤镜功能，用户在使用手机拍照时也可以使用手机自带滤镜让图片展示的效果更好。

使用手机构图工具

许多手机的照相功能都带有构图工具，主要有黄金分割和九宫格两种。使用构图线可以帮助判断把商品放在哪个位置最好。如图3-56所示为九宫格构图线。

图3-56　九宫格构图线

Chapter 04 巧用 Photoshop 美化宝贝图片

学习目标

网店的装修离不开一个实用的软件——Photoshop，有时用相机拍出来的图片以及通过其他渠道获取的图片并不能直接放在网店中，需要处理以后才能使用，这时就需要使用Photoshop工具。

本章要点

- 裁剪照片大小
- 利用图章工具去除多余文字
- 用污点修复工具去除水印
- 使用快速选择工具
- 色彩范围抠图
- 调整图片亮度
- 让图片变得更清晰
- 为文字加上色彩

知识要点	学习时间	学习难度
使用 Photoshop 去除杂物	30 分钟	★★
使用 Photoshop 抠图	40 分钟	★★
使用 Photoshop 给图片添加文字	40 分钟	★★

4.1 去除多余杂物的方法

阿智：小白，要是你在网店装修中所使用的图片有杂物，该怎么办呢?

小白：我不知道该怎么办。

阿智：其实很简单，使用 Photoshop 软件便可以快速去除不需要的杂物，下面我们就以 Photoshop CS6 为例来看看如何处理此类问题。

开网店的大多数卖家都清楚网店的装修过程中会使用大量的图片，部分在网上下载或者拍出的图片会有我们不需要的东西存在，这时需要做的工作便是把这些多余的部分去掉。

4.1.1 裁剪照片大小

当需要使用的图片在边上出现了影响图片美观或者不需要的杂物的时候，可以使用裁剪工具来轻松地把多余的物体去掉，具体操作如下。

本节素材	/ 素材 /Chapter04/ 裁剪图片大小
本节效果	/ 效果 /Chapter04/ 裁剪图片大小
学习目标	掌握按一个字段进行升降排序的方法
难度指数	★★

步骤01 打开Photoshop软件，在打开的页面中按Ctrl+O组合键，在计算机中找到“裁剪图片大小”文件，选择图片后按Enter键，如图4-1所示。

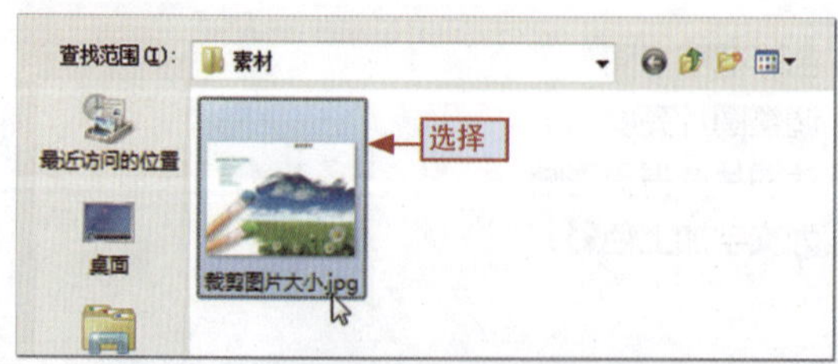

图4-1 选择图片

步骤02 打开图片后会发现该图片上有“画笔素材”四个字，很明显，这样的图片不能直接使用，这时选择工具栏中的“裁剪工具”选项，如图4-2所示。

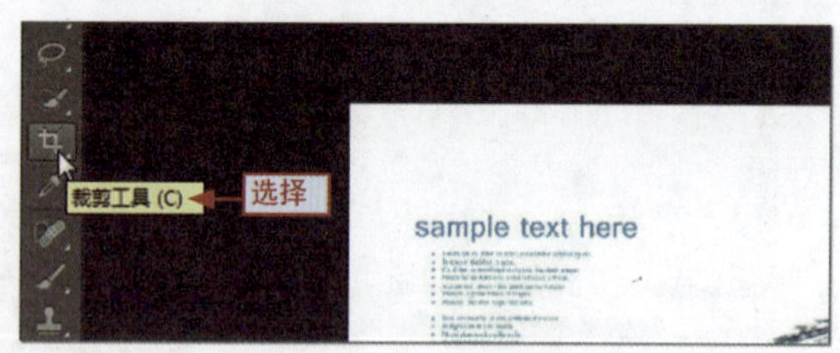

图 4-2 选择裁剪工具

步骤03 选择裁剪工具后会发现图片边框变成了虚线，把光标放在上边框的中间位置，当出现“↕”图标后向下方拉动，如图4-3所示。

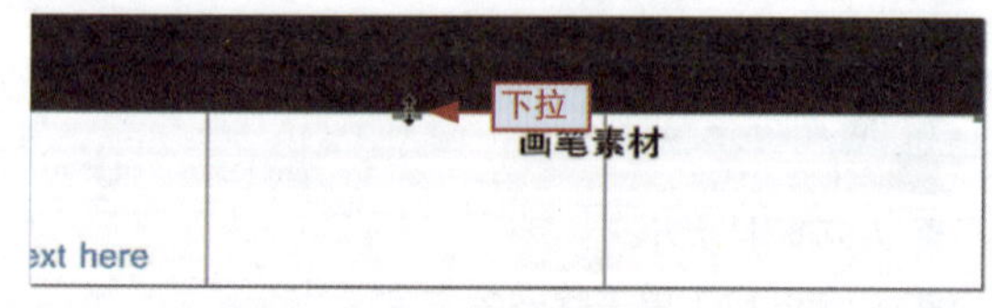

图 4-3 下拉裁剪图片

步骤04 下拉到合适位置后，右击，在弹出的快捷菜单中选择“裁剪”命令，如图4-4所示。

步骤05 应用裁剪命令后，按Ctrl+S组合键或者选择“文件”下拉菜单中的“存储”命令便可存储文件，如图4-5所示。

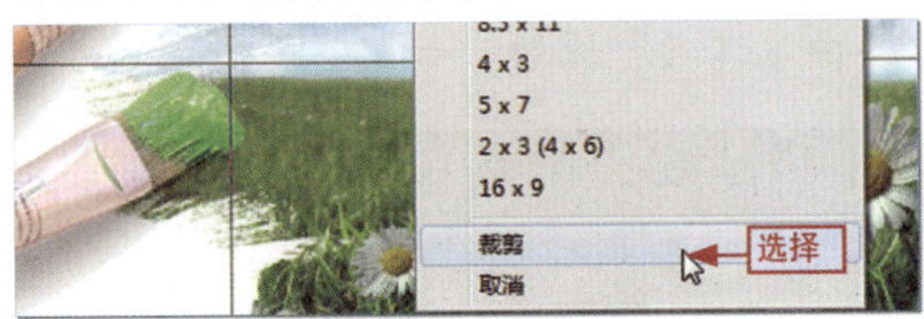

图4-4 应用裁剪命令

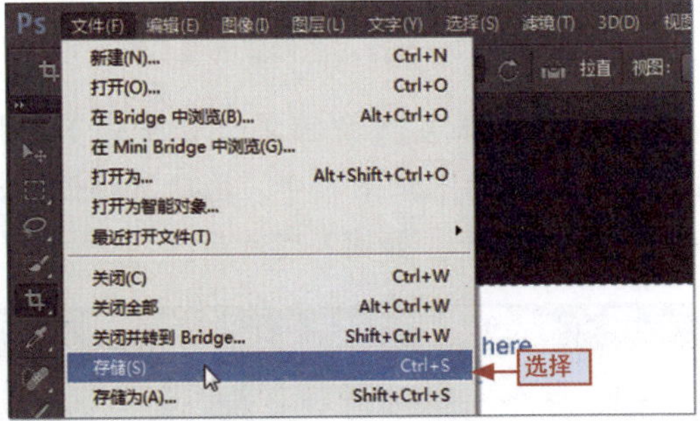

图 4-5 存储文件

如何自由选择存储格式

在 Photoshop 中，如果要把图片存储为其他格式并存储在指定的位置，可以按 Shift+Ctrl+S 组合键，或者选择“文件”下拉菜单中的“存储为”命令，①在打开的页面中选择存储位置和存储格式后，②单击“保存”按钮，如图 4-6 所示。

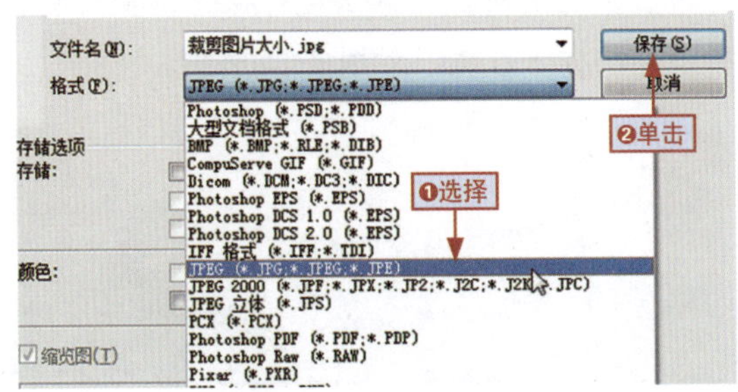

图 4-6 选择存储格式

4.1.2 利用图章工具去除多余文字

仿制图章工具可以用来复制取样的图像，其能够按照一定范围复制全部或者部分到一个新的图像中，因此也可以用来处理图片中多余的物体。

下面我们以去除促销海报中的文字为例，由于促销海报中的“68元起”与我们自己网店的商品起价不符，这时我们可以去除这几个字，具体步骤如下所示。

本节素材	/ 素材 /Chapter04/ 网店促销素材
本节效果	/ 效果 /Chapter04/ 网店促销素材
学习目标	掌握如何使用仿制图章工具
难度指数	★★

步骤01 在Photoshop软件中打开“网店促销素材”素材文件，选择工具栏中的“仿制图章工具”，如图4-7所示。

图4-7 选择仿制图章工具

步骤02 ❶单击左上角调节像素大小的下拉按钮，❷在下拉菜单中拖动滑块，设置像素大小，我们这里设置为20，如图4-8所示。

图4-8 设置像素大小

步骤03 设置成功后把光标放在要仿制的位置，这时光标会变为“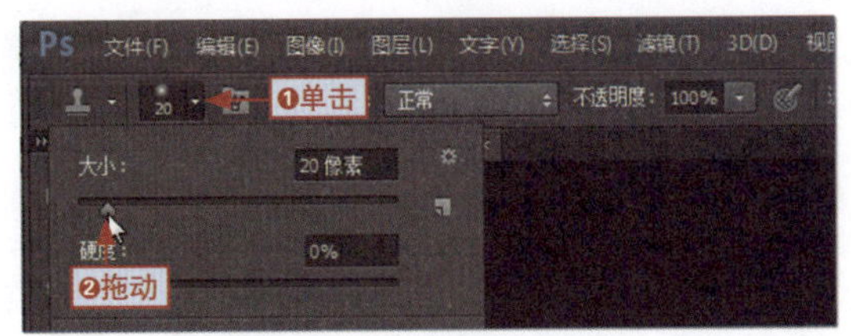”的形态，再按住Alt键在现用图层上单击左键，如图4-9所示。

图4-9　定义源起点

步骤04 把光标移动到“68 元起”数字上，按住鼠标左键在数字上拖动光标便可看到数字变为了黄色的背景，如图 4-10 所示。

图4-10　清除数字

步骤05 把文字全部清除完成后，再将素材文件存储为所需要的格式即可。

4.1.3 用污点修复工具去除水印

对一些新开网店的卖家或者做网店代理的卖家来说，网店的装修资源有限，很多时候不得不使用他人网店中的图片以及供应商提供的图片，但是这样的图片往往都有水印，不能直接使用。

这时，可以使用污点修复工具轻松地去掉水印。

本节素材	/ 素材 /Chapter04/ 咖啡杯产品图片
本节效果	/ 效果 /Chapter04/ 咖啡杯产品图片
学习目标	掌握如何使用污点修复工具去除水印
难度指数	★★

步骤01 在Photoshop软件中打开“咖啡杯产品图片”素材文件，在工具栏中选择“污点修复画笔工具”选项，如图4-11所示。

图 4-11　选择污点修复画笔工具

步骤02 ❶单击左上角画笔设置中的下拉按钮，❷在弹出的下拉菜单中，拖动滑块设置画笔大小和硬度等，如图4-12所示。

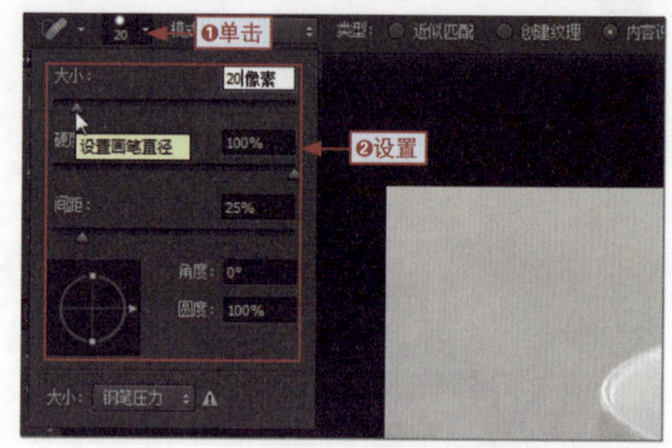

图 4-12　画笔设置

步骤03 把光标移动到需要去除水印的位置，按住鼠标左键，可以看到此时被清除区域的颜色加深了，松开鼠标后会发现红色的字已经被清除了。使用同样的方法进行操作，直到所有水印都被清除为止，如图 4-13 所示。

图 4-13　清除水印

步骤04 完成步骤 03 以后会发现水印虽然去除了，但图片有瑕疵，这时选择“ ”下拉菜单中的“修复画笔工具”命令，如图 4-14 所示。

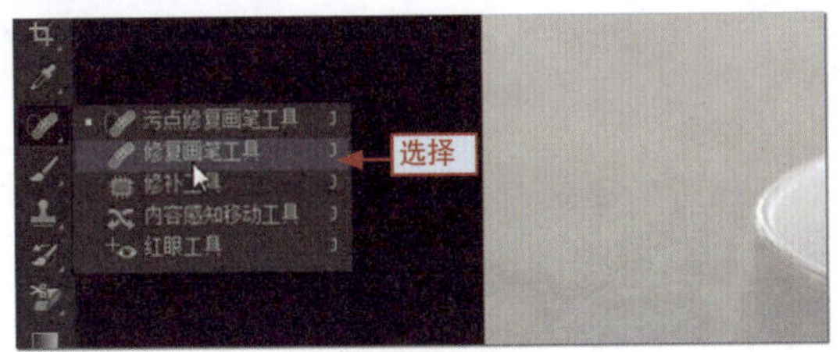

图 4-14 选择修复画笔工具

步骤05 把光标移动到左下角，当显示“◯”时，按住Ctrl键，单击左键，如图4-15所示。

图 4-15 选定区域

步骤06 把光标移动到右下角，让光标移动，这时会发现有瑕疵的地方变得自然了，如图4-16所示。

图 4-16 使用修复画笔工具

步骤07 经过以上步骤后，原来的水印便消失了，并且图片看起来也很自然，再保存图片即可。

4.1.4 用修补工具替换多余物体

在Photoshop中，修补工具可以用来让选中的图像替换选中的区域，在网店图片的处理中可以使用这个工具，让多余的物体被替换掉。下面来看看如何替换羊毛雪地靴横幅广告素材中不需要的图像。

本节素材	/ 素材 /Chapter04/ 羊毛雪地靴横幅广告
本节效果	/ 效果 /Chapter04/ 羊毛雪地靴横幅广告
学习目标	掌握如何使用修补工具替换多余物体
难度指数	★★

步骤01 在Photoshop软件中打开“羊毛雪地靴横幅广告”素材，按Ctrl+J组合键或者选择“ ”下的“修补工具”命令，如图4-17所示。

图 4-17 选择修补工具

步骤02 用光标圈出不需要的区域，如图4-18所示。

图4-18 圈出不需要的区域

步骤03 移动光标，把不需要的区域移动到白色背景区域下，如图4-19所示。

图4-19 移动不需要的区域

完成以上步骤后，会发现左上角的Logo已经消失了，此时再保存即可。要去除图片中的Logo和文字可以使用前面介绍的方法。

长知识 | 使用画笔工具除去多余的文字

在网店装修过程中，使用某些图片时会发现图片上某些文字是我们不需要的或者不符合自己网店需要，想换掉该文字，首先就需要将该文字去除，除了上述已经学到的方法外，还可以使用画笔工具抹去不需要的文字，下面我们来看看具体如何操作。

步骤01 在Photoshop中打开需要抹去多余文字的图片，按Shift+I组合键或者在工具栏中选择“吸管工具”选项，如图4-20所示。

图4-20　选择吸管工具

步骤02 在文字背景下单击，让吸管吸取背景颜色，如图4-21所示。

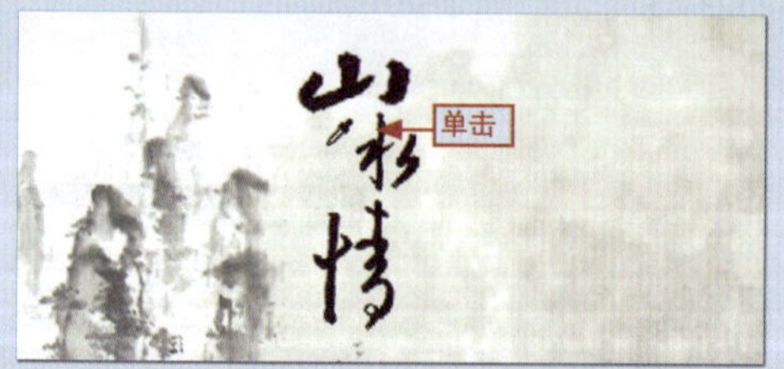

图4-21　吸取颜色

步骤03 按Shift+B组合键或者选择工具栏中的“画笔工具”选项，如图4-22所示。

图4-22　选择画笔工具

步骤04 把光标放在需要涂抹的文字上，会发现光标变成“○”形态，在文字上移动光标，会发现文字在逐渐消失，如图4-23所示。

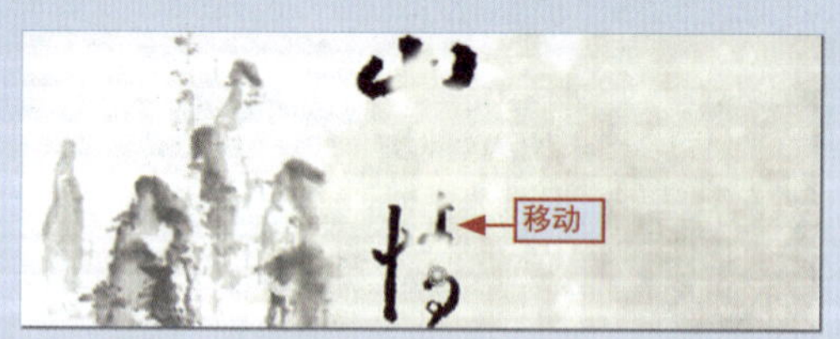

图4-23　涂抹文字

4.2 如何抠出宝贝图片

阿智： 小白，你知道怎样快速地抠出宝贝图片吗？

小白： 我知道，可以用快速选择工具。

阿智： 快速选择工具是一种方法，我们还可以使用魔棒工具、套索工具等来抠图，下面就一起来学习一下吧。

在网店装修中为商品抠图是经常会接触到的，因此学会抠图是卖家必学的技能之一。良好的抠图能够让图片变得更加美观和大方，下面就来看看如何抠图。

4.2.1 使用磁性套索工具

磁性套索工具适合于抠出图形与背景反差较大的商品图片。当我们要为网店的商品换背景，以前的背景与图形反差较大时，便可使用磁性套索工具，下面就来看看如何使用磁性套索工具抠出网店花瓶商品的图片并更换背景。

本节素材	/ 素材 /Chapter04/ 陶瓷花瓶摆件
本节效果	/ 效果 /Chapter04/ 陶瓷花瓶摆件
本节素材	/ 效果 /Chapter04/ 陶瓷花瓶摆件背景
学习目标	掌握使用磁性套索工具抠图
难度指数	★★

步骤01 在Photoshop中打开“陶瓷花瓶摆件”素材，选择“套索工具”下的“磁性套索工具”选项，如图4-24所示。

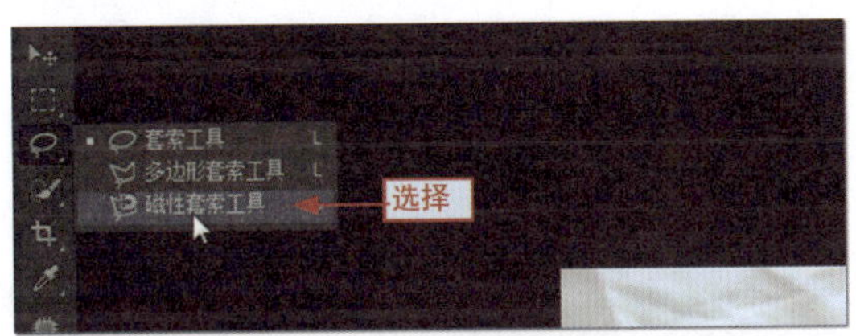

图 4-24 选择磁性套索工具

步骤02 在菜单栏中设置宽度和对比度等，我们这里设置为羽化0像素、宽度1像素、对比度10%、频率57，如图4-25所示。

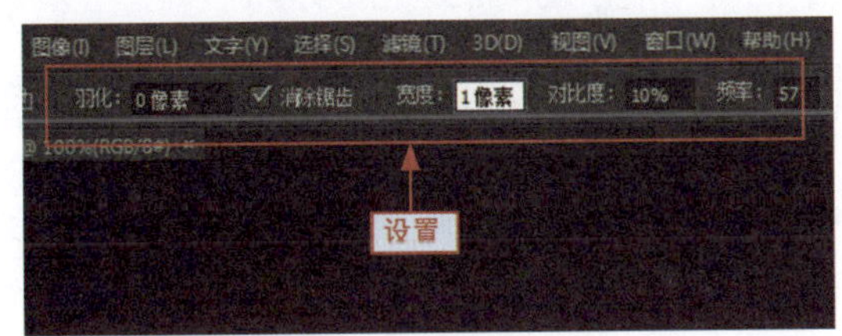

图 4-25 设置工具参数

步骤03 把光标放在花瓶瓶口位置，沿花瓶外边缘移动，在合适位置单击，使花瓶边缘出现节点，如图4-26所示。

图 4-26 沿花瓶边缘圈出花瓶

步骤04 直到圈出整个花瓶后再单击，按Shift+X组合键，如图4-27所示。

图4-27 单击鼠标确定抠图区域

步骤05 打开“陶瓷花瓶摆件背景”素材，按Ctrl+V组合键，把花瓶移动到适当位置，按Ctrl+T组合键，把光标放置右上角，调整花瓶大小，如图4-28所示。

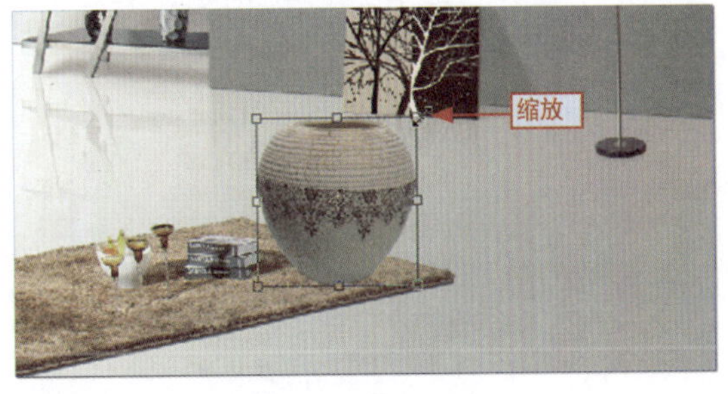

图4-28 缩放花瓶大小

步骤06 完成以上步骤后，再保存为所需要的格式即可。

4.2.2 使用魔棒工具

魔棒工具是一种比较快捷的图形选取工具，能够自动选取附近区域相同的颜色，下面就来看看当要使用双12素材中的文字时，如何利用魔棒工具抠取所需要的文字。

本节素材	/ 素材 /Chapter04/ 双 12 不一样的淘
本节效果	/ 效果 /Chapter04/ 双 12 不一样的淘
学习目标	掌握如何使用魔棒工具抠图
难度指数	★★

步骤01 在Photoshop中打开“双12不一样的淘”素材，选择工具栏中的“魔棒工具”命令，如图4-29所示。

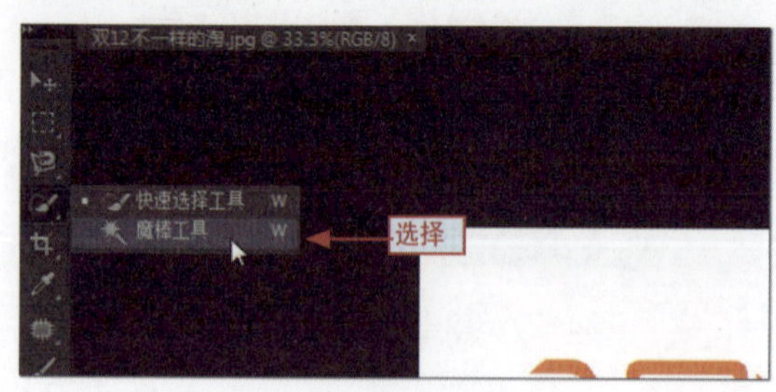

图4-29　选择魔棒工具

步骤02 单击，这时会自动选取白色区域，按Ctrl+Shift+I组合键或者右击，在弹出的快捷菜单中选择“选择反向”命令，如图4-30所示。

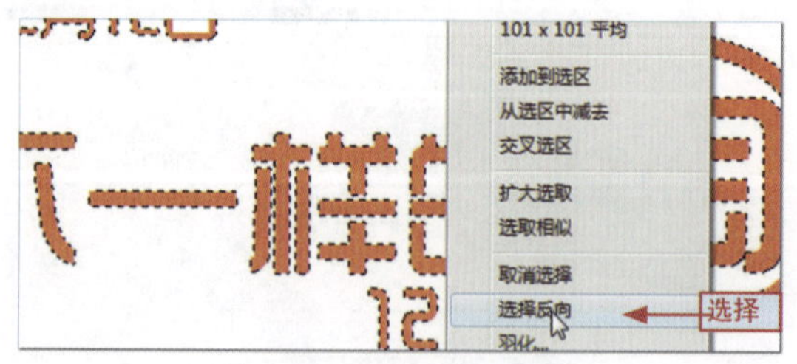

图 4-30　选择反向

步骤03 这时所有字体已经被选取为选区，按 Ctrl+X 组合键截取选区。按 Ctrl+N 组合键或者选择“文件”下拉菜单中“新建”命令，如图 4-31 所示。

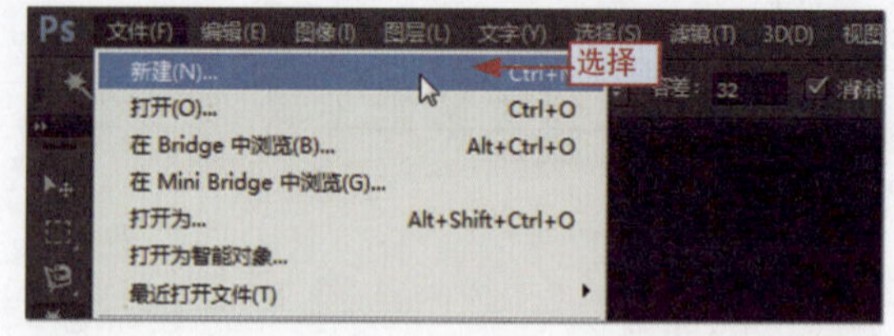

图4-31　新建文件

步骤04 ❶在弹出的“新建”对话框中设置名称、宽度、高度以及背景内容，❷单击“确定”按钮，如图4-32所示。

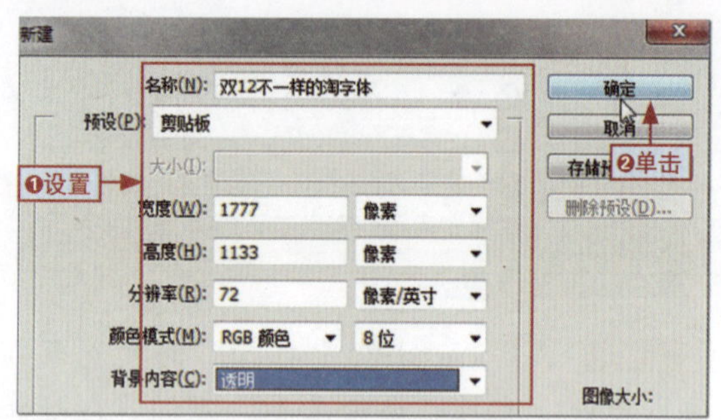

图4-32　新建透明背景文件

步骤05 在打开的页面中按Ctrl+V组合键，粘贴字体，如图4-33所示。

图4-33　粘贴文字

步骤06 完成以上步骤后，再保存文件为需要的格式(我们这里存储为Png格式)。待下次网店双12装修时便可以直接使用该字体。

使用魔棒工具如何增加选区

使用魔棒工具选取选区时会发现部分选区没有选择到，这时可以选择菜单栏中的“添加到选区”命令或者按住Shift键，添加未选取的选区，如图4-34所示。

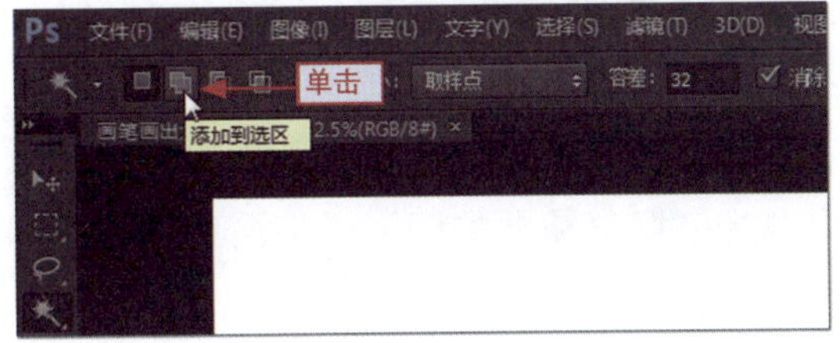

图 4-34　添加选区

4.2.3 使用快速选择工具

快速选择工具能够通过色彩的差别来找出主体边缘，下面我们就来看看如何使用快速选择工具抠出商品的主体，并添加背景颜色。

本节素材	/ 素材 /Chapter04/ 秋装新品韩版短裙
本节效果	/ 效果 /Chapter04/ 秋装新品韩版短裙
学习目标	掌握如何使用快速选择工具抠图
难度指数	★★

步骤01 在Photoshop中打开“秋装新品韩版短裙”素材，按Shift+W组合键或在工具栏中选择“快速选择工具”选项，如图4-35所示。

图 4-35　选择快速选择工具

步骤02 把光标放在短裙图像上，当出现“⊕”时，单击，选取选区，如图4-36所示。

图 4-36　选取选区

步骤03 当短裙主体被全部选取以后，按Ctrl+Shift+I组合键反选选区，再按Ctrl+Shift+N组合键或者单击“创建新图层”按钮，创建图层，如图 4-37 所示。

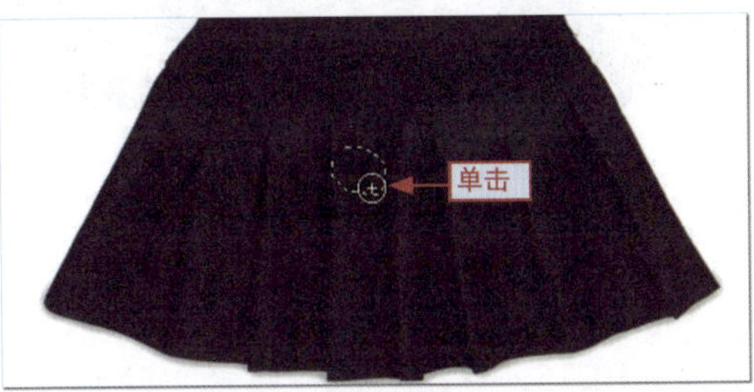

图 4-37　准备创建图层

步骤04 ❶在弹出的“新建图层”对话框中，输入图层名称，❷单击“确定”按钮，如图4-38所示。

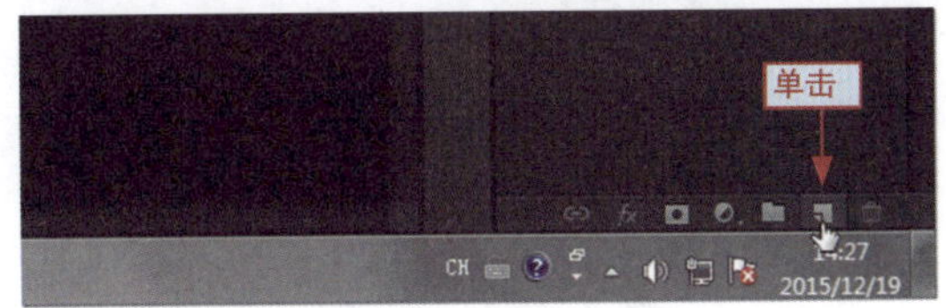

图 4-38　新建图层

步骤05 在工具栏中，选择“设置前景色”选项，如图4-39所示。

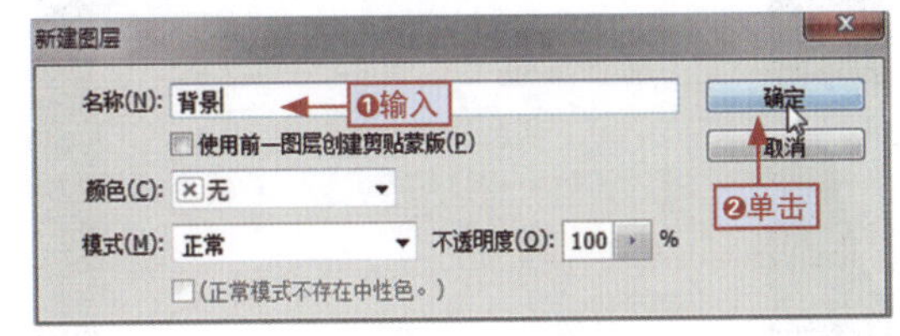

图 4-39　设置前景色

步骤06 ❶在色板中选择需要设置的颜色，或者输入色值，我们这里分别输入R254，G223，B225，❷再单击“确定”按钮，如图 4-40所示。

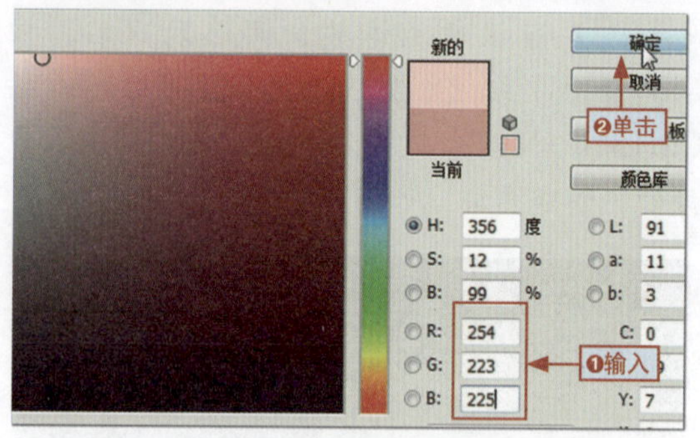

图 4-40　设置颜色

步骤07 按 Shift+F5 组合键，在弹出的“填充”对话框中单击“确定”按钮，如图 4-41 所示。

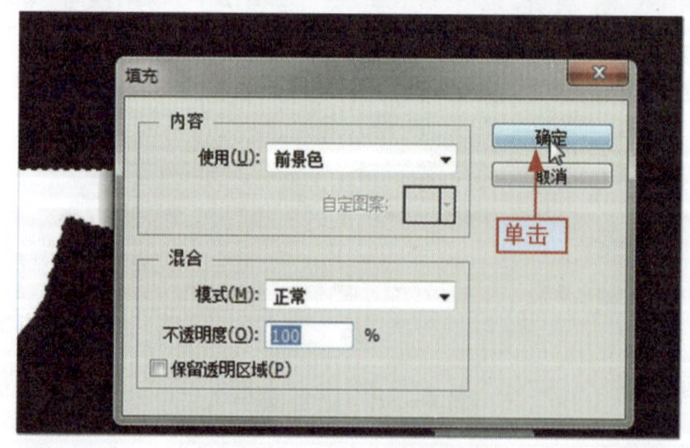

图 4-41　填充前景色

步骤08 完成以后会发现短裙的背景变成了前面设置的前景色，再按 Ctrl+D 组合键，或者右击，在弹出的快捷菜单中选择“取消选择”命令。取消选区后，再保存为需要的格式即可，如图 4-42 所示。

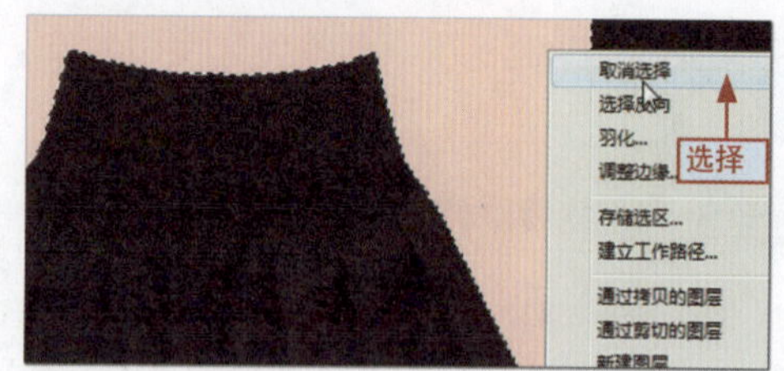

图4-42　取消选区并保存

4.2.4　使用钢笔工具

钢笔工具可以通过添加锚点后建立选区的方式来抠出需要的图形。下面来看看如何使用钢笔工具来抠出面包商品图片。

本节素材	/ 素材 /Chapter04/ 裁剪图片大小
本节效果	/ 效果 /Chapter04/ 面包商品图片
学习目标	掌握如何使用钢笔工具抠图
难度指数	★★

步骤01 在 Photoshop 软件中打开“面包商品图片”素材，按 Shift+P 组合键或在工具栏中选择“钢笔工具”选项，如图 4-43 所示。

图 4-43　选择钢笔工具

步骤02 在图片中单击，建立锚点，沿面包边缘依次添加锚点，如图 4-44 所示。

图4-44　建立锚点

步骤03　当面包主体边缘全部建立好锚点后，右击，在弹出的快捷菜单中选择“建立选区”命令，如图4-45所示。

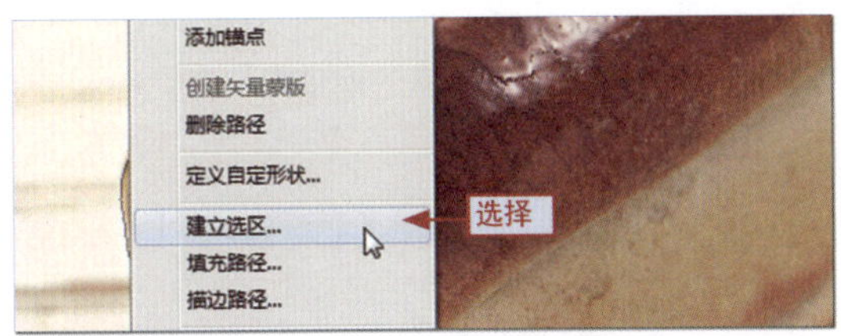

图 4-45　准备建立选区

步骤04　❶在弹出的“建立选区”对话框中输入羽化半径值，❷再单击“确定”按钮，如图 4-46 所示。

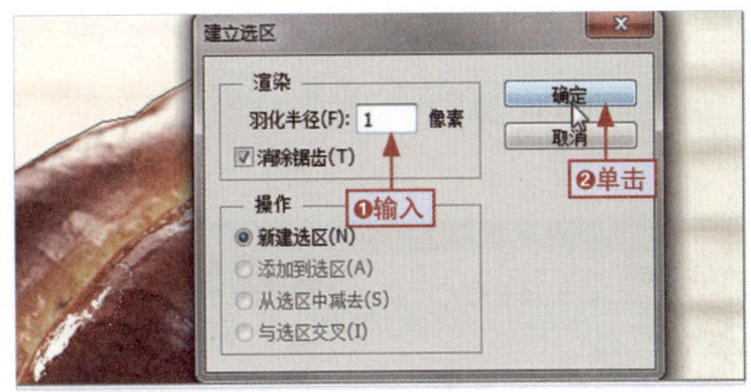

图 4-46　建立选区

步骤05　完成以上步骤后，按 Ctrl+X 组合键剪切选区，新建透明背景文件后，把剪切的选区粘贴到新建文件中，再保存为需要的格式即可。

4.2.5　色彩范围抠图

当我们的抠图对象背景颜色比较单一时，可以选择色彩范围抠图，下面就来看看如何使用色彩范围工具抠出“桃心银手链”图片。

本节素材	/ 素材 /Chapter04/ 桃心银手链
本节效果	/ 效果 /Chapter04/ 桃心银手链
学习目标	掌握如何使用色彩范围抠图
难度指数	★★

步骤01　在Photoshop软件中打开“桃心银手链”素材，选择“选择”下拉菜单中的“色彩范围”命令，如图4-47所示。

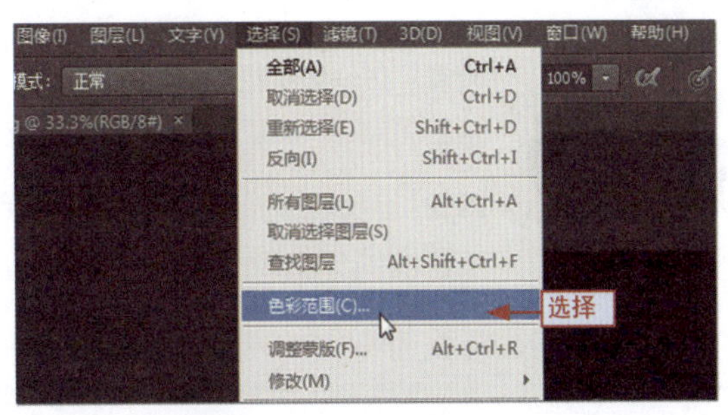

图 4-47　选择色彩范围工具

步骤02　❶在弹出的“色彩范围”对话框中选中“选择范围”单选按钮。❷再使用吸管工具，吸取背景色，单击“确定”按钮，如图 4-48 所示。

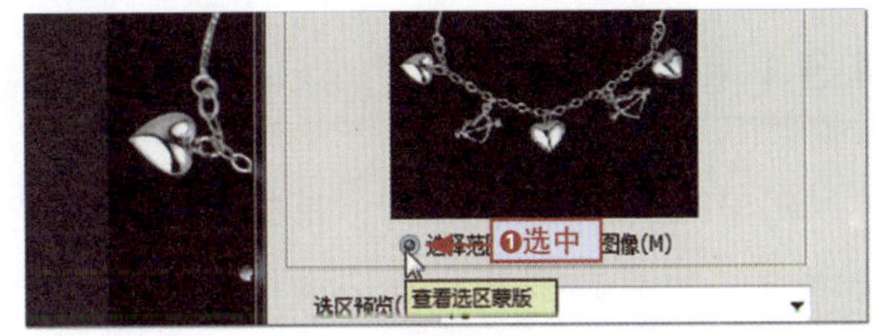

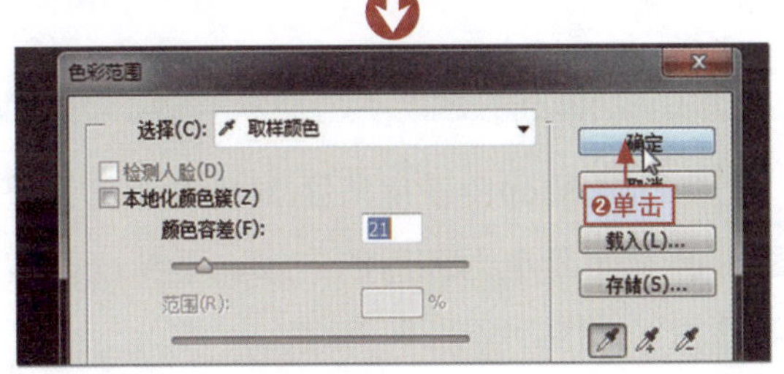

图 4-48　取样颜色

步骤03　建立选区颜色后按Ctrl+Shift+I组合键反选选区，即可成功地抠出项链，最后再将抠出的项链图片保存为需要的格式或者为其填充其他背景色后再保存即可。

4.3 让宝贝色彩更出众

阿智：在使用相机为商品拍照后，你是否发现会出现宝贝色彩失真的现象？

小白：是的，你能告诉我如何解决这个问题吗？

阿智：Photoshop 软件可以帮你解决这一问题，下面和我一起来学习如何使用 Photoshop 让图片的色彩看起来更好看吧。

在人像摄影和静物摄影中，有时拍出的照片并不能令人完全满意，这时就需要通过后期的处理来使照片看起来更加美观。网店经营中我们会使用到很多拍摄的照片，这些都需要使用Photoshop来处理。

4.3.1 调整图片亮度

利用Photoshop软件可以很轻松地调整图片亮度。下面我们就来介绍常用的调整图片亮度的方法。

1. 使用亮度/对比度调整

在Photoshop中使用亮度/对比度工具调整图片亮度是简单而实用的方法，下面就来看看该如何操作。

本节素材	/ 素材 /Chapter04/ 室内沙发商品
本节效果	/ 效果 /Chapter04/ 室内沙发商品
学习目标	掌握如何使用色彩范围抠图
难度指数	★★

步骤01 在 Photoshop 软件中打开“室内沙发商品”素材，选择“图像”|“调整”|“亮度 / 对比度”命令，如图 4-49 所示。

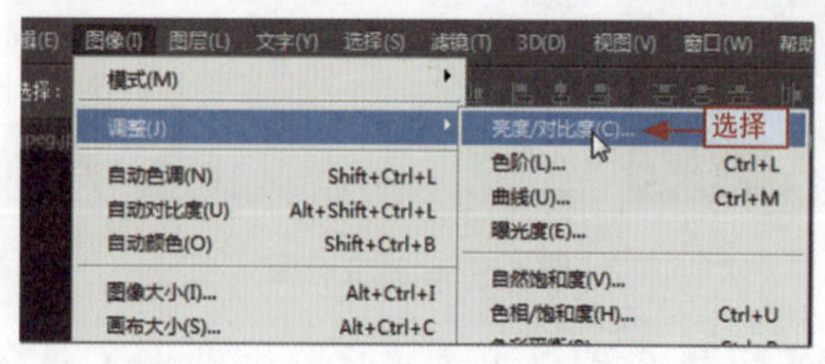

图 4-49 选择”亮度 / 对比度”命令

步骤02 ❶在弹出的“亮度 / 对比度”对话框中通过拖动三角形滑块调整亮度和对比度，这时会看到图片在逐渐变亮，❷调整到合理亮度后，单击“确定”按钮，如图 4-50 所示。

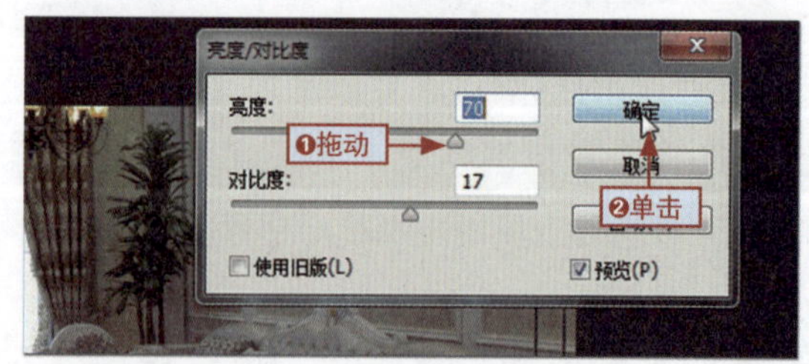

图4-50 调整亮度和对比度

步骤03 完成以上步骤即可成功调亮商品图片，最后再保存即可。

2. 使用色阶调整

色阶通过调整高光、暗部和中间影调来调整图片的明暗，下面就来看看如何使用色阶调整图片亮度。

本节素材	/ 素材 /Chapter04/ 巧克力节日蛋糕
本节效果	/ 效果 /Chapter04/ 巧克力节日蛋糕
学习目标	掌握如何使用色阶调整图片亮度
难度指数	★★

步骤01 在Photoshop软件中打开“巧克力节日蛋糕”素材，选择“图像”|“调整”|“色阶”命令，如图4-51所示。

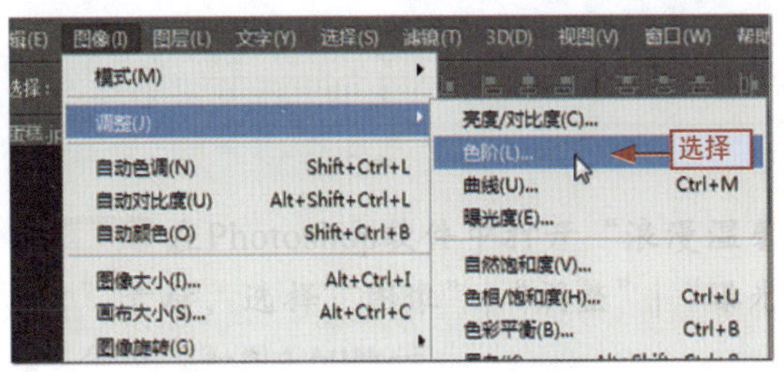

图 4-51 选择“色阶”命令

步骤02 ❶在弹出的“色阶”对话框中，通过拖动三角形滑块调整图片的亮度，当图片亮度调整合适后，❷单击“确定”按钮，如图4-52所示。

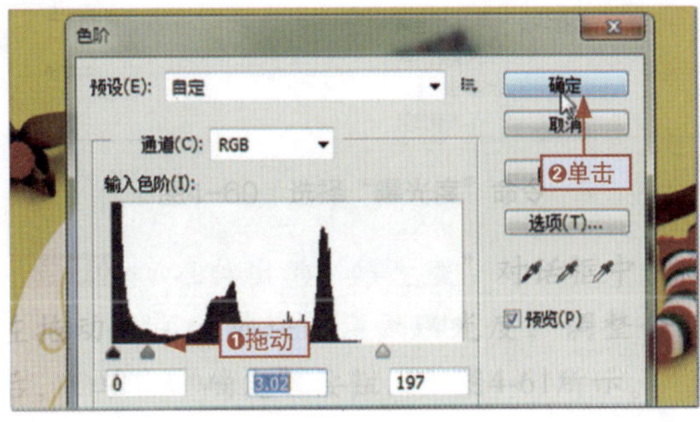

图4-52 调整色阶

步骤03 完成以上步骤后再保存图片即可。

小绝招

色阶中三角形滑块的含义

在使用色阶调整图片亮度时可以看到 3 个三角形滑块，分别是黑色、灰色和白色，那么这 3 个滑块分别表示什么含义呢？如图 4-53 所示。

黑色三角形

调整黑色的三角形能够使暗部的图片变得更暗，同时也可以通过在其下方输入数值的方式来调整暗部。

灰色三角形

灰色的三角形滑块调整的是中间色调，既可以调暗图片也可以调亮图片，在调整时可以通过左右滑动来查看调整效果。

白色三角形

白色的三角形滑块调整的是图像的亮部，能够使亮部更亮。

图 4-53 色阶中三角形滑块的含义

3. 使用曲线调整

在Photoshop软件中还可以使用曲线调整图片亮度，它是商品图片后期处理中经常会使用到的工具，下面就来看看如何使用曲线调整图片的亮度。

本节素材	/ 素材 /Chapter04/ 白色花瓶摆件
本节效果	/ 效果 /Chapter04/ 白色花瓶摆件
学习目标	掌握如何使用曲线调整图片亮度
难度指数	★★

步骤01 在Photoshop软件中打开“白色花瓶摆件”素材，选择“图像”|“调整”|“曲线”命令或者按Ctrl+M组合键，如图4-54所示。

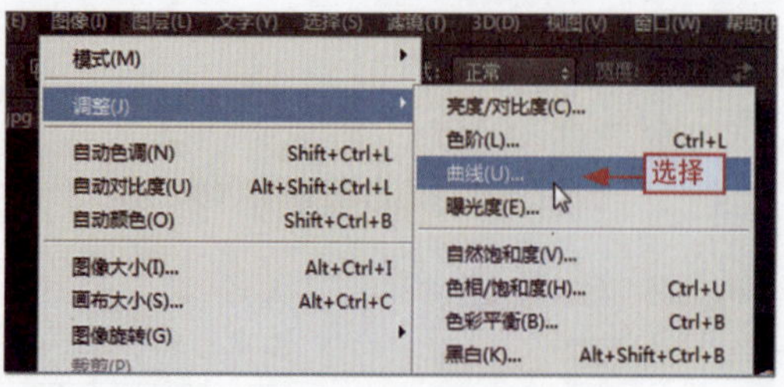

图4-54　选择“曲线”命令

步骤02 ❶在弹出的“曲线”对话框中，通过拖动曲线来调整图片亮度，在图片亮度调整恰当后，❷单击“确定”按钮，最后保存图片即可，如图4-55所示。

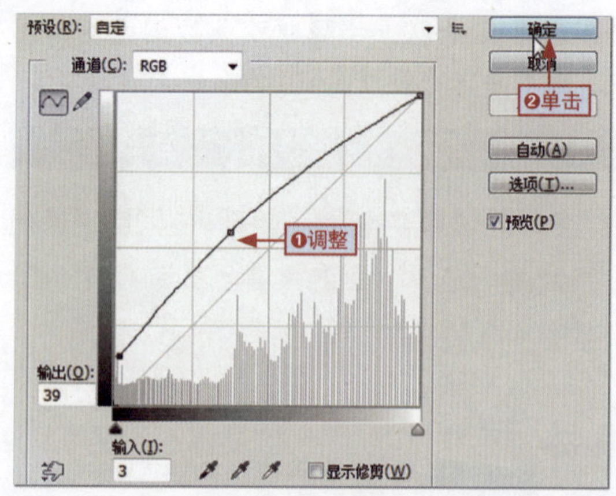

图4-55　调整曲线

长知识 | 安装重要的后期制作工具 Lightroom

处理网店中拍摄的商品照片，除了使用 Photoshop 外，还可以使用 Lightroom 工具，它是一款重要的后期制作工具，Lightroom 与 Photoshop 有相似之处，但是两者定位不同，功能也有所差别，下面就来看看如何安装 Lightroom 软件。

步骤01 ❶进入百度软件中心的官方网站(http://rj.baidu.com/index.html)在首页搜索栏中输入“Lightroom”关键词，❷再单击“搜索”按钮，如图4-56所示。

图4-56　搜索软件

步骤02 在打开的页面中单击“下载”按钮，如图4-57所示。

图4-57　准备下载

步骤03 ❶在页面下方单击“保存”下拉按钮，❷选择“另存为”命令，将软件另存到指定文件夹中，如图4-58所示。

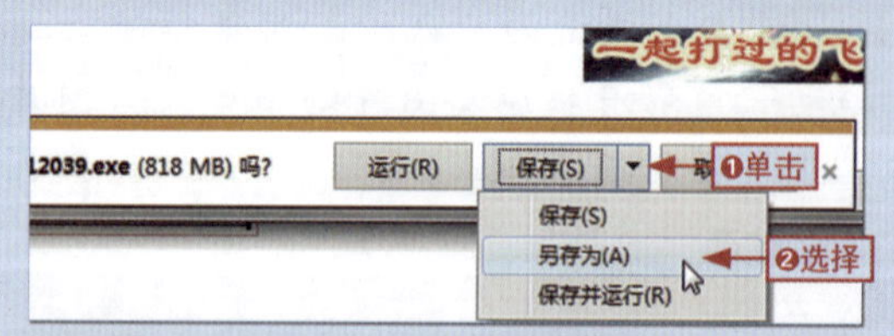

图4-58　存储软件

步骤04 下载成功后，找到安装包，双击安装包，按照提示完成安装即可，如图4-59所示。

图4-59　安装软件

4.3.2 调整商品图片曝光度

使用相机拍出的宝贝图片有时会出现曝光过度和曝光不足的问题，针对此类问题又应该如何处理呢？下面就来看看如何调整曝光过度和曝光不足的图片。

1. 调整曝光过度的图片

曝光过度的图片会使图片的某一部分看起来光线太亮，从而影响到展示效果，下面就来看看如何使曝光过度的图片看起来更自然。

本节素材	/ 素材 /Chapter04/ 浪漫温馨台灯
本节效果	/ 效果 /Chapter04/ 浪漫温馨台灯
学习目标	掌握如何调整曝光过度的图片
难度指数	★★

步骤01 在Photoshop软件中打开“浪漫温馨台灯”素材，选择“图像”|“调整”|“曝光度”命令，如图4-60所示。

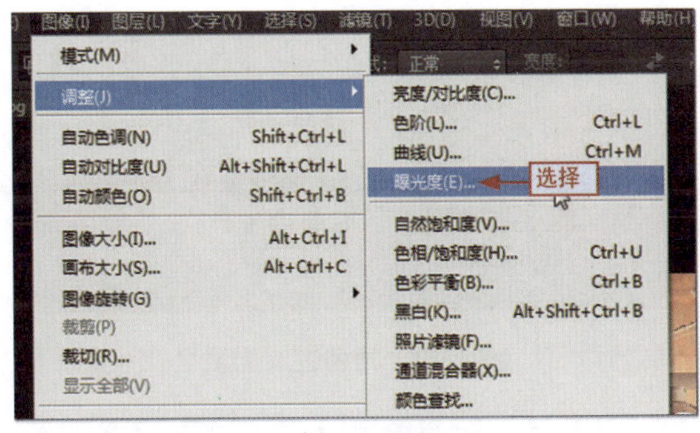

图4-60 选择“曝光度”命令

步骤02 ❶在弹出的“曝光度”对话框中，向左拖动三角形滑块来调低曝光度，调整合适后，❷单击“确定”按钮，如图4-61所示。

步骤03 完成以上步骤后再保存图片即可。

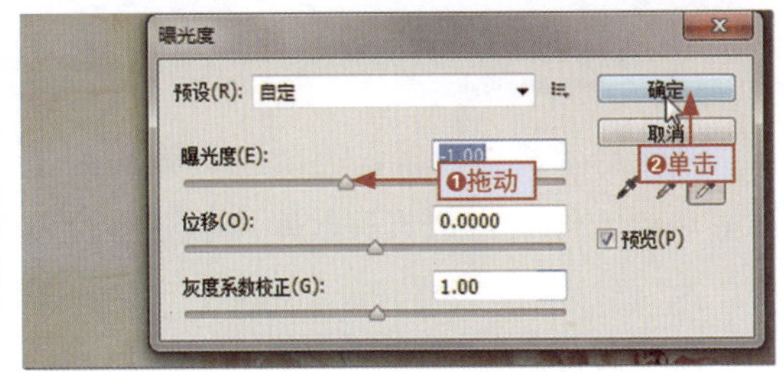

图4-61 降低曝光度

2. 调整曝光不足的图片

曝光不足的图片看起来颜色比较暗，色泽不够亮丽，要调整此类图片同样可以使用曝光度工具来调整。

本节素材	/ 素材 /Chapter04/ 简约蓝色小胸针
本节效果	/ 效果 /Chapter04/ 简约蓝色小胸针
学习目标	掌握如何调整曝光不足的图片
难度指数	★★

步骤01 在Photoshop软件中打开“简约蓝色小胸针”素材，选择“图像”|“调整”|“曝光度”命令，如图4-62所示。

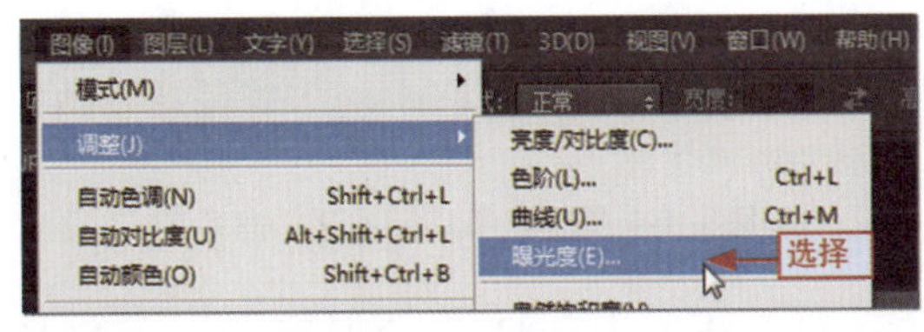

图4-62 选择“曝光度”命令

步骤02 ❶在弹出的“曝光度”对话框中，向右拖动三角形滑块来调高曝光度，调整合适后，❷单击“确定”按钮，如图4-63所示。

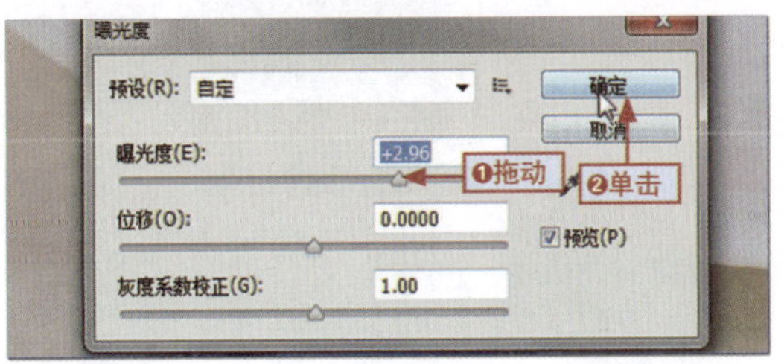

图4-63 增加曝光度

4.3.3 让图片变得更清晰

在使用相机拍照时，有时会因为受到抖动或者没有完全对焦而导致图片的清晰度不够。这时我们可以使用Photoshop软件快速使图片变得更清晰。

本节素材	/素材/Chapter04/冬季褐色短靴
本节效果	/效果/Chapter04/冬季褐色短靴
学习目标	掌握如何让图片变得更清晰
难度指数	★★

步骤01 在Photoshop软件中打开“冬季褐色短靴”素材，按Ctrl+J组合键复制背景图层，选择“滤镜”|“锐化”|“USM锐化”命令，如图4-64所示。

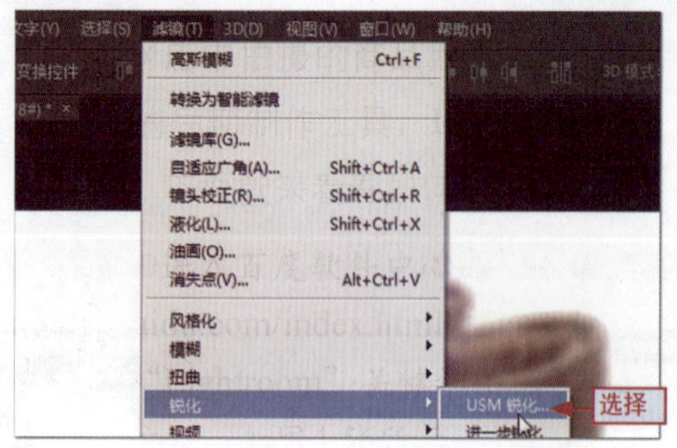

图4-64 选择“USM锐化”命令

步骤02 ❶在弹出的“USM锐化”对话框中，拖动三角形滑块设置数量和半径，❷单击“确定”按钮，如图4-65所示。

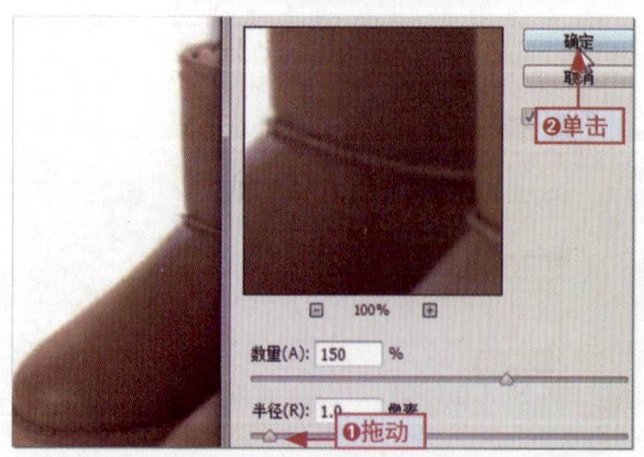

图4-65 设置锐化参数

步骤03 选择菜单栏中的“图像”|“模式”|“Lab颜色”命令，如图4-66所示。

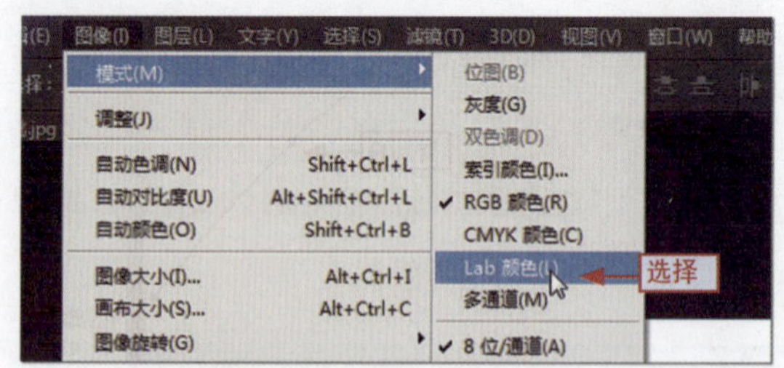

图4-66 选择“Lab颜色”命令

步骤04 在打开的对话框中单击“拼合”按钮，如图4-67所示。

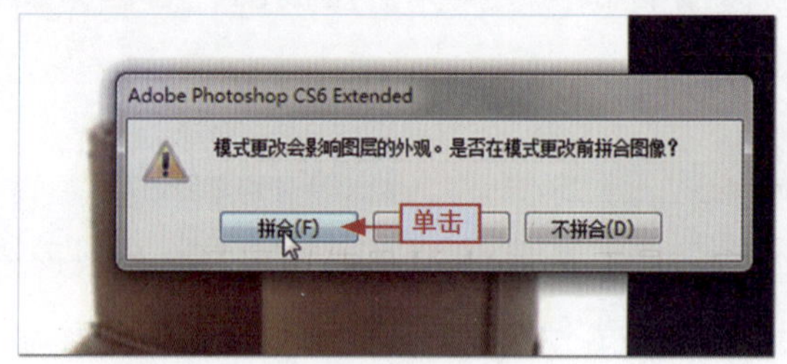

图4-67 拼合图像

步骤05 按Ctrl+J组合键复制图层，选择“通道”选项，如图4-68所示。

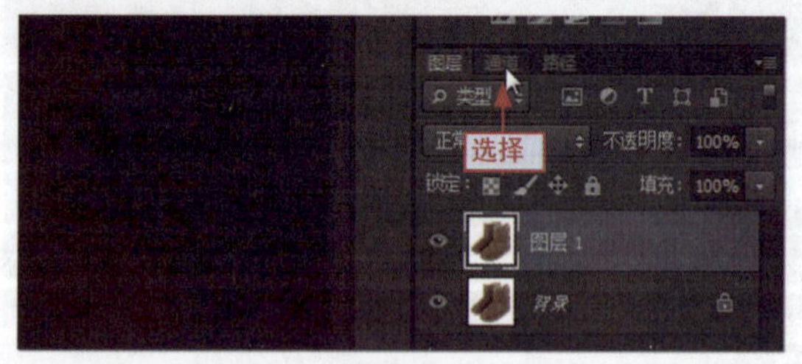

图4-68 准备进入通道

步骤06 进入通道后单击“明度”通道，如图4-69所示。

步骤07 选择“滤镜”|“锐化”|“USM锐化”命令，如图4-70所示。

步骤08 ❶在弹出的“USM锐化”对话框中，拖动三角形滑块设置数量和半径数值，❷单击“确定”按钮，如图4-71所示。

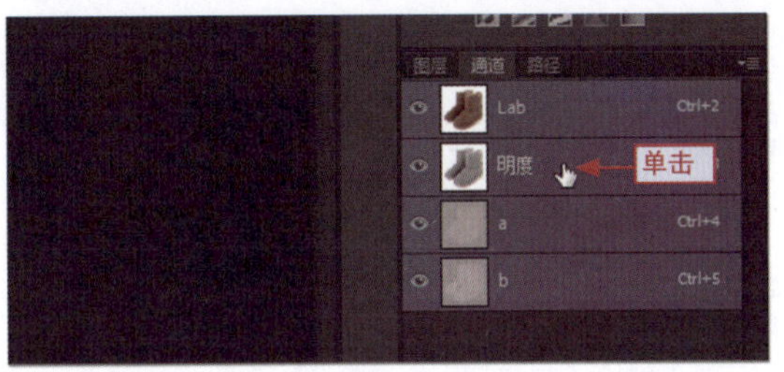

图 4-69　准备进入明度通道

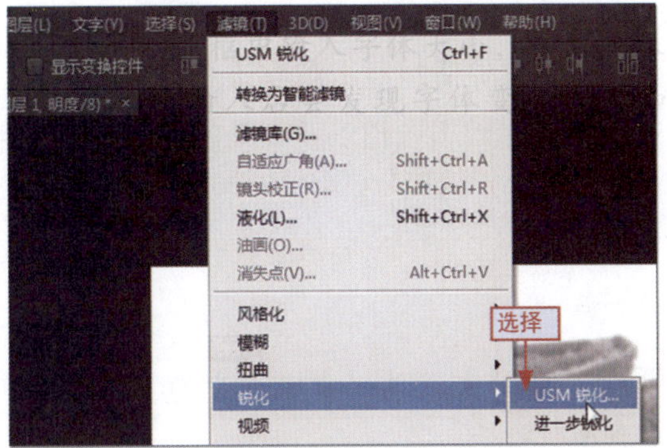

图4-70　选择“USM锐化”命令

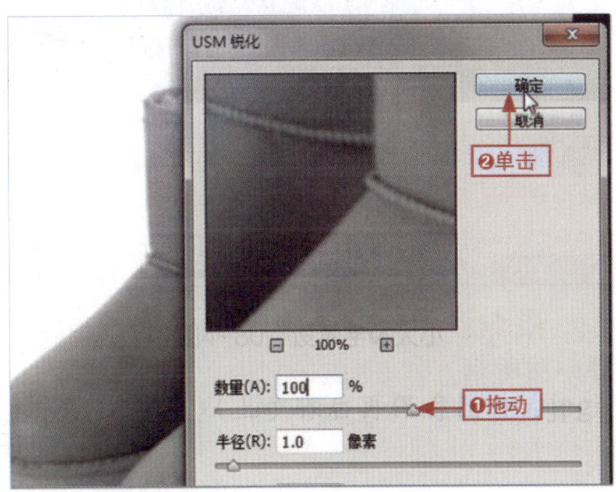

图4-71　设置锐化参数

步骤09　选择“图层”选项回到图层面板中，如图4-72所示。

步骤10　回到图层面板后单击“正常”选项中的下拉按钮，如图4-73所示。

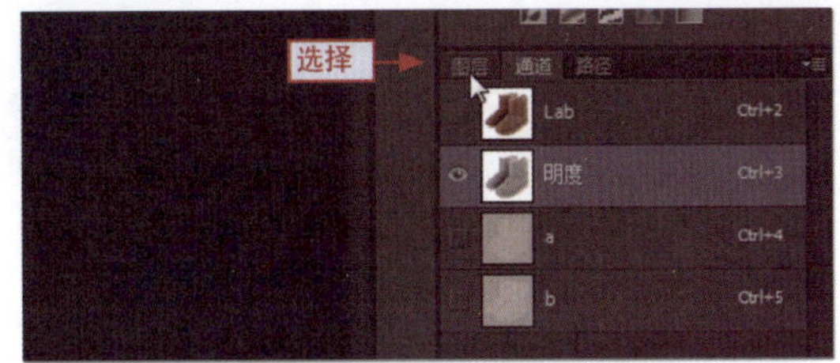

图 4-72　准备进入图层面板

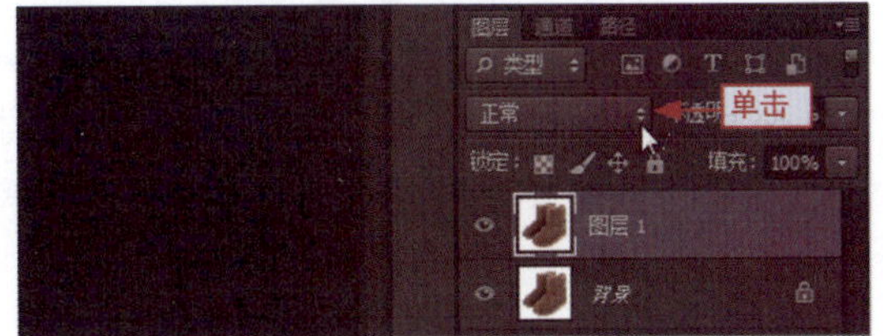

图 4-73　准备设置图层模式

步骤11　在弹出的下拉菜单中选择“柔光”命令，如图4-74所示。

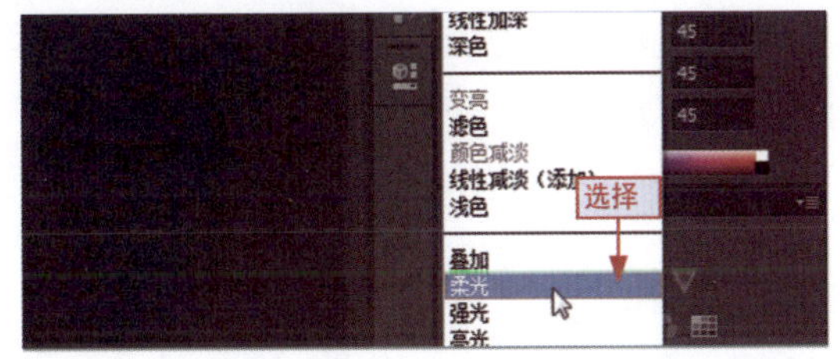

图 4-74　设置柔光模式

步骤12　再根据具体情况设置不透明度，这里设置为50%，如图4-75所示。完成以后会发现图片变清晰了，再保存即可。

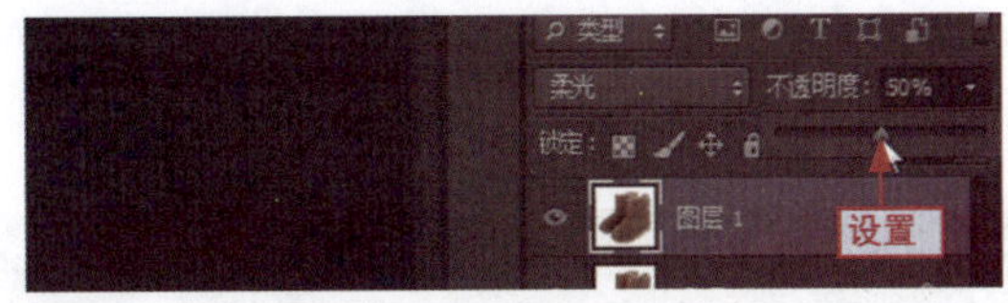

图4-75　设置不透明度

4.4 为宝贝添加文字

阿智：你知道怎样在宝贝图片旁边添加文字吗?

小白：我知道可以使用Photoshop，但是不知道该如何处理。

阿智：其实很简单，只需要选择文字工具即可，下面就一起来看看如何为宝贝添加文字吧。

在网店的宝贝图片中添加相应的文字描述，可以让买家更清楚地了解到该商品的材质和价格等信息。图文并茂的表现方式也更能吸引买家注意力，在网店店招以及背景的设计中，使用文字也能为装修增添色彩。

4.4.1 使用自带文字工具

在Photoshop软件中提供了文字工具，可以利用这一工具在图片中添加横排和直排文字，下面我们以为“经典美味纯手工泡芙”网店商品添加文字为例进行讲解。

本节素材	/ 素材 /Chapter04/ 经典美味纯手工泡芙
本节效果	/ 效果 /Chapter04/ 经典美味纯手工泡芙
学习目标	掌握如何为图片添加文字
难度指数	★★

步骤01 在Photoshop软件中打开“经典美味纯手工泡芙”素材，按Shift+T组合键或者选择工具栏中的“横排文字工具”选项，如图4-76所示。

图4-76 选择文字工具

步骤02 单击菜单栏中字体旁的下拉按钮，如图4-77所示。

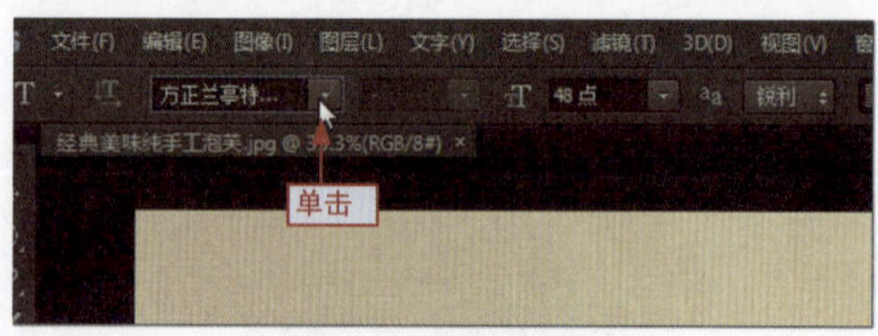

图4-77 准备选择字体

步骤03 在弹出的下拉菜单中选择字体样式，比如选择“方正报宋简体”命令，如图4-78所示。

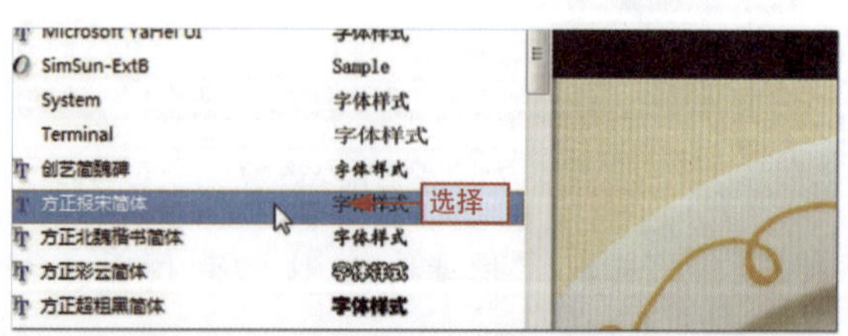

图4-78 选择字体样式

步骤04 把光标移动到需要输入文字的地方，右击，当出现“ ”时表示可以输入文字，这时即可输入要添加的文字，如图4-79所示。

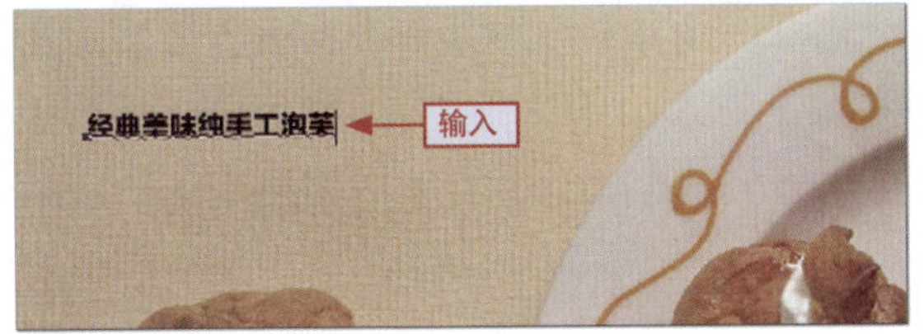

图4-79　输入文字

步骤05　❶输入成功后发现字体偏小，这时可以选中已经输入好的字体，❷在设置字体大小的下拉列表框中输入字体大小，比如输入“90点”，输入后会发现字体变大了，如图4-80所示。

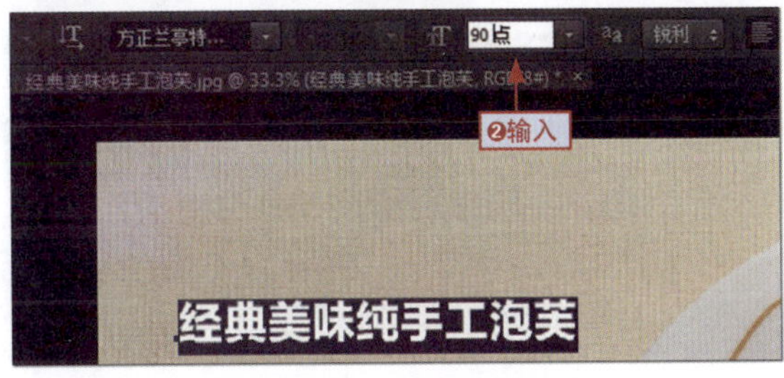

图4-80　设置字体大小

步骤06　完成以上步骤后再保存图片为jpg格式即可。

小绝招　**如何输入直排文字**

在为商品图片添加文字时，有时为了美观，需要让文字竖排，这时只需在工具栏的文字工具中选择“直排文字工具”命令即可，如图4-81所示。

图4-81　选择直排文字

4.4.2　给文字变个形

在网店商品图片上添加文字的目的是，让买家能够通过该文字获得需要的信息。但是买家在浏览了大量千篇一律的文字后，会产生视觉疲劳，而自动忽略掉那些不足以吸引眼球的文字。

为了让网店中文字所提供的信息更好地展现给买家，可以通过给文字变形的方法来吸引买家的眼球。下面就来看看如何给文字变形。

本节素材	/ 素材 /Chapter04/ 薄壳巴旦木
本节效果	/ 效果 /Chapter04/ 薄壳巴旦木
学习目标	掌握如何为文字变形
难度指数	★★

步骤01　❶在Photoshop软件中打开“薄壳巴旦木”素材，按Shift+T组合键后，设置字体样式为方正兰亭纤黑简体，大小为72点，设置成功后，❷在空白区域输入“鲜香酥脆，美味爽口”，如图4-82所示。

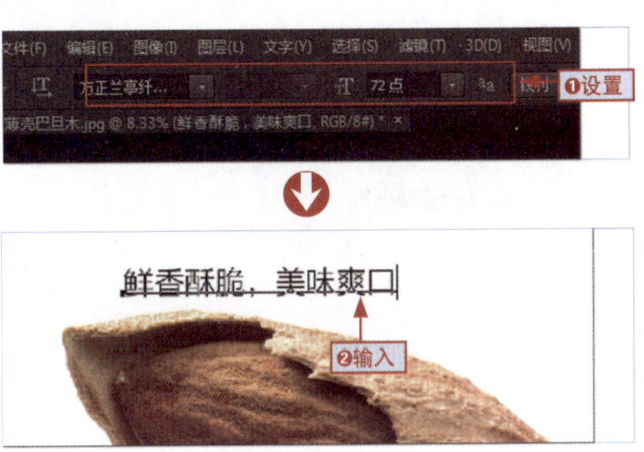

图4-82　输入文字

步骤02 选择菜单栏中的“创建文字变形”选项，如图4-83所示。

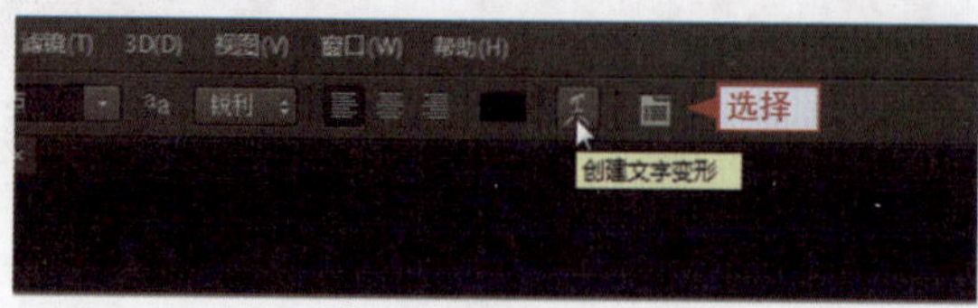

图4-83 选择创建文字变形工具

步骤03 ❶在弹出的“变形文字”对话框中单击“样式”下拉按钮，❷在弹出的下拉列表中选择要变形的文字类型，比如选择“上弧”选项，如图4-84所示。

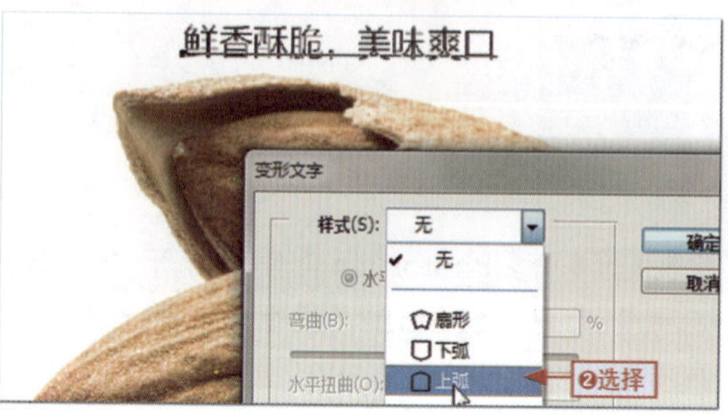

图4-84 选择变形类型

步骤04 这时会发现文字已经变形了，单击“确定”按钮，如图4-85所示。

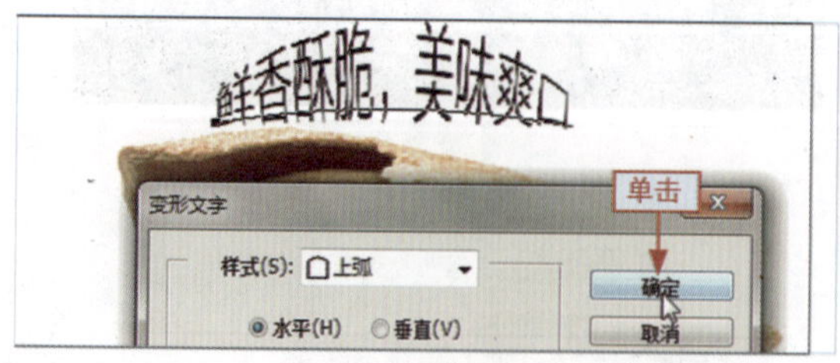

图4-85 应用变形

步骤05 完成以上步骤后，再保存图片为jpg格式即可。

4.4.3 为文字加上色彩

在为网店的商品添加文字时，并不一定全部使用黑色，还可以设置为红色和黄色等不同的颜色，使文字更加醒目突出，下面就来看看如何为文字添加色彩。

本节素材	/ 素材 /Chapter04/ 巧克力奶油蛋糕
本节效果	/ 效果 /Chapter04/ 巧克力奶油蛋糕
学习目标	掌握如何为文字添加色彩
难度指数	★★

步骤01 ❶在Photoshop软件中打开“巧克力奶油蛋糕”素材，按Shift+T组合键后，设置字体样式为方正胖娃简体，大小为80点，设置成功后，❷在空白区域输入“醇正美味，香浓可口”，如图4-86所示。

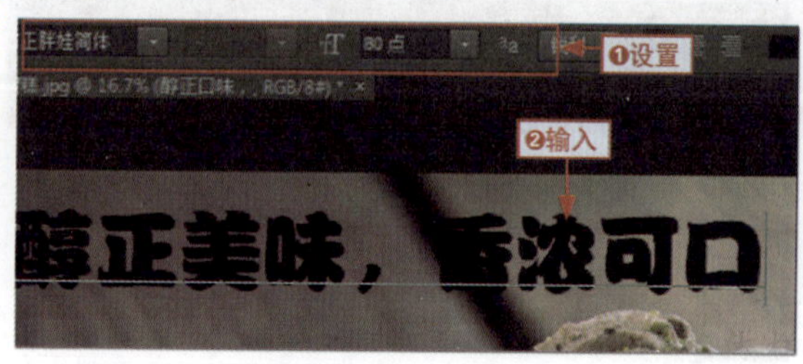

图4-86 输入文字

步骤02 ❶选中已经输入的文字，❷再选择菜单栏中的“切换字符和段落面板”选项，如图4-87所示。

图4-87 准备设置字体颜色

步骤03 进入“字符”面板后，单击“颜色”旁的长方形小方框，设置文本颜色，如图4-88所示。

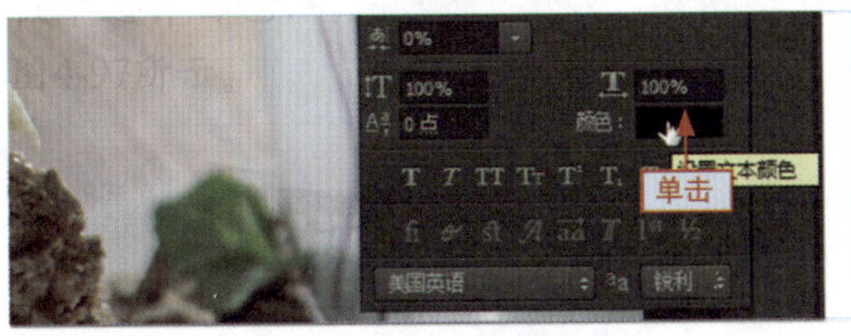

图4-88 进入字符设置面板

步骤04 ❶在“拾色器”面板中选择需要设置的字体颜色，❷再单击“确定”按钮，如图4-89所示。

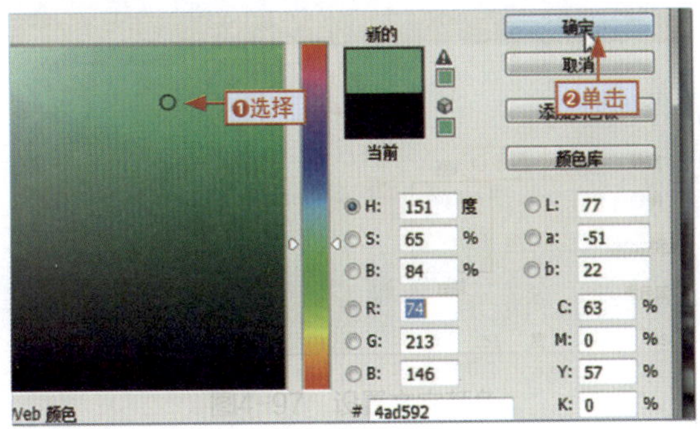

图4-89 设置字体颜色

步骤05 完成以上步骤后，再保存图片为jpg格式即可。

4.4.4 渐变让文字更美观

把文字颜色设置为渐变色能够让文字呈现出动态的效果，表现力更丰富。要使文字颜色为渐变色并非一件难事，下面就来看看具体该如何操作。

本节素材	/ 素材 /Chapter04/ 甘草味西瓜子
本节效果	/ 效果 /Chapter04/ 甘草味西瓜子
学习目标	掌握如何把文字颜色变为渐变色
难度指数	★★

步骤01 ❶在Photoshop软件中打开“甘草味西瓜子”素材，按Shift+T组合键后，设置字体样式为方正正大黑简体，大小为200点，设置成功后，❷在空白区域输入“颗粒饱满，好吃，不上火”，如图4-90所示。

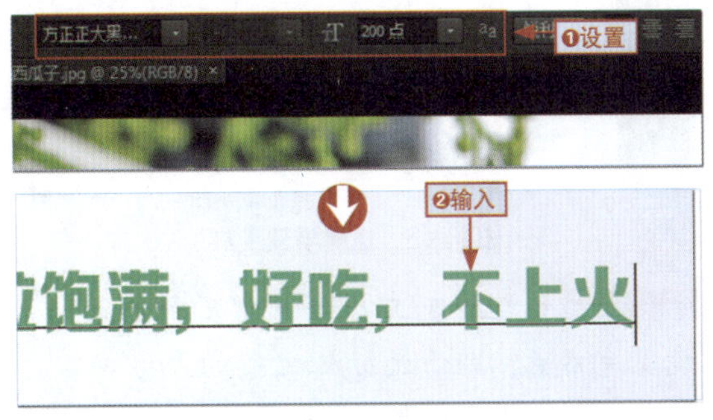

图4-90 输入文字

步骤02 ❶选中文字图层，❷右击，在弹出的快捷菜单中选择“栅格化文字”命令，如图4-91所示。

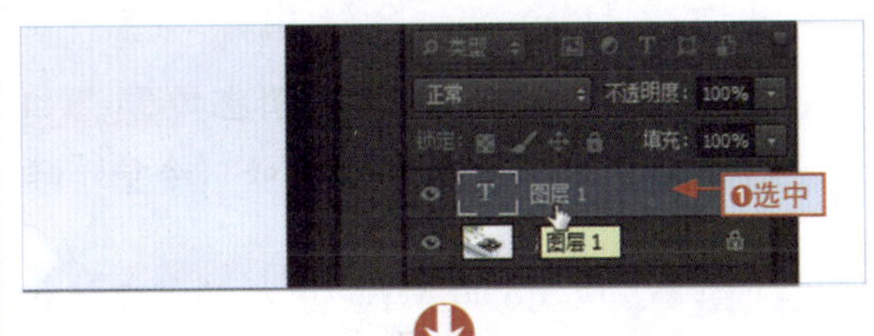

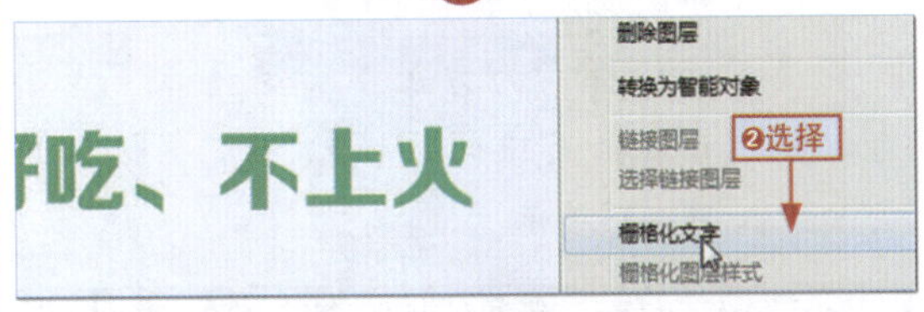

图4-91 栅格化文字

步骤03 按住Ctrl键选中文字图层，建立文字选区，如图4-92所示。

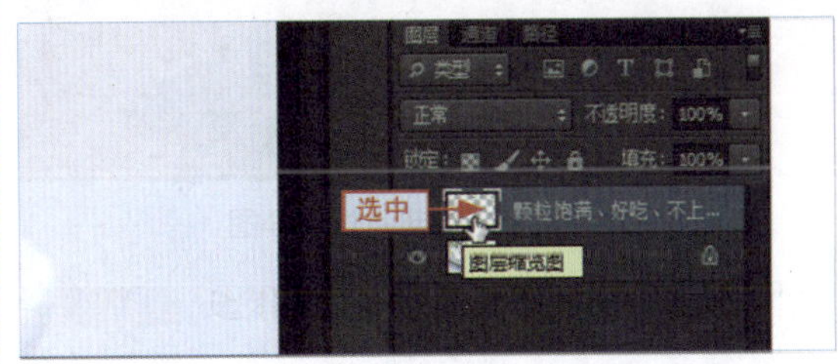

图4-92 选中文字图层

步骤04 选择工具栏中的“渐变工具”选项，如图4-93所示。

图4-93 选择渐变工具

步骤05 ❶在渐变工具栏中设置渐变方式，设置完成后，❷让光标从文字的左方向右方拖出一条直线，如图4-94所示。

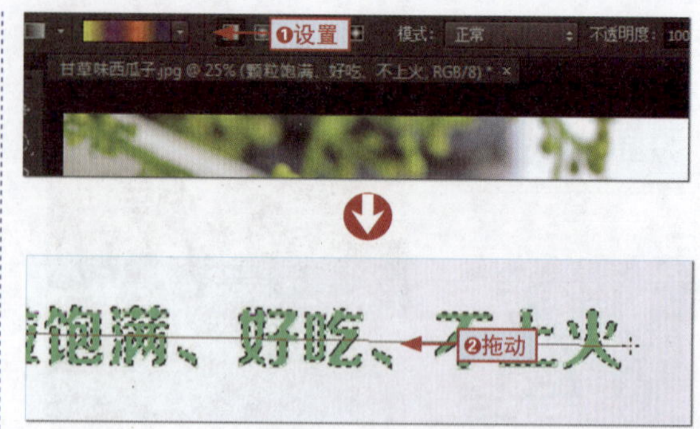

图4-94 应用渐变工具

步骤06 完成以上步骤后，会发现文字变成了渐变色，再保存为jpg格式即可。

给你支招 | 把图片制作成简单的动画

小白： 在 Photoshop 软件中可以把图片制作成简单的动画吗？

阿智： 当然可以，只需要使用 Photoshop 提供的动画功能即可，我们以制作坚果促销海报为例来看看具体该如何操作。

步骤01 ❶在Photoshop软件中打开“坚果促销海报”素材，按Shift+T组合键使用文字工具，设置字体样式为方正正大黑简体、大小为45点，❷在画面中间区域输入“圣诞狂欢夜”，如图4-95所示。

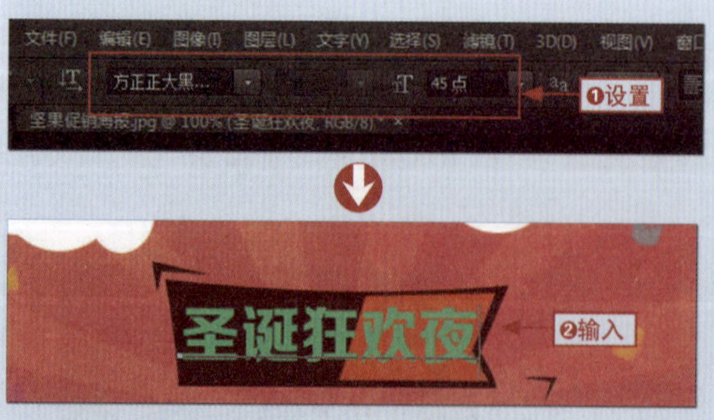

图4-95 添加文字

步骤02 ❶选中“圣诞狂”3个字，❷选择“设置文本颜色”选项，❸在弹出的“拾色器”面板中选择黄色，❹再单击“确定”按钮，如图4-96所示。

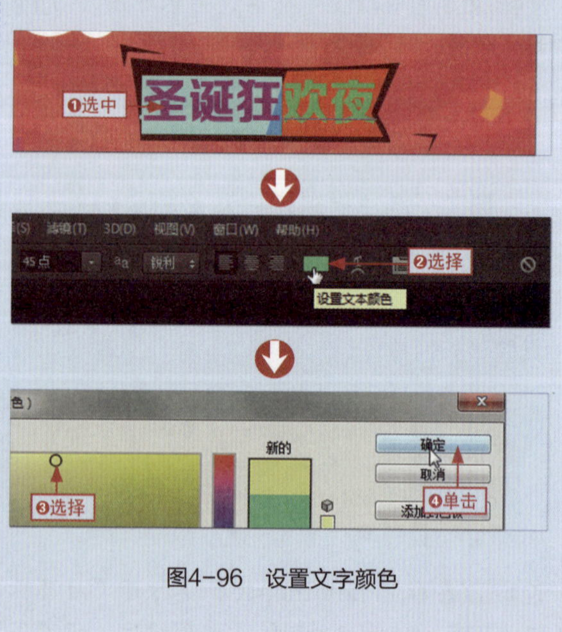

图4-96 设置文字颜色

步骤03 ❶选中“欢夜”两个字，❷选择“设置文本颜色”选项，❸在弹出的“拾色器”面板中选择白色，❹再单击“确定”按钮，如图4-97所示。

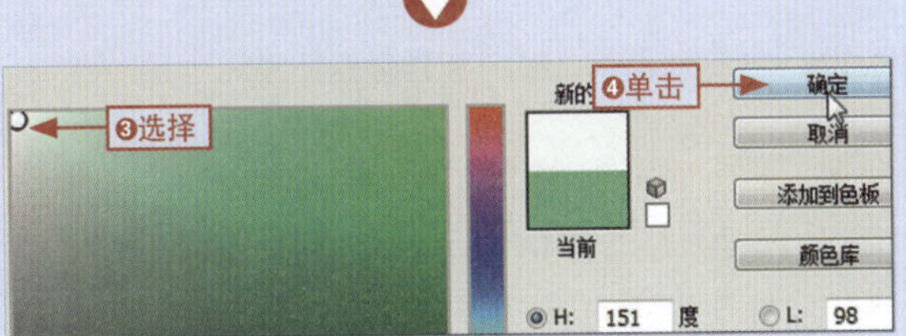

图4-97 设置文字颜色

步骤04 ❶选中背景图层，按Ctrl+J组合键复制背景图层，❷选中“背景 副本”图层，拖动背景图层副本，放置在“圣诞狂欢夜”文字图层上方，如图4-98所示。

图4-98 复制图层

步骤05 ❶按Shift+T组合键，使用文字工具，设置文字大小为48点，输入“全场 8折”，❷选中“全场”两个字，设置颜色为黄色，如图4-99所示。

图4-99 设置文字颜色

步骤06 选择“窗口”下拉菜单中的“时间轴”命令，如图4-100所示。

图4-100 使用时间轴工具

步骤07 在页面下方单击“创建帧动画”按钮，如图4-101所示。

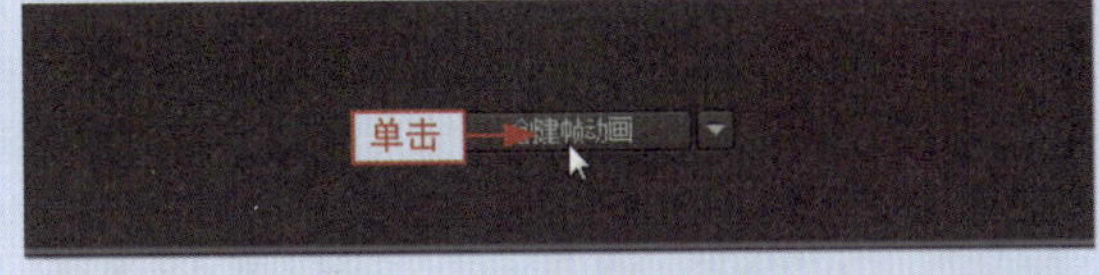

图4-101 准备创建帧动画

步骤08 选择“全场 8折”和“背景 副本”图层，单击前面的图标，使其隐藏，如图4-102所示。

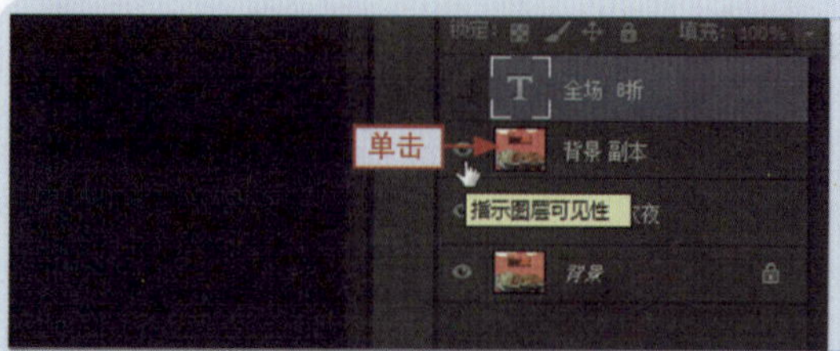

图4-102 隐藏图层

步骤09 单击“复制所选帧”按钮，如图4-103所示。

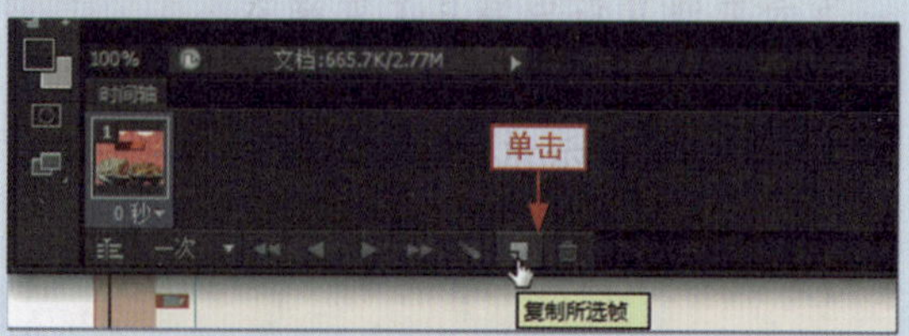

图4-103 复制所选帧

步骤10 复制成功后，单击图层前面的图标，显示“全场 8折”和“背景 副本”图层，再隐藏“圣诞狂欢夜”和“背景”图层，如图4-104所示。

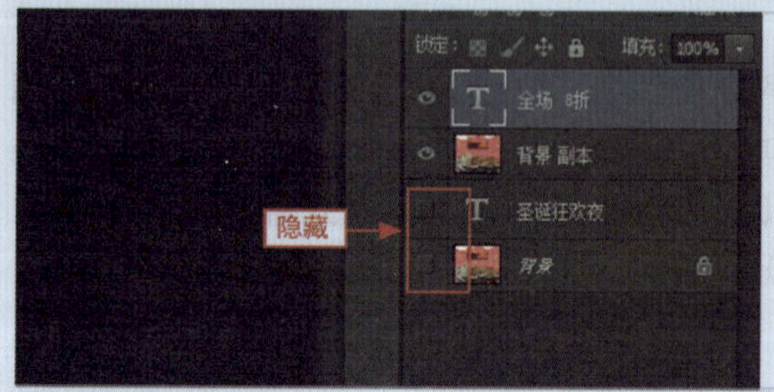

图4-104 隐藏图层

步骤11 单击“选择帧延迟时间”下拉按钮，如图4-105所示。

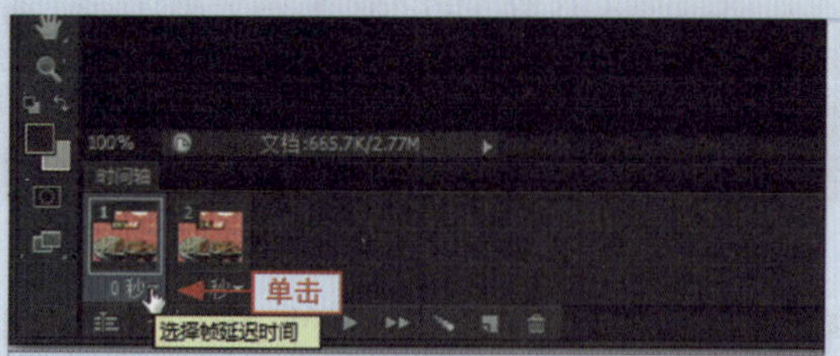

图4-105 准备选择延迟时间

步骤12 ❶在弹出的下拉菜单中选择“其他”命令，❷在弹出的“设置帧延迟”对话框中输入“0.3”，❸再单击“确定”按钮，如图4-106所示。

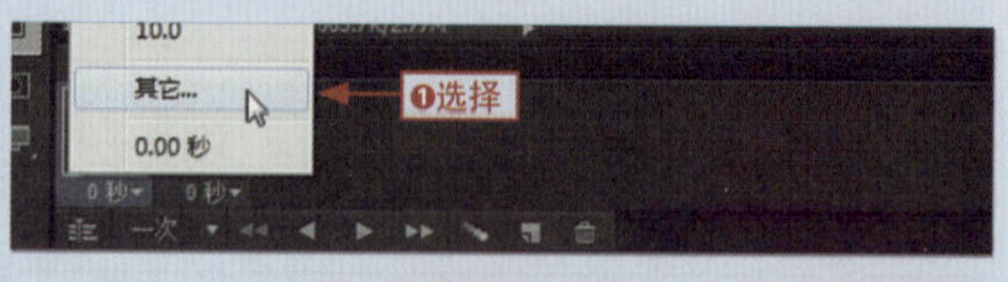

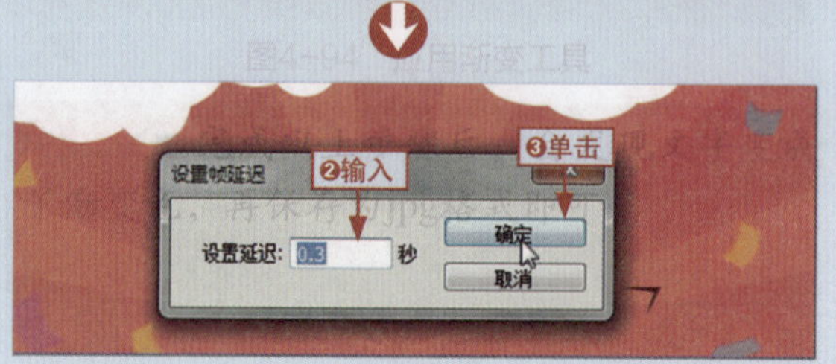

图4-106 设置帧延迟时间

步骤13 ❶用同样的方法把另一帧动画的延迟时间也设置为0.3秒，单击“选择循环选项”下拉按钮，❷在弹出的下拉菜单中选择“永远”命令，如图4-107所示。

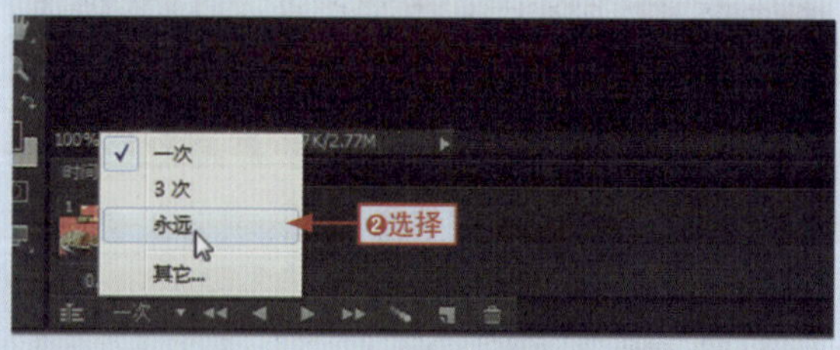

图4-107 设置循环时间

步骤14 完成以上步骤后按Alt+Ctrl+Shift+S组合键存储为GIF格式即可。

给你支招 | 巧用美图秀秀工具

小白：阿智，听说美图秀秀也可以用来美化图片，你可以告诉我怎么使用吗？

阿智：其实很简单，只需要进入美图秀秀官方网站后，选择图片进行处理就可以了，下面就来看看具体该如何使用。

步骤01 进入美图秀秀官方网站，在首页单击“美化图片”按钮，如图4-108所示。

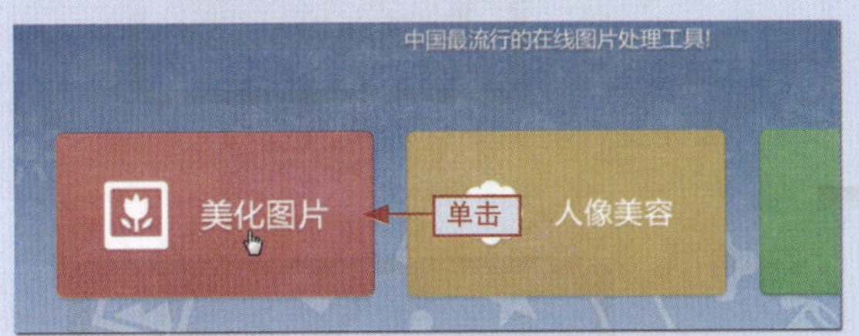

图4-108　进入美图秀秀官方网站

步骤02 在打开的页面中单击“打开一张图片”按钮，如图4-109所示。

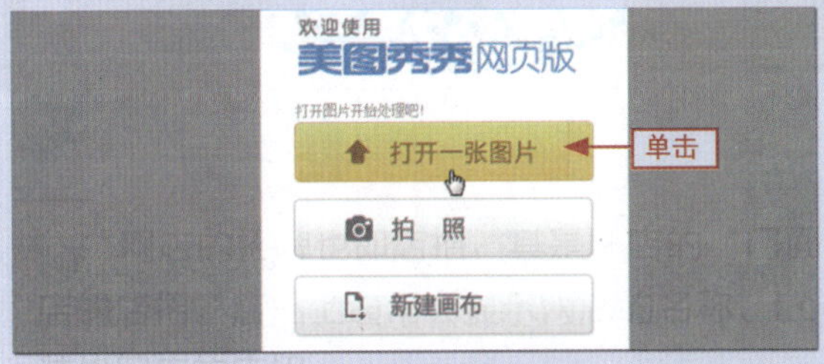

图4-109　进入美化图片页面

步骤03 ❶在计算机中选择要处理的图片，❷再单击“打开”按钮，如图4-110所示。

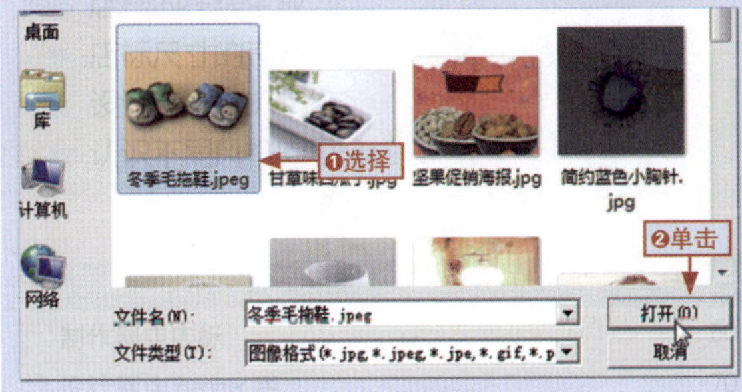

图4-110　选择图片

步骤04 在打开的页面中选择处理方式，比如选择“特效”选项，如图4-111所示。

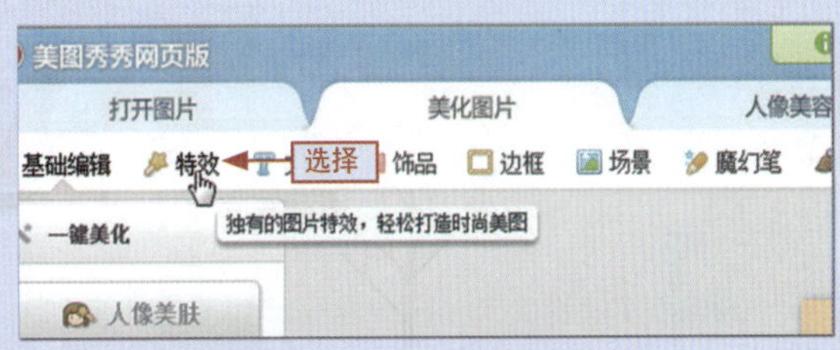

图4-111　选择特效工具

步骤05 在打开的页面中选择特效类型，比如选择“暖化”选项，即可发现图片发生了变化，如图4-112所示。

图4-112　选择特效类型

步骤06 应用以后选择“保存与分享”选项，如图4-113所示。

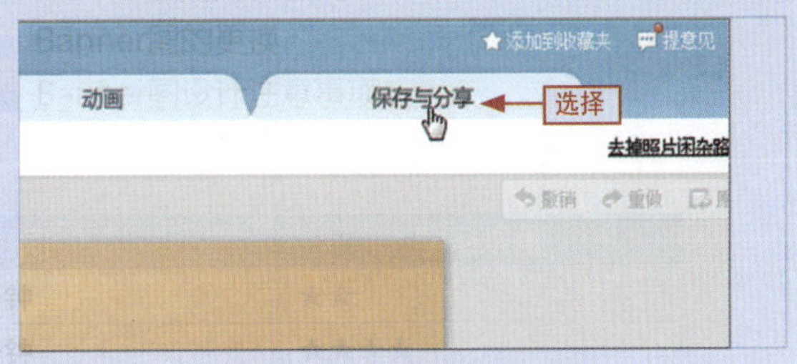

图4-113　准备保存图片

步骤07 在打开的页面中单击“保存图片”按钮，保存图片即可，如图4-114所示。

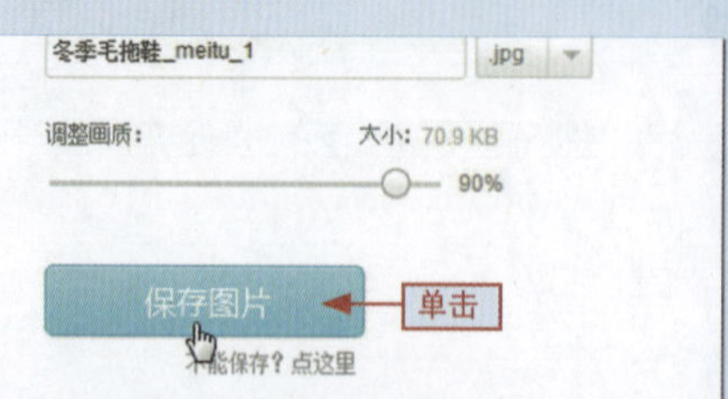

图4-114 保存图片

使用拼图功能如何添加多张图片

美图秀秀还提供了拼图功能，使用拼图功能可以把几张图片轻松地拼合在一起，如果是多张图片的拼图，一张张上传会浪费很多时间，这时可以在进入拼图页面后，单击“上传多张图片”按钮，一次性添加多张图片，如图4-115所示。

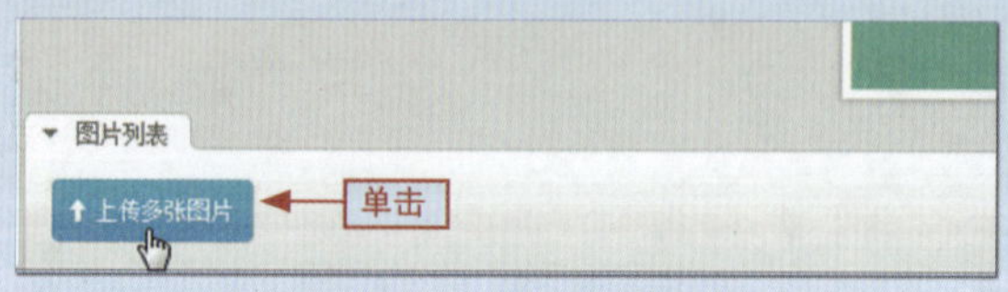

图4-115 上传多张图片

拼图功能可以用于网店海报的制作，达到展示多种促销商品的效果，如图4-116所示的是使用美图秀秀拼图功能制作的图片效果图。

图4-116 拼图效果图

Chapter 05 网店招牌的装修

学习目标

网店的招牌也即店招，其是网店的“门面”，当买家进入网店以后首先看到的便是网店的店招。店招上通常会显示网店的名称、Logo以及其他信息。本章我们就来看看该如何装修网店的店招。

本章要点

- 店标的在线生成
- 店标尺寸的设计
- 设计艺术店标字体
- 认识不同风格的导航栏
- 导航栏的更改
- Banner图的几种版式
- Banner图的更换
- Banner图设计注意事项

知识要点	学习时间	学习难度
制作网店店标	50 分钟	★★
设计网店 Banner 图	70 分钟	★★★★
设计网店导航栏	40 分钟	★★

5.1 店标制作的三种方法

阿智： 小白，你知道为网店制作店标有哪几种方法吗？

小白： 我知道在线自动生成的方法。

阿智： 在线自动生成是一种比较简单的方法，除此之外还可以自己设计或者请专业的美工帮我们设计。

网店店标是店铺的形象标志，好的店标往往让人印象深刻，店标制作得好，会让买家感觉到网店店主的用心经营，更愿意在店铺内购买商品，下面就看看该如何制作网店店标。

5.1.1 店标的在线生成

制作网店店标最简单的方法就是在线生成，许多素材网站都提供了店标的在线生成工具，下面就来看看该如何在线生成。

步骤01 进入三角梨官方网站(http://www.sanjiaoli.com/)，在首页单击在线制作下的“点击进入”按钮，如图5-1所示。

图5-1　进入三角梨官方网站

步骤02 在打开的页面中单击“淘宝店标”超链接，如图5-2所示。

图5-2　进入在线制作网站

步骤03 在打开的页面中选择适合自己网店的店标，单击“点此开始制作”按钮，如图5-3所示。

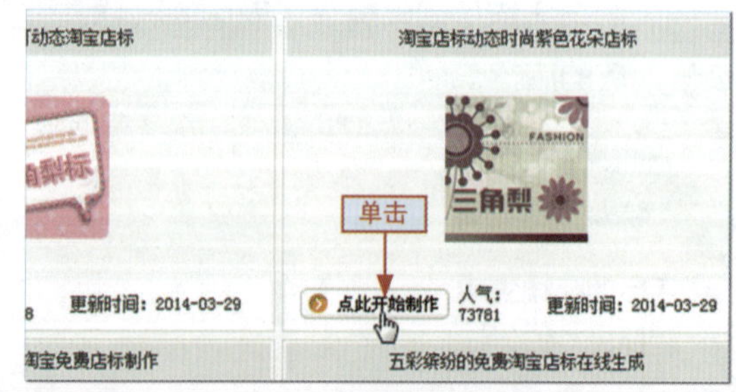

图5-3　准备制作店标

步骤04 ❶在打开的页面底部，输入标题，❷单击“确定提交”按钮，如图5-4所示。

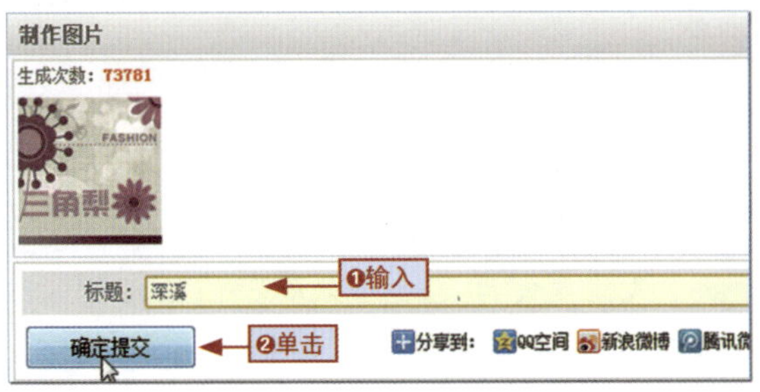

图5-4 在线生成店标

步骤05 成功生成后单击“图片下载”按钮下载图片即可，如图5-5所示。

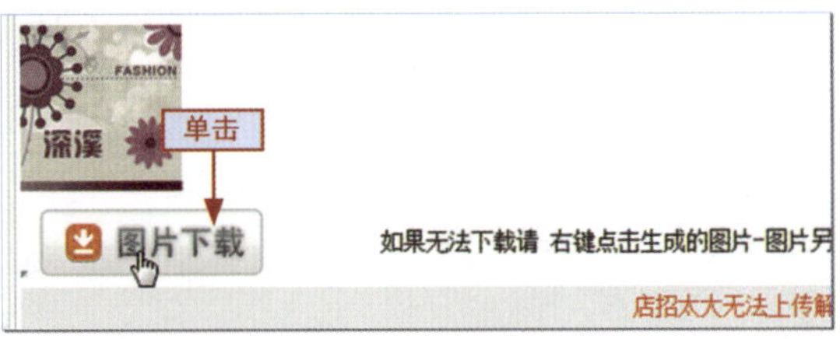

图5-5 下载图片

小绝招 生成的店标无法下载怎么办

在线生成的店标如果无法下载可以在生成的图片上右击，使用图片另存为的方式进行存储。

5.1.2 店标的自我设计

在线生成的店标有时并不能符合网店的装修要求，因此需要自己进行设计。要设计出符合自己网店形象的店标，首先要清楚店标设计的要求。

下面我们就一起来看看网店的店标在自我设计时要符合哪些要求。

学习目标 认识店标设计的要求

难度指数 ★

视觉要求

一个好的店标首先要吸引买家的注意力，因此图案要求清晰、易于识别，为了与其他网店相区别，要具备独特的个性和强烈的冲击力，才能在众多网店中脱颖而出。

设计的统一性

店标应该和网店的经营项目及整体的装修方格一致，只有这样才能保证在买家看到店标后，看到网店的商品后不会有心理落差。

具有传达性

要使店标更容易被买家记住，要求店标本身具有较强的传达性，从而便于网店的营销宣传。

具有延伸性

网店的店标并不是只在自己的店铺中展示，还可能会在其他传播媒介上展示，比如微信公众号和店铺宣传推广中。因此，店标的设计也要有延伸性，能够和不同的展示平台相契合。

店标的构成

自己设计店标还需要明白店标的主要构成，在网店中常用的店标有3种构成，如图5-6所示。

文字标志

文字店标主要是由文字或者拼音构成的，这种店标应用广泛，也是大多数网店使用最多的店标之一。文字店标能够使买家在看到店铺标志的同时记住网店的名称。

图案标志

图案标志是由图案构成的标志，不受语言的限制，也较容易识别。图案标志形象生动，但是可能表达含义时不如文字标志表达得直接完整。

组合标志

组合标志是由文字和图案组合起来的标志，这样的标志图文并茂，能够结合文字和图案的共同优点。

图5-6　店标的构成

● 符合法律、法规规定

店标的设计要符合相关法律法规的规定，不能抄袭他人的店标。

● 要具有时代性

随着网店的发展和竞争环境的变化，店主应该随着时代的变化审视自己网店中的店标，看其是否符合目前的市场环境和网店发展的要求。

5.1.3 选择他人设计

设计网店的店标除了使用在线生成工具自动生成和自己设计外，还可以选择专业的美工来设计。在许多商标设计公司以及设计网站都可以找到专职或者兼职的设计师来设计网店店招。

选择他人为其设计也并不意味着自己可以什么都不用管，这同样需要把好关，具体需要做以下工作。

● 看案例

无论是专职的还是兼职的设计师都会有自己设计过的相关案例，我们可以要求设计师给出以前设计的案例，看其设计水平如何。

● 明确需求

在请他人设计店标前，需要与设计师交流，告知设计师此次设计的需求以及店铺的经营项目和整体装修风格，这样设计师才能设计出符合店铺整体风格的店标。

● 了解设计进度

把店标设计的要求告知设计师后，设计师便会着手开始店标的设计工作，为了避免设计师拖延工作进度，我们应该随时了解工作进程，以确保自己的店标尽快被设计出来。

了解了请他人设计店标的注意事项后，就来看看如何在网上发布设计需求。

步骤01 进入猪八戒网官方网站(http://www.zbj.com/)，在首页单击“免费发需求”按钮，如图5-7所示。

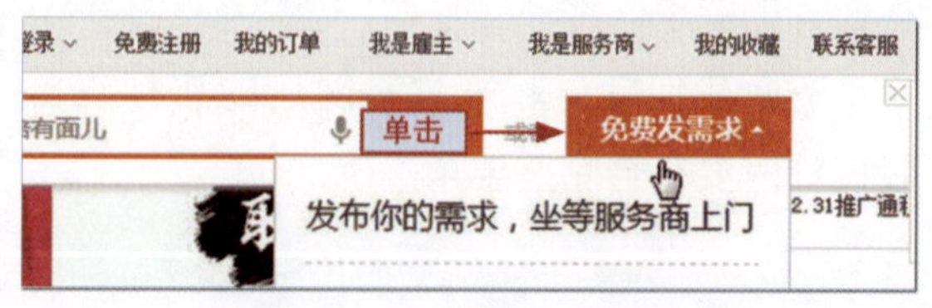

图5-7　进入猪八戒网首页

步骤02 在打开的页面中选择类目，比如单击“网店装修”|“运营”|“网店设计”超链接，如图5-8所示。

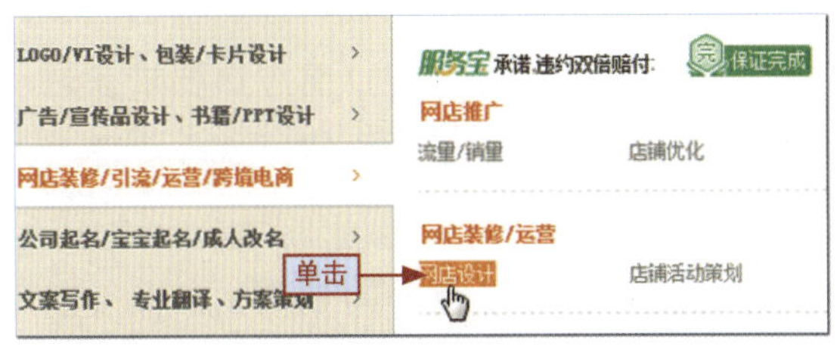

图5-8　选择类目

步骤03 在打开的页面中输入需求、手机号码和验证码，如图5-9所示。

图5-9　简单描述需求

步骤04 ❶输入具体要求后，❷再单击“下一步”按钮，如图5-10所示。

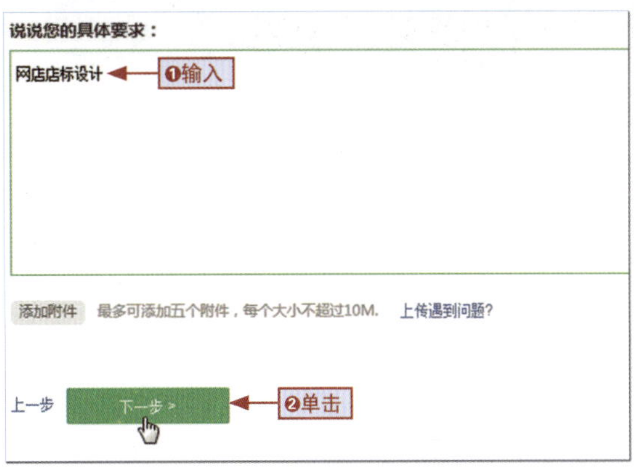

图5-10　填写具体要求

步骤05 完成以上步骤后，再设置需求赏金即可。

具体要求中需填写哪些内容

具体要求中可以填写用途、功能、效果、技能、工具、特殊细节以及产权说明等内容，也可以上传附件进一步说明要求。

5.2 怎样设计美观的店标

小白：在为自己网店设计店标时，做出来的店标都不太美观，如何才能让店标更美观呢？

阿智：只要搭配合理的色彩，设计合适的尺寸，做到摆放位置准确，标志醒目突出，就可以很轻松地设计出美观的店标。

前面我们已经了解了店标设计的要求，那么如何才能使自己的店标符合要求并且在视觉上看起来更加美观呢？下面我们就一起来看看如何把网店店标设计得更美观。

5.2.1 店标要醒目突出

网店的店标并不是随意上传一张图片就可以了，它是需要精心设计的。由于店标的空间相对狭小，因此为了使店标在有限的空间中更有表现力，我们可以通过以下几方面来使店标更醒目突出。

● 与背景色形成对比

店标的色彩应该与店标的背景色形成对比，比如店标的文字为黑色，那么背景便可以使用白色，如果是红色的背景，那么店标的文字便可以是与红色对比强烈的任何颜色，如图5-11所示的是百雀羚旗舰店店标。

图5-11　百雀羚旗舰店店标

从图5-11可以看出，百雀羚旗舰店的店标文字为白色，白色字体的底纹为深蓝色，两者形成对比，很好地突出了白色的字体。文字周围的Logo使用的绿色，与网店的背景色浅蓝色加白色形成对比，从而很好地突出了店标。

因此，在为自己的网店设计店标时也要注意不能让文字和文字的底纹使用相近的颜色，要做到图文有所区别。

● 显示重点内容

店标所占据的位置不会太多，但是却很重要。我们不能要求在店标狭小的空间内展示尽可能多的内容，而应该要求在这个空间中展示最主要的内容。这个主要内容包括店铺名称和Logo。

在展示时可以两者兼而有之，也可以只展示其中一种。如果要在店标上加上其他文字，那么这个文字的字体一定要小，通常小于主体字体一半。切记不能把其他文字的字体设计得很大，但是店铺名称或者Logo设计得很小，如图5-12所示的是佰草集旗舰店店标。

图5-12　佰草集旗舰店店标

从图5-12可以看出，佰草集网店的店标上有“正品保证、官方直售”8个字。虽然加上了这几个字，但是这几个字被放在了佰草集店名的上方和下方，并没有放在中间位置显示，字体也明显比“佰草集”3个字小。

通过这种方式使得店铺名称得到突出展示，同时在旁边也再次显示了店名，起到了双重突出的作用。

我们在设计网店店标时同样要把网店名称或Logo放大显示，在展示时也可以只展示店名，如图5-13所示的是NIKE旗舰店店标。

图5-13　NIKE旗舰店店标

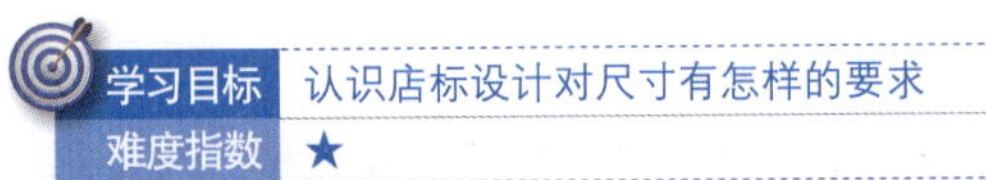

5.2.2 店标尺寸的设计

网店的店标过大将不能完全显示，过小有可能被买家忽略，因此店标的尺寸也要符合展示的要求。

学习目标　认识店标设计对尺寸有怎样的要求

难度指数　★

● 店铺基本设置中店标的要求

在店铺的基本设置中，淘宝店铺的上传的店标要求文件格式为GIF、JPG、JPEG和PNG，文件大小要在80K以内，因此在设计时尺寸最好在100px×100px以内。

手机淘宝店铺要求文件格式为GIF、JPG、JPEG和PNG，大小在10K以内，尺寸为280px×50px)。基本设置中设置的店标会显示在店铺前台，以向买家展示，如图5-14所示。

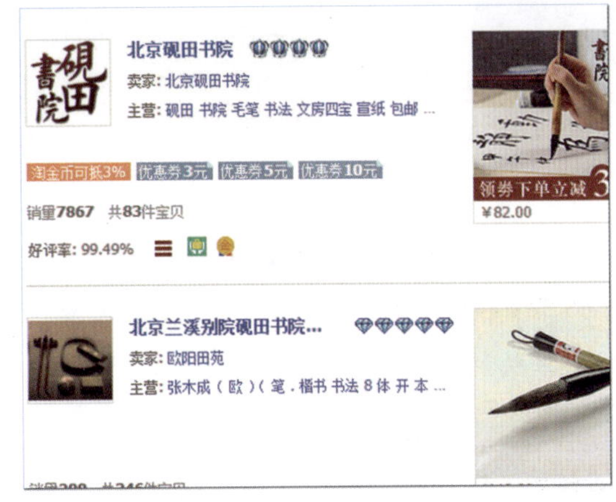

图5-14　在店铺列表中显示

小绝招　基本设置中店标有两种显示

普通店铺在上传店标以后，会直接在店铺首页显示，如果是旺铺，则不会在店铺页面显示店标，而会在搜索店铺时才会显示店标。

● 店招中店标尺寸的要求

在店招左侧显示的店标不能超过店招的高度和宽度要求。基础版的店招尺寸要求宽度为950px，高度建议不超过120px。

专业版的尺寸要求是950px×150px。因此，要保证店标能够完全显示，上传的店标尺寸就要小于这个尺寸。

长知识 | 如何更改显示在店铺前台的店标

网店中的店标并不是一成不变的，它会根据店铺的发展进行更改，那么，如何更改店铺前台展示给买家的店标呢？具体的操作方式如下所示。

步骤01　进入淘宝网官方网站首页(https://www.taobao.com/)，单击“卖家中心”超链接，并登录个人淘宝卖家账号，如图5-15所示。

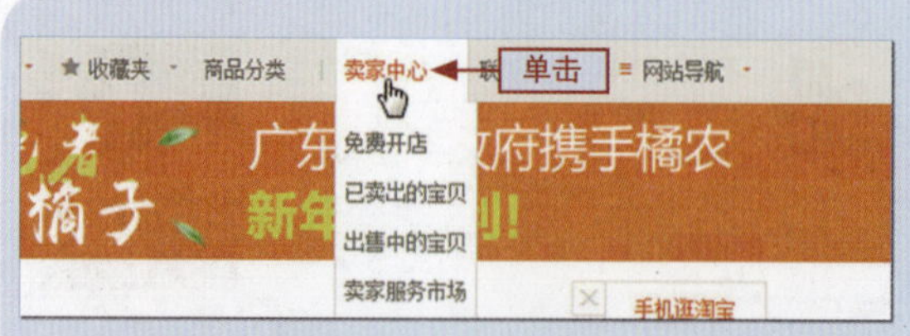

图5-15 进入卖家中心

步骤02 ❶在打开的页面中单击“店铺管理”的下拉按钮。❷再单击“店铺基本设置”超链接，如图5-16所示。

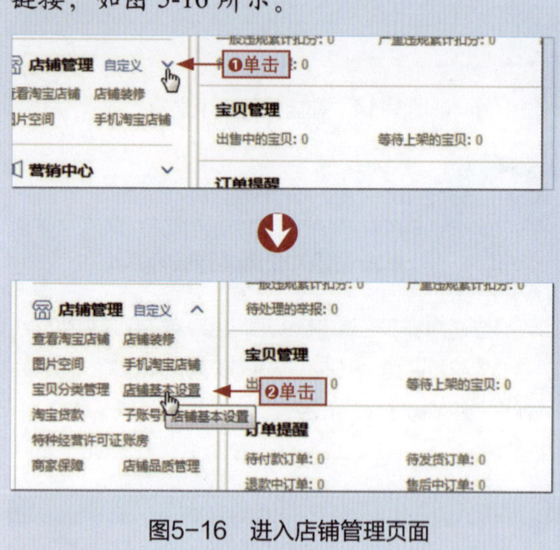

图5-16 进入店铺管理页面

步骤03 在打开的页面中单击“上传图标”按钮，如图5-17所示。

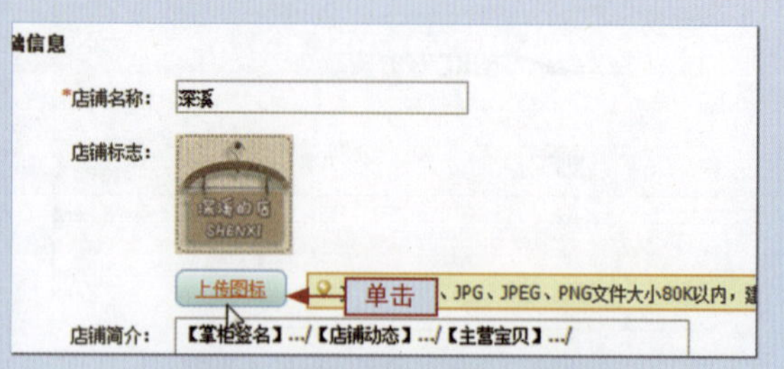

图5-17 进入基础信息设置页面

步骤04 ❶在电脑中选择要上传的店标，❷再单击“打开”按钮，如图5-18所示。

图5-18 选择店标

步骤05 图片上传成功后，单击“保存”按钮保存即可，如图5-19所示。

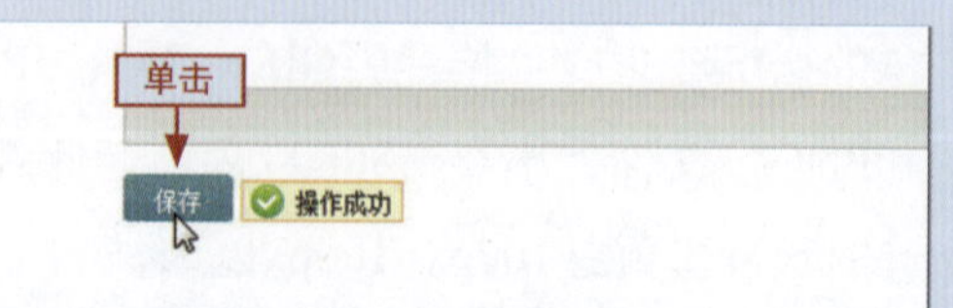

图5-19 保存更改

5.2.3 设计店标艺术字体

在网店的店标中使用艺术字体会让店标看起来更有特色，为自己的网店店标设计艺术字体可以使用Photoshop软件制作，也可以使用在线生成工具来在线制作，下面我们就来看看有哪些在线生成工具也可以用于制作店标艺术字体。

● QT86网

QT86网(http://www.qt86.com/)提供了艺术字体、花体字体和常用字体的生成工具，在该网站上可以非常轻松地完成在线生成。

在网站首页可以预览字体样式，再选择要生成的字体类型进行生成，其字体预览页面如图5-20所示。

图5-20　艺术字体预览页面

● 急切网

急切网(http://www.jiqie.com/)提供了艺术字体在线生成、红色Logo站标、蓝色Logo设计、火焰字签名、彩色艺术字Logo、在线设计以及抽象Logo水印设计等功能。

在急切网上在线生成网店Logo时还可以在线选择背景、字体颜色和图案标志，可以轻松地制作网店Logo。部分Logo在线生成后带有急切网的网站标识，这时还需要使用Photoshop工具把标识去除后才能直接使用，如图5-21所示的是急切网提供的Logo制作工具分类页面。

设计	Logo在线制作	科技艺术Logo
QQ网名设计	取姓名生成器	在线拆字工具
藏头成语大全	金额大写转换	随机密码生成
花鸟字艺术签	三好学生奖状	五好学生奖状
网络授权证书	荣誉证书制作	邮箱Logo制作
卵石水印印章	可爱兔兔水印	四字水印印章
蓝色Logo设计	超多抽象Logo	透明雁丝印章
美女视觉幻想	超酷黑色徽标	银光技能徽标
公倍数计算器	公因数计算器	六年级解方程
智能分切配刀	板材张数重量	男女身高配对
姓名签名图片	姓名签名设计	小丸子艺术签
荧光字制作	跟名师学签名	FBI特工007
恋爱征婚证书	搞笑毕业证件	无上荣誉证书
靓丽女生证书	艺术个性签名	艺术签名设计

图5-21　急切网Logo制作工具分类

● 第一字体网

第一字体网(http://www.diyiziti.com/)提供了字体转换器功能，可以把字体转换为书法字体、艺术字、篆体字、卡通字以及美术字等。

第一字体网还提供了字体字库大全，在里面可以很方便地找到需要的字体，如图5-22所示的是字体库中英文字体的显示页面。

拉丁文字母　外文生僻字母　NEON
拉丁文字体　拉丁字母外语生僻字母　连笔流光字体
Walt Disney Script　YAHOO　CocaCola
迪士尼logo字体　Yahoo logo雅虎英文字体　CocaCola可口可乐logo字体
iOS7 system font　Lightmorning
IOS7 系统字体　圆体英文字体　宋体英文字体

图5-22　英文字体预览页面

● 艺术字网

艺术字网(http://www.yishuzi.com/)提供了艺术字和花体字的在线生成工具，在生成时可以设置字体的长度和高度，这样就可以保证生成的字体符合店标的尺寸要求。如图5-23所示的是艺术字体显示页面。

图5-23　艺术字预览页面

了解了这些常用的艺术字体生成网站后，下面以第一字体网为例来看看如何在线生成艺术字体，具体操作如下。

步骤01 进入第一字体网官方网站(http://www.diyiziti.com/)，在首页选择要生成的字体类型，比如选择“艺术字转换器”选项，如图5-24所示。

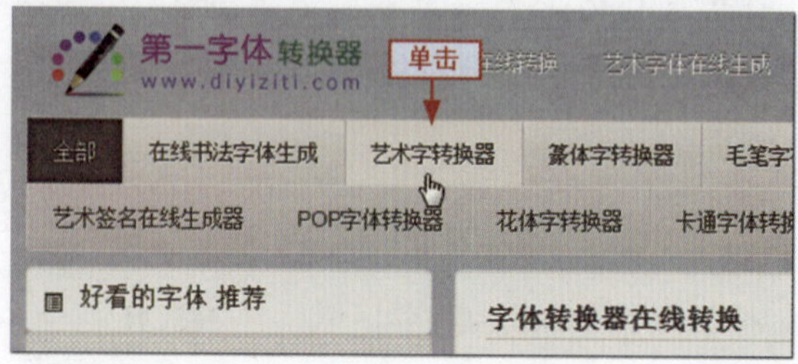

图5-24 选择字体样式

步骤02 ❶在打开的页面中设置字体样式、大小、宽带和高度等，❷输入内容后，❸单击“在线转换”按钮，如图5-25所示。

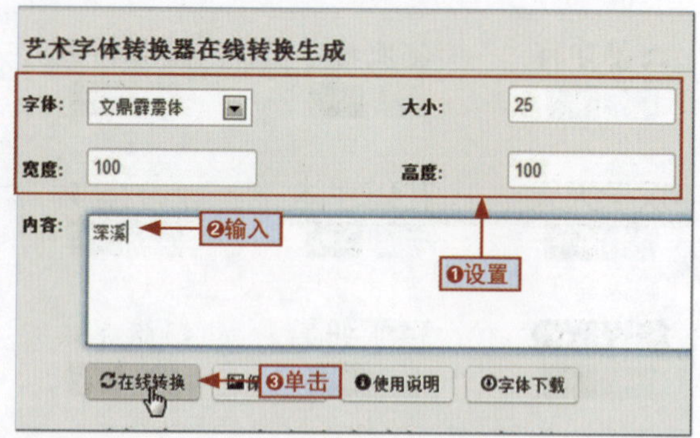

图5-25 设置字体样式

步骤03 生成后单击“保存图片”按钮保存图片即可，如图5-26所示。

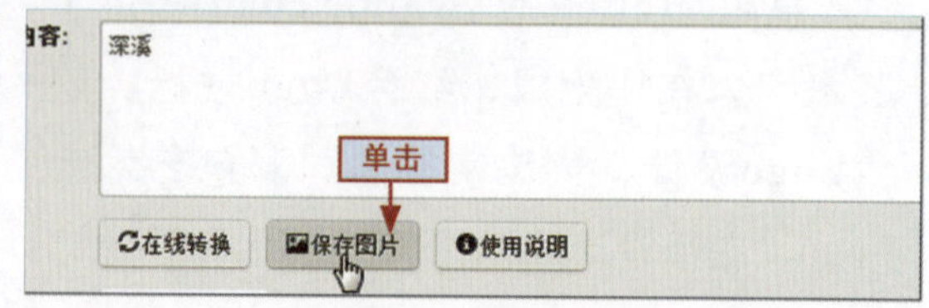

图5-26 保存图片

5.3 网店导航栏的设计

小白： 为什么我的店铺导航栏只显示了“所有分类”和“首页”两个栏目呢?

阿智： 这是因为系统默认的导航分类只有这两个，可以在网店的装修后台进行添加和修改。

网店的导航栏是买家进入店铺后找到相应页面的“指路牌”，只有导航栏设计得当才能让买家更方便快捷地找到自己所需要的商品，从而节省购买时间。

5.3.1 认识不同风格的导航栏

网店的导航栏可以设计成不同的样式，不管是何种样式的导航栏，都是更好地体现网店的商品分类，起到快速导航的作用，下面我们就来认识常见的导航栏的样式。

● 横排导航栏

横排导航栏是很常见的一种导航栏设计方式，用横向排列的方式把商品分类排列，能够使分类一目了然，如图5-27所示。

图5-27　横排导航栏

● 竖排导航栏

竖排导航栏通常放在页面的左边，在不同的分类下还可以看到更详细的商品分类情况，这种展示方式把买家的关注点集中于左方，右边区域则展示商品图片。当网店的商品分类较多时，可以使用竖排导航栏的方式展示商品分类，如图5-28所示。

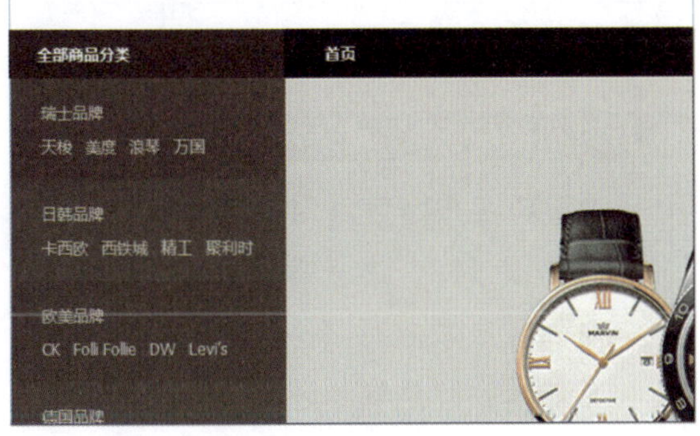

图5-28　竖排导航栏

● 横竖结合导航栏

横竖结合导航栏是指导航栏的展示方式包含横向排列和竖向排列的商品分类，如图5-29所示。

图5-29　横竖结合导航栏

上面的几种导航栏都是在网店首页的分类导航栏设计方式。除此之外，网店中还有其他导航栏，具体如下所示。

● 客服导航栏

客服导航栏通常位于网店的侧边，能够方便买家在购物时进行购买咨询，在客服导航栏中除了有客服旺旺的导航外，某些网店还会有活动专区和服务说明等导航，如图5-30所示。

图5-30　客服区导航栏

底部导航栏

部分网店的底部也会有导航栏，底部的导航栏会提供购物指南、支付方式、微信公众号、收藏以及商家服务等情况的导航，如图5-31所示。

图5-31　底部导航栏

营销导航栏

当网店推出新品或者进行优惠促销时，需要营销导航栏来指引买家进入促销页面。营销导航栏显示在淘宝网首页的新品、热卖或滚动促销栏中，具体显示在哪个页面与网店的促销营销推广的方式有关。

为了让买家在进入店铺后，能发现优惠信息，在个人的网店中也会设计营销导航栏，其展示方式多样，可以是图片，也可以是分类栏目的形式，如图5-32所示。

图5-32　以图片方式展示

5.3.2 掌握导航栏的设计要点

不管是普通的店铺还是淘宝旺铺，网店中导航栏都是必不可少的，为了让导航栏更好地发挥作用，在设计时还需要掌握一些要点，下面就具体来看看需要掌握哪些要点。

学习目标　掌握设计导航栏时的注意事项
难度指数　★

栏目言简意赅

导航栏中每一栏的具体内容表达都应该言简意赅，只用两三个字就描述清楚。另外，分类也不能过于笼统，比如女装的分类下还包括冬装、夏装以及秋装等。在分类上不能只分服装一个大类，还应该明细具体子分类，如图5-33所示。

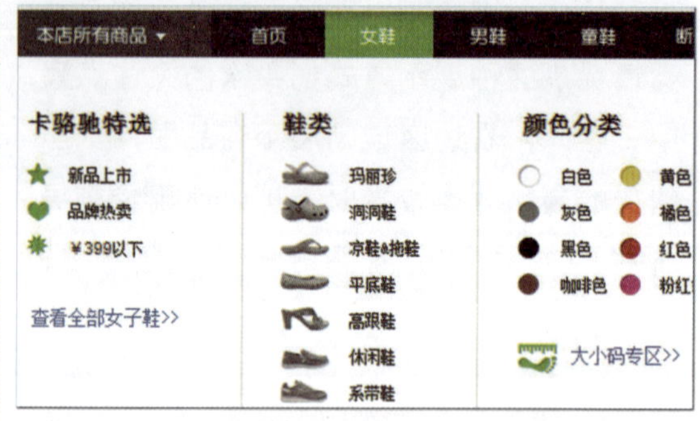

图5-33　子分类展示

针对新客户做好顶部导航

对于新客户而言，对网店所销售的商品并不是很了解，这就需要通过顶部导航栏来告知买家本店有哪些商品，同时为了让买家持续关注店铺，还应该把收藏区的导航放在新客户容易看到的地方，比如顶部，如图5-34所示。

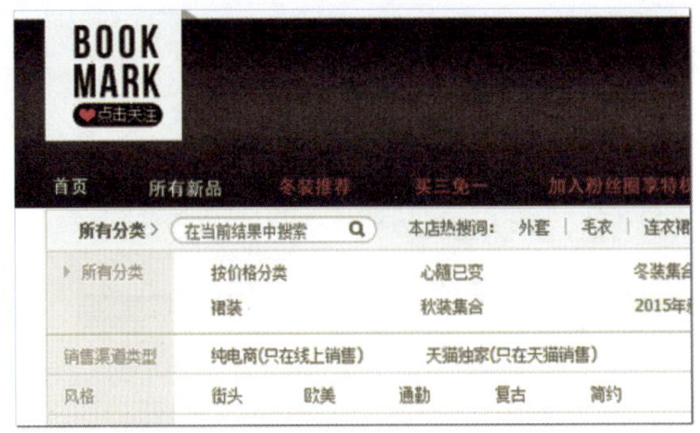

图5-34　收藏区显示在分类导航栏上方

从图5-34可以看出，该网店的收藏区导航展示在分类导航栏的上方，当新用户进入店铺后对店铺的产品感兴趣就可以很方便地收藏店铺。

● 针对老客户做好营销导航

老客户对店铺中销售的商品都有一定的了解，他们通常会通过搜索店名或者从自己的收藏夹中直接进入店铺，针对老客户，提高他们的购买率是工作重点，这时就需要做好营销导航，让老客户直接产生购买欲，如图5-35所示。

图5-35　营销导航

从图5-35可以看出，在该网店左边的导航栏中显示的内容并不全是分类信息，还包括了优惠促销信息，当老客户进入店铺后，会很容易被这一促销信息所吸引，从而购买商品。

● 导航栏要显眼

导航栏是网店的“指路牌”，因此导航栏必须要显眼，在色彩搭配上要与周围的颜色相区别，形成对比，这样才能让每一位进店的买家能够在视觉上被导航项目所吸引。

除此之外，制作有创意的导航栏也能激发买家再次点击进入相应页面的兴趣，如图5-36所示。

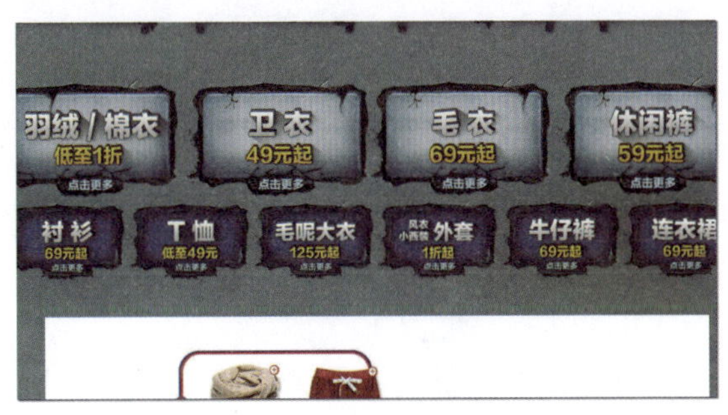

图5-36　创意分类导航栏

从图5-36可以看出，该网店的分类导航栏并不是我们经常见到的横排或者竖排的导航栏设计方式，而是采用的墙体风格，把商品分类与促销价格相结合进行展示，既达到了展示商品类别的目的，又起到了营销的作用。同时，商品分类与促销信息的字体颜色形成对比，较好地突出了两者。

有创意的导航方式更有可读性，同时也可以使网店的装修更有特色，给买家留下深刻的印象。

● 底部导航栏可以设置返回导航

当买家浏览到网店的底部后，如果感兴趣会返回顶部再次浏览，而如果在底部没有返回顶部的导航，买家可能会因为麻烦而放弃再次浏览，因此设置返回顶部导航很重要。如图5-37所示的是在网店底部页面中返回顶部的导航显示方式。

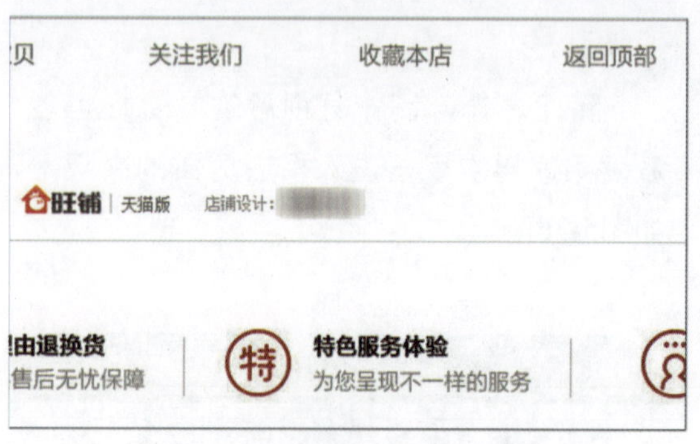

图5-37　底部返回导航显示方式

5.3.3 导航栏的更改

淘宝网店提供的系统分类导航只有“所有分类”和“首页”两个栏目，这样的分类导航栏过于单一，我们可以自定义添加导航栏内容，下面就来看看该如何添加。

步骤01 进入网店卖家中心，单击“店铺装修”超链接，如图5-38所示。

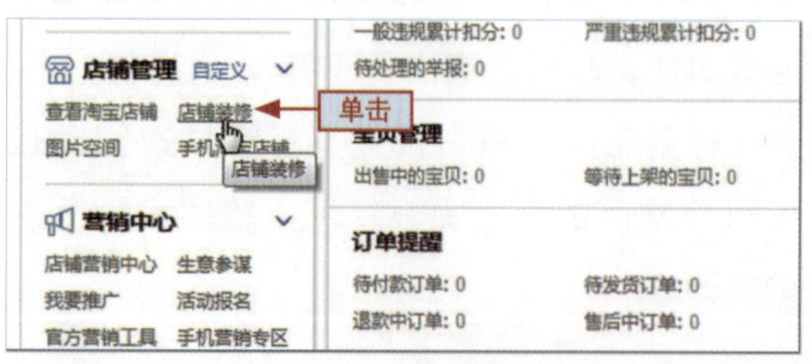

图5-38　进入卖家中心

步骤02 在打开的页面中单击导航栏中的“编辑”按钮，如图5-39所示。

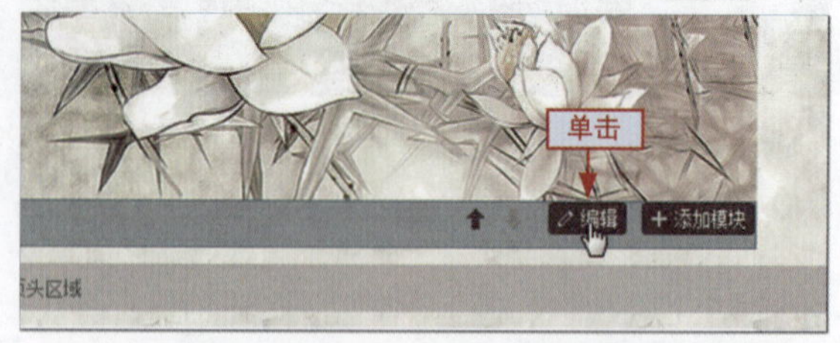

图5-39　进入店铺装修页面

步骤03 在打开的页面中单击“添加”按钮，如图5-40所示。

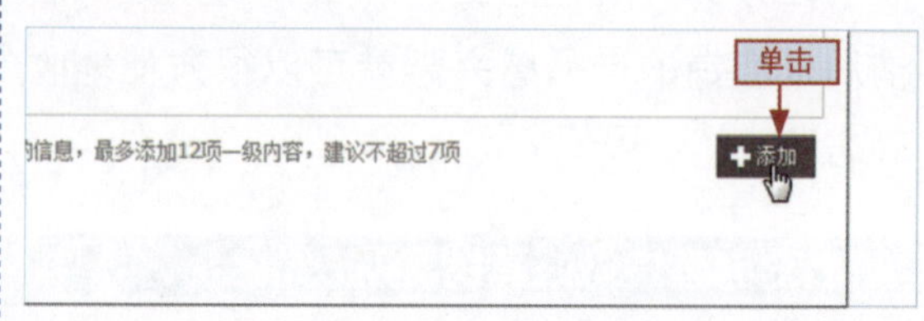

图5-40　进入导航栏设置页面

步骤04 进入添加导航栏内容页面后，单击“立刻添加”超链接，如图5-41所示。

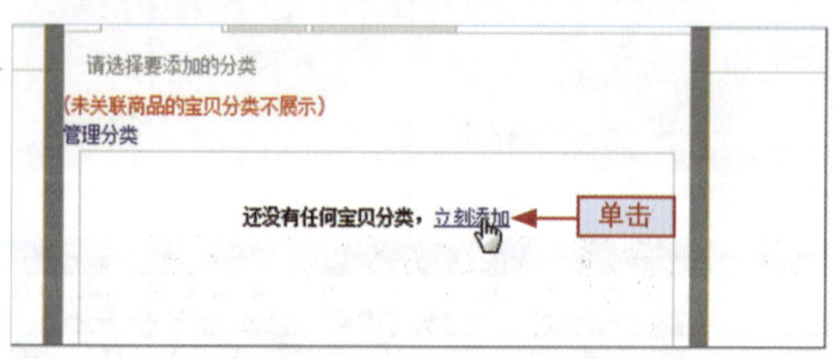

图5-41　准备添加商品分类

步骤05 在打开的页面中单击“添加手工分类”超链接，如图5-42所示。

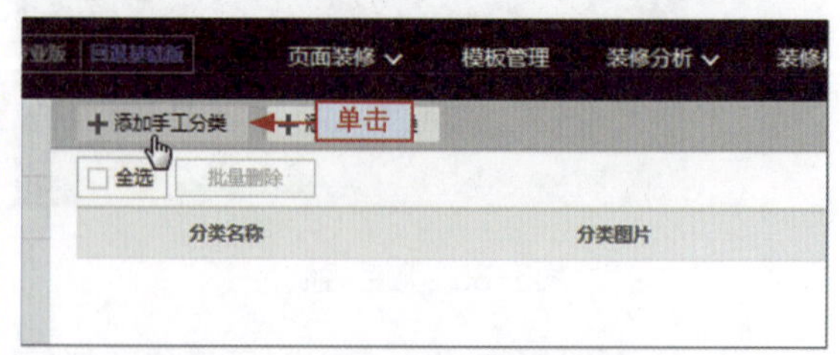

图5-42　进入添加商品分类页面

步骤06 ❶在打开的页面中输入分类名称“新品”，❷再单击“保存更改”按钮，如图5-43所示。

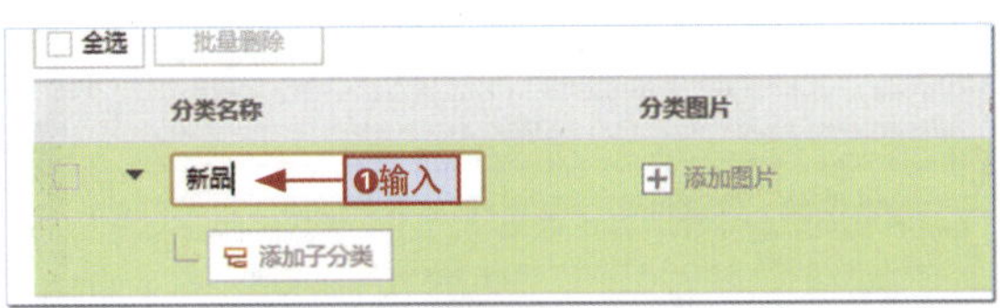

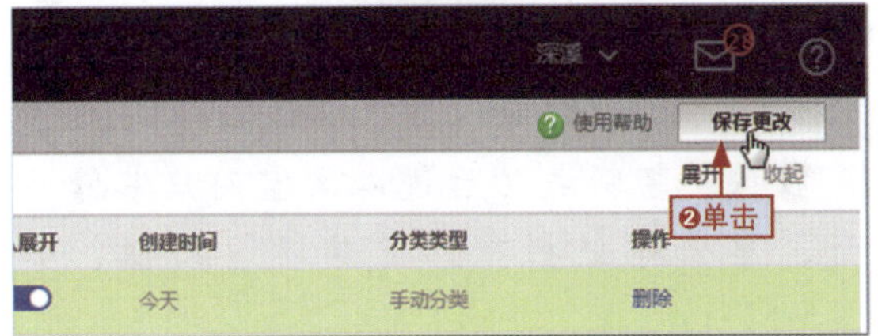

图5-43　保存商品添加分类

步骤07 添加成功后选择“页面装修”下的“页面管理”命令，如图5-44所示。

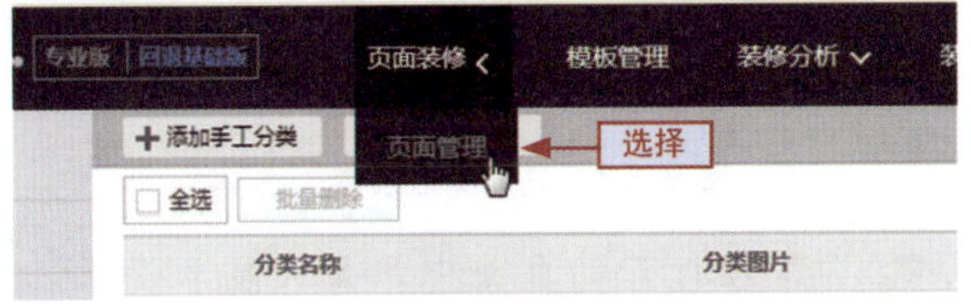

图5-44　返回页面装修页面

步骤08 在打开的页面中单击“首页”栏中的“页面装修”超链接，如图5-45所示。

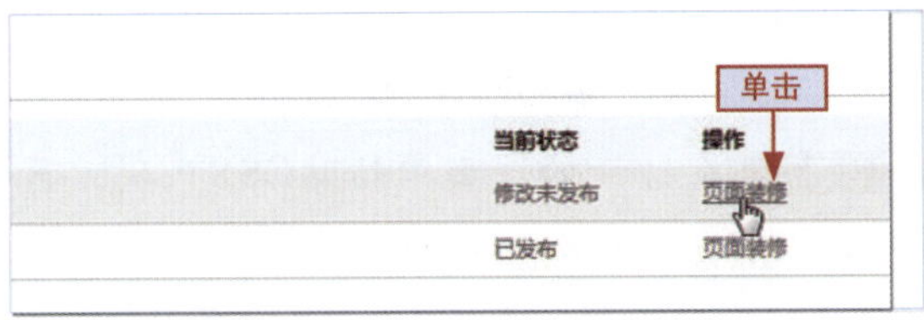

图5-45　返回首页装修页面

步骤09 在打开的页面中单击导航栏中的“编辑”按钮，如图5-46所示。

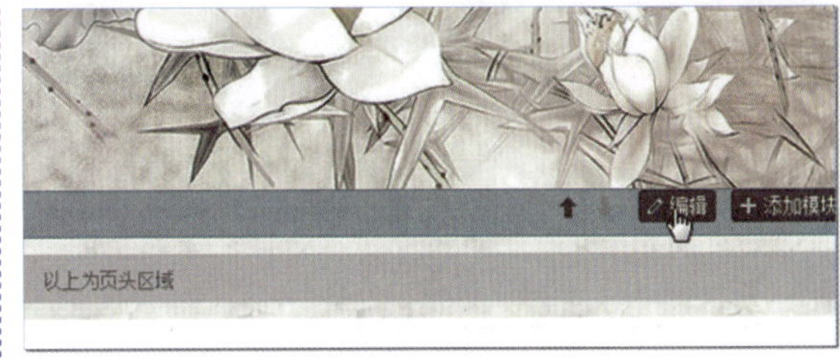

图5-46　编辑导航栏

步骤10 在打开的页面中单击“添加”按钮，如图5-47所示。

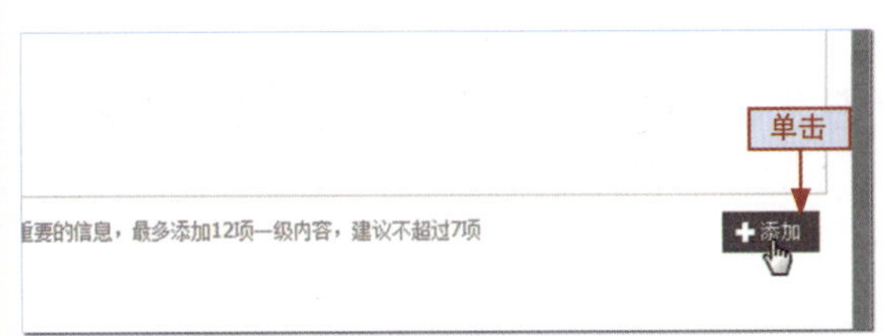

图5-47　进入导航设置页面

步骤11 ❶进入添加导航内容页面，选中“新品”复选框，❷再单击“确定”按钮，如图5-48所示。

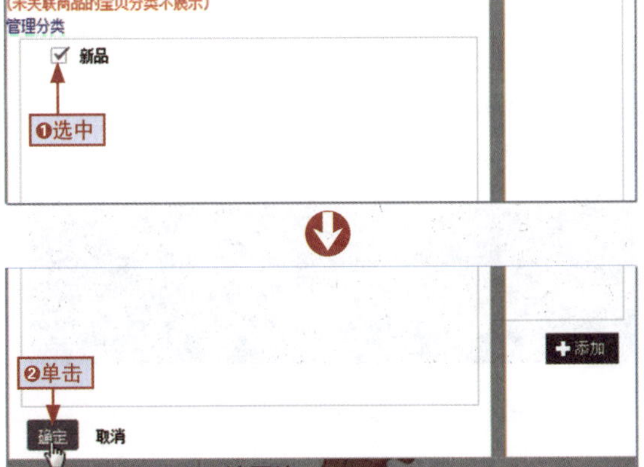

图5-48　添加导航内容

步骤12 ❶在打开的页面中单击“确定”按钮，❷再单击“发布”按钮即可完成设置，如图5-49所示。

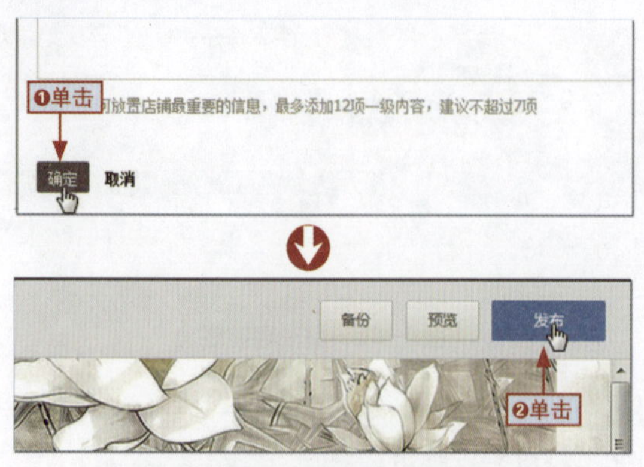

图5-49　发布修改内容

5.3.4 使用 CSS 代码制作导航栏

网店导航栏除了使用系统自带的颜色，还可以使用CSS代码制作符合自己网店风格的导航栏，下面就来看看如何使用CSS代码生成器生成代码并更改网店的导航栏，具体操作如下。

学习目标　掌握如何用代码制作导航栏

难度指数　★★

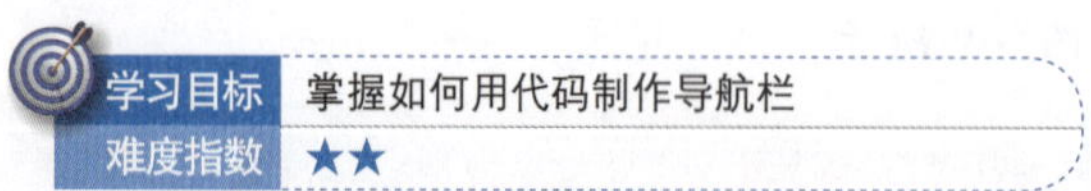

步骤01 进入新思宏创官方网站(http://www.i-creat.net/)在首页单击“导航CSS代码”下的GO超链接，如图5-50所示。

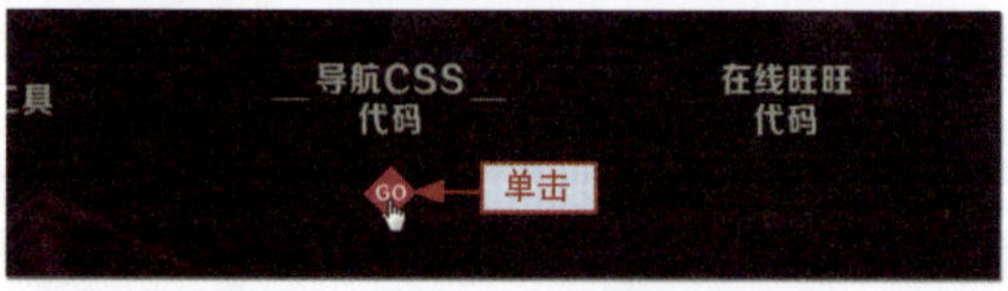

图5-50　进入新思宏创官方网站

步骤02 ❶在打开的页面中设置背景色、按钮颜色以及分类文字颜色等，❷再单击“导出”按钮，如图5-51所示。

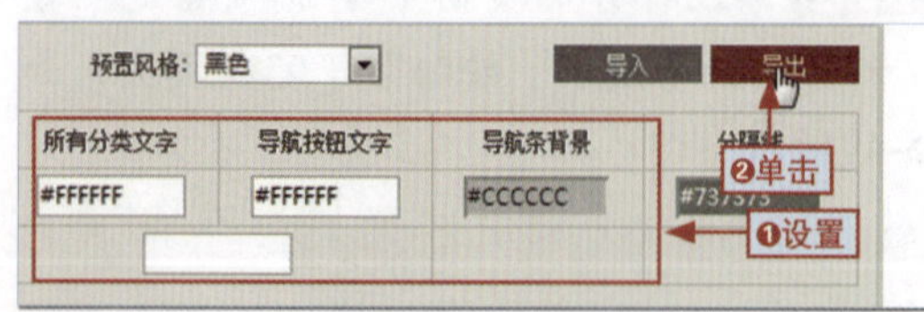

图5-51　设置风格

步骤03 在弹出的“代码导出”对话框中单击“复制代码”按钮，如图5-52所示。

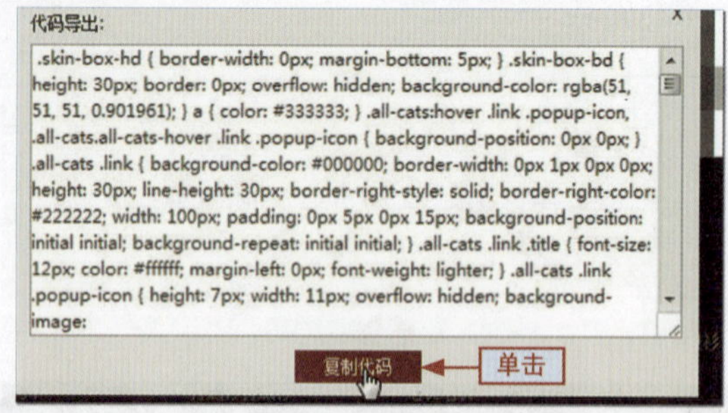

图5-52　复制代码

步骤04 复制成功后进入淘宝网店装修页面，单击导航栏中的“编辑”按钮，如图5-53所示。

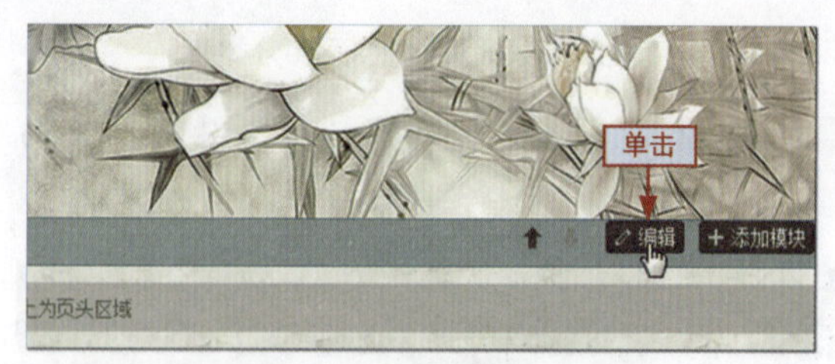

图5-53　进入淘宝装修页面

步骤05 在打开的页面中单击“显示设置”按钮，如图5-54所示。

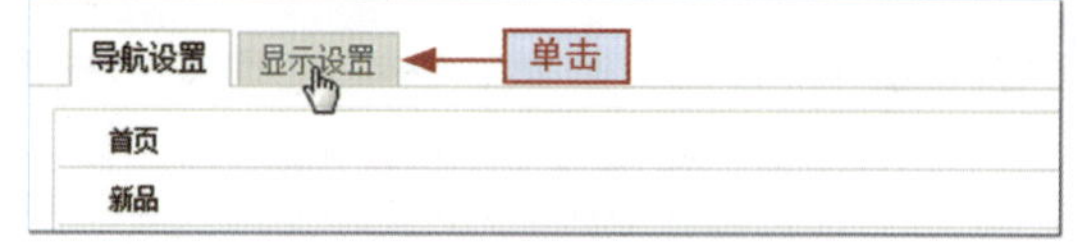

图5-54　进入导航编辑页面

步骤06 在打开的页面中粘贴CSS代码，再单击“确定”按钮，如图5-55所示。

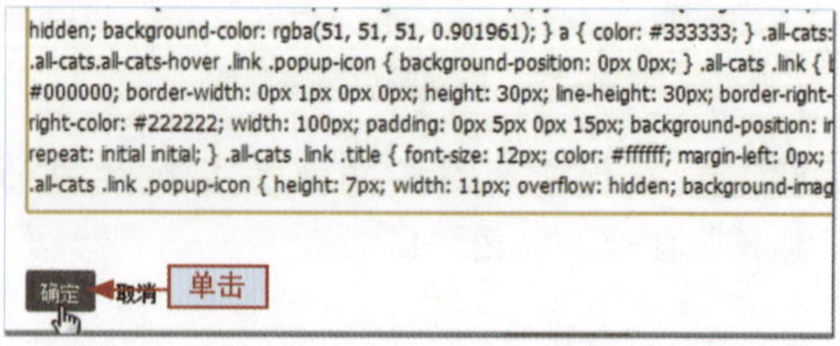

图5-55　粘贴CSS代码

步骤07 在打开的页面中单击“发布”按钮即可，如图5-56所示。

图5-56　保存设置

设置成功后可以打开自己的网店预览更改后的效果，如果不满意可再次制作代码，然后进入装修页面更改，直到设计出来的风格和样式满意为止。

网店的装修是一件花时间和精力的工作，在装修过程中一定要有耐心，不可因为麻烦就放弃装修或者马虎装修。

长知识 | 如何更改网店店招

网店店招的装修是网店装修的一部分，在更换网店整体风格的时候店招也要一起更换，下面就来看看如何更换网店的店招。

步骤01 进入网店店铺装修页面，在店招模块中单击“编辑”按钮，如图5-57所示。

图5-57　进入装修页面

步骤02 在打开的页面中单击“选择文件”按钮，如图5-58所示。

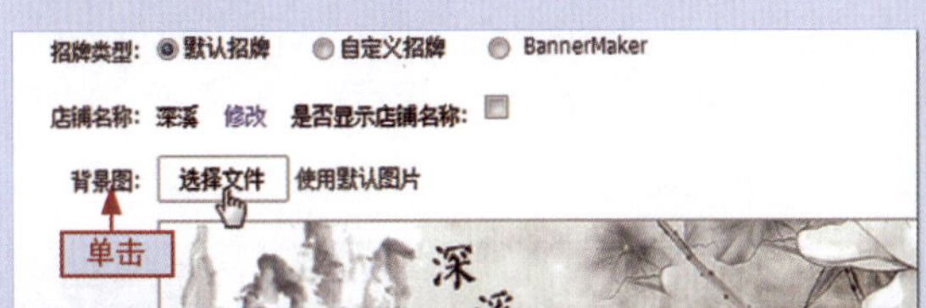

图5-58　进入店招装修页面

步骤03 在打开的页面中选择“上传新图片”选项，如图5-59所示。

图5-59　准备上传图片

步骤04 在打开的页面中单击“添加图片”超链接，如图5-60所示。

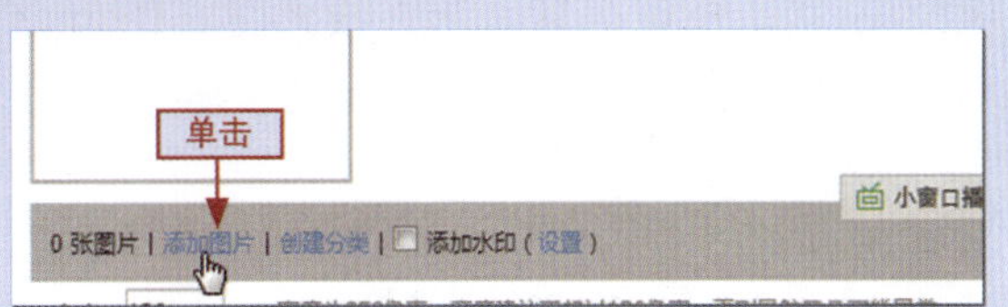

图5-60　进入添加图片页面

步骤05 ❶在计算机中选择店招图片，❷再单击“打开”按钮，如图5-61所示。

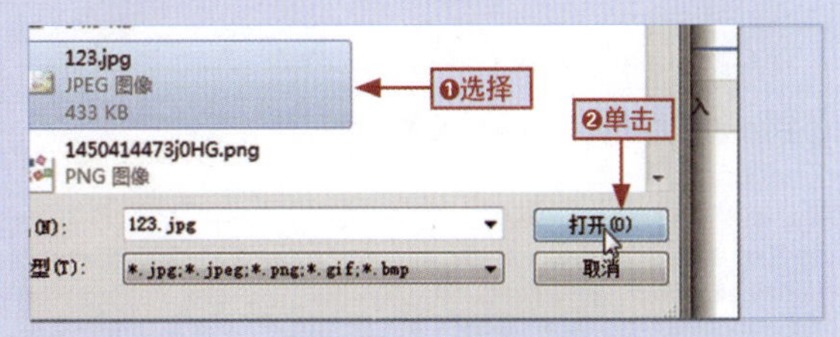

图5-61　上传图片

步骤06 在打开的页面中单击“保存”按钮，最后再发布更改即可，如图5-62所示。

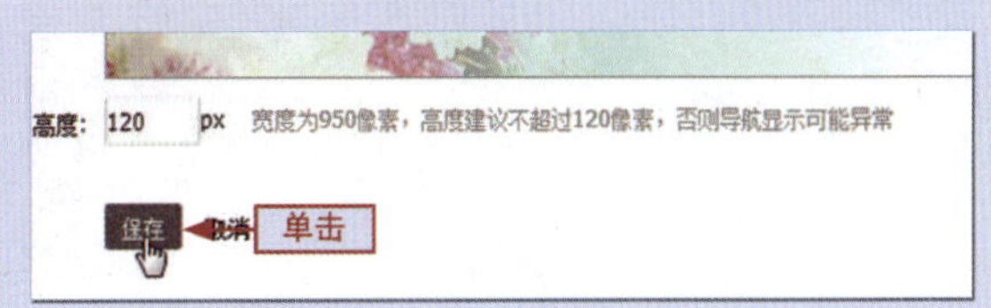

图5-62　完成更改

5.4 网店 Banner 图设计

小白：为什么我的网店 Banner 图不能全屏显示呢?

阿智：网店装修后台自带的 Banner 图默认不是全屏显示的，如果要全屏显示，需要制作全屏轮播图代码。

网店的Banner图占据了网店首页比较重要的位置，同时也是网店装修中比较重要的一部分，Banner图设计的好坏会直接影响到商品的点击量以及买家是否愿意继续浏览，因此在设计时要格外注意。

5.4.1 Banner 图的显示方式

网店的Banner图显示页面可以设计为轮播图的形式，也可以只显示一张大图。Banner图通常都放在网店导航栏的下面，起到衬托整个网店视觉效果的作用。

学习目标	认识展示Banner图的两种方式
难度指数	★

● 一张大图显示

Banner图的显示方式如果只有一张便会产生轮播效果，买家进入网店后只会看到一张大图，如图5-63所示。

图5-63　只有一张大图显示

图5-63所示的Banner图只显示了一张大图，不会显示多张图片。这种显示方式的优点是在买家网速不好的情况下，也会快速地显示出图片内容，因为图片太多会拖慢网页的显示速度。同时买家也可以很直观地看出展示效果，不会被过多的图片展所影响。

● 轮播效果显示

网店首页的Banner图也可以设计为轮播图展示的方式，当买家在浏览网店页面时，图片会变动。买家也可以单击图片下方的按钮来选择自己要查看的页面，如图5-64所示。

图5-64　轮播效果显示

从图5-64可以看出，图片中显示有1、2、3的按钮，表示该网店的Banner图有3张，当网店中有多张图片或者商品需要展示的时候可以使用轮播图的方式。

在展示时要注意轮播的图片风格要统一，与网店的整体风格要保持一致。

5.4.2 Banner 图的几种版式

网店的Banner图的设计有多种排版方式，下面就一起来认识一下这几种排版方式。

学习目标　掌握常用的 Banner 图设计版式

难度指数　★

● 三分版式

三分版式是指把Banner图分为3份，这种版式通常会把文字放在图片的中间，将需要展示的商品放在左右两边，如图5-65所示。

图5-65　三分版式

从图5-65可以看出，该Banner图的内容主要由三部分构成，左右两边为模特实拍，而中间则是商品的简单说明，文字也有大有小。在使用这种版式制作Banner图时要把重点突出的文字放大显示，做到有重点地展示，同时大小字体的搭配也让图片看起来不会显得过于单调。

● 中心突出版式

中心突出版式是指只在图片的中心放置图像，左右两边则留白，既不展示文字也不展示图片，如图5-66所示。

图5-66　中间突出版式

从图5-66可以看出，该Banner图把模特实拍图和文字内容都放在了中间展示，而左右两边则没有展示任何内容，这种版式把买家的视线都集中于中间区域。

● 两分版式

两分版式把Banner图的内容分为两个部分，左右两边分别是商品图片和文字的搭配，如图5-67所示。

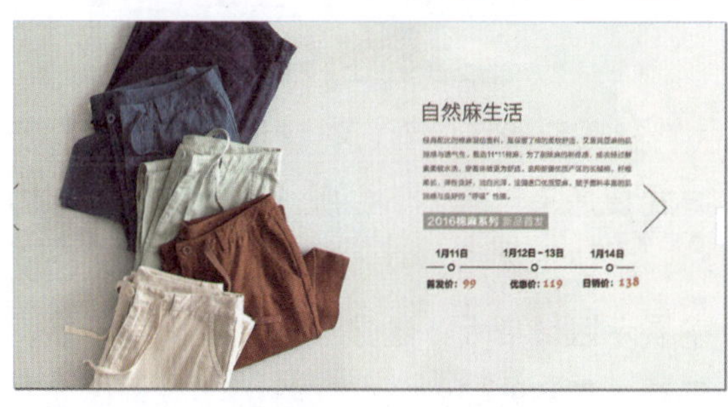

图5-67　两分版式

从图5-67可以看出，该Banner图的内容主要由两部分构成，左边为商品实拍图片，右边搭配该商品的文字描述内容，使之达到很好的展示效果。

两分版式还可以是左边展示文字描述，右边展示商品图片，如图5-68所示。

图5-68　两分版式

● 上下栏版式

上下栏版式把Banner图的内容分为上下两个部分，上边和下边分别为商品和文字描述内容，如图5-69所示。

图5-69　上下栏版式

从图5-69可以看出，该Banner图的展示方式便是采用的上下栏版式，上边为文字内容，下边为商品。只不过商品展示区域比文字展示区域更大，这是因为文字内容不多，只有“满399送399大礼包”的字样，因此文字占的比重相对较小。

● 上中下栏版式

上中下栏版式通常在Banner图上部分和下部分展示文字描述，在中间展示商品图片，如图5-70所示。

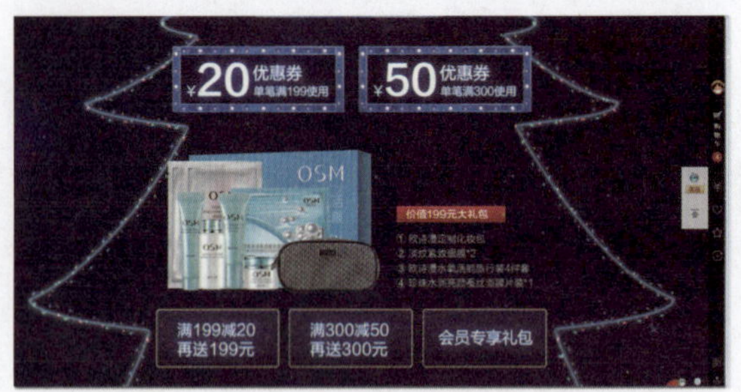

图5-70　上中下版式

上述的几种排版方式使用较多的是两分版式和三分版式，其原因是我们的电脑大多是宽屏的，两分版式和三分版式会使得展示效果更好。

5.4.3 Banner 图的更换

网店的Banner图可以在网店的装修后台更换，在更换前需提前准备好要更换的图片，下面就来看看如何在网店的装修后台更换Banner图。

步骤01 进入网店店铺装修页面，在“图片轮播”模块中单击“编辑”按钮，如图5-71所示。

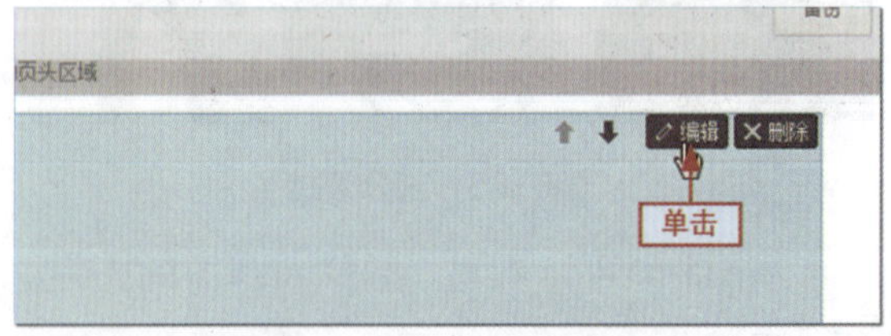

图5-71　进入店铺装修页面

步骤02 在打开的页面中单击“内容设置”中的“▤”按钮，如图5-72所示。

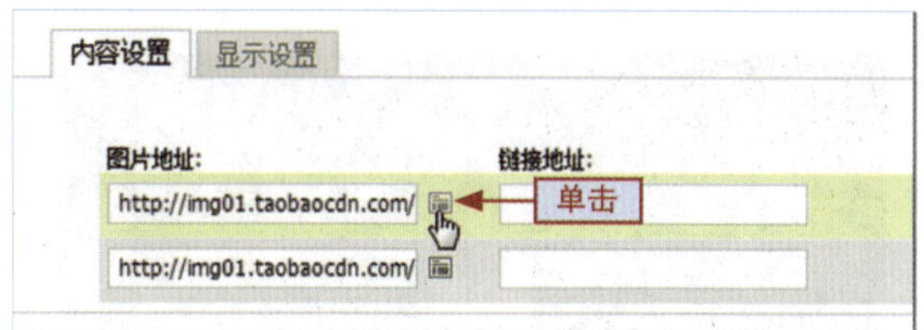

图5-72　内容设置页面

步骤03 ❶在打开的页面中选择“上传新图片”选项，❷再单击“添加图片”超链接，如图5-73所示。

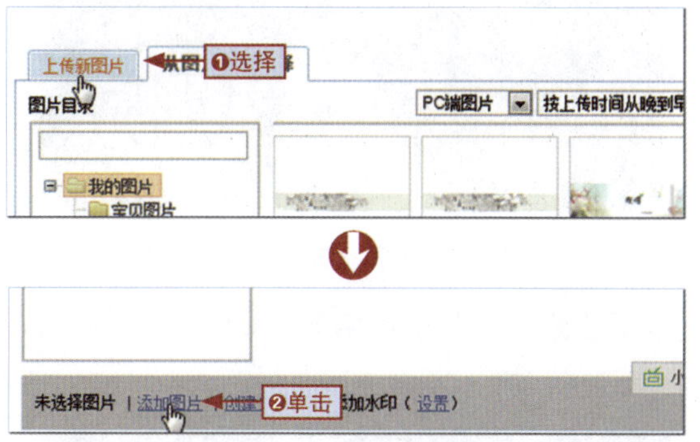

图5-73　准备上传图片

步骤04 ❶在计算机中选择图片，❷再单击“打开”按钮成功上传后，❸单击“保存”按钮，如图5-74所示。

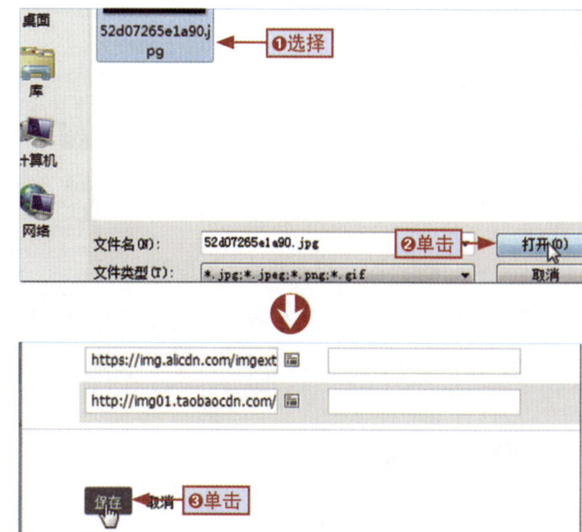

图5-74　上传图片

步骤05 完成以上步骤后，再单击“发布”按钮即可。

长知识｜如何设置网店全屏轮播图

网店的轮播图如果为全屏展示的效果会让网店看起来更有档次，图片也会更有吸引力。在设置网店Banner图全屏轮播前，要在素材网站下载全屏轮播图素材，进行图片处理后再设置，下面就来看看具体如何设置。

步骤01 进入淘宝网卖家中心，在“店铺管理”栏下单击“图片空间”超链接，如图5-75所示。

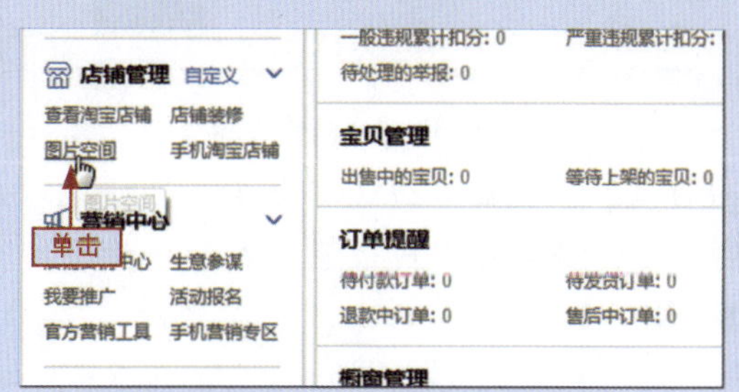

图5-75　进入淘宝网卖家中心

步骤02 在打开的页面中单击“上传图片”按钮，如图5-76所示。

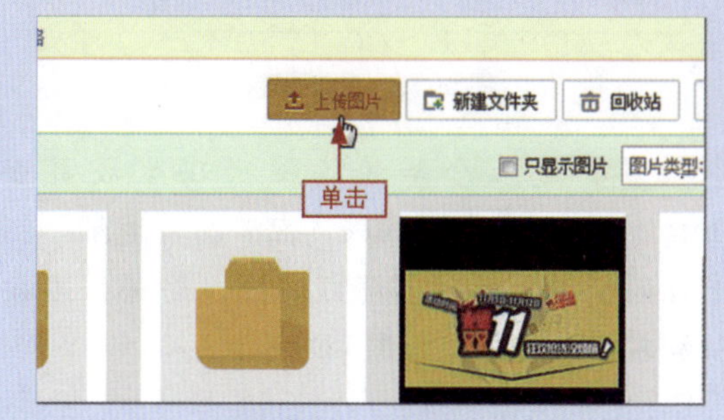

图5-76　进入图片空间

步骤03 在弹出的“上传图片”对话框中，单击“点击上传”按钮，如图 5-77 所示。

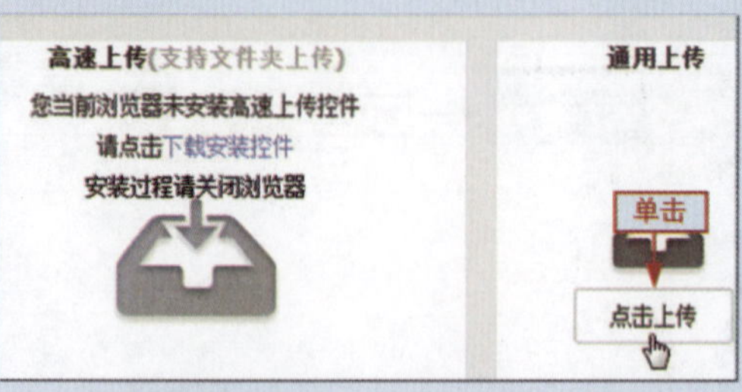

图5-77 进入图片上传页面

步骤04 ❶在计算机中选择图片，❷再单击“打开”按钮，如图 5-78 所示。

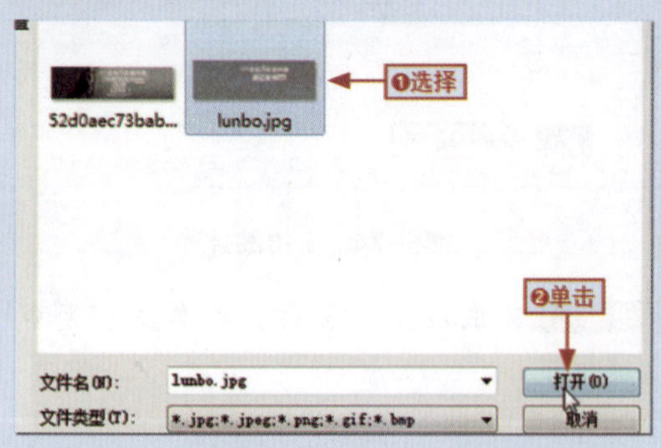

图5-78 选择图片

步骤05 返回图片空间，找到上传的图片，单击“复制链接”按钮，如图 5-79 所示。

图5-79 复制链接

步骤06 进入全屏轮播图代码生成页面(http://www.xfbdw.com/)，在“图片地址”栏中粘贴链接，再填写海报链接，即海报左按钮和右按钮链接，如图5-80所示。

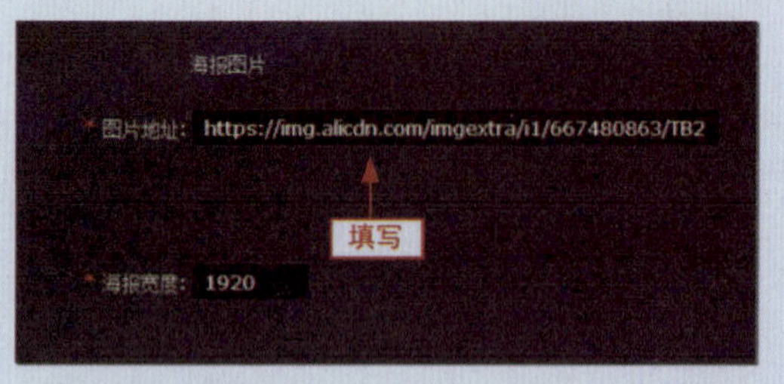

图5-80 填写图片链接

步骤07 填写完成后单击“生成代码”按钮，如图 5-81 所示。

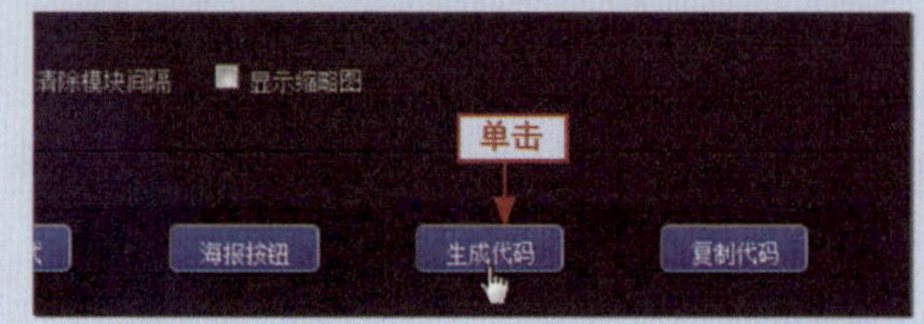

图5-81 生成代码

步骤08 生成成功后单击“复制代码”按钮，如图 5-82 所示。

图5-82 复制代码

步骤09 进入店铺装修页面，单击“添加模块”按钮，如图 5-83 所示。

图5-83 进入装修页面

步骤10 在页面右边选择自定义区，拖动自定义区，将自定义区位置放在导航栏下，如图5-84所示。

图5-84 添加自定义区

步骤11 在自定义区栏中单击“编辑”按钮，如图 5-85 所示。

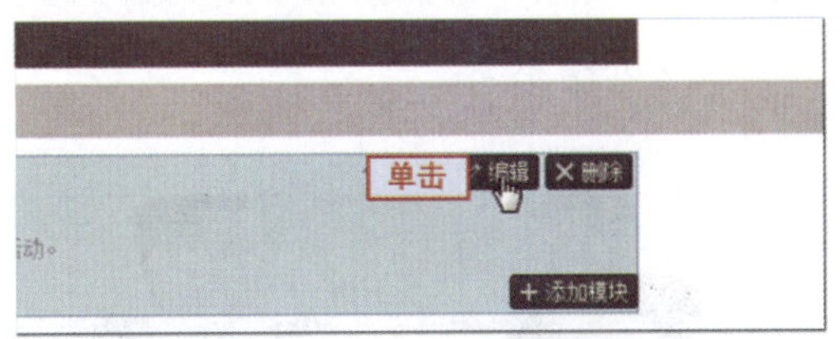

图5-85 准备编辑自定义区

步骤12 在打开的页面中选中“不显示”单选按钮，再单击“源码”按钮，如图 5-86 所示。

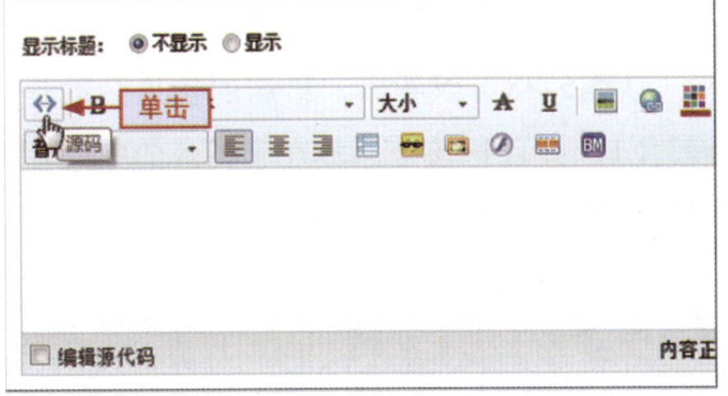

图5-86 编辑自定义区

步骤13 在打开的页面中粘贴复制的代码，再单击“确定”按钮，如图 5-87 所示。

步骤14 完成以上步骤后，再单击“发布”按钮即可成功制作全屏轮播图。

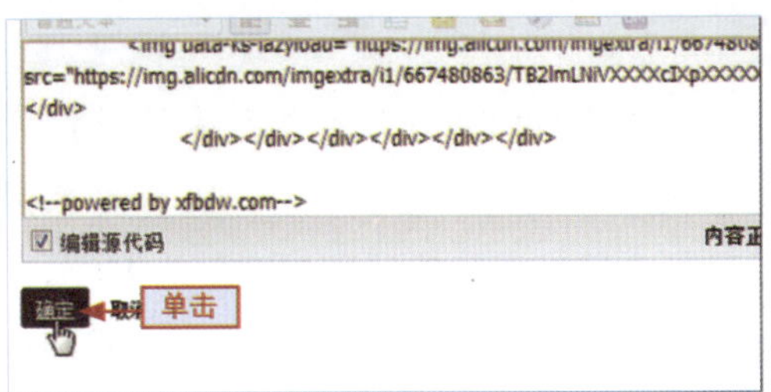

图5-87 复制代码

5.4.4 Banner图的设计注意事项

Banner图可以说是网店中一个比较大的招牌，从其展示方式上可以看出店铺的风格和定位。网店的Banner图占据了网店的重要位置，我们必须充分发挥好这一区域的作用。

Banner图设计得当会让店铺看起来更有档次，那么怎样才能设计好Banner图呢？在设计时要把握以下要点。

学习目标 掌握设计 Banner 图的要点

难度指数 ★★

● 图片清晰

网店的Banner图展示的图片一定要是清晰的图片，模糊或者显示不完全的图片会给买家留下不好的印象，让买家认为店铺缺乏信任。并且清晰的图片效果也会让图片中的商品显得更加有质感和表现力。

有时在装修网店时会因为操作不当导致上传的图片被压缩或者由于图片尺寸不符合网店各模块的要求导致图片显示不清晰，因此在装修时，可以在完成更改操作后，先预览装修效果后再确认发布。

● 注意尺寸要求

网店的Banner图是有尺寸要求的，通常情况下图片高度可在100～600px，如果是通栏布局，图片轮播通栏宽度为950px；如果是两栏布局，左侧栏为190px，右侧栏为750px；如果要设置全屏显示的轮播图片，那么宽度可以在1920px左右，高度可设置为500～600px。

● 主题突出

网店的Banner图设计并不是随便上传一张好看的图片即可，这张图片应该有明确的主题，并且与网店当前所销售的商品风格一致，比如在秋装上新的时候，Banner图就不应该还是夏装的图片。

● 图文并茂

只是商品或者纯文字的展示容易让图片看起来过于单一，采用图文结合的方式不仅能够让图片看起来更加美观，两者结合也可以让买家更清楚店铺所要传达的信息。

5.4.5 节日期间 Banner 图的设计

节日是网店进行营销宣传、增加销量比较好的时间段。在此期间，网店可以通过节日活动来吸引买家购物，为了让销量得到很好的增长，Banner图的设计也要体现节日的氛围。

学习目标	掌握在节日期间如何设计 Banner 图
难度指数	★★

● 体现促销信息

网店的装修与营销是合为一体的，装修的目的是更好地营销。在节日期间，营销就显得更为重要。因为节日期间买家有更多的时间挑选商品，同时买家也明白许多店铺会在节日期间进行促销活动，因此都会选择在节日期间选购商品。

为了让买家能够被店铺的营销活动所吸引，Banner图的设计也要体现网店的促销信息。在图片上可以写明具体的打折力度或者优惠信息，让买家了解到商品的实惠，如图5-88所示。

图5-88　促销海报

从图5-88可以看出，该店的优惠活动是满3免1，并且把该信息放在了图片的中间，很好地体现了此次店铺的活动信息。

● 配色要有刺激性

过节是让人高兴的日子，因此海报的配色也要喜庆，可以使用红色或黄色等颜色来刺激买家的注意力，同时也在心理上暗示买家，让买家的心理产生购物的想法，如图5-89所示。

图5-89 九阳节日海报

从图5-89可以看出，该海报使用的颜色主要是黄色和红色，这两种颜色都有很强的视觉效果，符合节日期间所要表达的欢乐气氛。

● 体现节日氛围

既然是节日海报，图片内容就要与该节日有关。在设计时可以用稍大字体的文字来写明具体是哪个节日，让买家清晰明了，如图5-90所示。

图5-90 元旦节日海报

从图5-90可以看出，买家进入网店后第一眼便会看到“迎圣诞，庆元旦”的字样，明白此次节日是圣诞节和元旦节两个节日。

在图片的右边展示了礼盒，表达了节日收礼的寓意，同时背景有飘落的小雪花，与圣诞节正值冬季下雪相映照，所有的素材都表达了节日的氛围。

给你支招 | 如何更换店招侧边背景色

小白： 我的店招左边和右边显示的是白色背景，可以换成其他颜色吗？

阿智： 当然可以，只需要在网店装修的后台更换即可，同时还可以上传图片来进行更换。

步骤01 进入网店装修后台，在打开的页面中选择“页头”选项，如图5-91所示。

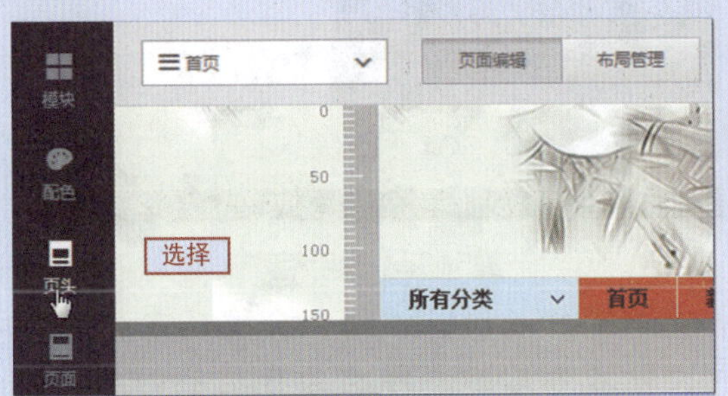

图5-91 进入装修后台

步骤02 进入“页头”编辑页面，选中“页头背景色”中的颜色框，如图5-92所示。

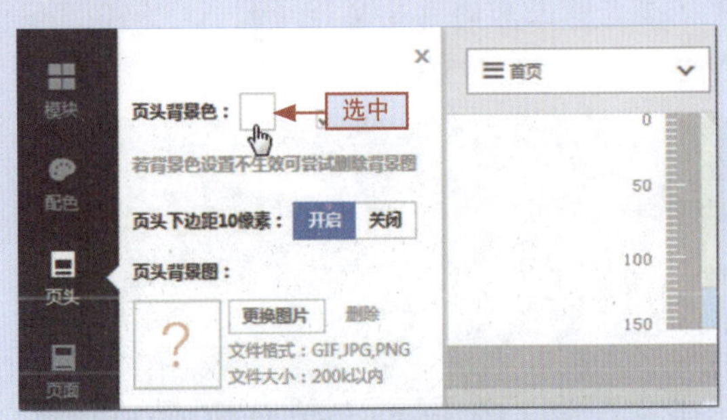

图5-92 进入页头编辑页面

步骤03 ❶在弹出的“调色器”面板中选择需要的颜色，❷再单击“确定”按钮，如图5-93所示。

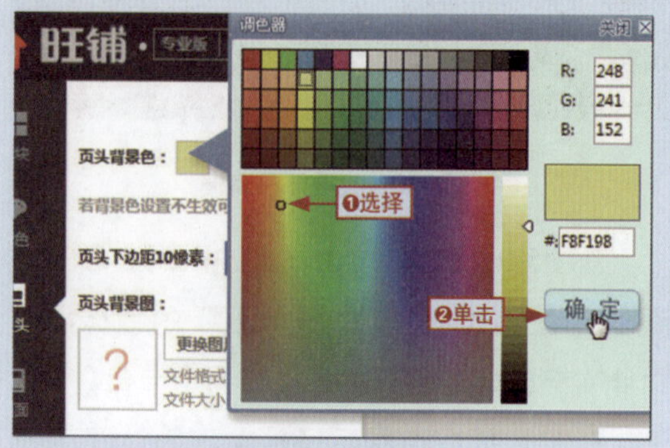

图5-93 选择颜色

步骤04 完成以上步骤后再发布，即可成功完成页头背景的设置。

在页头选项中除了支持背景色的更换外还支持图片的上传，只需单击页头设置中的“更换图片”按钮，再上传图片即可，如图5-94所示。

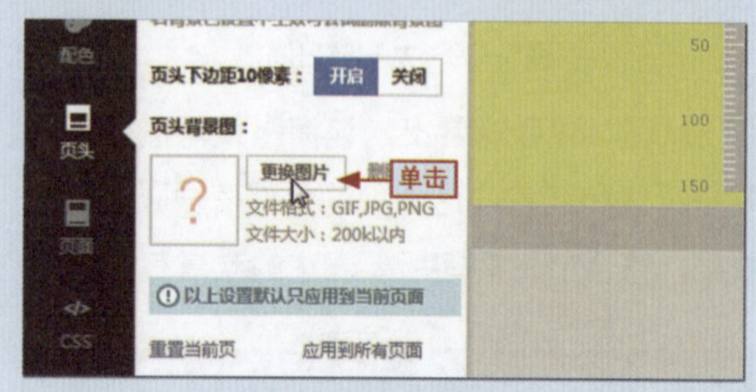

图5-94 更换图片

页头背景图片要求不大于200K，因此在上传图片时要注意图片大小，否则无法上传成功。

给你支招 | 如何制作全屏店招

小白：看到其网店的店招是全屏显示的，看起来更加美观，我的店招应该如何设置才是全屏显示？

阿智：其实很简单，只要保证页头颜色和店招颜色相匹配就可以了。

步骤01 准备一张长1920px，宽为120px的店招模板，在Photoshop中打开，按Shift+C组合键，在裁剪工具的自定义栏中输入“950”和“120”，如图5-95所示。

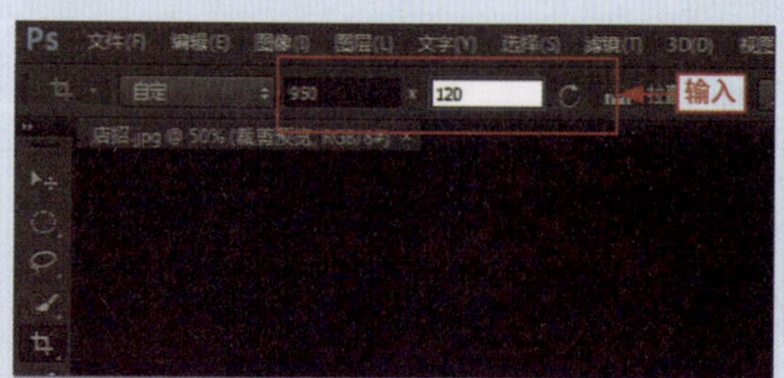

图5-95 使用裁剪工具

步骤02 右击，在弹出的快捷菜单中选择“裁剪”命令，如图5-96所示。

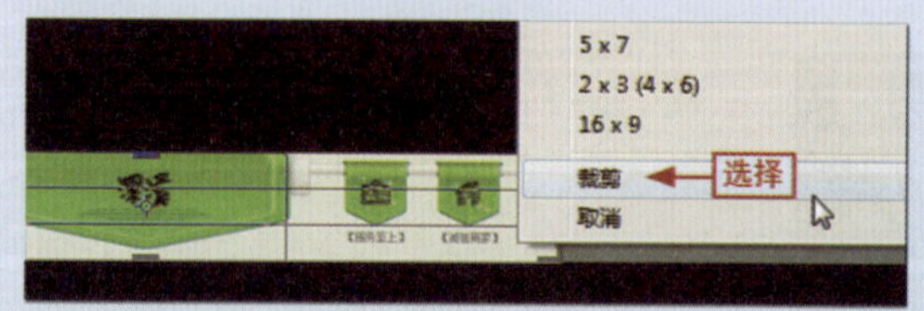

图5-96 应用裁剪

步骤03 按Ctrl+Shift+S组合键保存为jpg格式，命名为店招，再次打开之前的店招模板，按Shift+C组合键，在裁剪工具的自定义栏中输入“245”和“120”，如图5-97所示。

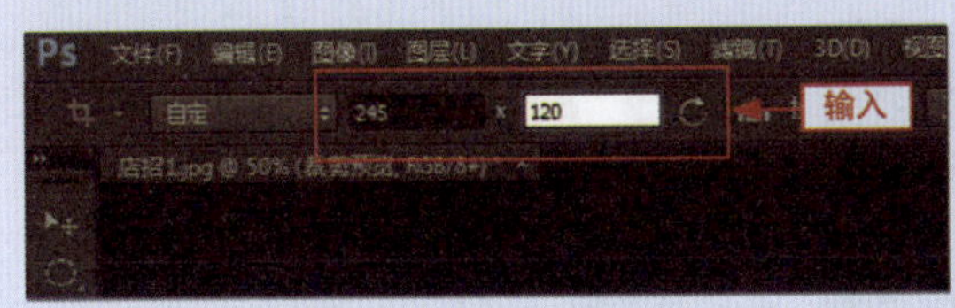

图5-97　使用裁剪工具

步骤04 把裁剪区移动到店招侧边的背景色区域，再右击，在弹出的快捷菜单中选择“裁剪”命令，如图5-98所示。

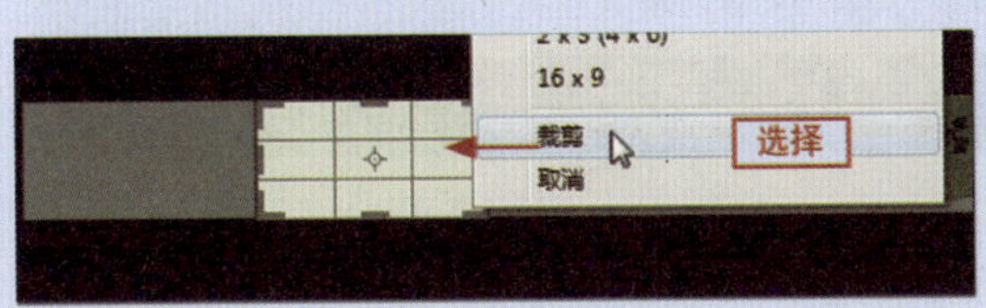

图5-98　应用裁剪

步骤05 保存图片为jpg格式，命名为“页头背景”，进入店招编辑页面，单击“选择文件”按钮，如图5-99所示。

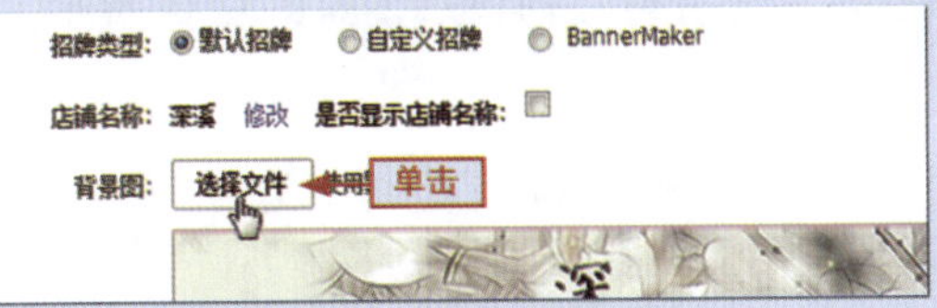

图5-99　进入店招编辑页面

步骤06 ❶在打开的页面中选择“上传新图片”选项，❷再单击“添加图片”超链接，如图5-100所示。

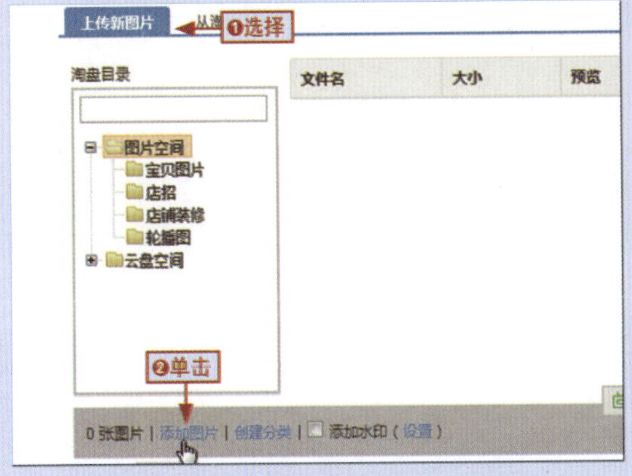

图5-100　进入上传图片页面

步骤07 ❶在计算机中选择“店招”文件，❷再单击“打开”按钮，如图5-101所示。

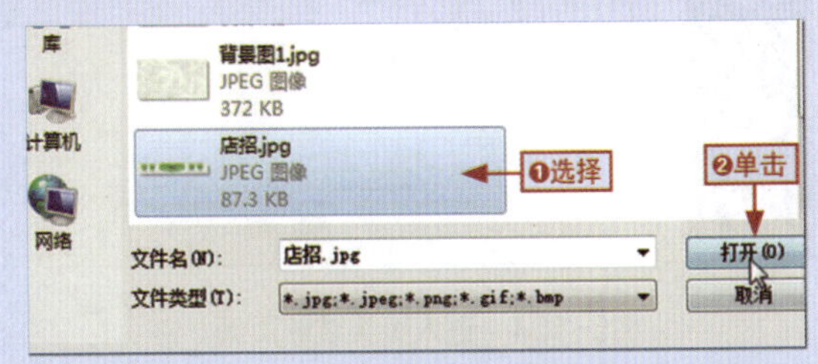

图5-101　选择图片

步骤08 图片上传成功后单击“保存”按钮，如图5-102所示。

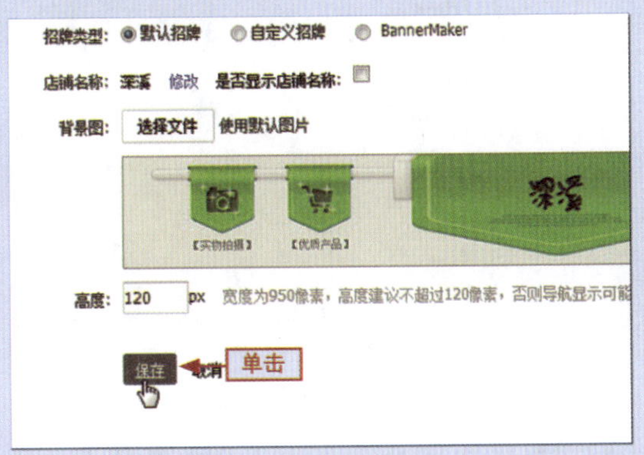

图5-102　保存店招更改

步骤09 在装修页面中选择“页头”选项，如图5-103所示。

图5-103　准备更改页头

步骤10 ❶进入页头编辑页面，选中“显示”复选框，❷再单击“更换图片”按钮，如图5-104所示。

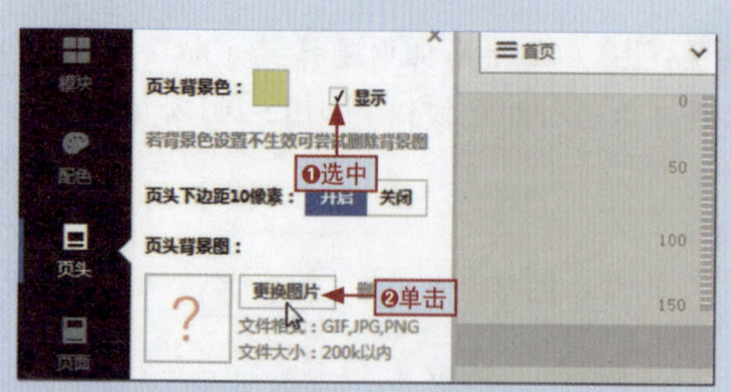

图5-104　进入页头装修页面

步骤11 ❶在计算机中选择“页头背景”图片，❷再单击“打开”按钮，如图5-105所示。

图5-105　上传页头背景图片

步骤12 上传成功后，把页头背景显示设置为平铺和居中显示，如图5-106所示。

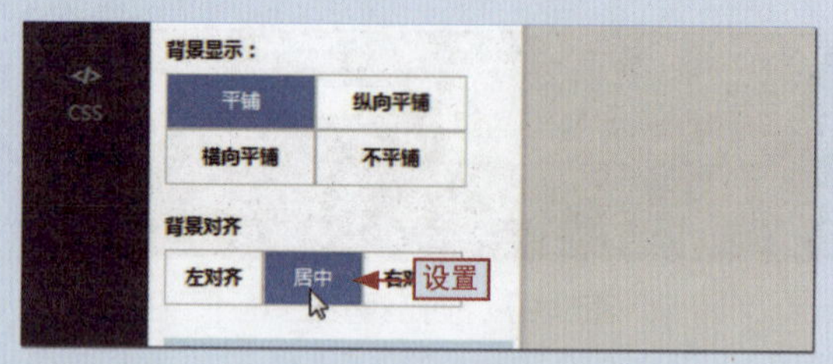

图5-106　设置页头显示方式

步骤13 完成以上步骤后单击“预览”按钮，如图5-107所示。

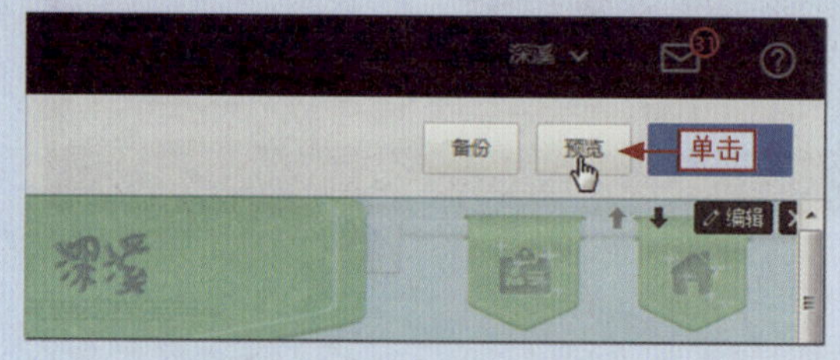

图5-107　准备查看装修效果

步骤14 在打开的页面中即可看到店招为全屏显示，没有两边的线条，如图5-108所示。

图5-108　店招全屏显示

Chapter 06

首页商品展示的装修

学习目标

网店首页中，商品图片的展示区就相当于实体店铺中的橱窗，实体店铺中橱窗的展示方式有多种，在网店中也一样。商品的展示方法也可以有变化和创意，下面就来看看如何装修网店的首页。

本章要点

- 增加所需模块
- 删除无用模块
- 对不同模块进行定义
- 页面背景色的设置
- 页面配色的设置
- 促销商品的设置
- 商品的滚动设置
- 上传商品图片

知识要点	学习时间	学习难度
设计网店首页的布局方式	50 分钟	★★
设计网店的首页背景图	30 分钟	★
合理安排网店商品的布局	50 分钟	★★

6.1 首页布局的调整

小白：我在装修网店时发现某些模块并不需要，是否可以删除呢？

阿智：网店的模块是可以根据需要进行调整的，不仅可以删除还可以添加，本节就一起来看看如何添加和删除模块，并为各模块命名，设置显示模块的方式。

网店的首页作为店铺的第一屏，是买家浏览次数及点击量最多的页面，网店的布局并不是完全固定的，店主可以根据不同的装修需求进行调整，增加需要的模块和删除无用模块。

6.1.1 增加所需模块

在网店的装修过程中，根据装修的需要会出现需要添加模块的情况，那么这时应该怎样操作呢？具体操作如下。

步骤01 进入网店装修页面，在任意模块中单击“添加模块”按钮，如图 6-1 所示。

图6-1 进入网店装修页面

步骤02 ❶在打开的页面中选择所需模块的尺寸，❷选中要添加的模块，将模块拖动到相应位置，如图6-2所示。

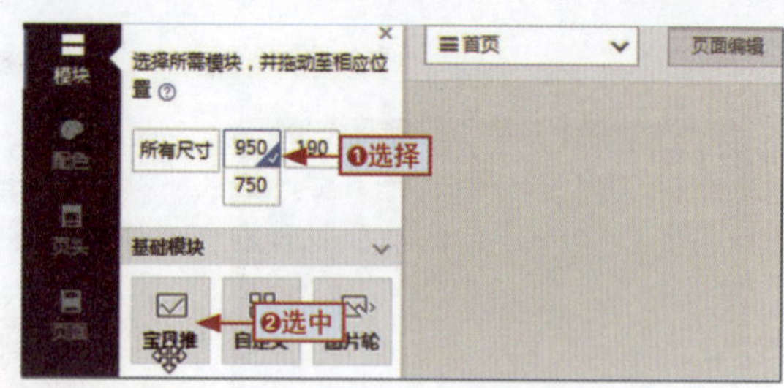

图6-2 添加模块

步骤03 完成以上步骤后再单击“发布”按钮即可。

为什么无法添加模块？

在添加模块时，有时会出现无法添加的情况，这是因为模块已经达到了添加的上限，说明该模块已经存在。

6.1.2 删除无用模块

进入网店的装修页面后，在装修后台的默认模式中会有已经添加好的模块，但并不是所有的模块都是有用的，对于无用的模块可以将其删除。

步骤01 进入网店装修页面，单击无用模块中的“删除”按钮，如图6-3所示。

图6-3　准备删除模块

步骤02 如果还需要继续删除模块则单击其他模块中的“删除”按钮，如图6-4所示。

图6-4　继续删除模块

步骤03 完成以上步骤后单击“发布”按钮即可。

小绝招　如何进行模板备份

在不同的时间段对网店装修模块的需求是不同的，为了让装修更便捷，可以进行模板备份，其可以保留布局模块设置和风格设置等自定义参数，方便在下次装修时直接使用。

下面就来看看如何进行模板的备份，具体操作如下。

步骤01 进入网店装修页面后单击“备份”按钮，如图6-5所示。

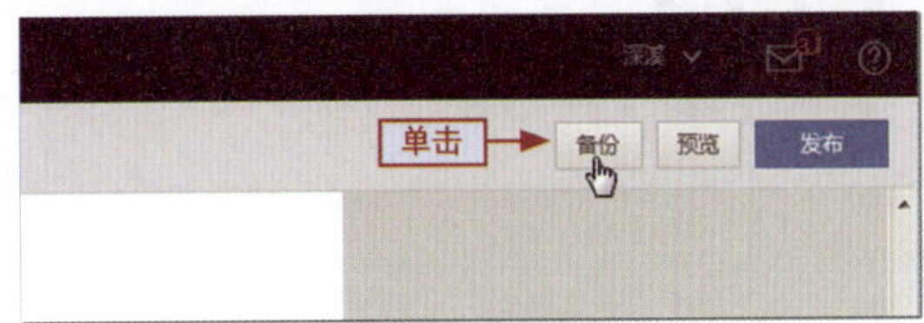

图6-5　准备备份

步骤02 ❶在打开的页面中输入备份名和备注，❷再单击“确定”按钮，如图6-6所示。

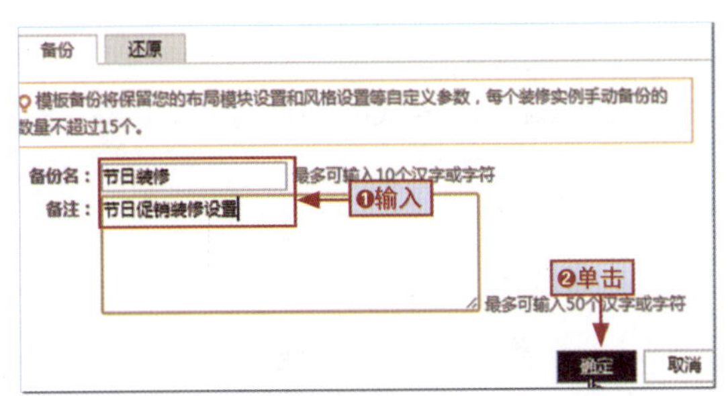

图6-6　完成备份

装修模板备份有系统备份和手动备份两种方式，系统备份最多保留最近5次发布的装修样式，手动备份则要求数量不能超过15个。

6.1.3　对不同模块进行定义

网店的模块是可以自定义名称以及显示方式的。下面就来看看不同模块的详细自定义内容。

● 宝贝推荐模块

“宝贝推荐”模块可以设置标题是否显示、展示方式、自动推荐排序以及是否显示折扣价等。它的设置在“宝贝推荐”模块中的“显示设置”中，如图6-7所示。

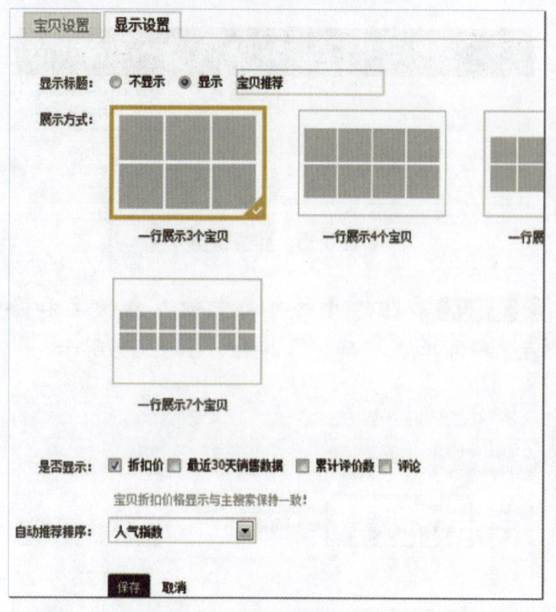

图6-7　宝贝推荐显示设置

“宝贝推荐”模块除了可以设置显示设置外，还可以进行宝贝信息的设置，例如设置推荐方式、宝贝分类、关键字、价格范围和宝贝数量，如图6-8所示。

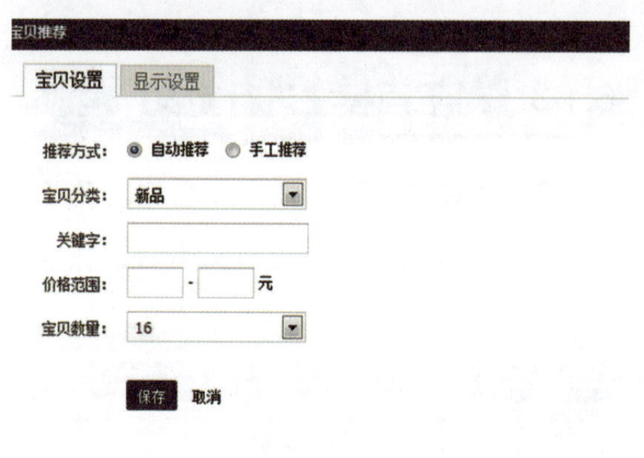

图6-8　宝贝设置

对“宝贝推荐”模块进行不同的设置会得到不同的展示效果，如图6-9所示的是显示折扣价，一行展示3个宝贝，不显示宝贝推荐标题的“宝贝推荐”模块在网店中的显示方式。

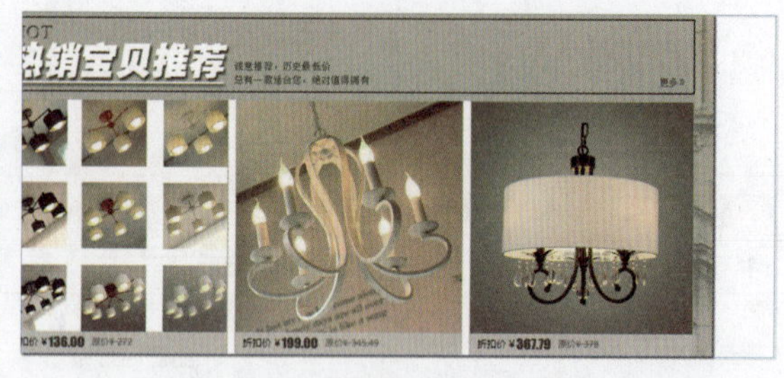

图6-9　宝贝推荐模块显示方式

图片轮播模块

“图片轮播”模块可以设置是否显示标题、模块高度和切换效果，如图6-10所示。

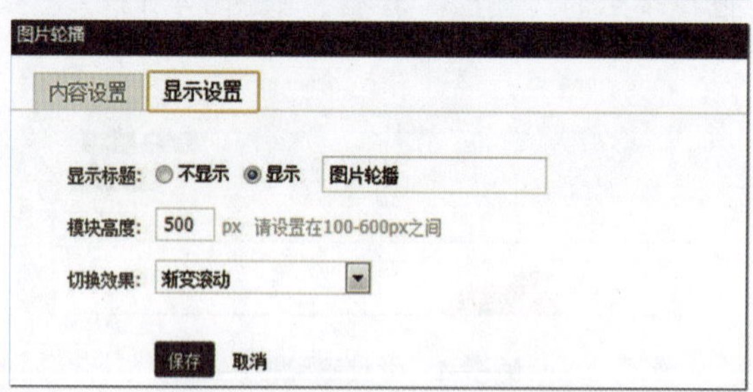

图6-10　图片轮播显示设置

搜索店内宝贝模块

“搜索店内宝贝”模块可以设置是否显示标题、预置和推荐关键字以及是否显示价格筛选，如图6-11所示。

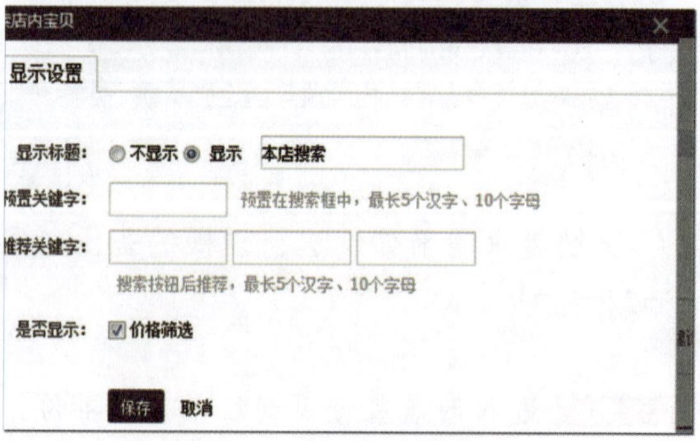

显示设置

显示标题： 不显示 显示 本店搜索

预置关键字： 预置在搜索框中，最长5个汉字、10个字母

推荐关键字： 搜索按钮后推荐，最长5个汉字、10个字母

是否显示： 价格筛选

保存 取消

图6-11　搜索店内宝贝设置

“搜索店内宝贝”模块不仅会放在网店的首页，也会放在商品详情页面中，如图6-12所示的是在网店首页的显示方式。

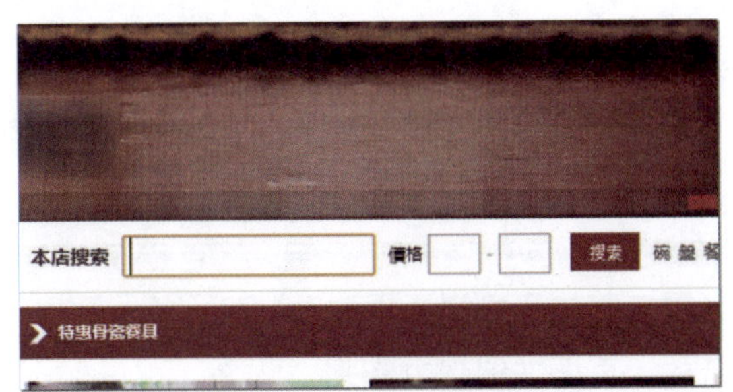

图6-12 搜索店内宝贝显示方式

宝贝排行榜模块

“宝贝排行榜”模块可以设置是否显示标题、宝贝分类、关键字以及价格范围等，如图6-13所示。

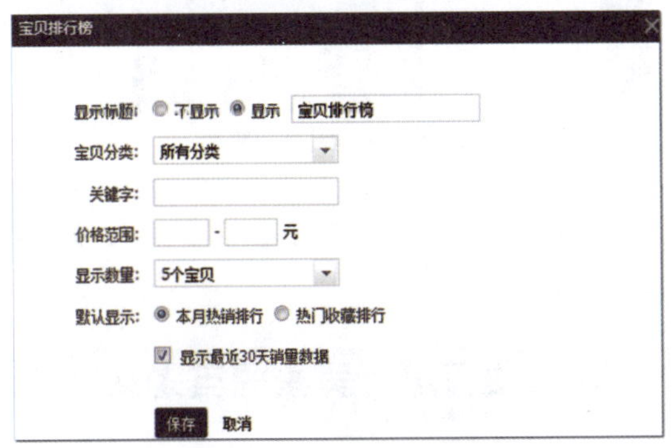

图6-13 宝贝排行榜设置

客服中心模块

“客服中心”模块可以进行内容设置和显示设置，包括工作时间、是否显示旺旺分组、子账号设置和联系方式，如图6-14所示。

客服中心
内容设置 显示设置 查看制作教程
工作时间:
日期 时间 显示
周一 至 周五 : 9:00 至 21:00
周六 至 周日 : 0:00 至 24:00
在线咨询:
旺旺分组 显示 旺旺分组 显示
设置旺旺分组请使用分流设置
联系方式:
联系电话: 联系手机:
保存 取消

图6-14 客服中心内容设置

“客服中心”模块通常都放在侧边栏，当单击旺旺图标时会显示出具体内容，如图6-15所示。

图6-15 客服中心显示方式

其他模块

网店装修的模块还包括友情链接、生意参谋、公益广告、Flash模板、猜你喜欢以及个性分类等，这些模块并不是所有网店都会使用，在为自己网店模块进行布局时，可以根据自己网店的需要来选择添加或者删除某些模块。

6.2 首页背景的设计

阿智：你知道网店的页面背景可以怎么设置吗？

小白：可以在网店装修后台设置为纯色的背景色。

阿智：除了可以设置页面背景色以外，还可以设置页面背景图，本节就来看看如何设计首页的背景。

网店的背景颜色决定了网店首页的主色调，当网店整体风格需要更改时，背景色也要相应进行更改。首页背景色的更改可以在网店装修后台的“页面”编辑中修改。

6.2.1 页面背景色的设置

在网店页面背景色的编辑页面提供了调色器，可以在调色器中选择背景色，同时，也可以通过输入RGB值来设置背景色。下面就来看看如何更改页面的背景色，操作如下。

步骤01 进入网店装修页面，选择“页面”选项，如图6-16所示。

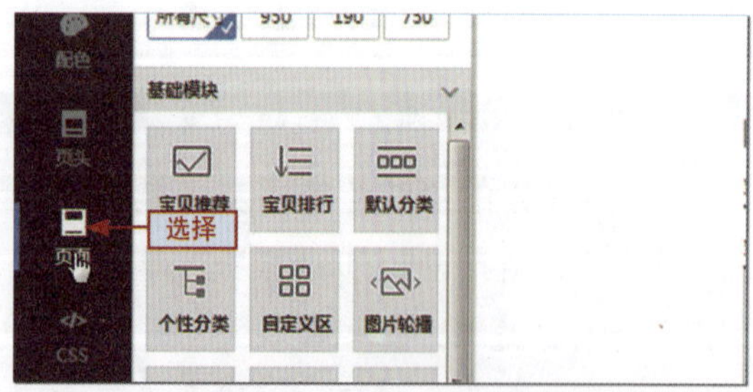

图6-16 进入网店装修页面

步骤02 ❶在打开的页面中选中页面背景色旁的小方框，❷在弹出的“调色器”对话框中选择要更改的背景色，❸再单击“确定”按钮，如图6-17所示。

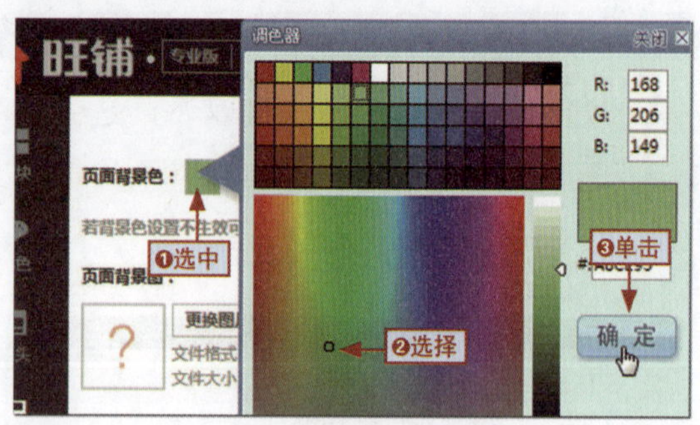

图6-17 设置背景色

步骤03 完成以上步骤后，单击“发布”按钮即可。

6.2.2 如何进行背景的自定义

把网店首页的背景设置为图片，可以让网店看起来更具个性化，下面就来看看怎样把背景自定义为图片。

步骤01 ❶进入网店“页面”编辑页面，选中页面背景色中“显示”的复选框，使其不显示，❷再单击“更换图片”按钮，如图6-18所示。

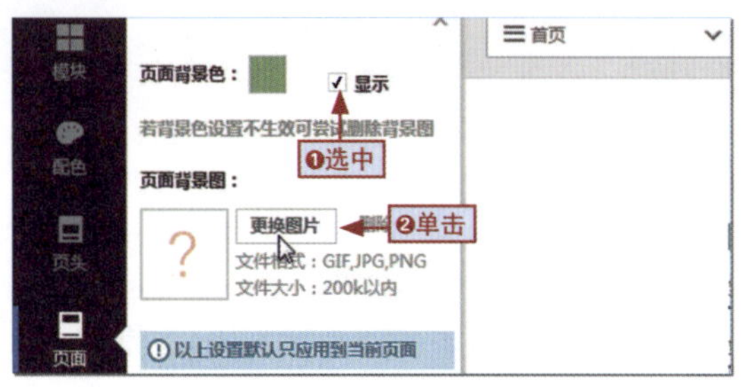

图6-18 进入“页面”编辑页面

步骤02 ❶在计算机中选择要更换的图片，❷单击“打开”按钮，如图6-19所示。

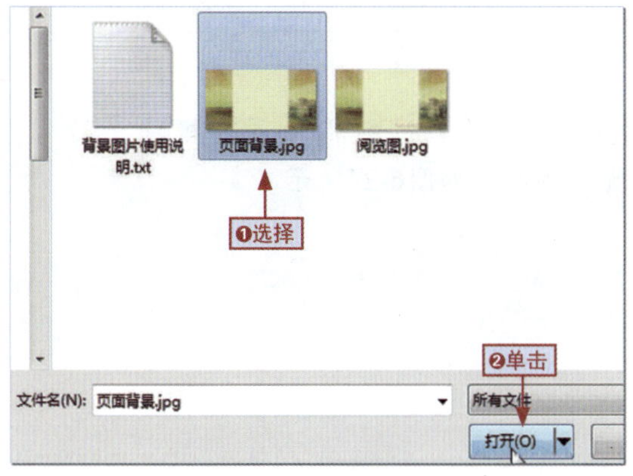

图6-19 选择图片

步骤03 在打开的页面中设置背景显示方式，如图6-20所示。

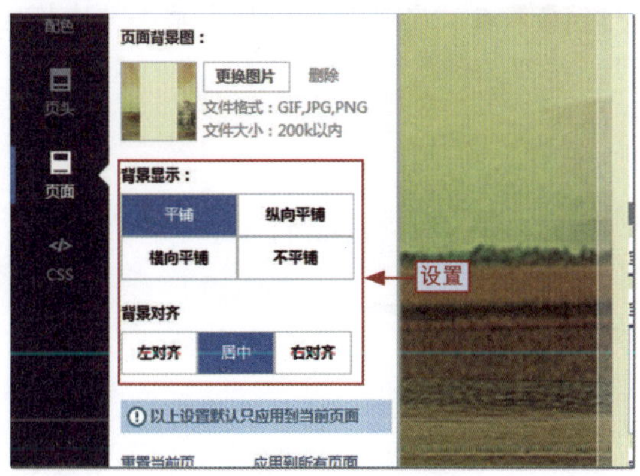

图6-20 设置背景显示方式

步骤04 完成以上步骤后，单击“发布”按钮即可。

6.2.3 页面配色的设置

淘宝旺铺专业版为每一个卖家都提供了模板，默认的模板中提供了不同的配色方案，我们可以自由选择适合自己网店的配色方案。

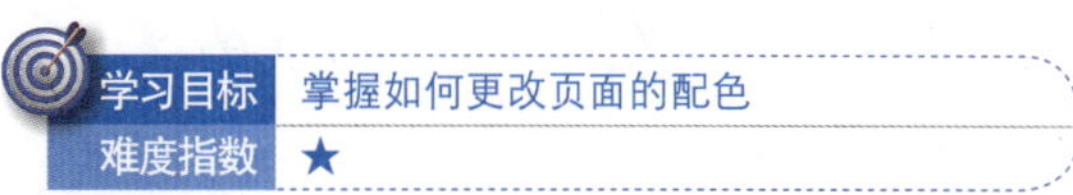

步骤01 进入网店装修页面，选择“配色”选项，如图6-21所示。

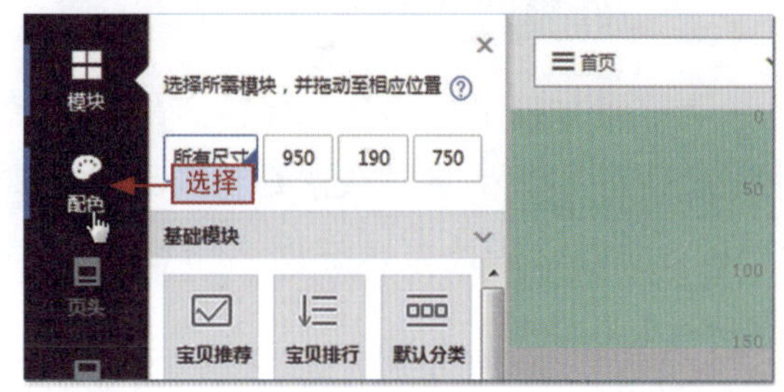

图6-21 进入网店装修页面

步骤02 在打开的页面中选择配色方案，如图6-22所示。

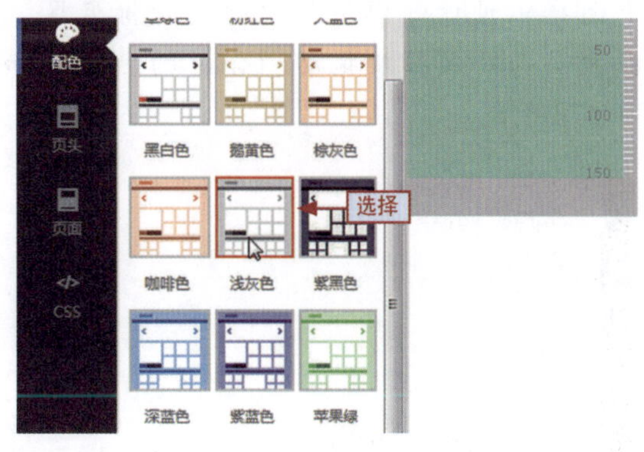

图6-22 选择配色方案

步骤03 完成以上步骤后，单击“发布”按钮即可。

6.3 首页商品的布置

小白：网店中商品展示的模块只能添加一个吗?

阿智：商品展示的模块可以添加多个，还可以通过不同模块的组合让商品展示更美观。

买家进入网店的目的是购买商品，如何让买家更直观地看到网店所销售的商品是极其重要的，特别是商品种类较多的网店就更需要注意这一点，本节将详述如何布置网店中的商品。

6.3.1 促销商品的设置

为了增加商品的销量，促销商品展示区是必不可少的，大多数买家看到商品有折扣时都会心动，因此可以在网店中设置促销模块。

学习目标 掌握如何在网店中设置促销商品

难度指数 ★

步骤01 进入网店装修页面，在“模块”栏中选择“设计师模块”中的“特价专区”模块，并将该模块拖动到合适的区域，如图6-23所示。

图6-23 添加模块

步骤02 单击“特价专区”模块中的“编辑”按钮，如图6-24所示。

图6-24 进入特价专区编辑页面

步骤03 在“宝贝设置”栏中单击“选择宝贝”按钮，如图6-25所示。

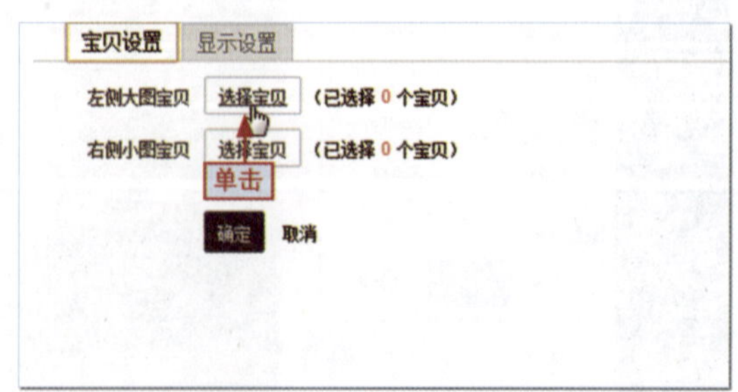

图6-25 进行宝贝设置

步骤04 在打开的页面中单击“选择”超链接，如图6-26所示。

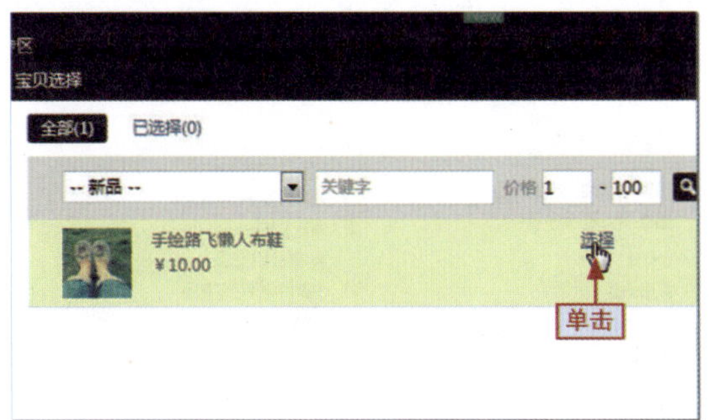

图6-26　选择商品

步骤05 ❶切换到“显示设置”页面，选中“不显示”单选按钮，❷再单击“确定”按钮，如图6-27所示。

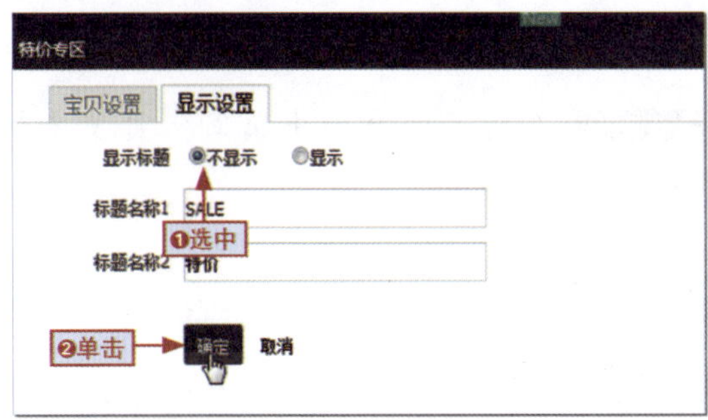

图6-27　进行显示设置

步骤06 完成以上步骤后，单击“发布”按钮即可。

6.3.2 商品的滚动设置

首页中的Banner大图可以设置为轮播效果，其实，商品同样也可以设置为轮播的效果，这就需要添加一个新的模块，下面就来看看具体该如何操作。

学习目标	掌握设置商品的轮播效果
难度指数	★

步骤01 进入网店装修页面，在“模块”|“设计师模块”中选择“宝贝排行”模块，并将其拖动到合适位置，如图6-28所示。

图6-28　添加模块

步骤02 在“宝贝排行”模块中单击“编辑”按钮，如图6-29所示。

图6-29　编辑排行榜模块

步骤03 在“宝贝设置”中单击“分类选择”按钮，如图6-30所示。

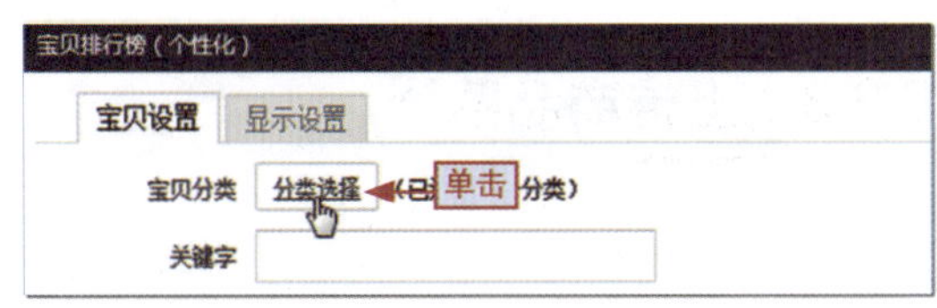

图6-30　进入宝贝设置页面

步骤04 ❶在打开的页面中选中各分类前的复选框，❷再单击“保存”按钮，如图6-31所示。

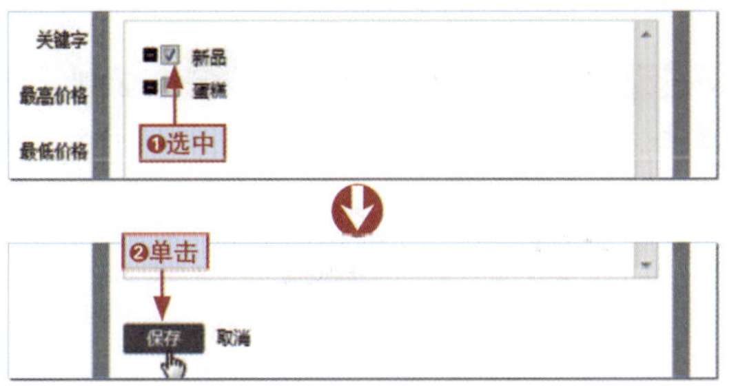

图6-31　选择类目

步骤05 ❶进入“显示设置”页面，设置显示标题和显示方式等，❷再单击“确定”按钮，如图6-32所示。

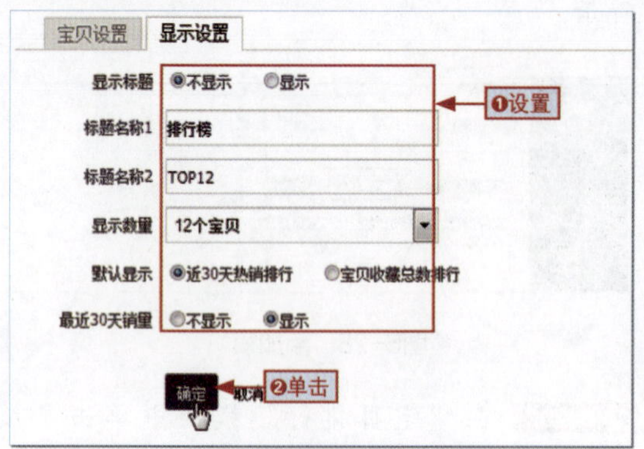

图6-32　进行显示设置

步骤06 完成以上步骤后单击“发布”按钮即可。

发布宝贝排行榜模块后，该模块会根据设置的情况滚动显示近30天热销商品排行或者宝贝收藏数的排行情况，当这两个数据发生变化时，商品展示图片也会发生变化。

6.3.3　上传商品图片

网店装修时会发现宝贝推荐和特价专区等模块并不支持上传商品图片，这是因为商品图片的上传是需要在发布宝贝时上传的，下面就来看看该如何操作。

学习目标　掌握如何在网店中设置促销商品

难度指数　★

步骤01 进入卖家中心，在“宝贝管理”中单击“发布宝贝”超链接，如图6-33所示。

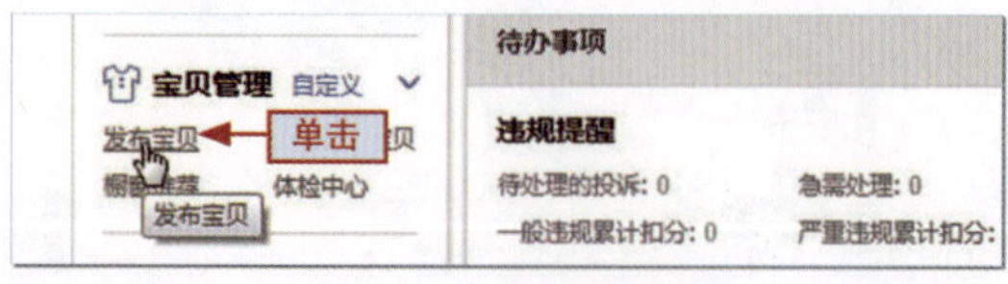

图6-33　进入卖家中心

步骤02 ❶在打开的页面中选择分类，❷再单击“我已阅读以下规则，现在发布宝贝”按钮，如图6-34所示。

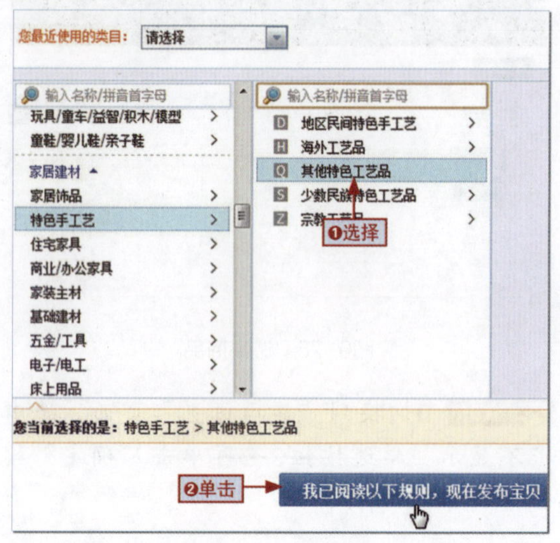

图6-34　选择分类

步骤03 在打开的页面中填写宝贝基本信息，如图6-35所示。

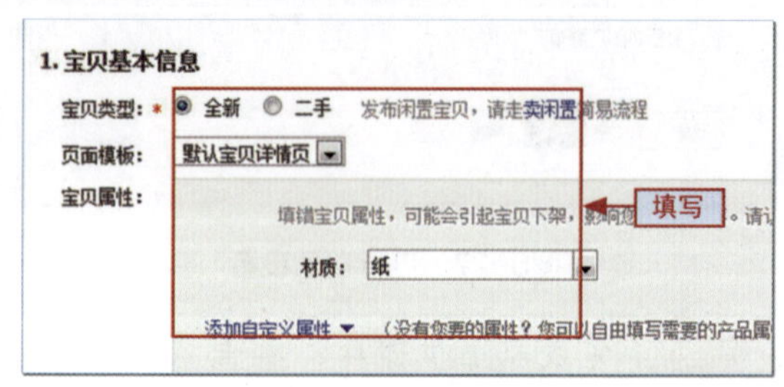

图6-35　填写基本信息

步骤04 填写完成后单击“文件上传”按钮，如图6-36所示。

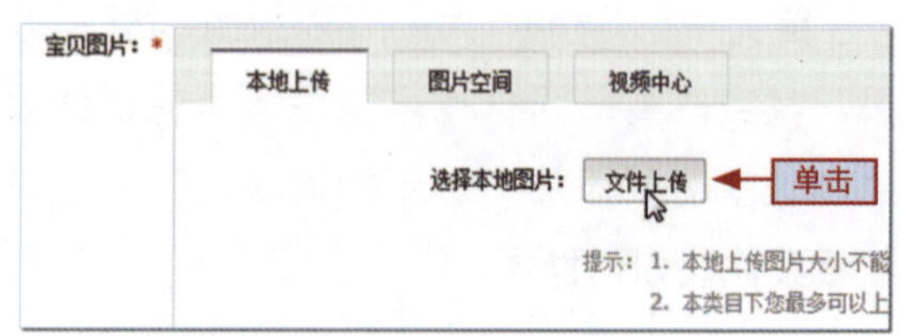

图6-36　上传宝贝图片

步骤05 ❶在计算机中选择要上传的图片，❷再单击“打开”按钮，如图6-37所示。

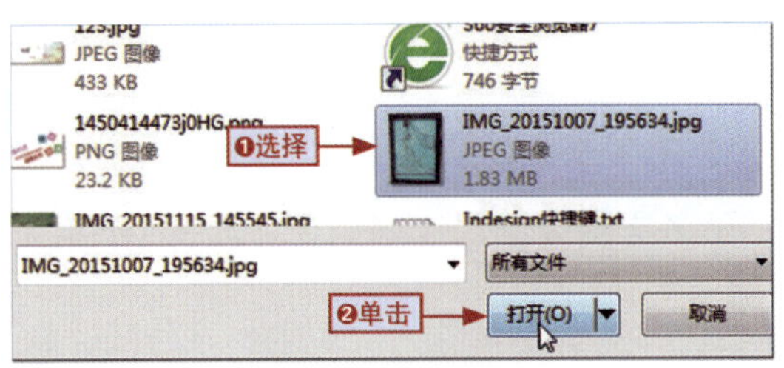

图6-37 选择图片

步骤06 图片上传成功后添加宝贝描述，选中宝贝分类前的复选框，如图6-38所示。

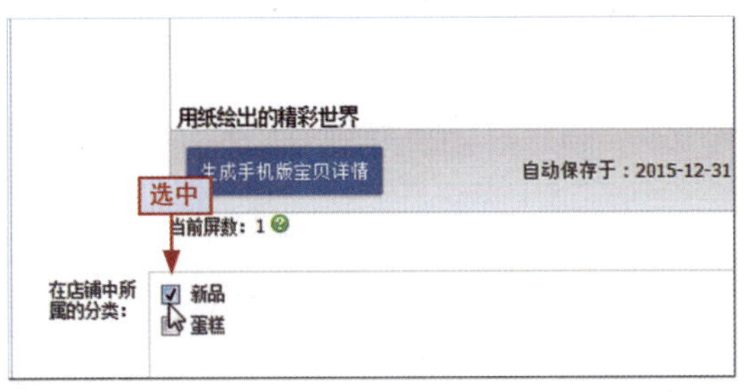

图6-38 设置分类

步骤07 进入物流信息填写页面，单击“新建运费模板”按钮，如图6-39所示。

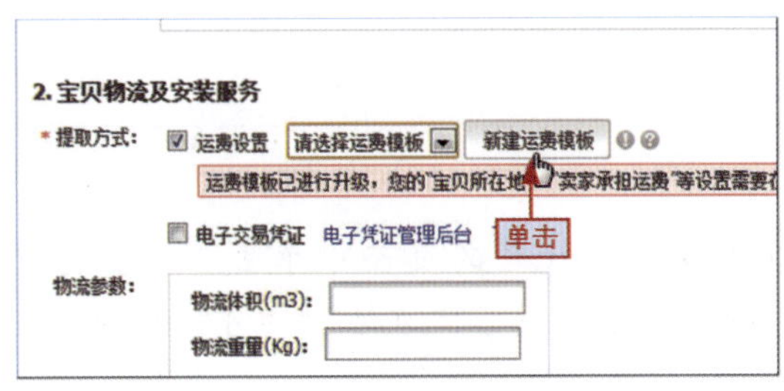

图6-39 新建运费模板

步骤08 ❶在打开的页面中填写模板名称、宝贝地址以及发货时间等，❷再单击“保存并返回”按钮，如图6-40所示。

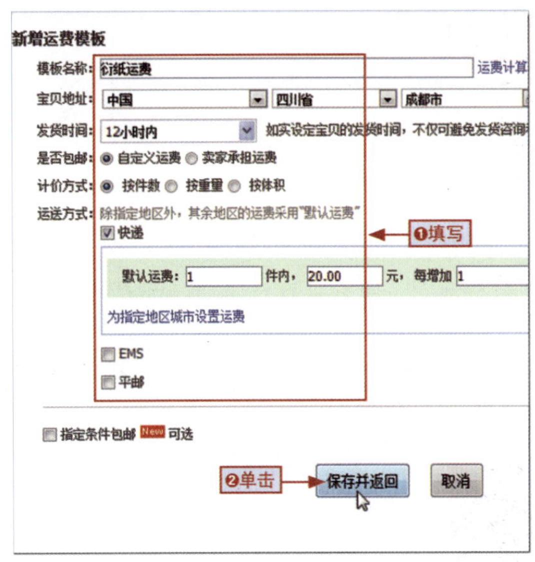

图6-40 设置物流信息

步骤09 ❶进入售后信息和其他信息填写页面将信息准确填写，❷再单击“发布”按钮即可，如图6-41所示。

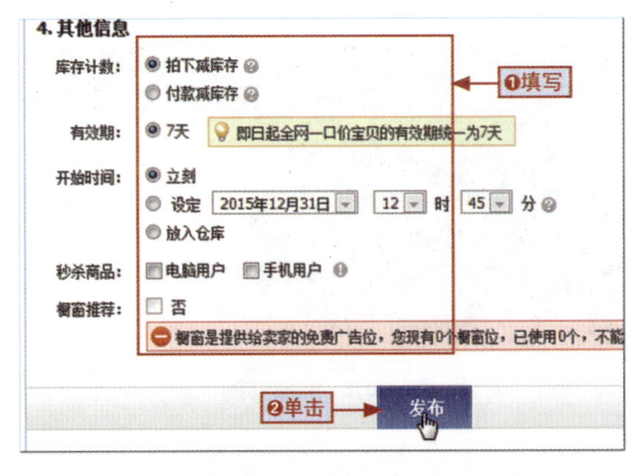

图6-41 设置物流信息

商品发布成功后将会显示在网店装修时设置好的各个模块中。上传商品时要注意图片的大小不能超过3M，一个类目下最多可以上传5张图片。

给你支招 | 如何订购 CSS

小白： 阿智，有没有什么办法可以让网店的装修更加个性化呢？

阿智： 只需要开通网店 CSS 功能就可以自定义更多店铺效果，让网店更加具有个性化和富有创意，下面就来看看如何订购 CSS 功能。

步骤01 进入网店装修页面，选择CSS选项，如图6-42所示。

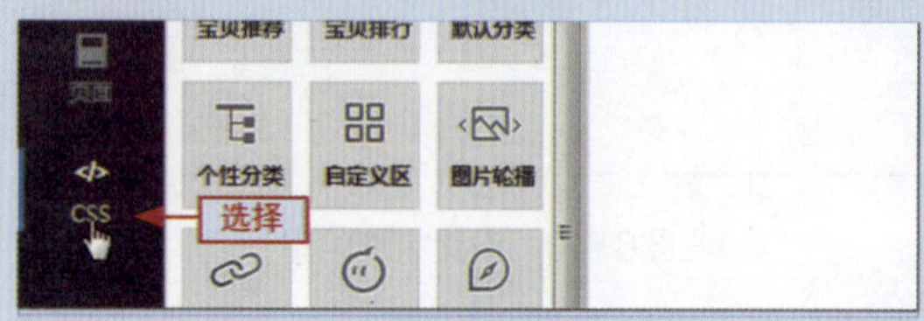

图6-42　进入网店装修页面

步骤02 在打开的页面中单击"立即订购"按钮，如图6-43所示。

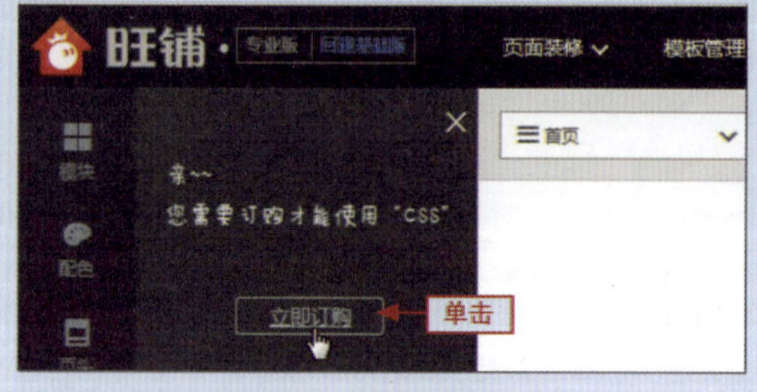

图6-43　准备订购

步骤03 ❶在打开的页面中选择周期，❷再单击"立即订购"按钮，如图6-44所示。

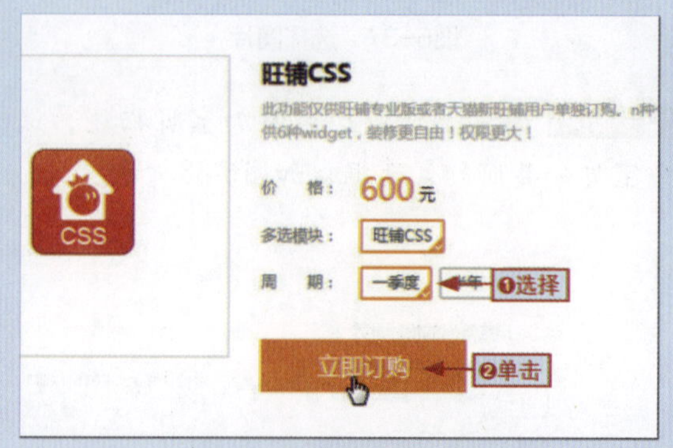

图6-44　进入订购页面

步骤04 在打开的页面中单击"同意协议并付款"按钮，如图6-45所示。

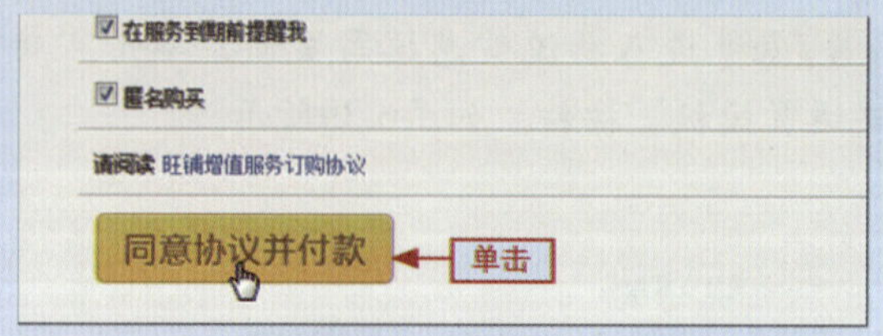

图6-45　同意协议

步骤05 在打开的页面中单击"去支付宝付款"按钮，最后完成支付即可，如图6-46所示。

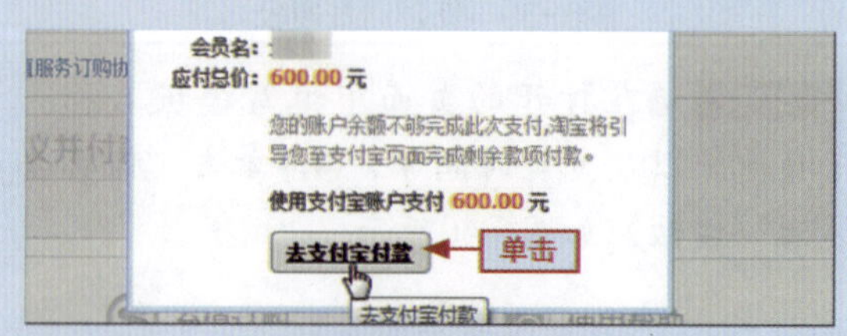

图6-46　去支付宝支付

小绝招　基础版可免费订购音乐服务

目前，淘宝旺铺基础版可以免费订购店铺音乐服务，订购后可以在店铺中设置背景音乐，旺铺专业版要使用该功能则需要支付一定费用。

给你支招 | 如何取消页头下方的缝隙

小白：为什么我的网店首页页头下方有一条缝隙，而其他网店没有呢？

阿智：这是因为你没有关闭页头下边距，只要进入网店装修页面关闭即可。

步骤01 进入网店装修页面，选择“页头”选项，如图6-47所示。

图6-47　进入网店装修页面

步骤02 在打开的页面中单击“关闭”按钮，如图6-48所示。

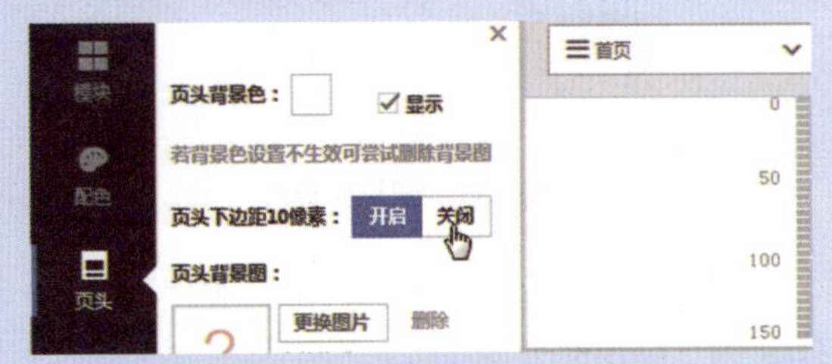

图6-48　关闭页头下边距

给你支招 | 如何开通手机淘宝装修页面

小白：我想装修我的手机店铺，应该从哪个入口进入装修页面呢？

阿智：要装修手机店铺首先需要开通无线店铺，开通后才能装修手机店铺，下面就来看看具体该如何操作。

步骤01 进入网店卖家中心，在打开的页面中单击“手机淘宝店铺”超链接，如图6-49所示。

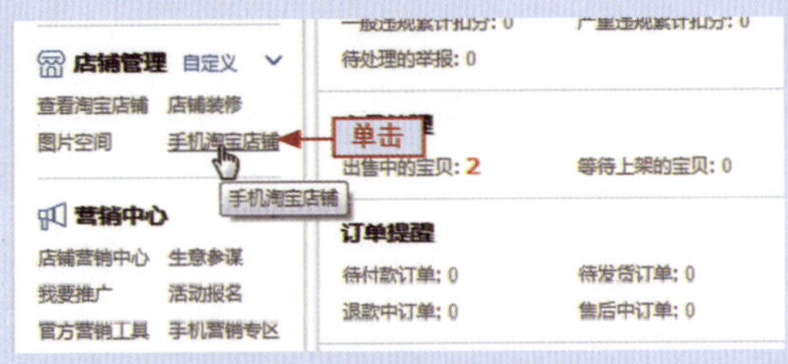

图6-49　进入网店装修页面

步骤02 在打开的页面中单击“立即装修”按钮，如图6-50所示。

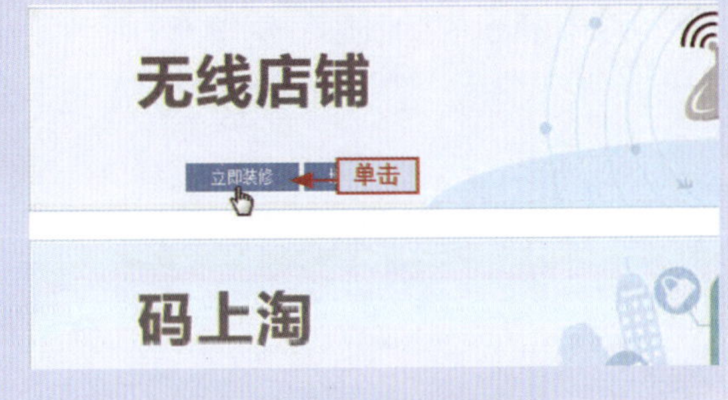

图6-50　进入手机淘宝店铺

步骤03 ❶在打开的页面中输入微淘名称和微淘简介，❷再单击“同意协议并开通”按钮，如图6-51所示。

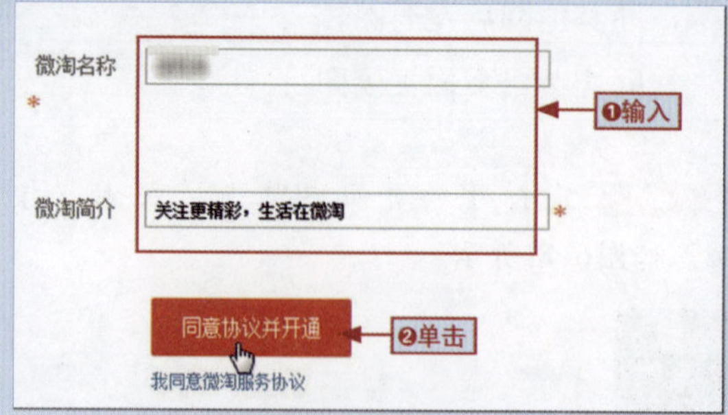

图6-51　同意协议

步骤04 在打开的页面中单击“完善资料”超链接，如图6-52所示。

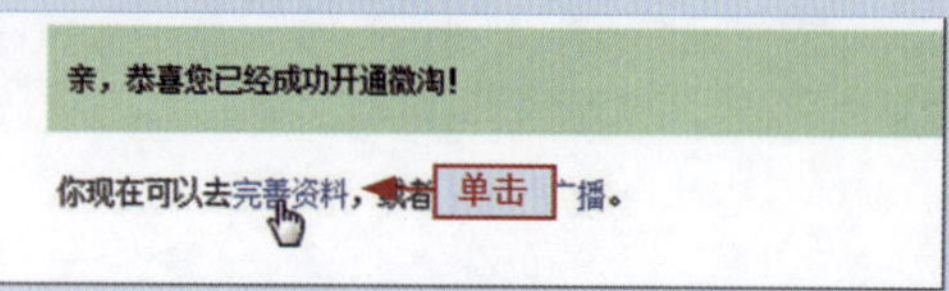

图6-52　开通成功

步骤05 在打开的页面中即可找到手机淘宝店铺的装修入口以及其他栏目，如图6-53所示。

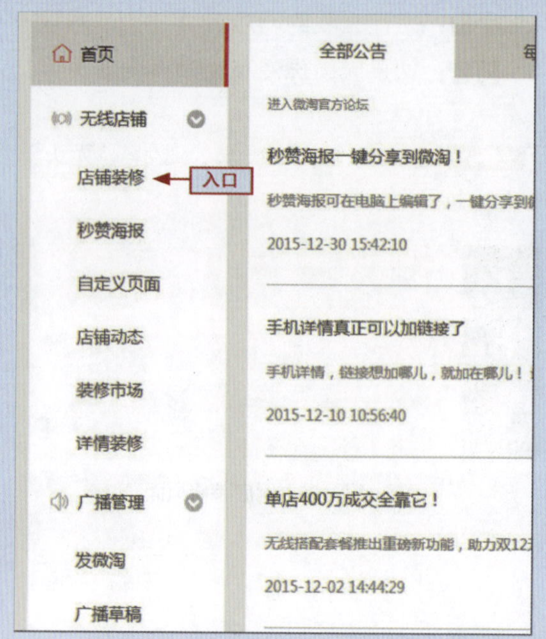

图6-53　手机店铺装修入口

商品详情页面的装修

学习目标

商品详情页面是指买家了解商品详细信息的页面，该页面的装修情况关系到买卖成交的成功率，本章将详细介绍商品详情页面应该如何装修。

本章要点

- 详情页面的基本构成
- 详情页面的设计原则
- 突出商品卖点
- 确定详情页面风格
- 增删详情页面模块
- 设置宝贝详情导航
- 字体的显示要清晰
- 上传网店视频

知识要点	学习时间	学习难度
掌握如何装修商品详情页面	60 分钟	★★
把握商品详情页面装修细节	30 分钟	★★

7.1 认识商品详情页面

阿智： 小白，你网店的详情页面为什么没有商品优势展示图呢？

小白： 详情页面还需要展示商品的优势吗？

阿智： 当然需要，目前网店竞争愈演愈烈，如果不能体现商品的优势，买家就不会认为你的商品有可买价值，下面就一起来认识商品详情页面吧。

商品详情页面是对商品和服务进行详细描述的页面，其页面的展示方式多样，可以是文字、图片和视频，商品的细节图一般都展示在这个页面上。下面就来认识一下详情页面都是由哪些部分构成的。

7.1.1 详情页面的基本构成

商品发布后，该商品的详情页面便会自动生成，在没有进行详情页面装修时，只会显示价格和物流等基本信息。这样简单的页面无法吸引买家，因此还需要进行装修。详情页面需要展示的内容主要有以下几个部分。

学习目标	认识商品详情页面需要装修哪些部分
难度指数	★

● 基础展示页面

详情页面中最基础的页面便是在发布宝贝时所生成的页面，这个页面也是买家把商品加入购物车的页面，如图7-1所示。

图 7-1　基础展示页面

● 详情介绍页面

详情介绍页面展示的是商品最详细的信息，包括产品参数、细节图、产品用途介绍、使用说明、买家购物须知以及店铺中其他商品的链接等，如图7-2所示。

图 7-2　详情介绍页面

累计评价页面

累计评价页面是买家购买商品进行评价后显示的页面，该页面可以作为其他买家购买该商品的参考，如果大部分买家都给予商品好评，也会增加商品的销售量，如图7-3所示。

累计评论 327 | 成交记录 545 | 专享服务 | 加入购物车

(20) ◎追评 (7) ◎好评 (324) ◎中评 (2) ◎差评 (1) ☑有内容的评价 推荐排序

很漂亮，与图片一样，非常满意。
2015年12月31日 09:31 颜色分类：香榭丽舍（4只装） 有用 (0) | 提问

太薄了
2015年12月31日 14:20 颜色分类：合家欢（4只装）3天后有货 有用 (0) | 提问

宝贝很漂亮，第二次购买！包装严密，完好无损，美中不足是有一个碗不太圆，图片里最上面的那个，摞起来时很明显放不下去，其他都满意，推荐大家购买！
2015年12月08日 22:46 颜色分类：香榭丽舍（4只装） 有用 (0) | 提问

图7-3　累计评价页面

成交记录页面

成交记录页面显示的是买家购买商品的时间、数量和款式，成交记录较多会增加其他买家对该商品的信任感，如图7-4所示。

累计评论 35 | 成交记录 414 | 专享服务

淘宝价	数量	付款时间	款式和型号
专属优惠	1	2015-12-31 17:09:35	颜色分类:滨海花开10个4.5英寸护边碗
专属优惠	1	2015-12-31 16:59:59	颜色分类:金枝玉叶10个4.5英寸护边碗
¥26.80	1	2015-12-31 16:58:47	颜色分类:金枝玉叶10个4.5英寸护边碗
专属优惠	1	2015-12-31 16:52:34	颜色分类:枫丹白露10个护边碗（无礼盒）
专属优惠	1	2015-12-31 16:51:14	颜色分类:金枝玉叶10个4.5英寸护边碗
¥26.80	1	2015-12-31 16:40:48	颜色分类:金枝玉叶10个4.5英寸护边碗
¥26.80	1	2015-12-31 16:37:13	颜色分类:金枝玉叶10个4.5英寸护边碗

图7-4　成交记录页面

专享服务页面

专享服务页面展示的是卖家承诺的服务内容，如图7-5所示。

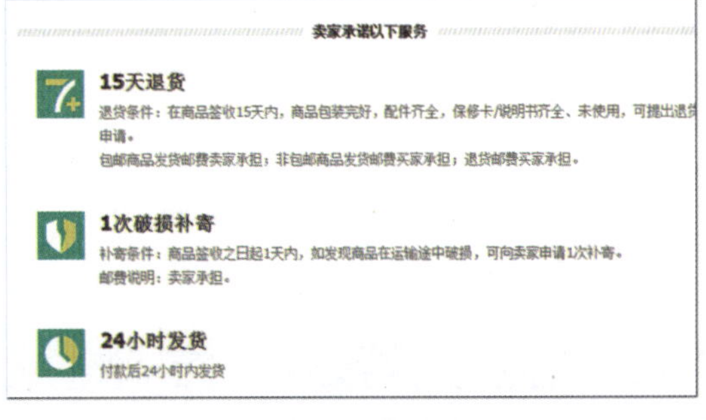

图7-5　专享服务页面

左侧展示区

左侧区域可展示宝贝推荐、宝贝排行榜、店铺活动、商品分类以及客服中心等，不同的店铺展示方式有一定的区别，如图7-6所示。

图7-6　左侧展示区

上述的区域并非都需要装修，其中累计评价页面、成交记录页面和专享服务页面是无须装修的，这是系统自动设置好的。

7.1.2 详情页面的设计原则

好的详情页面能够让买家了解到想要了解的所有信息，甚至无须客服出马就能实现成交。要想让自己网店的详情页面也达到这种效果，需要掌握以下设计原则。

学习目标 认识如何让详情页面装修得当

难度指数 ★

● 有活动促销内容

详情页面是买家购买商品的页面，在详情页面描述该商品的促销活动能够引起买家购买的兴趣，从而提高成交率。另外，也可以加入搭配推荐，增加商品的销量，如图7-7所示。

图7-7 搭配套餐展示图

● 商品详情尽可能详细

详情页面关于商品的描述内容应该尽可能详细，让买家能够从详情页面了解到商品的尺寸、规格、材质、细节图以及使用说明等。如图7-8所示为服装尺码参考表。

▸ 尺码参考 reference

身高/体重	85-90	90-95	95-100	100-105	105-110	110
155	S	S	S	S	M	
160	S	S	S	S	M	
165	S	S	S	S	M	
170	S	S	S	M	M	

图7-8 服装尺码参考表

● 商品展示图要有吸引力

为了让买家有兴趣继续浏览下面的内容，商品展示图需要有足够的吸引力，可以展示商品的优点和独特之处。如图7-9所示为商品鞋头设计展示图。

图7-9 鞋头设计展示图

● 让买家信任

买家能否对商品产生足够的信任也是能否成交的因素之一。在设计详情页面时可以展示商品的品牌、荣誉以及资质等能够体现商品实力的图片，如图7-10所示的是商品检验报告书。

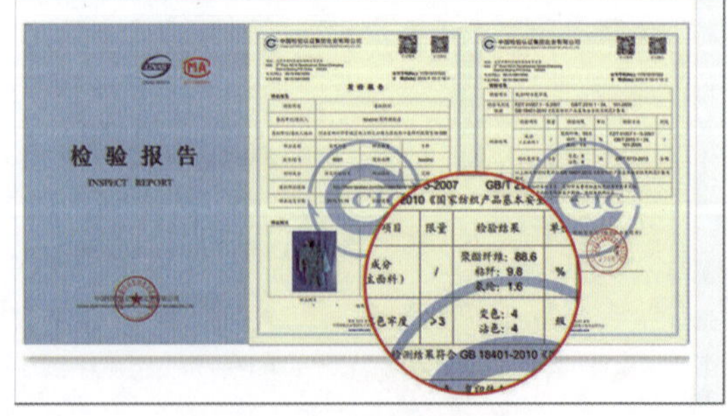

图7-10 检验报告书

● 有交易说明

在网店中购买商品，买家除了需要了解商品详细信息外，还需要了解交易活动的说明，比如物流和退换货要求等，如果能够在详情页面就告知买家，则会节省买家购买的时间，同时，也会节省网店客服的工作量。如图7-11所示为商品的购买须知。

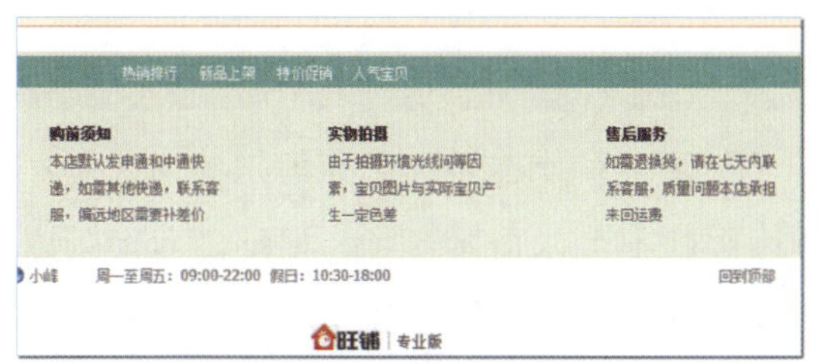

图7-11　商品购买须知

7.1.3 要突出商品卖点

要想提高商品在详情页面的成交率，在装修详情页面时就要突出宝贝的卖点。买家购买商品是因为该商品对他来说有价值，因此在商品的展示上就要让商品在视觉上看起来有价值感，主要可从以下几个方面来设计。

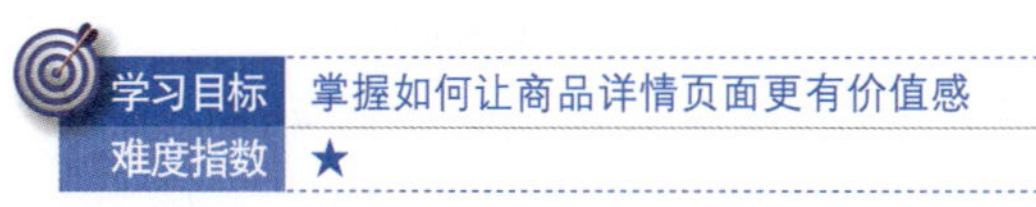

● 用宣传语体现商品品质

详情页面并不是只展示商品的细节图或者商品整体效果图，还需要使用宣传语，通过宣传语来直观地告知买家购买该商品绝对划算，商品质量可以得到保证。如图7-12所示为商品细节宣传语内容。

图7-12　商品细节展示宣传语

从图7-12可以看出，该商品的细节图中加入了“与众不同，让你出众”以及“真材实料”等的宣传语，让买家不仅能够从视觉上看到该商品的质量，还能从文字中提取到商品质量好的信息。

● 塑造商品其他配件形象

商品的卖点不仅仅只有商品本身，还包括商品的包装、商品的售后服务以及购买商品赠送的额外小配件等，虽然并不是所有买家都会看重这些方面，但是其能够告知买家店主是在用心经营店铺，从而塑造良好的店铺形象。如图7-13所示为礼品赠送配图。

图7-13　礼品赠送配图

从图7-13可以很清晰地看出，赠送的礼品有哪些，当买家看到丰富的礼品时也会因此心动而购买商品。

打造展示场景

网店上销售的商品大多是生活中常用的物品，单纯地展示商品而没有场景相配合，会让商品显得单调，缺少美感。如果将商品融入一定的场景，不仅能够使商品更加直观，还能提升商品的展示效果。如图7-14所示为商品与场景相融合的展示效果。

图7-14 商品场景展示图

优势要放在前面展示

商品的优势可以来自多个方面，如其他卖家没有但是自己的网店有的东西，优秀的售后和合适的价格等。

在布置详情页面的布局时，要把这些优势放在前面展示，也可以放在基础展示页面，让买家还未进入细节展示页面就能看到这一优势，而没有太大优势的则放在后面展示或者不展示。当然在展示商品的优势时，不能添加一些商品本身没有的功能描述，这样反而会让买家认为不可信。如图7-15所示体现了商品采用密胺无毒材质生产的优势。

图7-15 商品优势展示

重复卖点

商品的卖点放在前面展示并不代表在后面就不可以再展示了，相反，我们可以换一种方式再次展示商品的卖点，从而加深买家的印象，如图7-16所示。

图7-16 重复卖点

图7-16与图7-15出现在同一详情页面，只不过图7-15在前面展示，而图7-16在后面展示。虽然都是为了表现密胺材质的优势，但是侧重点却不同，图7-15力求简单直观地告知，图7-16则从具体功能上体现卖点。重复卖点可使得该商品卖点更具体，也会让买家认为更有可买性。

7.2 装修详情页面

小白：我已经知道了详情页面中都包括哪些内容，但是具体应该如何装修还不太清楚。

阿智：装修详情页面首先要从确定风格入手，再规划整体布局，最后才是进入详情页面装修后台进行具体装修。

7.2.1 确定详情页面风格

详情页面的装修与网店首页的装修一样都需要把握整体的风格，下面就来看看如何确定详情页面的风格。

学习目标　掌握如何让详情页面风格统一

难度指数　★★

● 从商品色彩出发

商品是实物，有色彩，而详情页面的大部分空间是商品情况的展示，因此，可以从商品本身的色彩和特点来运用元素，如图7-17所示。

图7-17　详情页面商品展示图

从图7-17可以看出，该陶瓷餐具详情页面的背景色与餐具花纹的颜色属于同一色系，但是为了更好地突出餐具的花纹，在背景色上采用了比花纹颜色较浅的颜色，这样既让整体色调得到统一，也使商品本身得到突出。

● 从商品外观出发

确定商品详情页面的风格还可以从商品的外观出发，下面来看看迷你电饭锅商品详情页多张图片的展示效果，如图7-18所示。

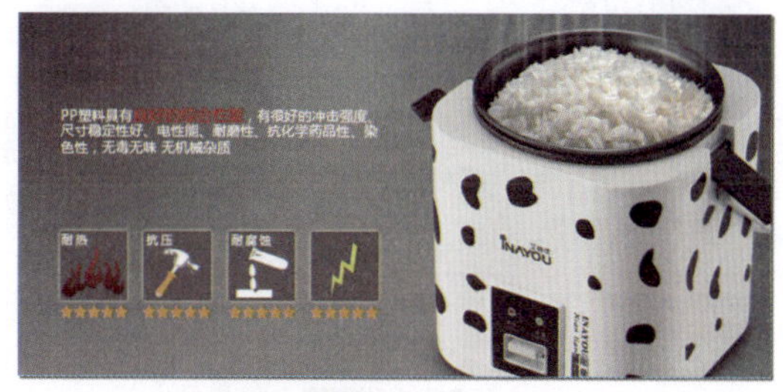

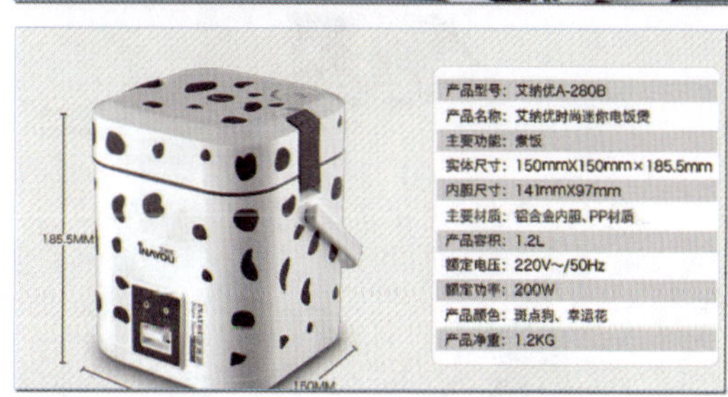

图7-18　详情页面商品展示图

从图7-18可以看出，该迷你电饭锅的外观以黑白两色为主，因此商品详情页面的装修风格应以灰白黑为主，同时为了体现外观与斑点狗相似，还搭配了设计灵感来源；背景色采用的是黑色，使得详情页面整体风格具有平稳缓和、高品质、含蓄和精致的视觉效果，如图7-19所示。

图7-19　设计灵感展示

● 从季节出发

在不同的季节，详情页面的风格也应有所变化，比如夏季给人清凉的感觉，而冬季则要营造温暖的氛围，同时还应与商品本身的卖点相结合，如图7-20所示。

图7-20　商品详情页面

从图7-20可以看出，该详情页面的文字以及背景都是使用的暖色调，给人温暖的感觉，这样的风格准确地反映了冬季人们的心理诉求，同时也结合了商品本身的特质。

7.2.2 增删详情页面模块

在详情页面的装修过程中有些模块不能删除和移动，但是有些模块却可以增删和移动，下面就来看看如何增删这些模块。

学习目标　掌握如何增加和删除详情模块
难度指数　★★

步骤01 进入店铺装修页面，选择“页面装修”下拉列表中的“页面管理”选项，如图7-21所示。

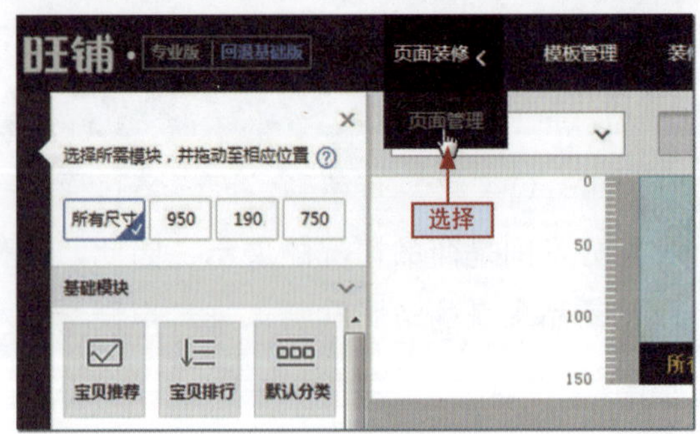

图7-21　网店装修页面

步骤02 在打开的页面中切换到“宝贝详情页”选项卡，如图7-22所示。

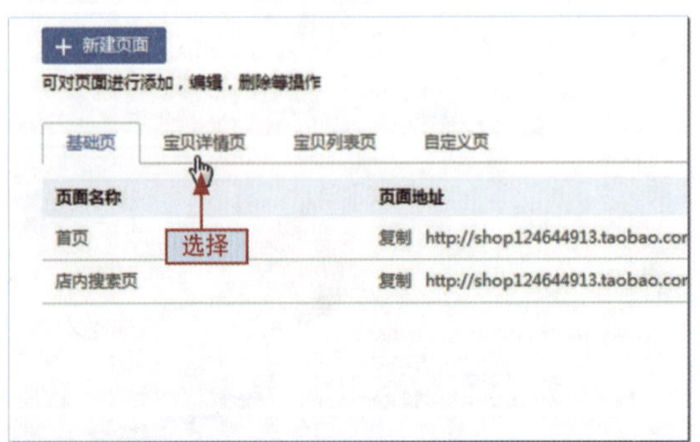

图7-22　页面管理中心

步骤03 在打开的页面中单击“页面装修”超链接，如图7-23所示。

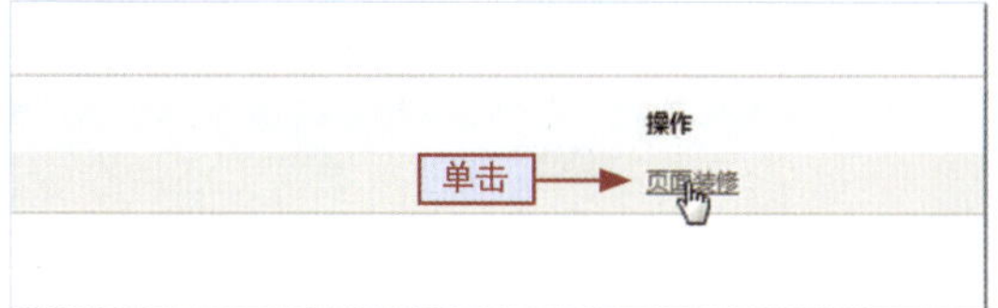

图7-23 详情页面

步骤04 如果要删除模块，则单击相应模块中的“删除”按钮，如图7-24所示。

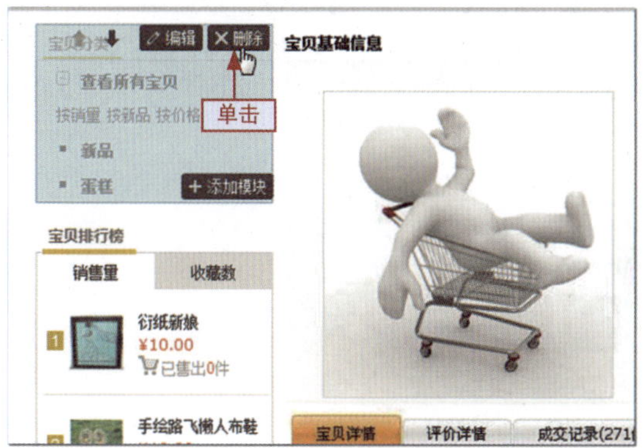

图7-24 删除模块

步骤05 如果要增加模块，则将左侧的模块选中后拖动到相应区域，如图7-25所示。

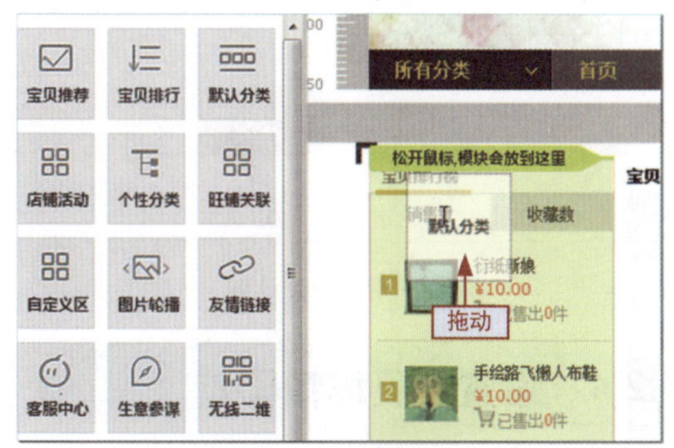

图7-25 添加模块

7.2.3 设置宝贝详情推荐

宝贝详情推荐能够增加宝贝的曝光率，提高店铺的成交额，其通常显示在商品基础页面下方的掌柜推荐栏中，如图7-26所示。

图7-26 宝贝详情推荐显示位置

下面来看一下添加宝贝详情推荐的具体操作步骤。

步骤01 进入网店卖家中心，在首页单击“出售中的宝贝”超链接，如图7-27所示。

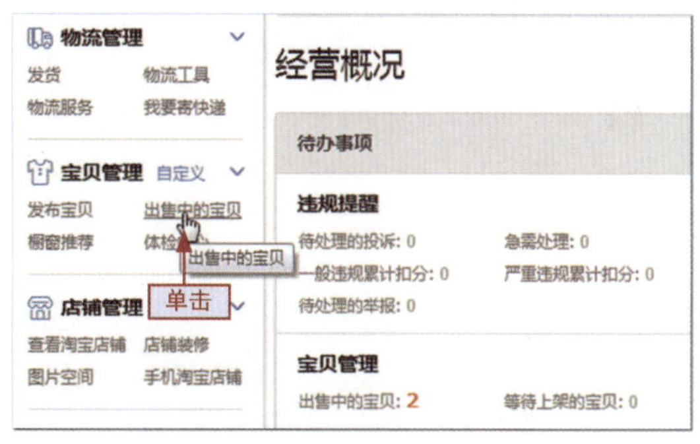

图7-27 卖家中心

步骤02 在打开的页面中单击商品名称超链接，如图7-28所示。

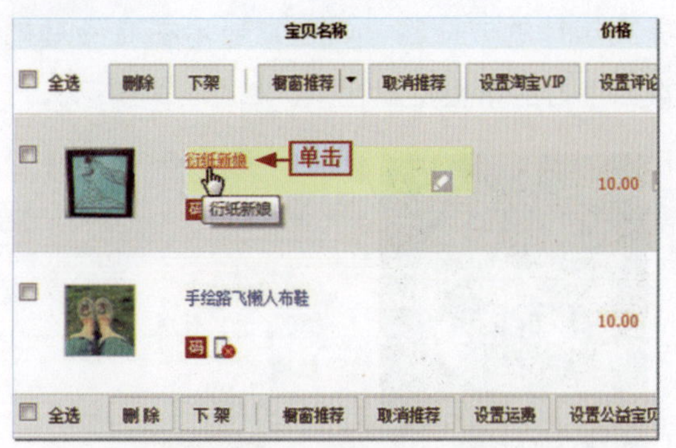

图7-28　出售商品页面

步骤03　在打开的页面中单击“立即设置”按钮，如图7-29所示。

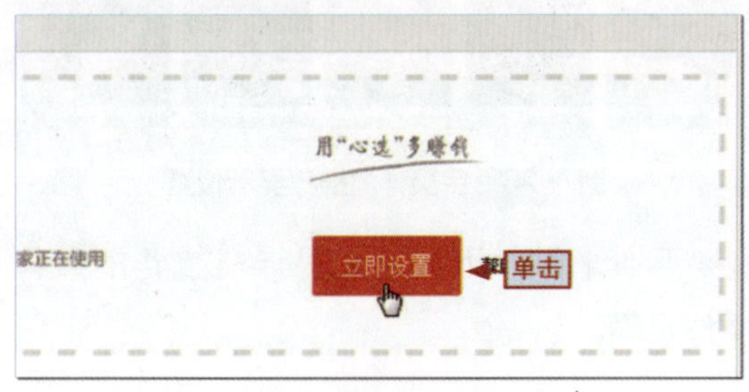

图7-29　准备设置掌柜推荐

步骤04　完成以上步骤后即可开启宝贝推荐功能，如果要新建其他计划则单击“查看全部计划”按钮，如图7-30所示。

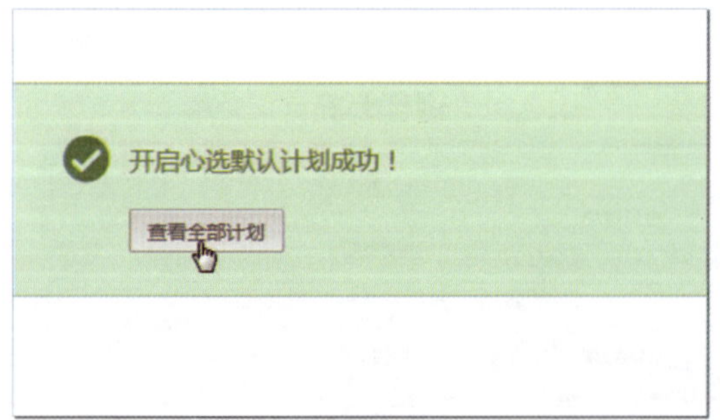

图7-30　开启心选默认计划

步骤05　在打开的页面中单击“新建计划”按钮，如图7-31所示。

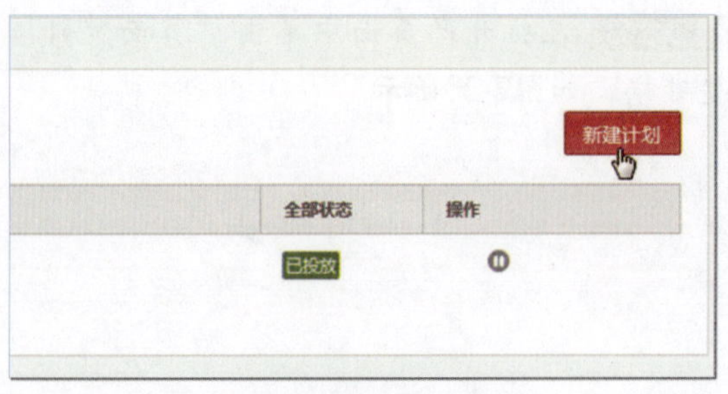

图7-31　准备新建计划

步骤06　❶在打开的页面中输入计划名称，❷单击“选择主商品”按钮并上传商品图片，❸再选中样式中的单选按钮，❹最后单击“发布”按钮即可，如图7-32所示。

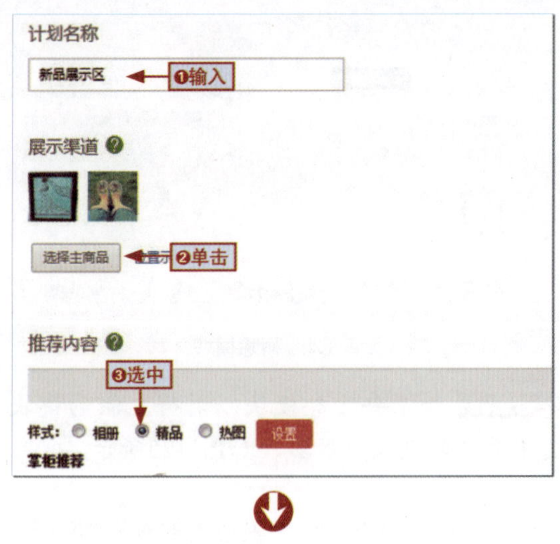

图7-32　新建计划

7.2.4　设置宝贝详情导航

当网店宝贝详情页面展示的内容比较多时，可在侧边栏设置宝贝详情导航，让买家快速地进入自己感兴趣的页面。常见的详情导航显示方式如图7-33所示。

图7-33　详情导航显示方式

步骤01 进入卖家版详情装修页面，在打开的页面中单击“立即设置详情导航”按钮，如图7-34所示。

图7-34　准备设置详情导航

步骤02 在打开的页面中单击“确认”按钮即可开始设置，如图7-35所示。

图7-35　设置详情导航

步骤03 在打开的页面中的“详情导航模块”下拉菜单中选择“新建模块”命令，如图7-36所示。

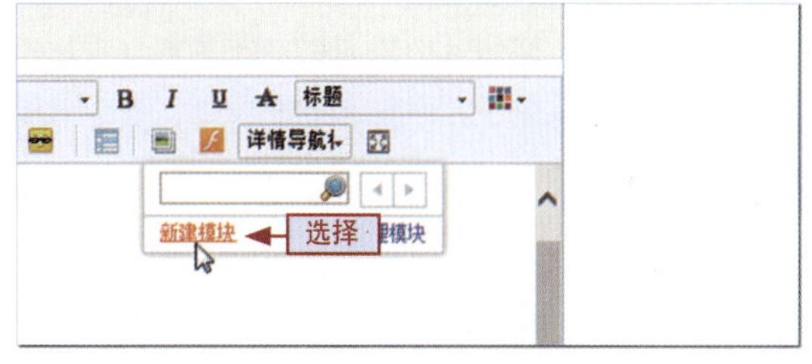

图7-36　准备新建模块

步骤04 ❶进入填写模板信息页面，输入标题和详情内容，❷再单击“新增并立即使用”按钮，如图7-37所示。

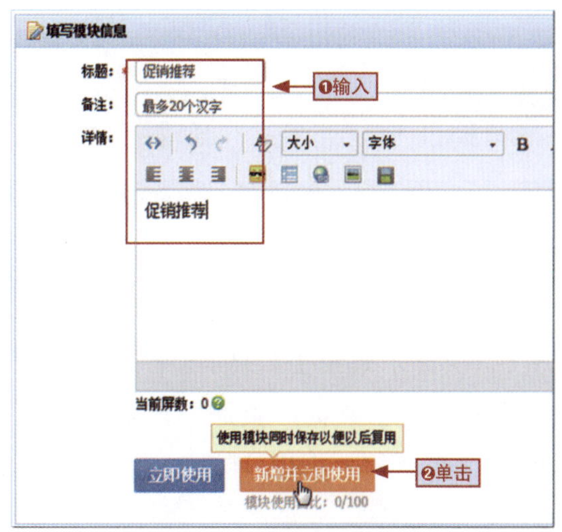

图7-37　新增并使用模块

导航模块可搜索插入

商品详情页面中的导航模块可以新建多个，并且在编辑商品描述页面时可以直接在搜索框中搜索需要的模块，搜索到便可直接插入。这种方式适合导航模块较多，通过下拉菜单不方便选择的情况。

7.3 细节体现品质

阿智：你知道在设计详情页面时要注意哪些细节吗？

小白：只要让文字能够清晰显示就行了吧。

阿智：这只是其中一点，除此之外，还可以添加视频描述和插入其他宝贝的链接来推广其他宝贝，让详情页面更加丰富。

7.3.1 字体的显示要清晰

详情页面会使用大量的文字，这些文字中通常包含了重要的信息，详情页面文字的设计要注意以下几点。

学习目标	掌握详情页面文字的设计要求
难度指数	★

● 文字的排版

详情页面中的文字也要进行排版，左对齐比较美观的，便采用左对齐方式；居中显示效果更好的，便采用居中显示方式，并且在同一页面中，同一级别的文字字体和大小应该统一，如图7-38所示。

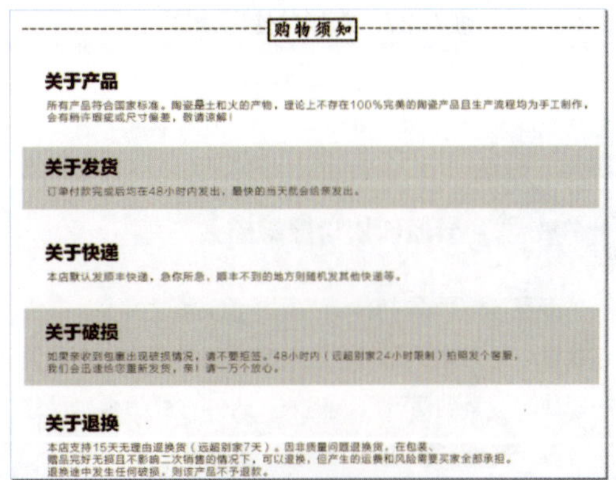

购物须知

关于产品

所有产品符合国家标准。陶瓷是土和火的产物，理论上不存在100%完美的陶瓷产品且生产流程均为手工制作，会有稍许瑕疵或尺寸偏差，敬请谅解！

关于发货

订单付款完成后均在48小时内发出，最快的当天就会给亲发出。

关于快递

本店默认发顺丰快递，急你所急，顺丰不到的地方则随机发其他快递等。

关于破损

如果亲收到包裹出现破损情况，请不要拒签。48小时内（远超别家24小时限制）拍照发个客服，我们会迅速给您重新发货，亲！请一万个放心。

关于退换

本店支持15天无理由退换货（远超别家7天）。因非质量问题退换货，在包装、赠品完好无损且不影响二次销售的情况下，可以退换，但产生的运费和风险需要买家全部承担。退换途中发生任何破损，则该产品不予退款。

图7-38 购物须知描述

● 文字的单独显示

当商品图片中需要添加的文字较多时，可以在商品主体左右两边或者下方留出一块空白区域单独显示文字内容。这种显示方式多用于描述商品尺寸、品牌以及材质等信息的情况。如图7-39所示为在商品主体下方添加文字描述。

图7-39 在商品主体下方添加文字描述

● 文字大小有要求

详情页面中的文字与首页Banner图的文字的大小要求不同，Banner图的文字通常会比较大，而详情页面中的文字则要小得多。通常情况下，一个页面中最小号的字体会使用四号、小四号或者五号，如果有需要突出显示的内容，则相应地放大文字字号，同时也要注意行距和字间距，要保持适当距离。

7.3.2 上传网店视频

在网店的详情页面中加入视频可以让买家以观看视频的方式了解商品详情。要在详情页面中添加视频，首先需要订购淘宝视频服务，下面就来看看该如何订购。

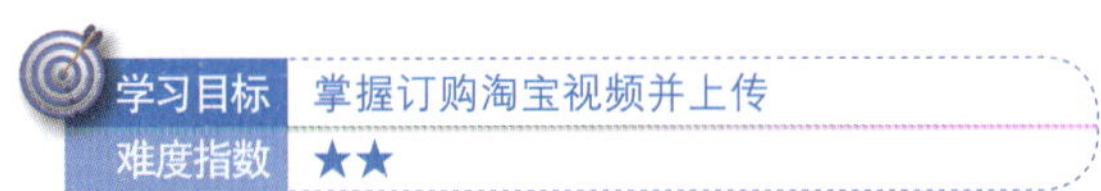

步骤01 进入淘宝卖家中心，在“软件服务”栏中单击“我要订购”超链接，如图7-40所示。

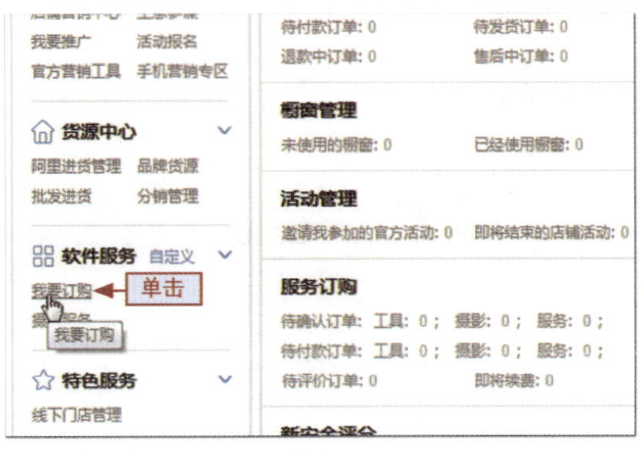

图7-40 准备进入服务市场

步骤02 在打开的页面中单击“视频工具”超链接，如图7-41所示。

图7-41 进入服务市场

步骤03 在打开的页面中单击“淘宝视频服务”超链接，如图7-42所示。

图7-42 进入视频工具页面

步骤04 ❶在打开的页面中选择服务版本和周期，❷再单击“立即订购”按钮，如图7-43所示。

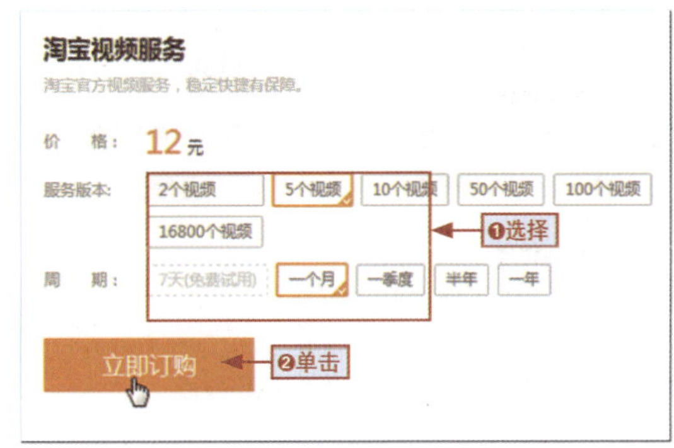

图7-43 订购淘宝视频服务

步骤05 进入查看订单信息页面，查看购买明细，单击“同意协议并付款”按钮，如图7-44所示。

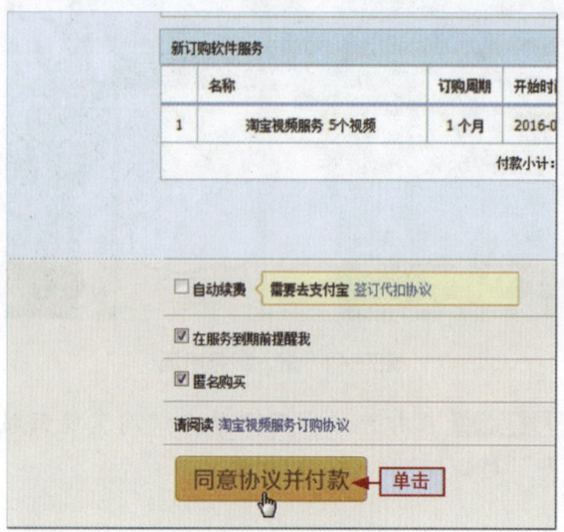

图7-44 查看购买明细

步骤06 完成以上步骤后，再完成支付即可成功订购视频服务。

完成视频服务的订购后，接下来就看看如何上传视频文件。

步骤01 进入卖家中心，在“我订购的应用”中单击“淘宝视频服务”超链接，如图7-45所示。

图7-45 选择淘宝视频服务

步骤02 在打开的页面中单击“授权并登录”按钮，如图7-46所示。

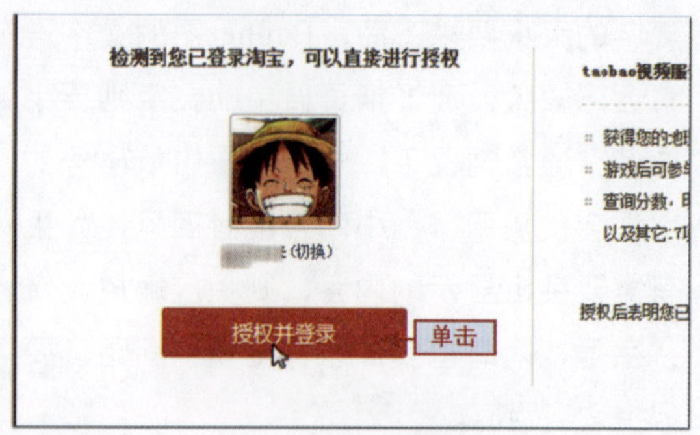

图7-46 登录授权

步骤03 ❶在打开的页面中输入验证码，❷再单击“确定”按钮，如图7-47所示。

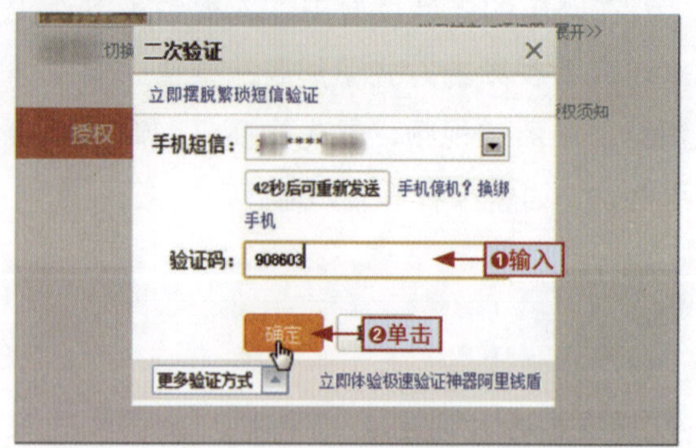

图7-47 短信验证

步骤04 在打开的页面中单击“自己上传”按钮，如图7-48所示。

图7-48 准备上传视频

步骤05 在打开的页面中单击“选择文件”按钮，如图7-49所示。

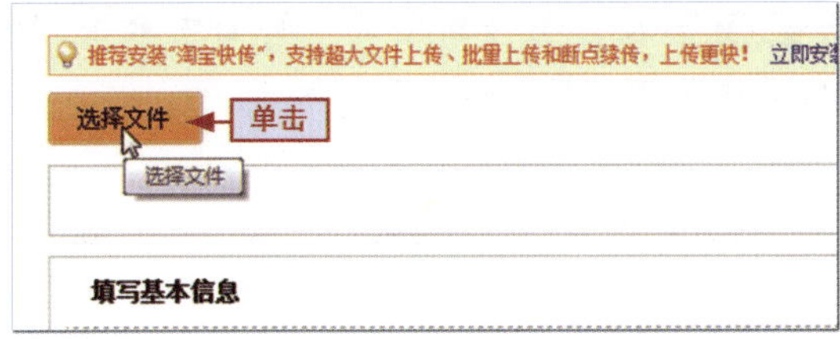

图7-49　准备选择文件

步骤06 ❶在计算机中选择要上传的视频，❷再单击"打开"按钮，如图7-50所示。

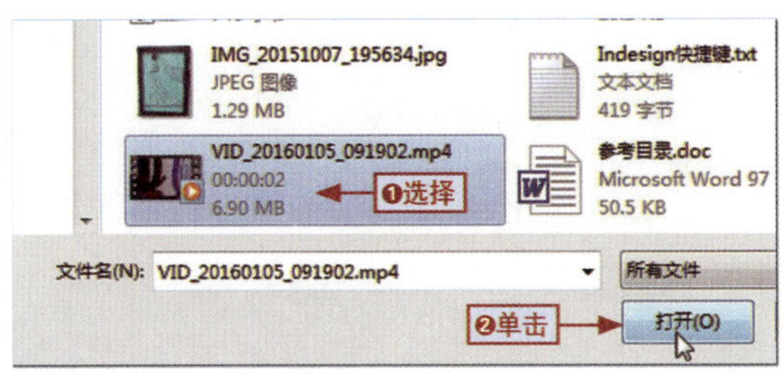

图7-50　选择文件

步骤07 ❶在填写基本信息页面填写标题、简介、标签并上传封面，❷再单击"保存并发布"按钮即可，如图7-51所示。

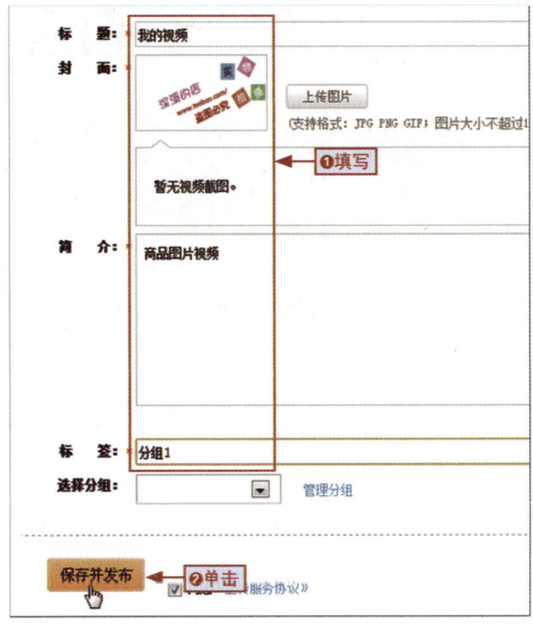

图7-51　填写基本信息

步骤08 上传完成后需等待视频转码审核，可以单击"查看视频状态"超链接查看视频状态，如图7-52所示。

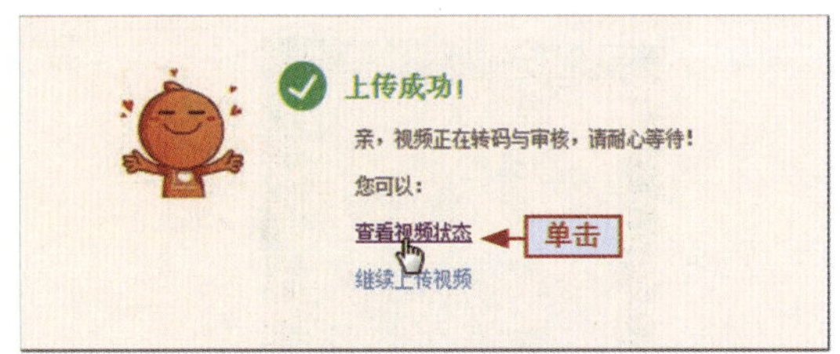

图7-52　上传成功

7.3.3 加上链接推销其他商品

我们已经知道在基础信息页面下方可以设置宝贝详情推荐来推销其他商品，除此之外，还可以通过在宝贝详情页面中加入其他商品链接的方式来推广其他商品，下面就来看看具体该如何进行设置。

步骤01 进入出售中的宝贝页面，选择要编辑的宝贝，单击"编辑宝贝"超链接，如图7-53所示。

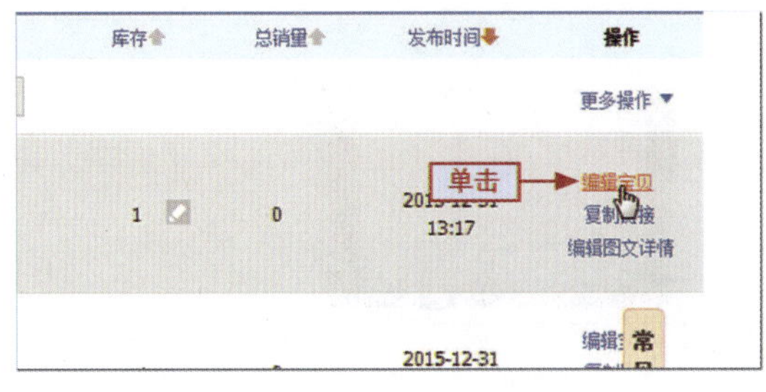

图7-53　选择要编辑的宝贝

步骤02 进入"宝贝描述"编辑页面，将光标定位于需要添加内容的区域，单击"插入表格"按钮，如图7-54所示。

图7-54 宝贝描述页面

步骤03 ❶在弹出的“表格”对话框中设置行数、列数以及对齐方式等，❷单击“确定”按钮，如图7-55所示。

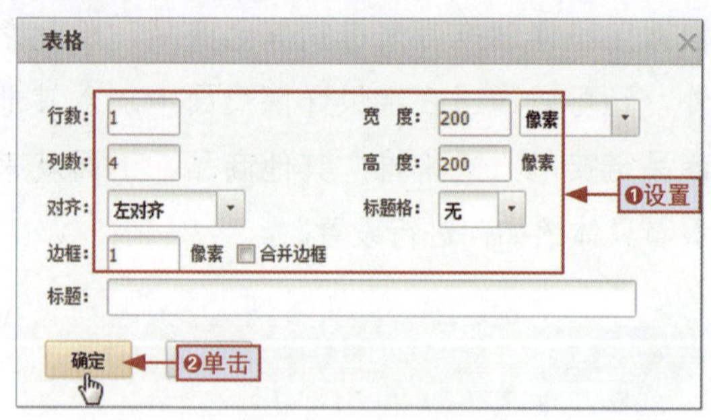

图7-55 设置表格

步骤04 将光标定位在表格的第一个单元格中，再单击“插入图片”按钮，如图7-56所示。

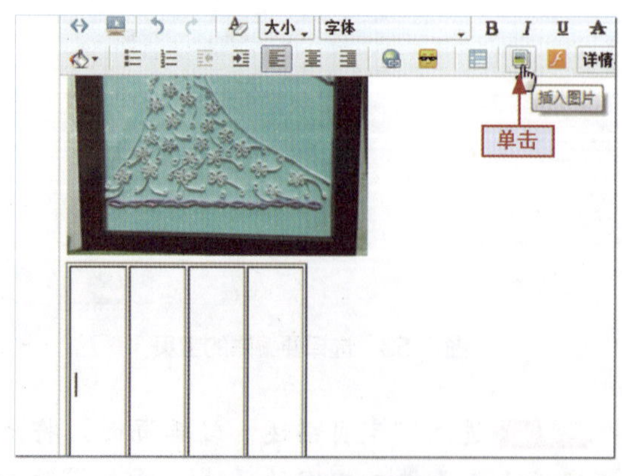

图7-56 准备插入图片

步骤05 在“上传新图片”页面中单击“添加图片”超链接，如图7-57所示。

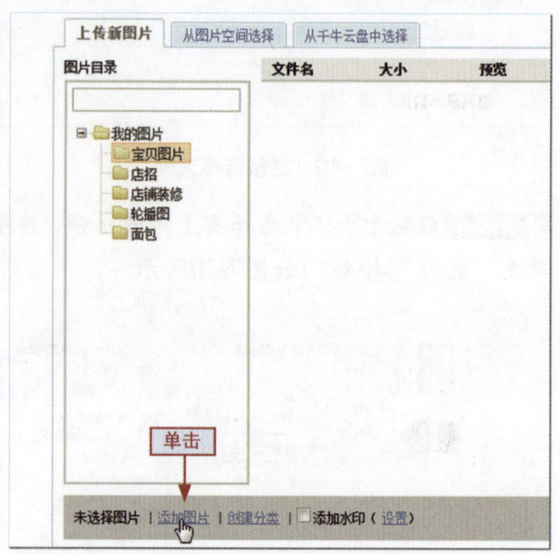

图7-57 进入上传图片页面

步骤06 ❶在计算机中选择要上传的图片，❷再单击“打开”按钮，如图7-58所示。

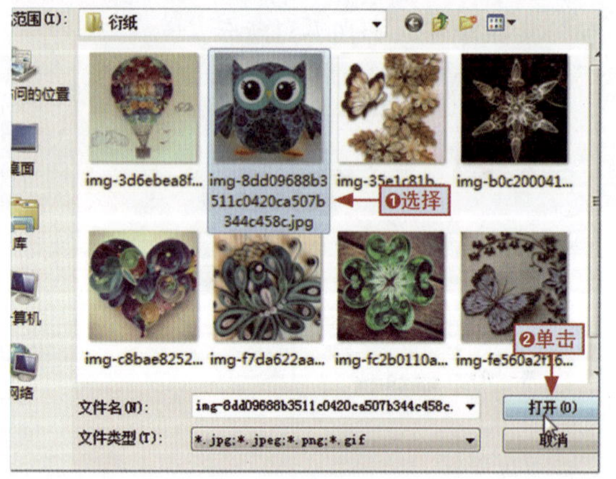

图7-58 选择图片

步骤07 上传成功后单击“插入”按钮，如图7-59所示。

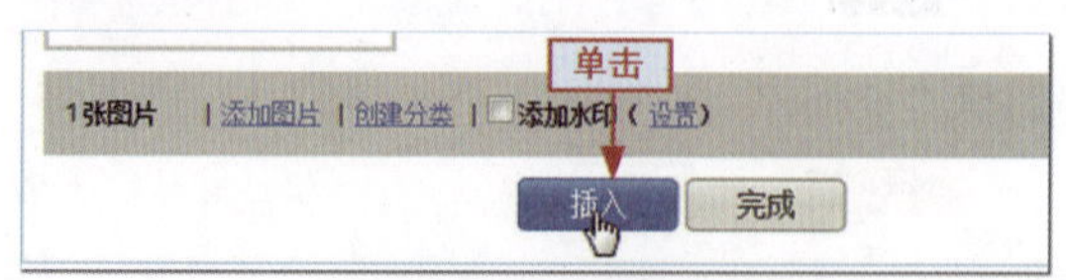

图7-59 插入图片

步骤08 依次完成所有单元格图片的插入，最后单击“完成”按钮，如图7-60所示。

图7-60 完成图片插入

步骤09 选中需要添加链接的图片，单击“编辑”超链接，如图7-61所示。

图7-61 编辑图片

步骤10 ❶在打开的页面中设置图片的高度、宽度和对齐方式等，❷输入宝贝链接地址，❸再单击“确定”按钮，如图7-62所示。

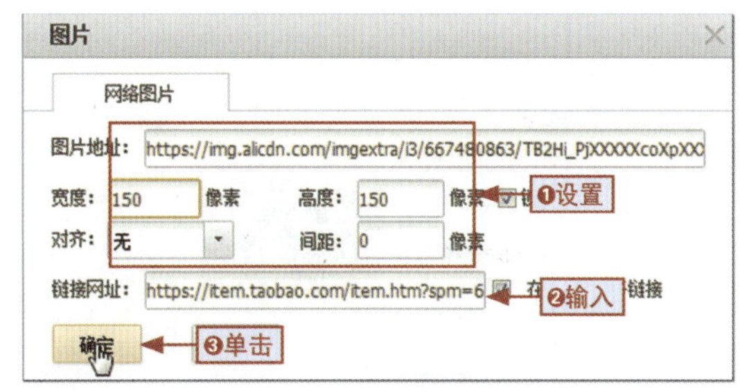

图7-62 编辑图片

步骤11 完成所有图片的编辑后单击“确认”按钮，如图7-63所示。

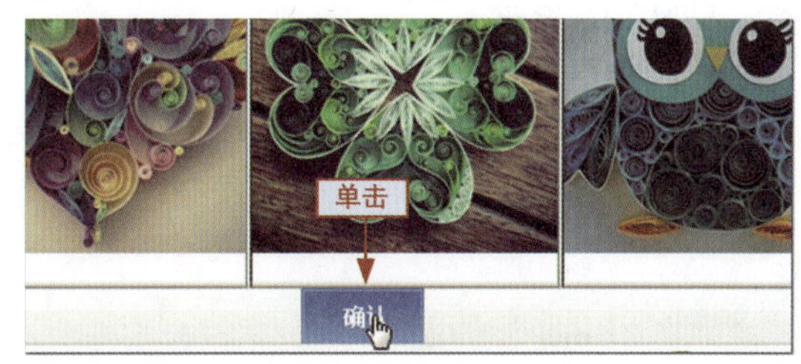

图7-63 保存更改

给你支招丨如何在商品详情中添加视频

小白：我上传的视频审核通过了，想把视频上传在宝贝详情页面中，具体应该怎样操作呢？

阿智：只需要在宝贝详情页面单击“选择视频”按钮，再上传视频即可，下面就进行具体分析。

步骤01 进入卖家中心正在出售中的宝贝页面，选择要添加视频的商品，单击“编辑宝贝”超链接，如图7-64所示。

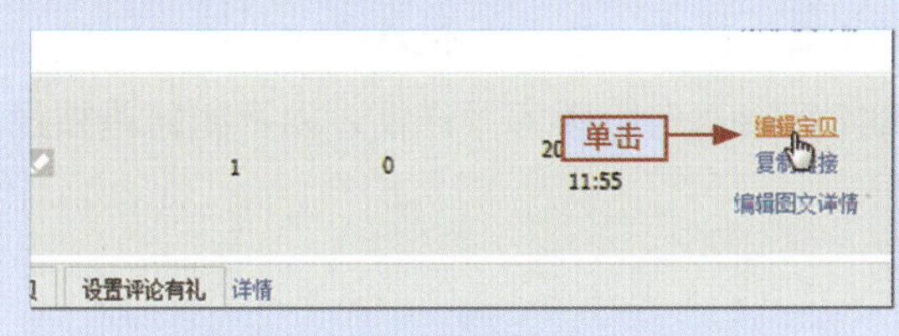

图7-64 进入正在出售中的宝贝页面

步骤02 在打开的页面中单击“选择视频”按钮，如图7-65所示。

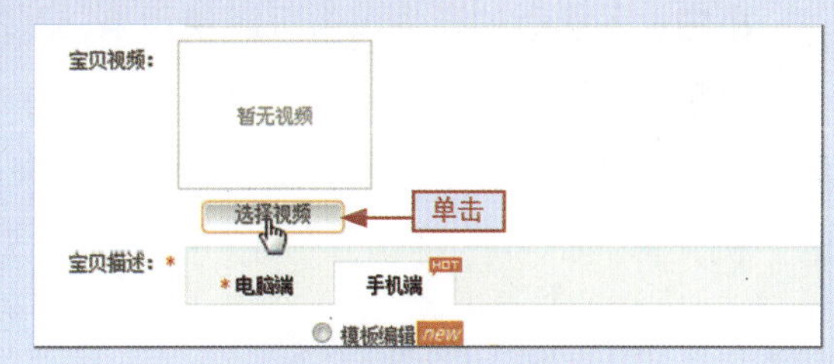

图7-65 视频编辑页面

步骤03 ❶选择要插入的视频，❷再单击“插入”按钮，如图7-66所示。

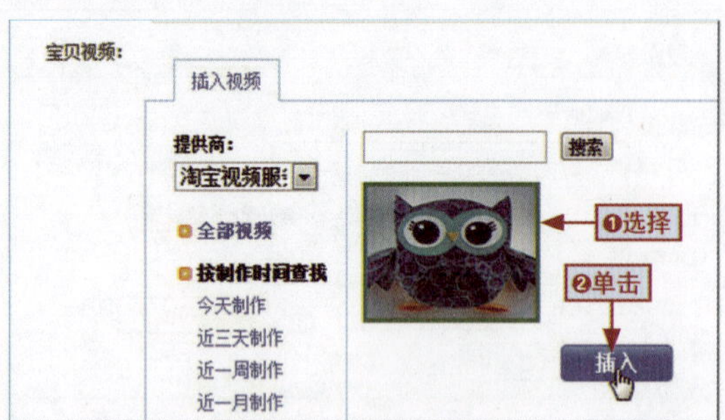

图7-66 选择视频

步骤04 插入成功后单击“确认”按钮即可，如图7-67所示。

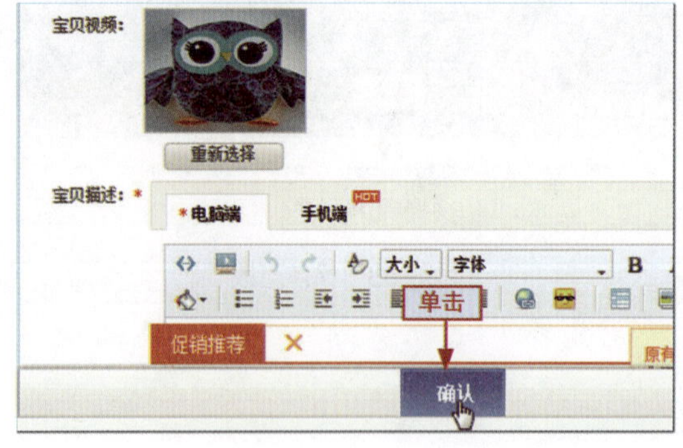

图7-67 保存设置

小绝招

发布在店铺中的视频可以移除

视频上传成功后会自动发布在店铺中，如果视频不需要再使用了，还可以从店铺中移除。

下面就来看看如何移除不需要的视频，具体操作如下。

步骤01 进入卖家中心，单击“我订购的应用”栏中的“淘宝视频服务”超链接，如图7-68所示。

图7-68 选择淘宝视频服务

步骤02 在打开的页面中单击“从店铺移除”超链接即可，如图7-69所示。

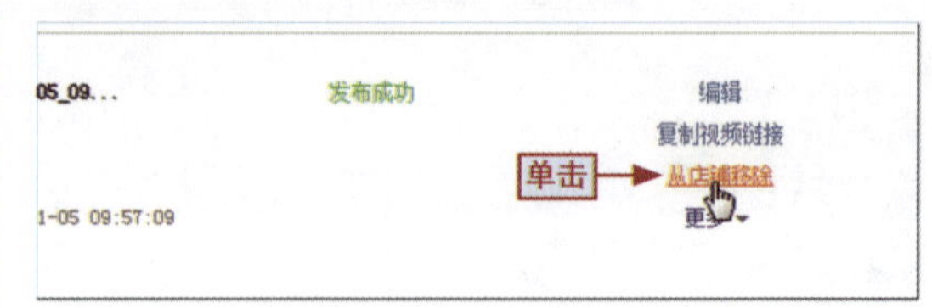

图7-69 移除视频

给你支招 | 如何装修手机详情页面

小白： 手机版的详情页面可以使用电脑版的详情页面吗？

阿智： 可以，但是需要进行“导入电脑端宝贝详情”操作。由于手机屏幕比电脑小很多，因此最好单独设计手机版的详情页面。下面来看看如何导入电脑版宝贝详情，以及如何单独设计手机详情页面。

步骤01 进入编辑宝贝描述页面，选择“手机端”选项，如图7-70所示。

图7-70　宝贝描述编辑页面

步骤02 在打开的页面中单击“导入电脑端宝贝详情”超链接，如图7-71所示。

图7-71　导入电脑端详情

步骤03 完成以上步骤后再单击“确定”按钮即可。

大多数网店手机端的详情页面和电脑端的详情页面都是有区别的。这是因为手机端的详情页面装修要求与电脑端不同，手机端要求每张图片的宽度为480～620px，最大高度为960px。直接导入电脑端的详情页面可能会使手机端的详情页面显示不完全或者不满足图片尺寸要求。

目前，使用手机购物的人群也很多，为了吸引手机端的买家，最好单独设计符合手机浏览的详情页面，也可以使用模板进行装修。下面就来看看如何使用模板进行手机详情页面装修。

步骤01 进入卖家中心，单击“手机淘宝店铺”超链接，如图7-72所示。

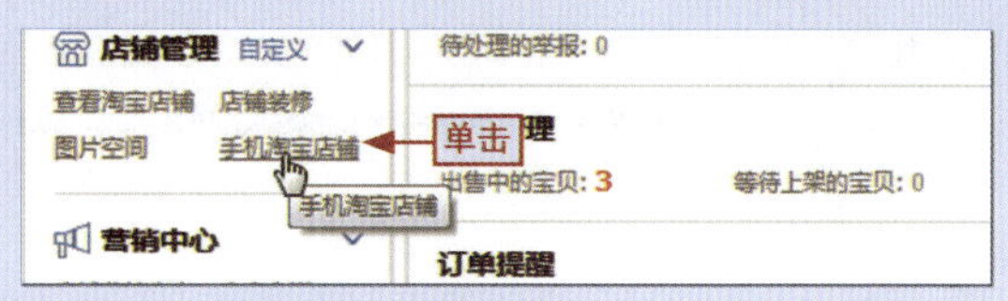

图7-72　卖家中心

步骤02 在打开的页面中单击“立即装修”按钮，如图7-73所示。

图7-73　手机淘宝店铺

步骤03 在打开的页面中单击“详情装修”超链接，如图7-74所示。

图7-74　选择详情装修

步骤04 在提示页面单击“下一步”按钮，如图7-75所示。

图7-75　阅读提示操作

步骤05 完成所有提示操作阅读后，单击“立即使用”按钮，如图7-76所示。

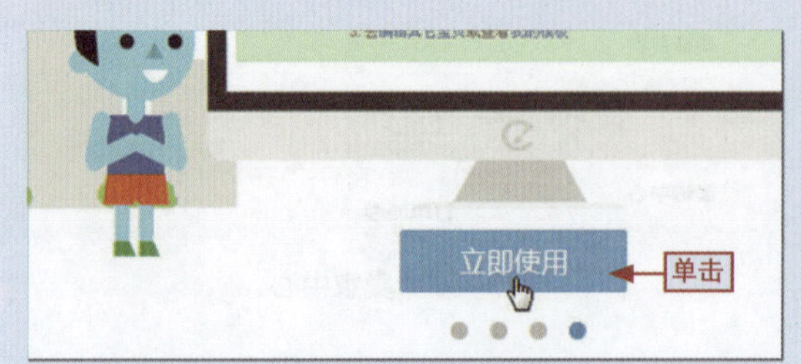

图7-76　准备使用

步骤06 在打开的页面中选择模板，单击"使用模板"超链接，如图7-77所示。

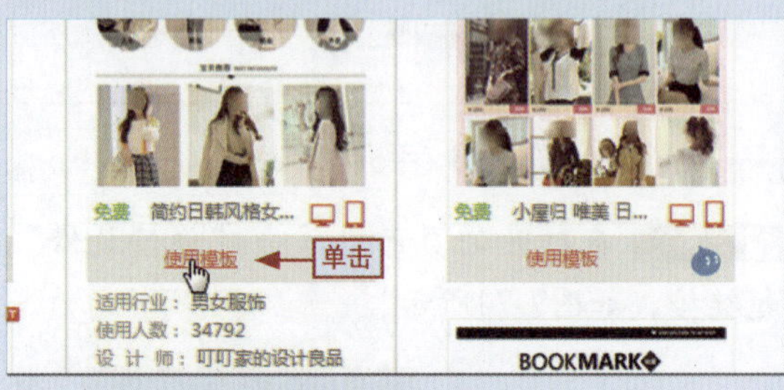

图7-77　选择模板

步骤07 在打开的页面中单击"立即使用"按钮，如图7-78所示。

图7-78　使用模板

步骤08 在打开的页面中选择要编辑的宝贝，单击"编辑手机详情"按钮，如图7-79所示。

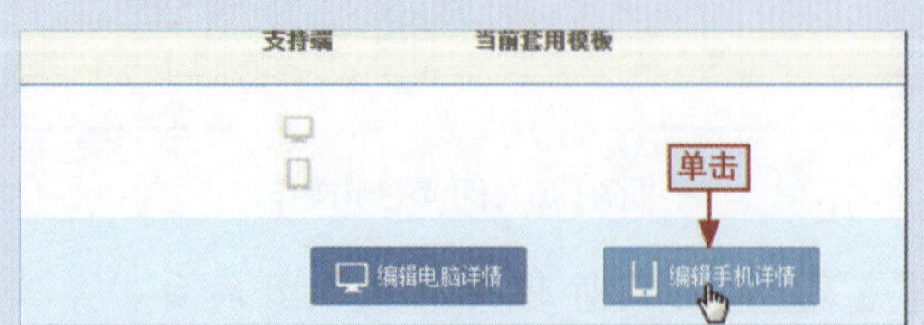

图7-79　准备编辑手机详情

步骤09 ❶在打开的页面中选中要编辑的图片，❷单击左侧"改换图片"按钮，如图7-80所示。

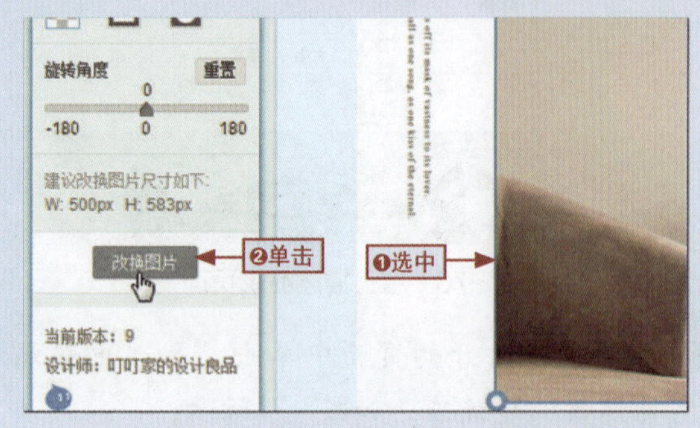

图7-80　准备更改图片

步骤10 在打开的页面中选择图片，如图7-81所示。

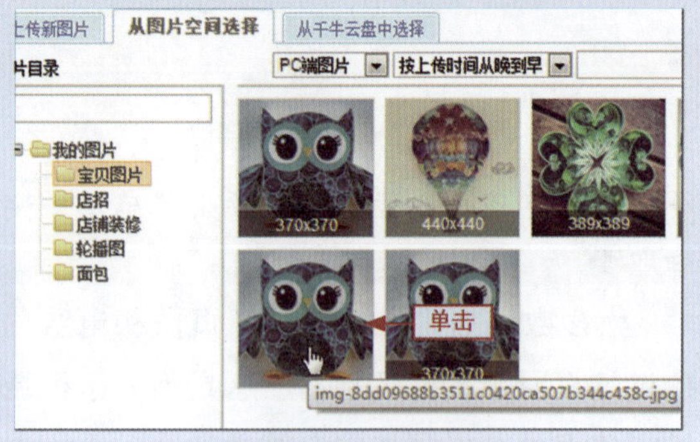

图7-81　选择图片

步骤11 进入裁剪图片页面，调整图片位置使裁剪效果达到最好，再单击"确认"按钮，如图7-82所示。

图7-82　裁剪图片

步骤12 如果要删除不需要的模块，可以选中相应的模块后单击右侧的“删除”按钮，如图7-83所示。

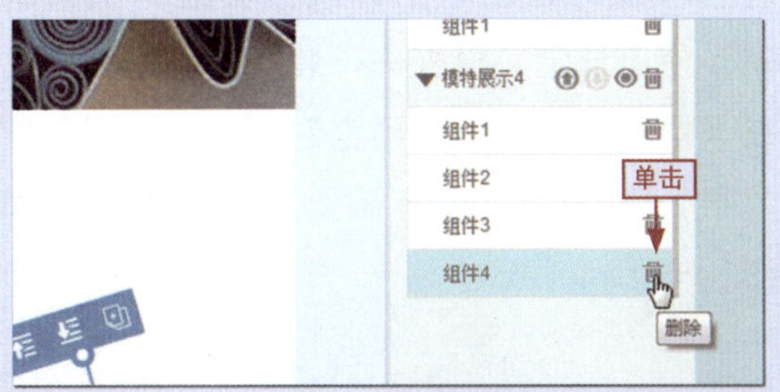

图7-83 删除模块

步骤13 ❶如果要复制模块，可以选中模板后，❷单击“复制”按钮，如图7-84所示。

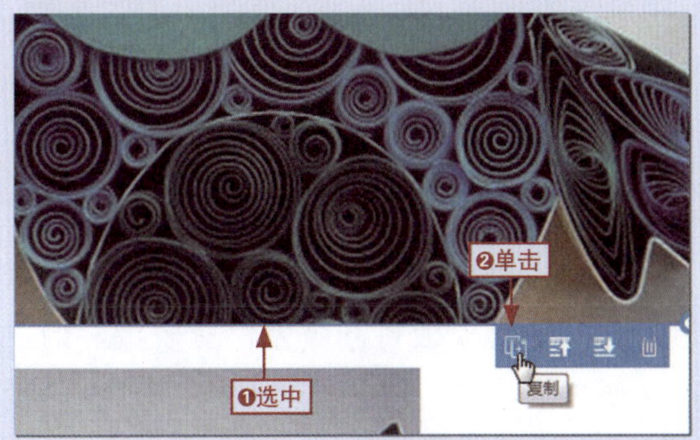

图7-84 复制模块

步骤14 ❶如果要编辑模块中的文字，可以选中文字模块后，❷在左侧输入要编辑的文字，如图7-85所示。

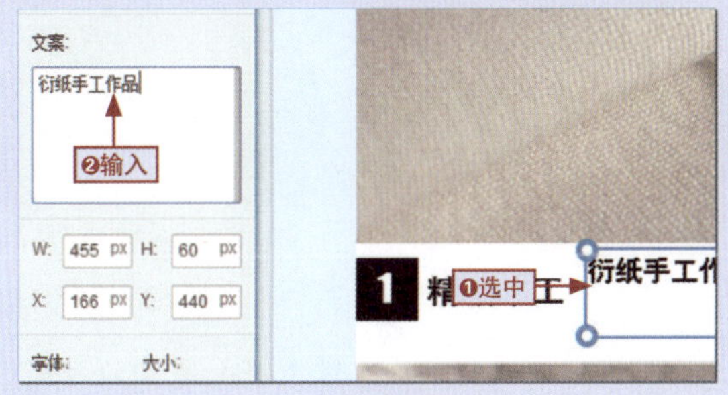

图7-85 编辑文字

步骤15 完成所有图片以及文字的更换后单击“同步详情”按钮，如图7-86所示。

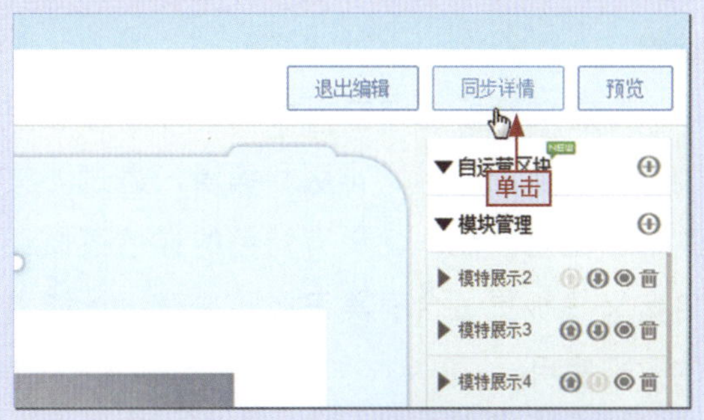

图7-86 完成更换

步骤16 ❶在打开的页面中，选中“我明确了解……”复选框，❷再单击“确定同步”按钮即可，如图7-87所示。

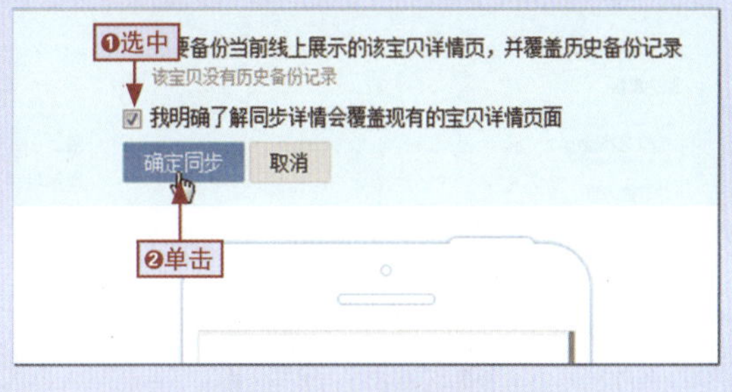

图7-87 同步详情页面

小绝招

模板也可以编辑电脑详情

在无线店铺中选择的模板既可以用于编辑手机详情页面，也可以用于编辑电脑详情页面，只需在选择要编辑的宝贝后单击“编辑电脑详情”按钮即可，如图 7-88 所示。

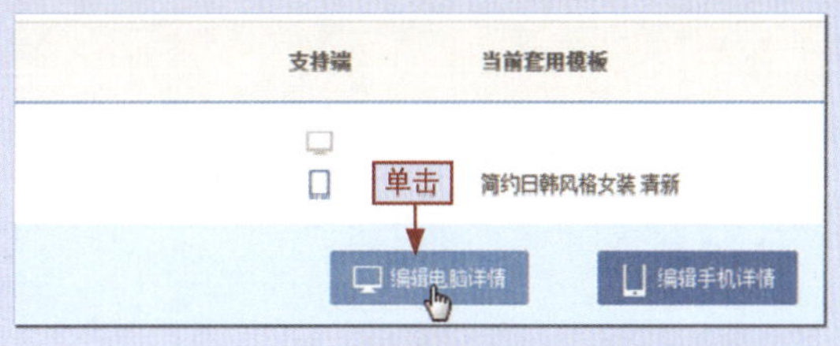

图7-88 选择编辑电脑版详情

除了可以使用淘宝神笔中提供的模板编辑详情页面外，还可以使用自定义模板进行编辑。

自定义模板也即空白模板，可以在空白的画布上自由设计、排版和编辑，通过图文的自由组合，制作出更有特色的详情页面。自定义模板更适合有美工经验或有设计能力的卖家使用。

自定义模板在淘宝神笔的模板管理中，进入模板管理页面后单击“使用自定义模板”超链接，即可使用自定义模板，如图7-89所示。

图7-89　使用自定义模板

在自定义模板中可以自由设计背景色、添加文字和图片，使用起来也非常便捷。同时也可以导入已有的详情页面进行重新编辑。使用自定义模板进行装修时，在即将发布详情时可以单击“预览”按钮，预览装修效果，看其是否还有需要更改的地方，如图7-90所示。

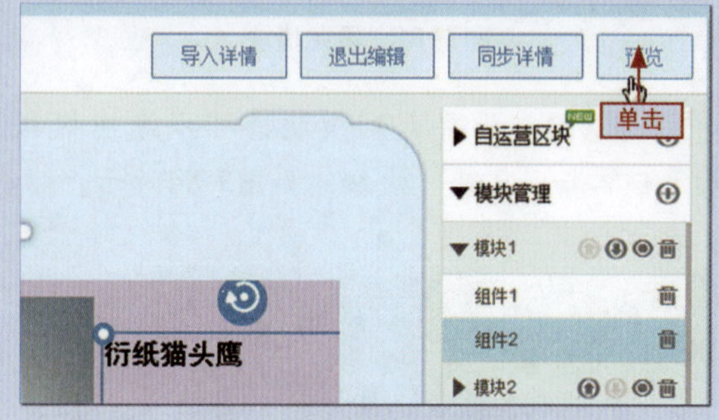

图7-90　预览设计效果

另外，需要注意的是，从2016年1月6日起，部分免费模板将升级为付费模板，如果正在使用的模板升级为付费模板，那么就需要卖家支付一定的费用后才能继续使用。

Chapter 08 网店细节装修

学习目标

网店在装修的过程中需要注意许多细节，比如收藏链接应该放在哪里、如何为旺旺设置分流以及侧边栏如何制作等，本章就来看看如何进行网店的细节装修。

本章要点

- 哪些地方适合放收藏链接
- 在首页添加收藏区
- 店铺收藏图片的制作
- 客服区的放置位置
- 增加客服账户
- 设置旺旺分流
- 在侧边栏添加旺铺关联
- 为网店加上二维码

知识要点	学习时间	学习难度
网店收藏区的设计	30 分钟	★★
网店客服区的设计	40 分钟	★★
网店侧边栏的设计	50 分钟	★★★

8.1 收藏区要放在显眼的地方

阿智：小白，我在你网店中怎么没有找到收藏模块呢？

小白：我设置的收藏模块在页面最下方左下角。

阿智：收藏区应该放在显眼的地方而不是角落，放在角落里不容易被发现，当有买家要收藏你的店铺时却找不到收藏链接，就有可能失去一个店铺粉丝。

网店收藏的人数越多就能够带来更多的客源和浏览量，同时收藏高的商品排名也会更加靠前，收藏数的多少也会影响买家的购买行为。

8.1.1 哪些地方适合放收藏链接

并不是所有的地方都适合放收藏链接，通常情况下，收藏图片会放在以下几个地方。

学习目标	认识收藏区应该放在哪些地方
难度指数	★

● 店招中

买家进入店铺后第一眼看到的一般是网店的店招，因此在店招中放上店铺收藏的链接，能够发挥很好的引导作用，如图8-1所示的是在店招中放置店铺收藏。

图8-1　店招中收藏链接

● 详情页面侧边栏

如果买家没有进入店铺首页，那么店招中的收藏链接就不会被买家发现。这时可以在详情页面侧边栏设置收藏区，当买家通过搜索宝贝的方式进入店铺的详情页面后就可以收藏店铺，如图8-2所示。

图 8-2　详情页面侧边栏收藏区

网店中这两个位置是最容易出现收藏区的地方，除此之外，在以下几个地方也可能出现收藏区，只是出现的概率较小而已。

首页Banner大图中

首页的Banner图中也可以添加收藏的链接，但是放在Banner图中的店铺收藏通常是和其他内容结合在一起展示的，如图8-3所示的是和商品分类结合在一起展示。

图8-3　Banner图中的店铺收藏

首页中间位置

如果网店首页的页面比较长，可以在页面的中间位置放收藏链接，这时买家已经对店铺内销售的商品有了一定的了解，如果对店铺产生了良好印象就会选择收藏店铺，持续关注，如图8-4所示的是在首页中间位置的店铺收藏。

图8-4　在首页中间放店铺收藏

页面最下方

在页面的最下方放店铺收藏可以让买家在浏览完店铺的首页后收藏店铺，如图8-5所示。

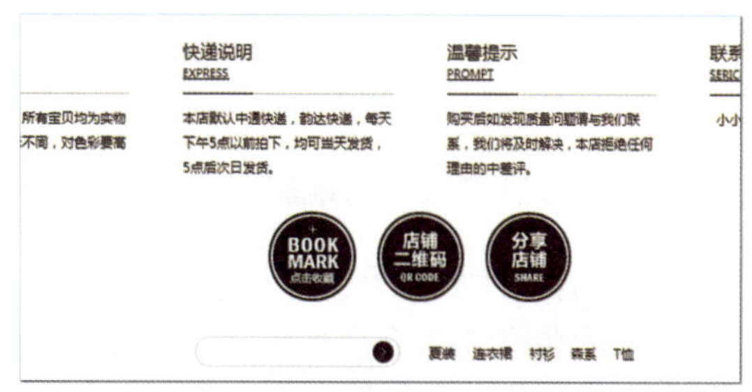

图8-5　在页面最下方的店铺收藏

8.1.2　在首页添加收藏区

我们已经知道了在网店的哪些地方可以添加店铺收藏的链接，下面就来看看如何制作收藏图片。

学习目标　掌握如何制作店铺收藏图片

难度指数　★★

步骤01 进入做图片网官方网站(http://www.zuotupian.com/)，在首页切换到“收藏制作”选项卡，如图8-6所示。

图8-6　进入做图片网首页

步骤02 在打开的页面中选择要制作的收藏图片，单击“点此开始制作”按钮，如图8-7所示。

图8-7　选择收藏图片

步骤03 ❶在打开的页面中选择背景色，❷再右击，在弹出的快捷菜单中选择“图片另存为”命令，将图片另存在计算机中，如图8-8所示。

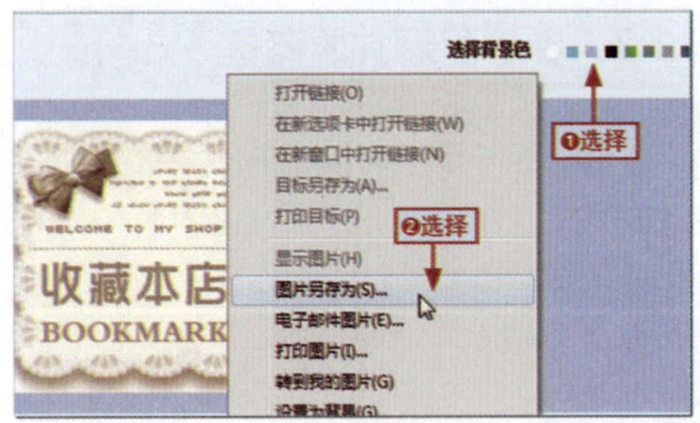

图8-8　存储图片

步骤04 将图片上传至图片空间后进入三角梨代码制作页面(http://dm.sanjiaoli.com/)，在打开的页面中选择“收藏店铺”选项，如图8-9所示。

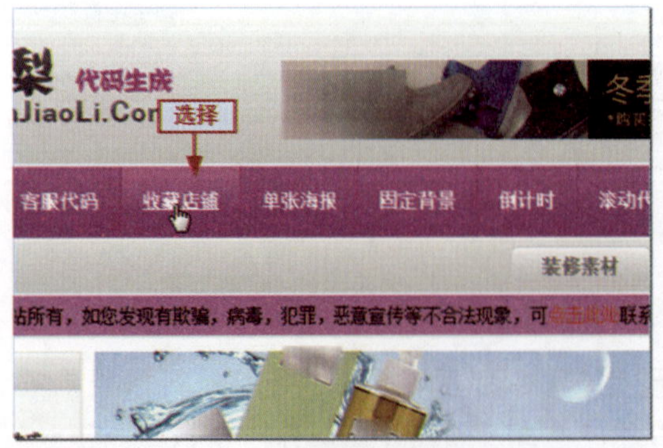

图8-9　准备制作收藏代码

步骤05 ❶在打开的页面中输入店铺地址和收藏图片地址，❷再单击“确定生成”按钮，如图8-10所示。

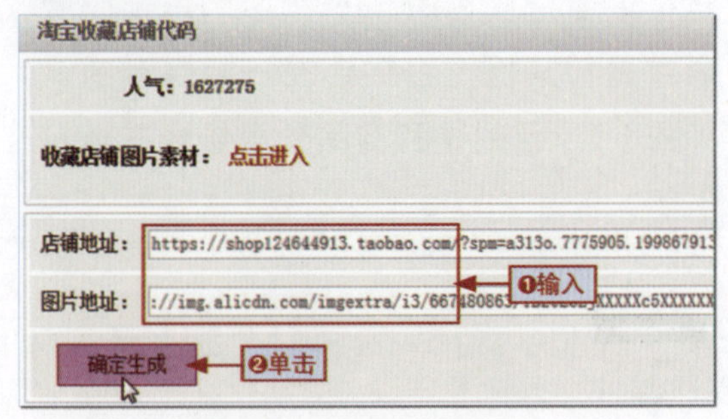

图8-10　选择收藏图片

步骤06 代码生成后单击“复制代码”按钮，并将代码复制下来，如图8-11所示。

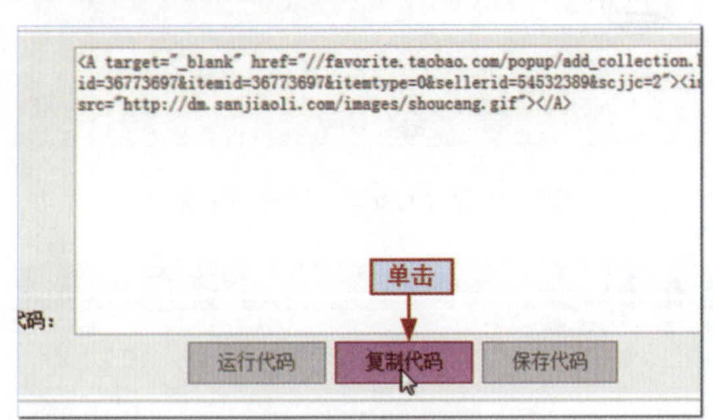

图8-11　复制代码

步骤07 进入店铺装修页面，选中“自定义区”模块，将自定义模块放在添加收藏的位置，例如放在侧边栏位置，如图8-12所示。

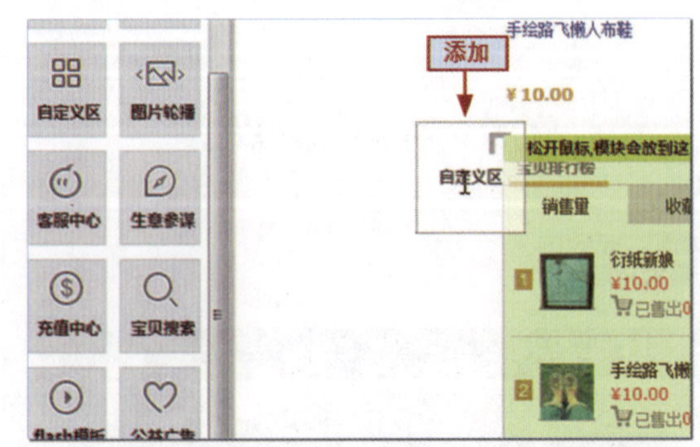

图8-12　添加自定义模块

步骤08 单击自定义区模块的“编辑”按钮，如图8-13所示。

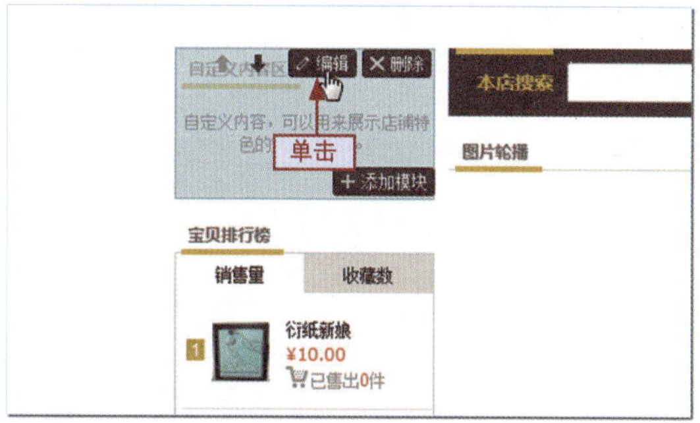

图8-13 准备编辑自定义区模块

步骤09 ❶在打开的页面中选中“不显示”单选按钮，❷选中“编辑源代码”复选框，❸将复制的源代码粘贴在文本框内，❹再单击“确定”按钮，如图8-14所示。

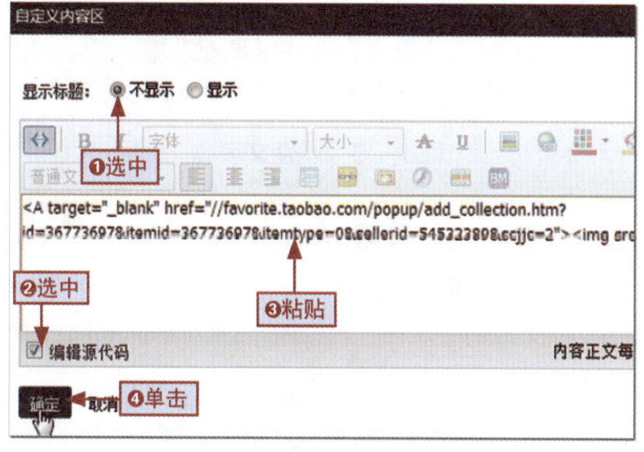

图8-14 粘贴代码

步骤10 完成以上步骤后单击“发布”按钮即可完成首页收藏区的制作，买家单击该图片即可收藏店铺，如图8-15所示。

图8-15 完成制作

8.1.3 店铺收藏图片的制作

店铺收藏图片除了可以直接在网上在线生成外，还可以自我设计。图片的设计可以使用Photoshop软件或其他图片处理工具进行制作，下面我们来看看怎样使用美图秀秀图片处理工具来快速制作店铺收藏图片。

步骤01 进入美图秀秀网官方网站，在首页单击“美化图片”按钮，如图8-16所示。

图8-16 进入美图秀秀官网

步骤02 在打开的页面中单击“新建画布”按钮，如图8-17所示。

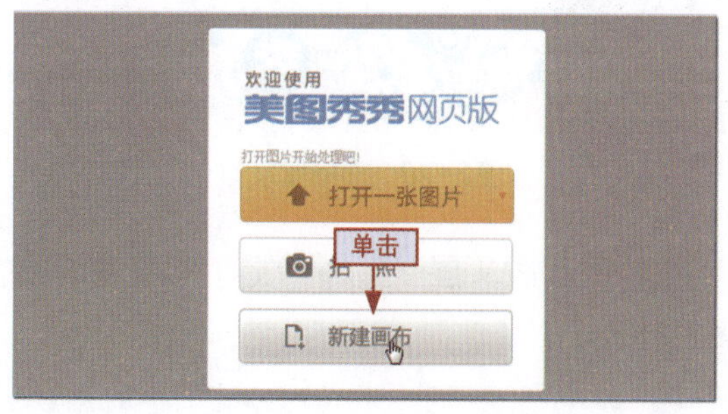

图8-17 新建画布

步骤03 ❶在打开的“新建画布”对话框中输入宽度和高度值，❷再单击“确定”按钮，如图8-18所示。

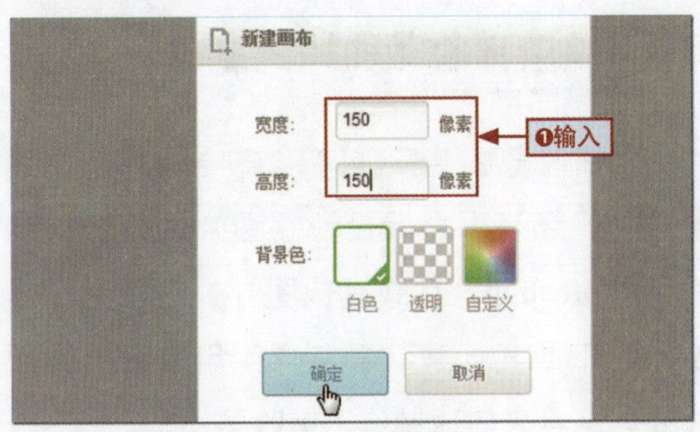

图8-18　设置像素值

步骤04 在打开的页面中选择“场景”选项，如图8-19所示。

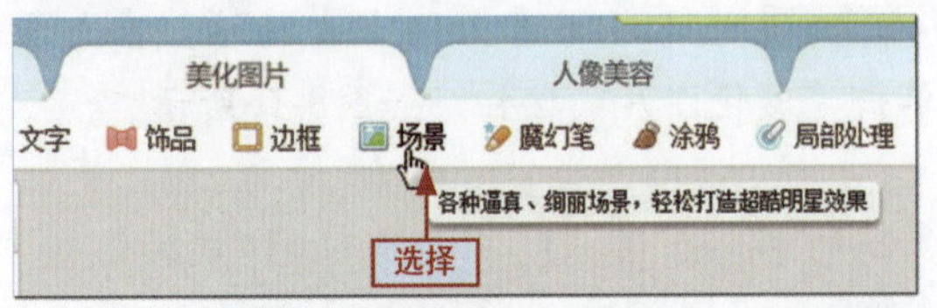

图8-19　准备制作场景

步骤05 在页面左边选择需要的场景，如图8-20所示。

图8-20　选择场景

步骤06 在菜单栏中选择“文字”选项，如图8-21所示。

图8-21　准备添加文字

步骤07 ❶在页面左侧输入文字，❷在下方设置字体样式，❸再单击“应用文字”按钮，如图8-22所示。

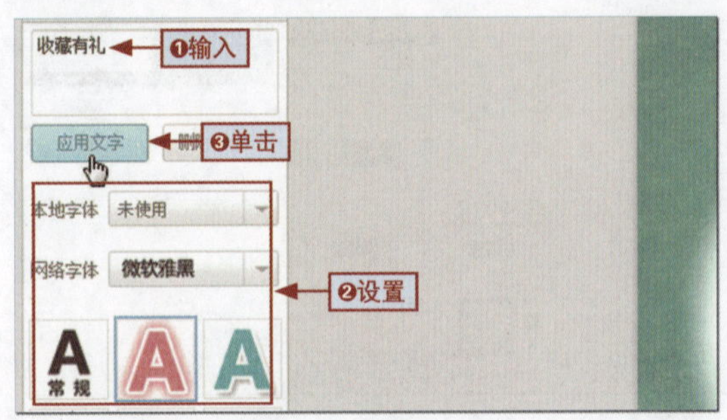

图8-22　输入文字

步骤08 将文字拖动到合适的位置，适当地调整文字大小，如图8-23所示。

图8-23　调整文字

步骤09 完成设计后单击“保存与分享”按钮，如图8-24所示。

图8-24　准备保存

步骤10 ❶在打开的页面中输入图片名称，❷再单击“保存图片”按钮，将图片保存在计算机中即可，如图8-25所示。

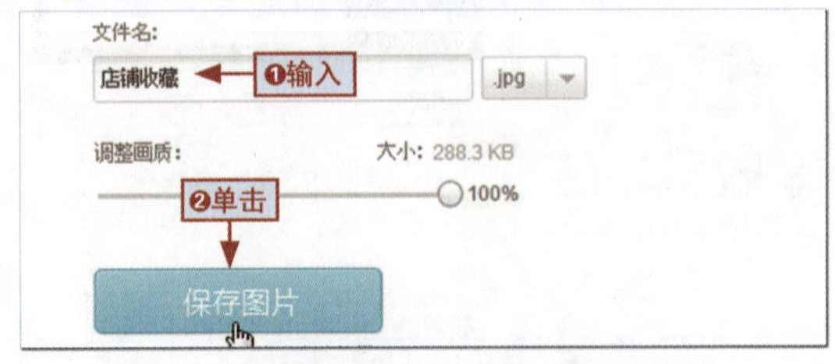

图8-25　保存图片

8.2 客服区要方便买家找到

小白：店铺中的客服咨询中心可以放在任意位置吗？

阿智：当然不是，客服咨询中心要放在买家容易找到的地方，这样一来，当买家对宝贝有疑问要咨询时才能及时询问到客服。

买家在网上购物常常会有各种关于商品的问题需要询问，只有很好地帮助买家解决这些疑问才能促成成交，而客服中心的展示图片就起着沟通买家和网店客服的桥梁作用。

8.2.1 客服区的放置位置

网店中客服区放置的位置比较固定，通常是放在侧边栏中，在详情页面和首页都可以放置客服中心。

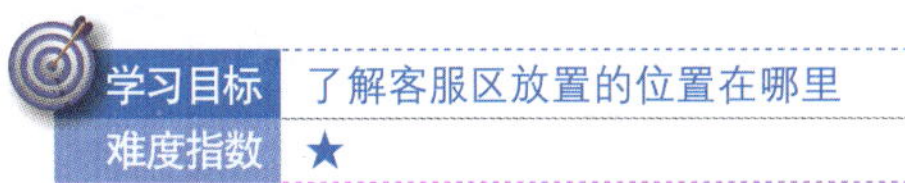

● 详情页面中的客服中心

详情页面中的客服中心通常放在左侧位置，如图8-26所示。

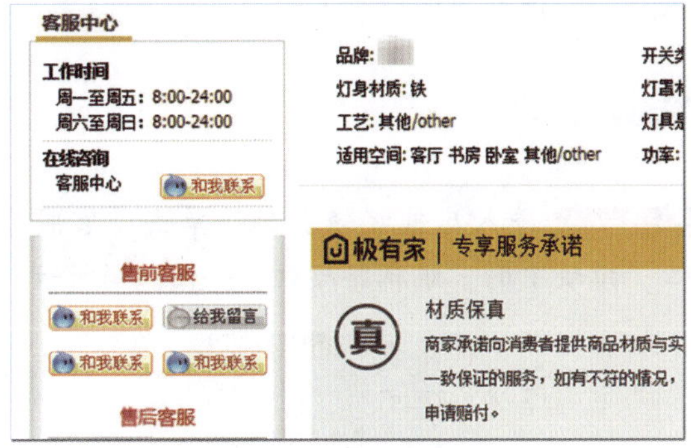

图8-26 详情页面客服中心

● 首页中客服中心

首页中的客服区通常放在页面右边，如图8-27所示。

图8-27 首页中的客服中心

8.2.2 增加客服账号

当网店产品销量较好的时候只有一个客服可能会忙不过来，这时可以添加多个客服，下面来看看具体该如何添加。

步骤01 进入网店卖家中心，在“店铺管理”栏中单击“子账号管理”超链接，如图8-28所示。

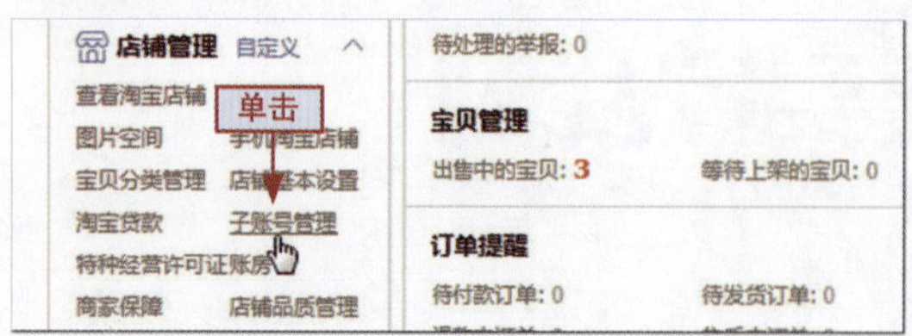

图8-28 进入卖家中心

步骤02 ❶在打开的“领取基础版”对话框中，选中“我已阅读并同意……”复选框，❷再单击“确定”按钮，如图8-29所示。

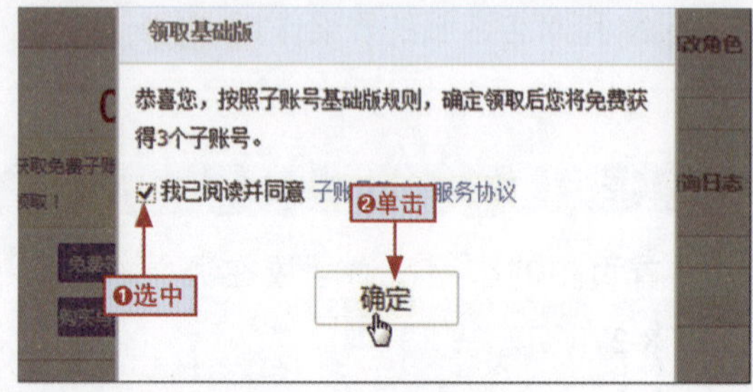

图8-29 同意服务协议

步骤03 在打开的页面中单击“进入”按钮，如图8-30所示。

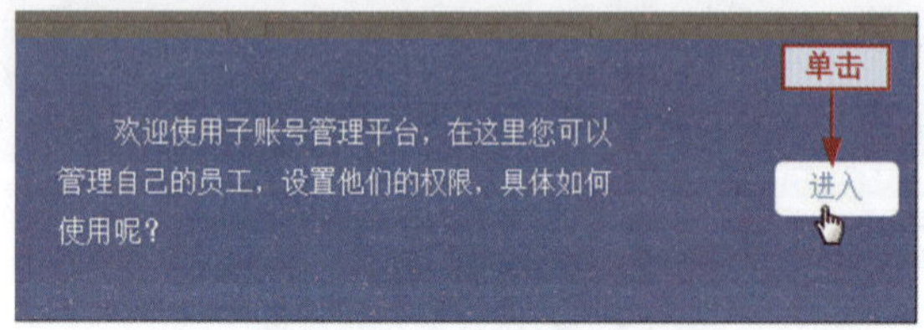

图8-30 准备查看操作指引

步骤04 浏览操作指引后，单击“退出操作指引”按钮，如图8-31所示。

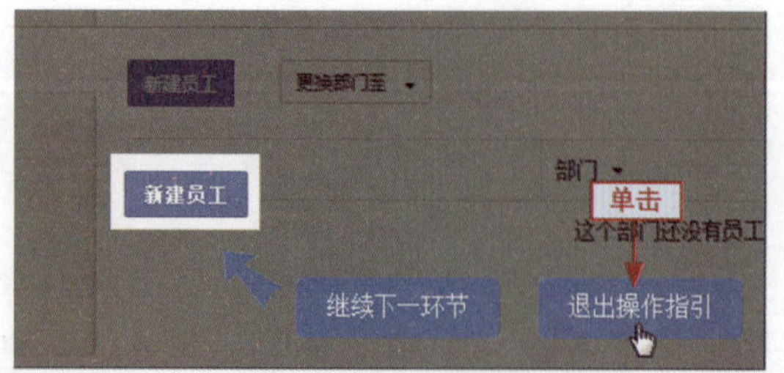

图8-31 退出操作指引

步骤05 在打开的页面中填写基本信息，包括账号名、密码及姓名等，如图8-32所示。

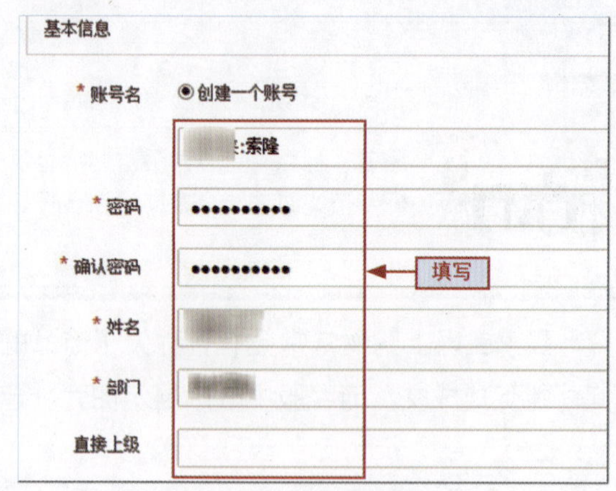

图8-32 填写基本信息

步骤06 填写完成后单击“确认新建”按钮即可，如图8-33所示。

图8-33 确认新建

8.2.3 设置旺旺分流

设置旺旺分流可以将买家的咨询信息分给子账号，以减轻主账号的负担，下面就来看看如何设置客服分流。

步骤01 进入店铺装修页面，单击“客服中心”模块中的“编辑”按钮，如图8-34所示。

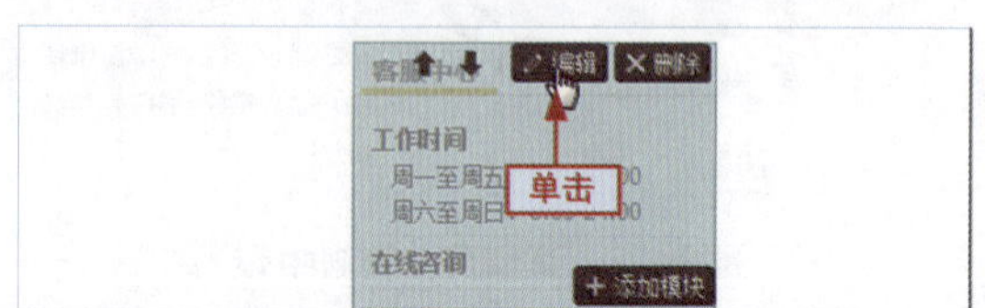

图8-34 编辑客服中心

步骤02 进入客服中心后单击“分流设置”超链接，如图8-35所示。

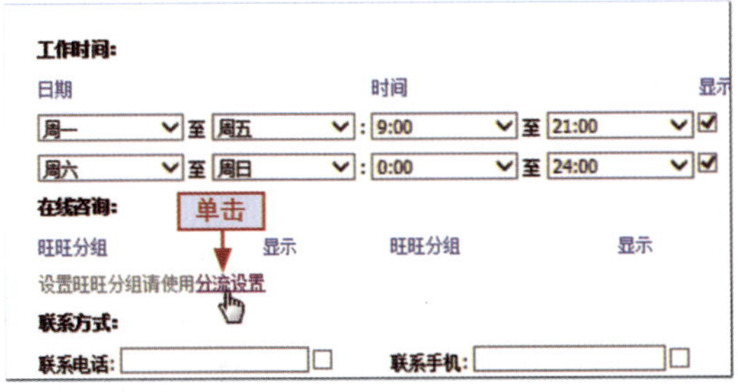

图8-35　准备进行分流设置

步骤03 在打开的页面中单击“添加分流客服”按钮，如图8-36所示。

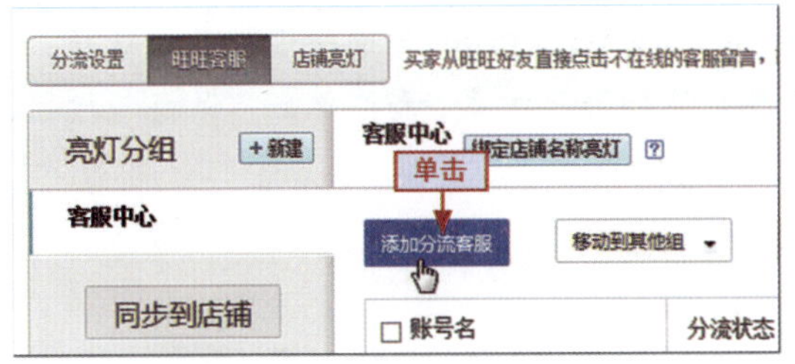

图8-36　准备添加分流客服

步骤04 ❶在打开的页面中选择分组和账号，❷单击“确定”按钮，如图8-37所示。

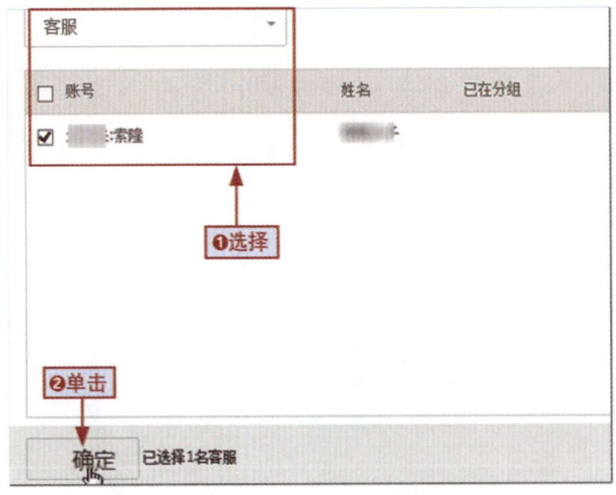

图8-37　选择分流客服

步骤05 在打开的页面中单击“同步到店铺”按钮，如图8-38所示。

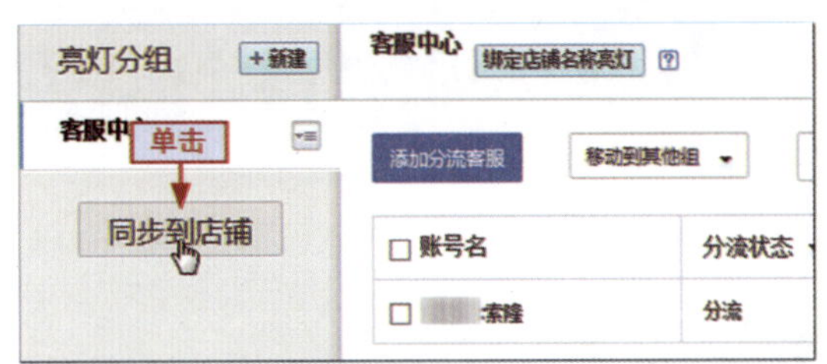

图8-38　同步到店铺中

步骤06 ❶进入“分流设置”页面，选中分流方式前的单选按钮设置分流方式，❷选择代理账号，❸再单击“保存”按钮即可，如图8-39所示。

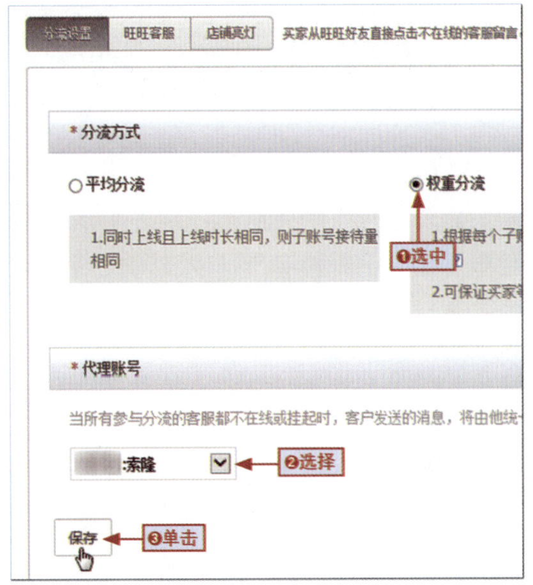

图8-39　分流方式设置

子账号赠送个数

按照卖家信用等级，可以获赠相应数量的子账号，0~5红心获赠3个；1~5蓝钻获赠11个；1~5皇冠获赠21个；1~5红冠获赠61个，非红冠天猫商户获赠31个，如果子账号不够用可以选择订购。

8.3 侧边栏的设计

小白: 我可以在自己网店的侧边栏上设计一个手机二维码链接，让买家进入我的手机店铺吗？

阿智： 当然可以，店铺装修模块中提供了无线二维码模块，可以直接使用该模块展示手机网店二维码。

侧边栏虽然没有占据网店最重要的位置，但是它对网店的营销推广起着很重要的作用，因为网店的客服中心、手机二维码链接以及旺铺关联推广等与网店销量息息相关的模块通常都放在此区域。

8.3.1 在侧边栏添加旺铺关联

旺铺关联推荐可以展示浏览了该宝贝的会员最终购买了哪些商品，购买了该宝贝的会员还购买了哪些商品，以及同类热销宝贝的信息。

学习目标　掌握如何在详情页面侧边栏中添加旺铺关联

难度指数　★

步骤01 进入默认宝贝详情装修页面，在打开的页面中选中“旺铺关联推荐”模块拖动到侧边栏中，如图8-40所示。

图8-40　添加旺铺关联模块

步骤02 单击旺铺关联模块中的“编辑”按钮，如图8-41所示。

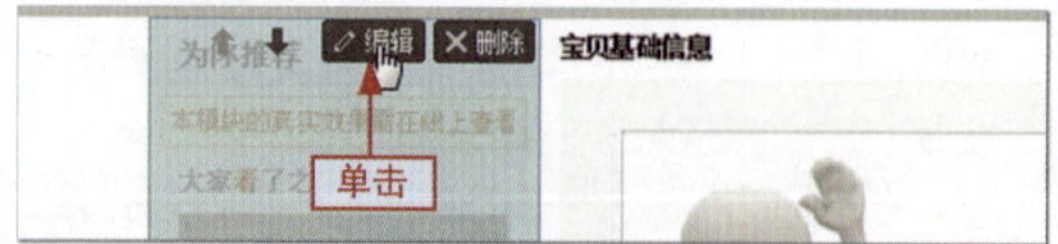

图8-41　准备编辑模块

步骤03 ❶在打开的页面中设置显示标题、推荐类型和排序方式，❷再单击“保存”按钮，如图8-42所示。

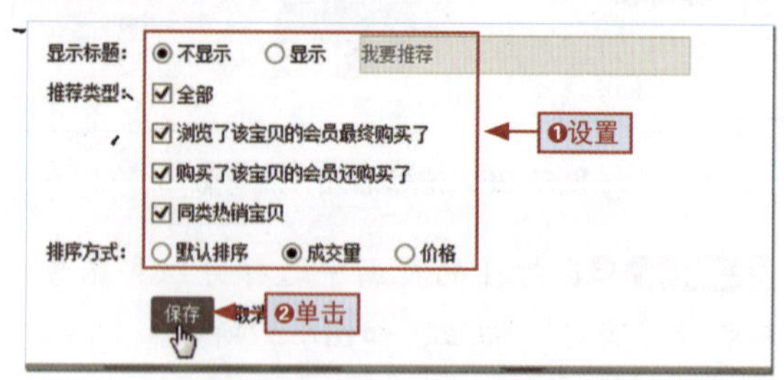

图8-42　设置显示方式

添加旺铺关联模块后，可在详情页面的侧边栏显示，在显示方式上旺铺关联与宝贝排行榜有所区别，如图8-43所示的是宝贝排行榜的显示方式。

图8-43　显示方式区别

8.3.2 为网店加上二维码

在网店侧边栏上设计手机店铺的二维码，能够让更多的客户关注手机店铺，起到为手机店铺引流的作用，下面就来看看如何为网店加上二维码。

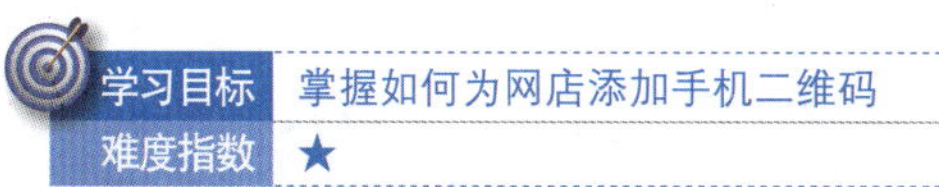

步骤01 进入店铺装修页面，选中“无线二维码”模块，将该模块放在左侧边栏，如图8-44所示。

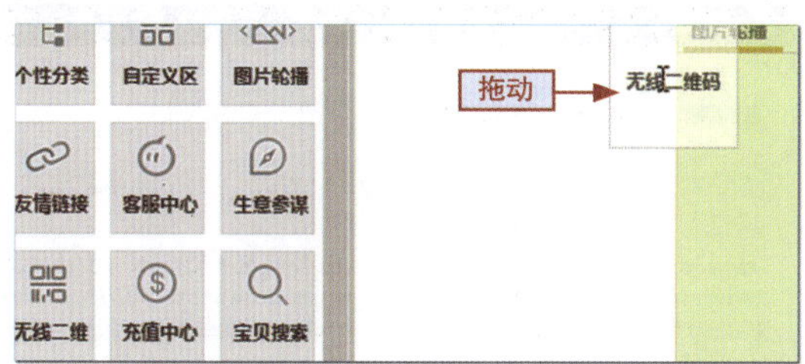

图8-44 增加无线二维码模块

步骤02 单击“无线二维码”模块中的“编辑”按钮，如图8-45所示。

图8-45 准备编辑无线二维码模块

步骤03 ❶在打开的页面中输入手机店铺公告信息，❷再单击“保存”按钮即可，如图8-46所示。

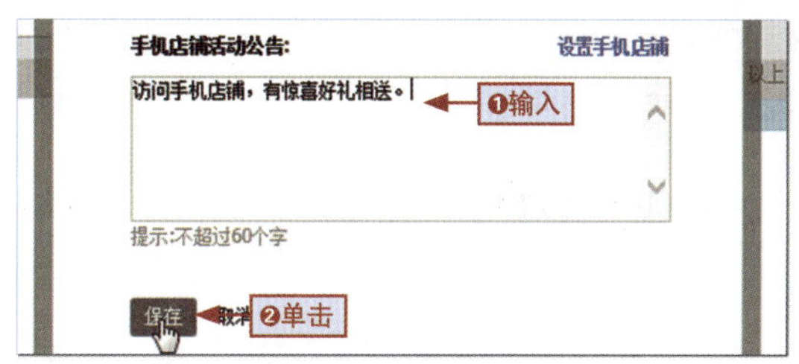

图8-46 编辑模块

给你支招 | 让客服中心显示多个旺旺图标

小白： 为什么我的网店客服中心的旺旺图标只显示了一个？

阿智： 淘宝默认只显示一个图标，如果要加入多个图标则需要制作代码，下面就来看看具体该如何操作。

步骤01 百度搜索“阿里旺旺旺遍天下”进入其官方网站，在其首页选择风格，如图8-47所示。

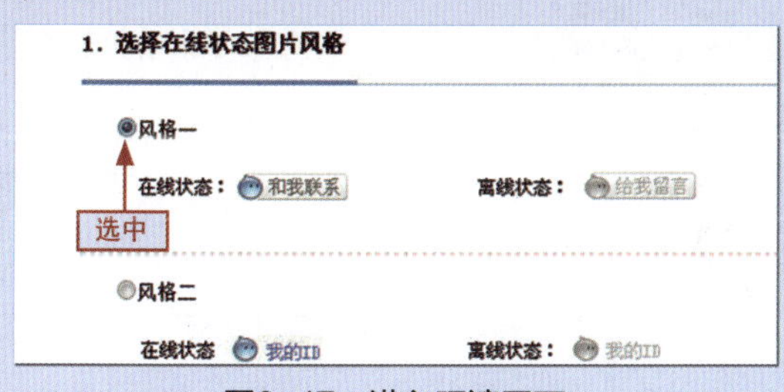

图8-47 进入旺遍天下

步骤02 在填写文字提示信息页面，填写阿里旺旺用户名和图片提示，如图8-48所示。

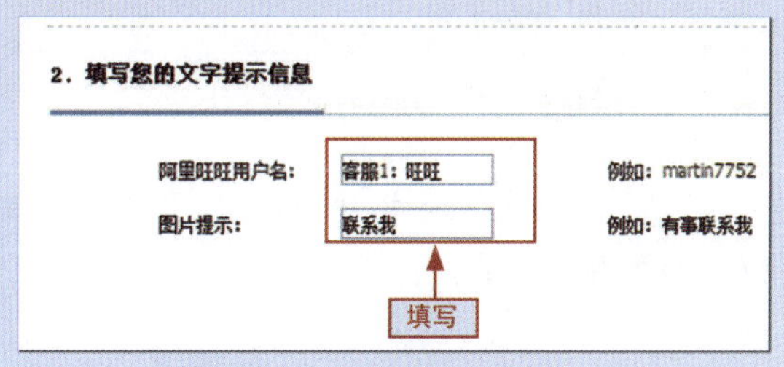

图8-48 输入文字提示信息

步骤03 进入“点击生成您所需的代码”页面，单击“生成网页代码”按钮，如图8-49所示。

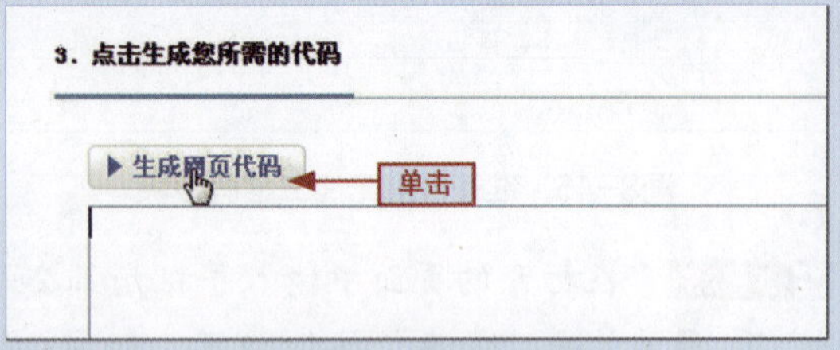

图8-49 生成网页代码

步骤04 生成完成后单击“复制代码”按钮，如图8-50所示。

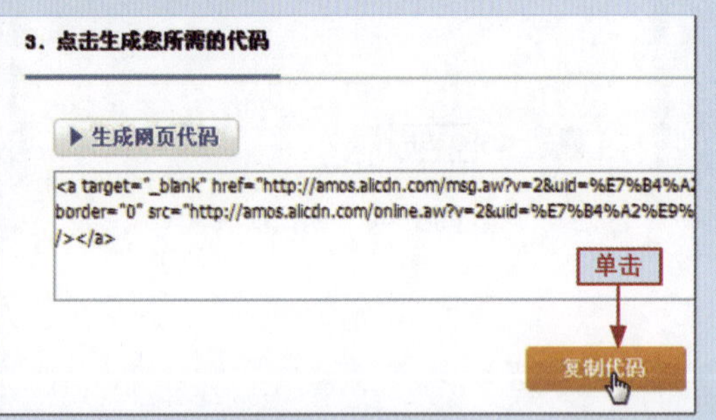

图8-50 复制代码

步骤05 进入宝贝详情装修页面，添加“自定义区”模块，如图8-51所示。

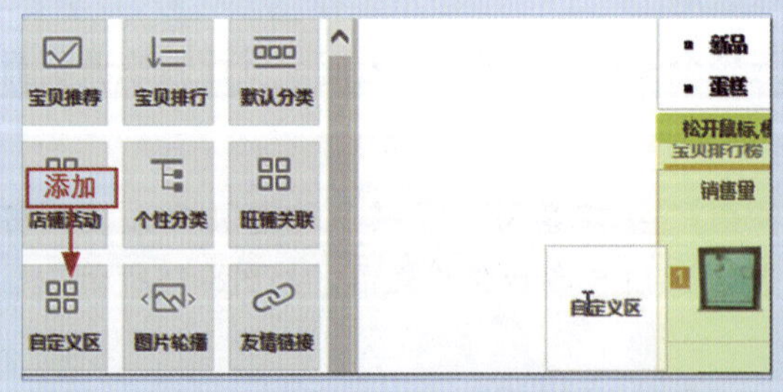

图8-51 添加自定义区模块

步骤06 在自定义区模块中单击“编辑”按钮，如图8-52所示。

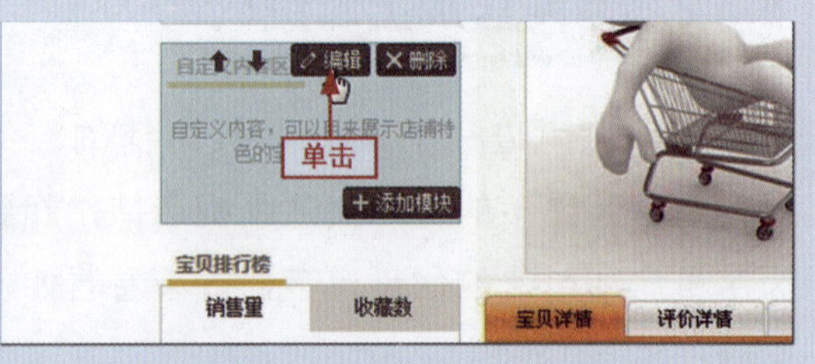

图8-52 编辑自定义区模块

步骤07 ❶在打开的页面中输入显示标题名称，❷选中“编辑源代码”复选框，❸将代码复制，❹复制完成后单击“确定”按钮，如图8-53所示。

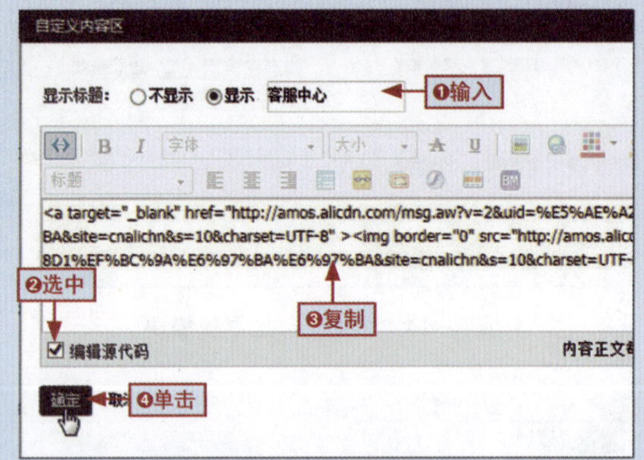

图8-53 粘贴代码

步骤08 ❶如果要制作子账号旺旺图标则生成子账号代码后粘贴代码，代码粘贴成功后可以在图标前输入文字(如“客服1”)，❷最后单击“确定”按钮，如图8-54所示。

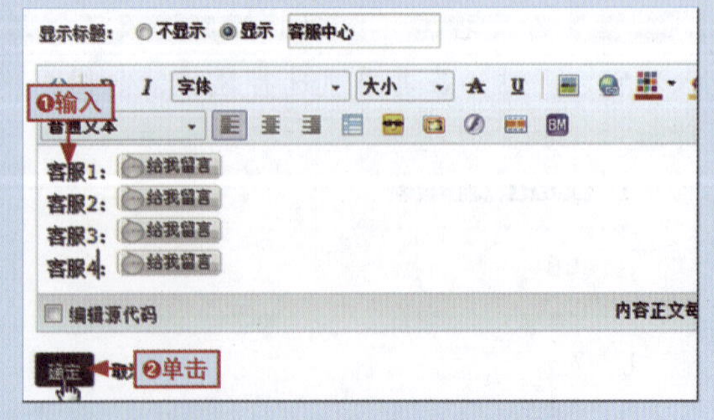

图8-54 再次添加旺旺图标

步骤09 完成以上步骤后单击“发布”按钮，如图8-55所示。

图8-55 发布店铺装修信息

步骤10 发布成功后，当旺旺在线时可以看到客服中心的显示方式，如图8-56所示。

图8-56 粘贴代码

给你支招 | 二维码的生成

小白：我可以把网店宝贝地址生成二维码链接放在店铺中吗？

阿智：当然可以，但需要在“码上淘”页面中生成，下面就一起来看看具体该如何操作。

步骤01 进入卖家中心，在页面中单击“手机淘宝店铺”超链接，如图8-57所示。

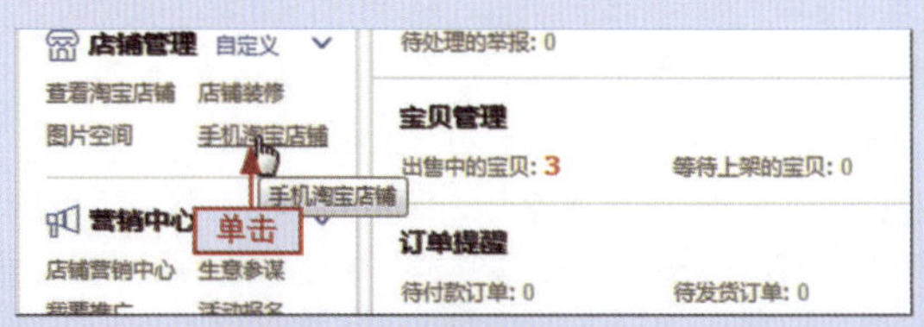

图8-57 准备进入无线店铺

步骤02 在打开的页面中单击“进入后台”按钮，如图8-58所示。

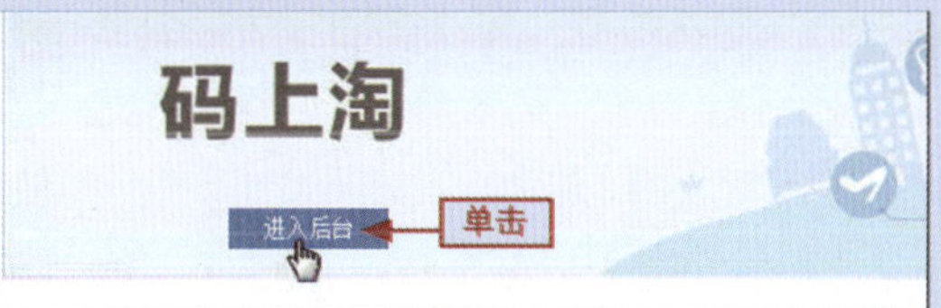

图8-58 准备进入码上淘

步骤03 在打开的页面中单击“进入码上淘”按钮，如图8-59所示。

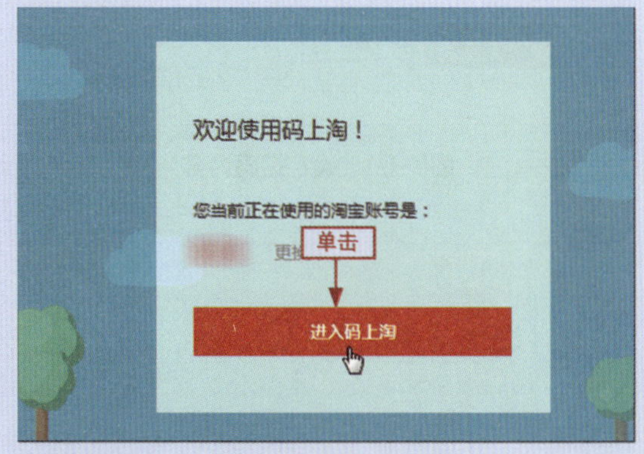

图8-59 进入码上淘

步骤04 在打开的页面中单击“通过宝贝创建”超链接，如图8-60所示。

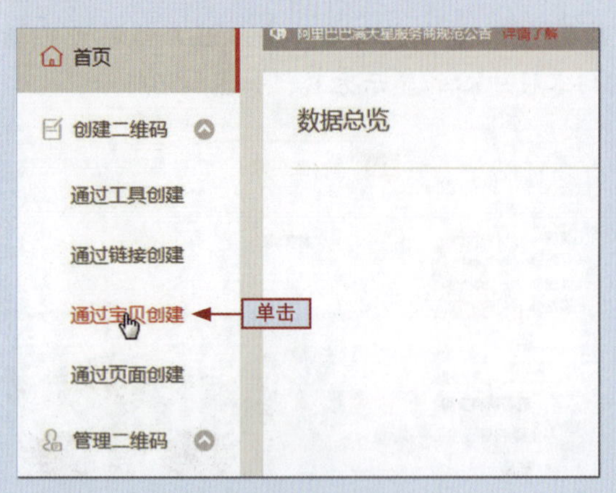

图8-60　选择创建方式

步骤05 ❶进入确定扫码内容页面，选择要创建的宝贝，❷再单击“下一步”按钮，如图8-61所示。

图8-61　确定扫码内容

步骤06 在打开的页面中选择渠道标签，再单击“下一步”按钮，如图8-62所示。

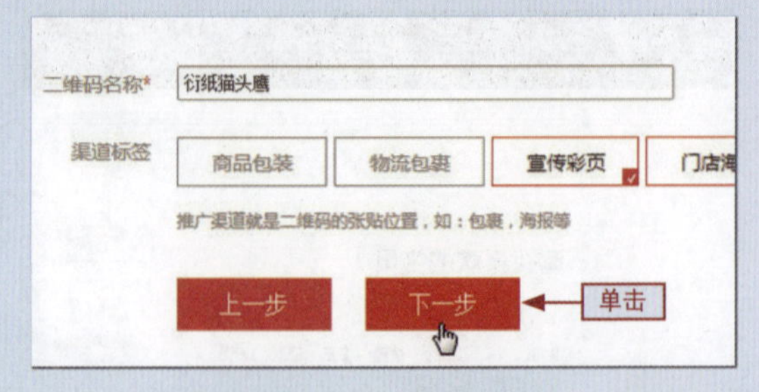

图8-62　关联推广渠道

步骤07 在打开的页面中单击“下载”按钮，将二维码下载到计算机中，如图8-63所示。

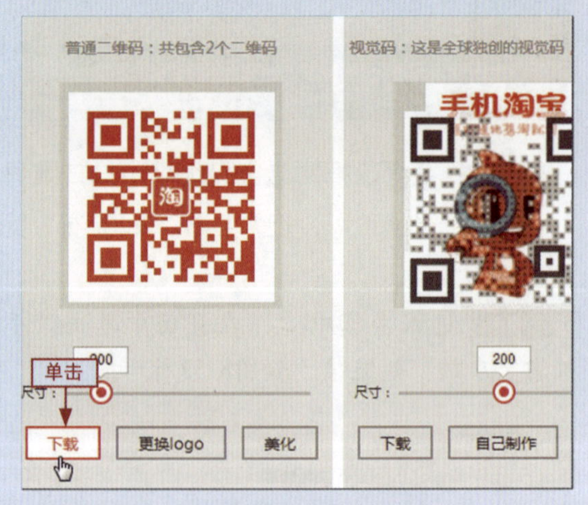

图8-63　下载二维码

下载二维码成功后，便可添加自定义模块，将二维码放在网店侧边栏中显示。

学习目标

在网店装修中有一种方法既能使网店装修得美观，又能节省装修的时间，即使用模板进行套用。许多网站中提供的模板都是非常实用的，本章就来看看如何使用这些模板并认识常用的装修平台。

本章要点

- 模板的下载
- 还原初始模板
- 模板的安装
- 使用代码安装模块
- 如试用模板
- 在350服务平台上购买模板
- 在淘宝装修市场购买模板
- 选择适合的模板

知识要点	学习时间	学习难度
为自己的网店设置模板	50 分钟	★★★
学会使用 350 装修平台	40 分钟	★★

9.1 为网店设置新的模板

小白：我看到许多网店使用的模板都很漂亮，也想为自己的网店设置模板，我应该如何操作呢？

阿智：要为自己网店设置模板首先需要下载模板，然后再进行安装。下面就来看看具体该如何操作吧。

使用装修模板装修是一种省事的装修方法，模板有免费的，也有收费的，不同的模板适用于不同的店铺，我们可以在模板网站免费下载或者购买需要的模板。

9.1.1 模板的下载

之前我们已经了解了很多素材下载网站，这些素材网站也提供了大量的装修模板，现在就来看看该如何进行下载。

步骤01 进入素材之家官方网站 (http://sc.jb51.net/)，在首页单击“淘宝素材”按钮，如图 9-1 所示。

图 9-1 进入素材之家

步骤02 在打开的页面中单击“淘宝全套模板”按钮，如图9-2所示。

图 9-2 进入淘宝素材页面

步骤03 在打开的页面中选择适合的模板，单击名称超链接，如图9-3所示。

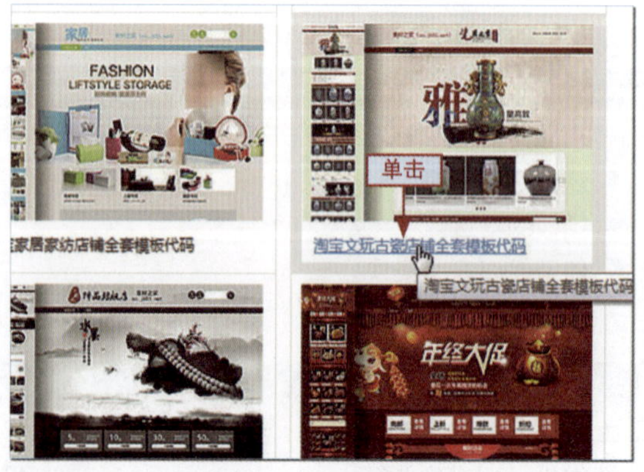

图9-3 选择模板

步骤04 在打开的页面中单击下载链接，如图9-4所示。

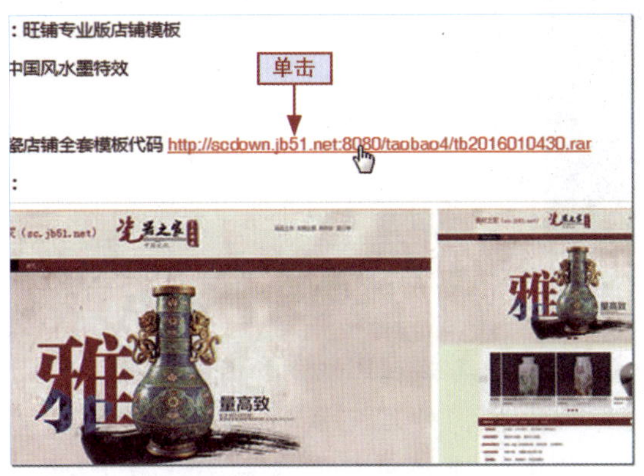

图9-4 单击下载链接

步骤05 在页面下方选择“保存”下拉菜单中的“另存为”命令，将模板另存在计算机中，如图9-5所示。

图9-5 保存模板

步骤06 完成下载后找到下载好的模板，右击，在弹出的快捷菜单中选择“解压到淘宝模板”命令，如图9-6所示。

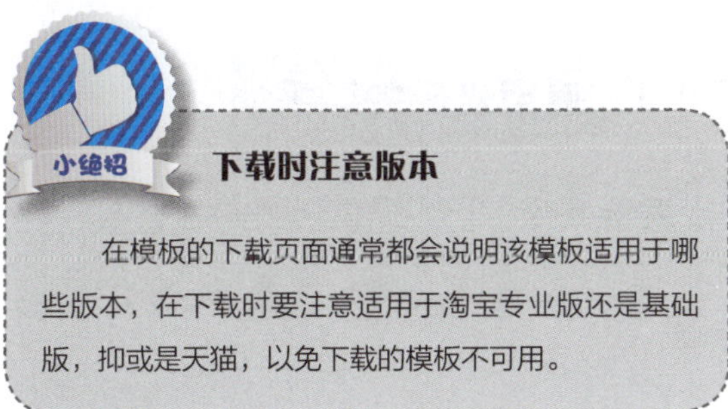

小绝招

下载时注意版本

在模板的下载页面通常都会说明该模板适用于哪些版本，在下载时要注意适用于淘宝专业版还是基础版，抑或是天猫，以免下载的模板不可用。

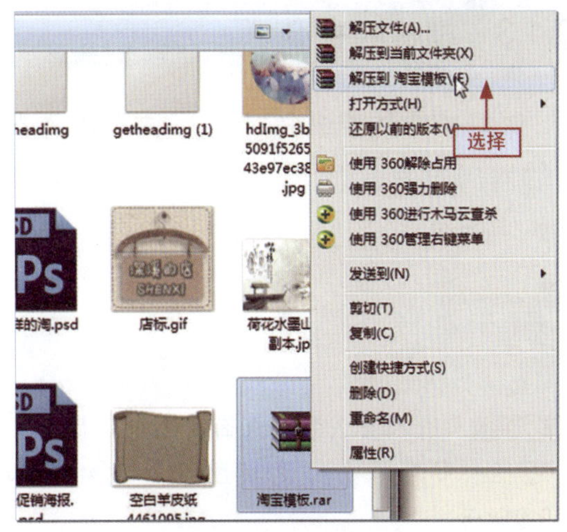

图9-6 解压模板

9.1.2 还原初始模板

在使用新模板之前要确保网店目前正在使用的模板是初始模板，下面就来看看如何还原初始模板。

学习目标 掌握如何将网店模板还原为初始模板

难度指数 ★★

步骤01 进入店铺装修页面，在打开的页面中选择“模板管理”选项，如图9-7所示。

图9-7 进入店铺装修页面

步骤02 单击“简约时尚官方模板”栏中的“马上使用”按钮，如图9-8所示。

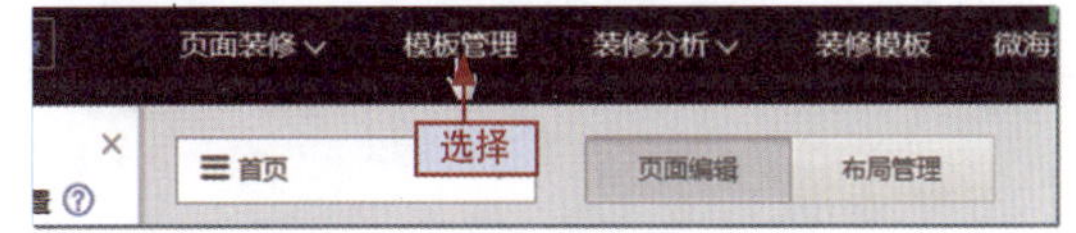

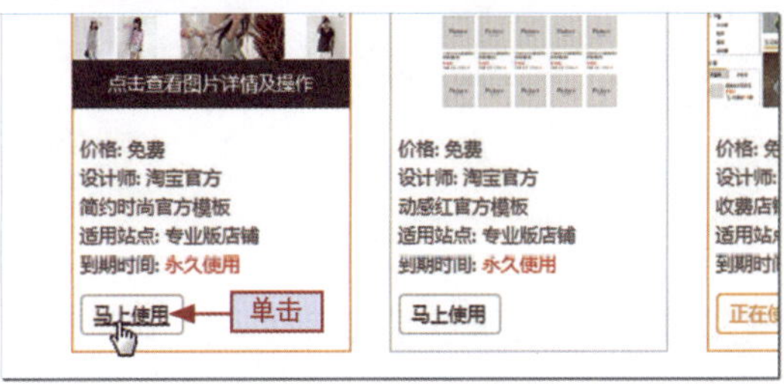

图9-8 还原模板

9.1.3 模板的安装

做好前面的准备工作以后便可以为自己的网店安装模板了，下面就来看看具体该如何操作。

步骤01 ❶进入页头装修页面，选中“显示”复选框，❷再单击“更换图片”按钮，如图9-9所示。

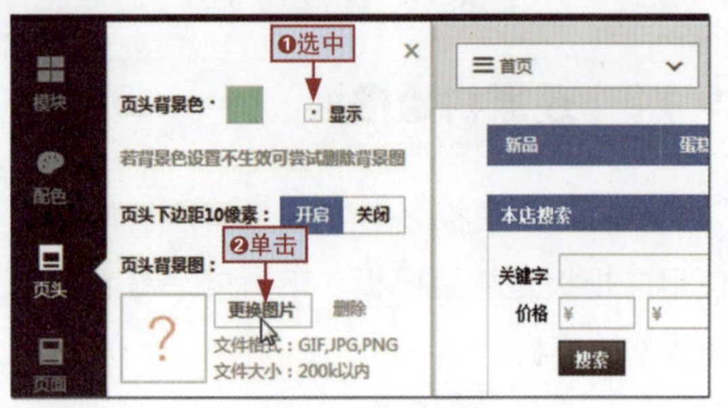

图9-9 编辑页头

步骤02 ❶在下载的模板中找到页头，❷选中后单击“打开”按钮，如图9-10所示。

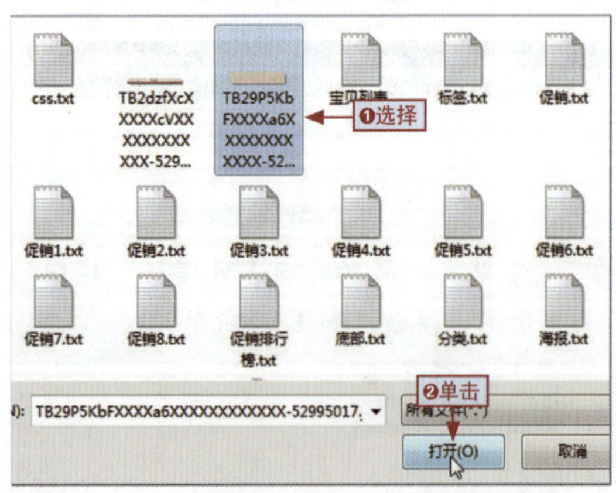

图9-10 上传页头背景

步骤03 设置页头背景显示方式，如图9-11所示。

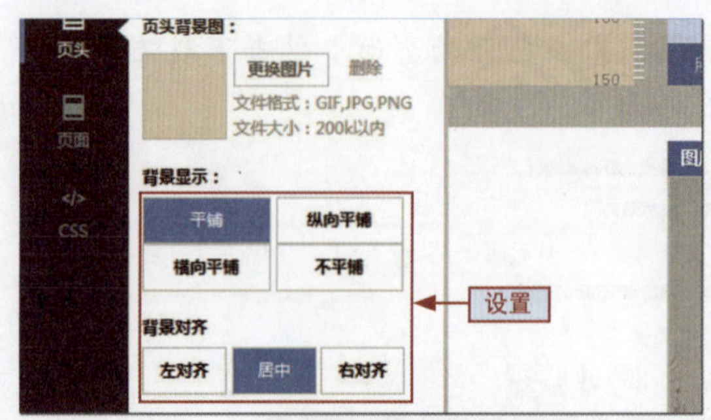

图9-11 设置页头背景显示方式

步骤04 将店招在Photoshop中处理为自己需要的店招，处理完成后进入店招编辑页面，单击“选择文件”按钮，上传店招，如图9-12所示。

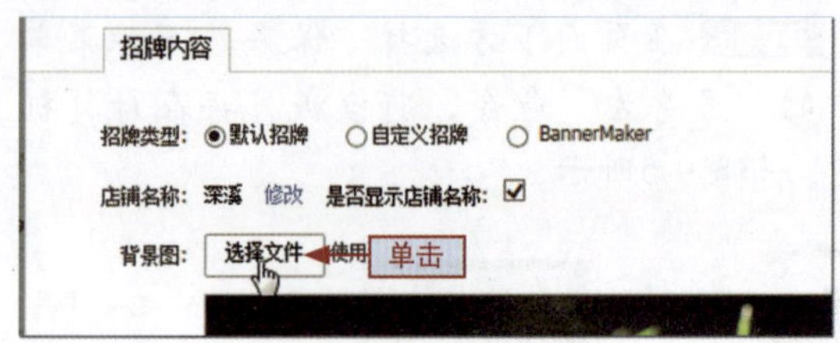

图9-12 上传店招

步骤05 上传成功后单击“保存”按钮即可，如图9-13所示。

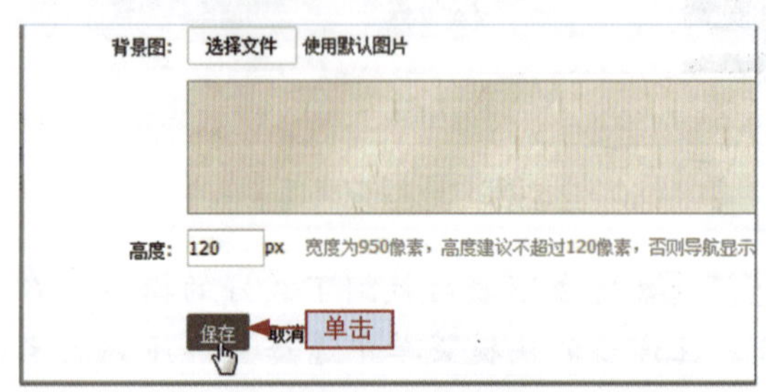

图9-13 保存店招

9.1.4 使用代码安装模块

装修模板中只会提供店招的素材图片，其他模块提供的是代码，需要使用代码进行安装。

学习目标 掌握使用代码安装模块

难度指数 ★★

步骤01 进入网店装修页面，新建自定义区模块，单击"编辑"按钮，如图9-14所示。

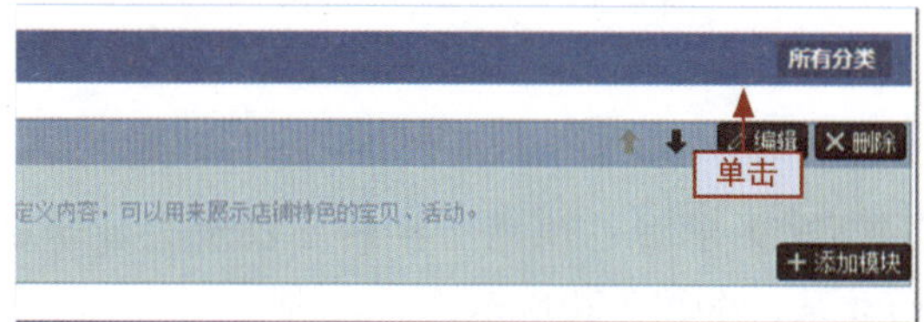

图9-14 新建模块

步骤02 ❶在打开的页面中输入显示标题，❷选中"编辑源代码"复选框，❸将模板中对应的代码粘贴，❹再单击"确定"按钮，如图9-15所示。

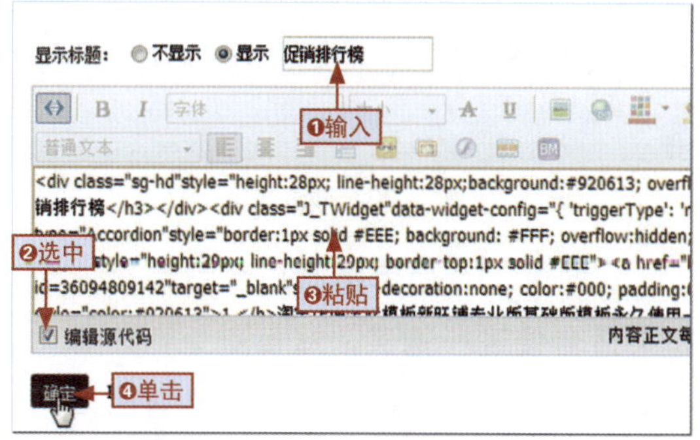

图9-15 粘贴代码

步骤03 依次新建自定义模块，将代码复制在对应的模块中即可。在安装的过程中，并不是模板中所有的模块都需要，根据自己店网的需要安装即可。

小绝招

不同网站中提供的模板不同

在不同的网站上下载的模板提供的代码会有所不同。有些提供的是不同模块名称的代码，有些则是根据不同模块宽度来提供代码，如图 9-16 所示。

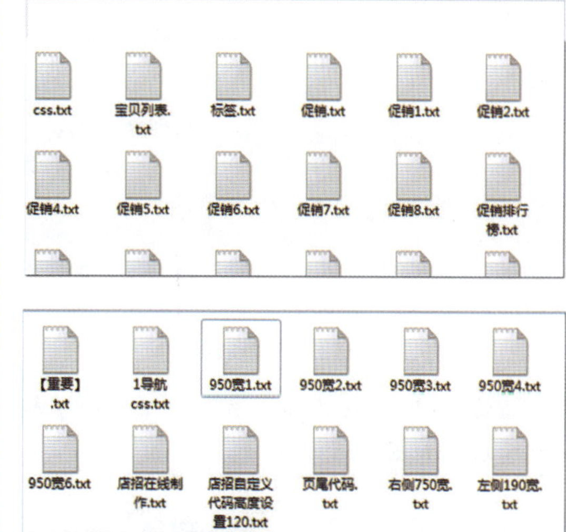

图9-16 不同代码比较

9.2 使用网店服务平台

小白：能不能告诉我一个能够提供大量模板并且实用的装修平台？

阿智：当然可以，350 网店服务平台就是这样一个网站，在上面你可以找到大量模板。

350网店服务平台是一个提供店铺装修模板的平台，其上面提供的模板都比较美观，可以根据风格、行业分类以及网店版本来选择模板，平台还有在线客服，有关于模板方面的疑问都可以询问客服。

9.2.1 试用模板

350服务平台提供的模板编辑起来都比较简单，并且可以直接在网站上进行模板在线试用，下面就来看看具体该如何试用。

学习目标 掌握在线试用350装修模板
难度指数 ★

步骤01 进入350网店服务平台官方网站(http://www.u350.com/)，在首页选择想查看的模板单击“马上试用”按钮，如图9-17所示。

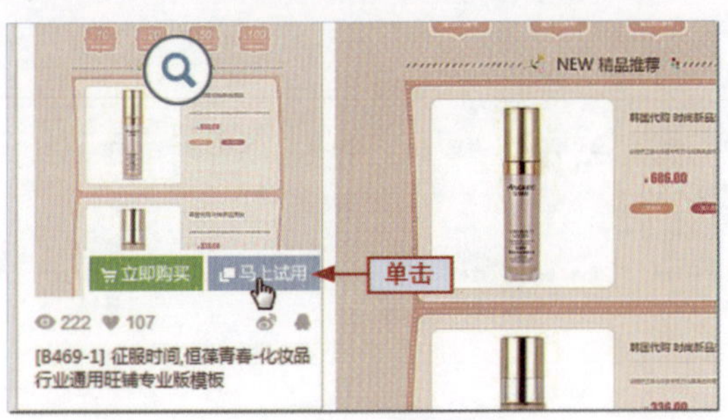

图9-17 选择模板

步骤02 单击模块中的“编辑”按钮即可编辑该模块，如图9-18所示。

图9-18 编辑模板

步骤03 单击模块中的“复制模块”按钮即可复制该模块，如图9-19所示。

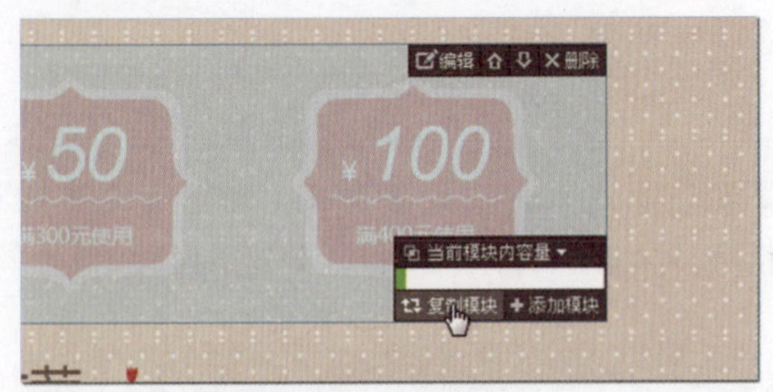

图9-19 复制模块

步骤04 单击“预览”按钮可以预览编辑后的效果，如图9-20所示。

图9-20 预览效果

我们可以在简单编辑后查看预览效果，如果适合便进行购买，从而避免在装修后台中编辑了各模块后却发现不适合自己网店的情况。

9.2.2 在350服务平台上购买模板

要使用350服务平台的模板需要购买，并且注册成为用户才能进行模板的编辑和管理，下面就来看看具体该如何购买。

学习目标 掌握在350服务平台上购买模板
难度指数 ★

步骤01 进入350服务平台选择要购买的模板，单击“立即购买”按钮，如图9-21所示。

图9-21 选择模板

步骤02 在打开的页面中单击“立刻购买”按钮，如图9-22所示。

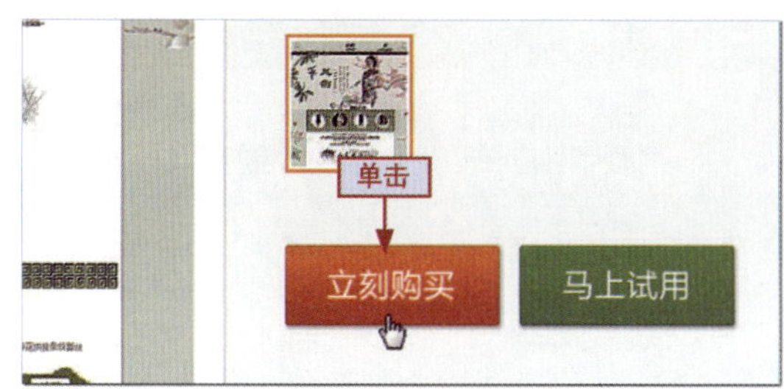

图9-22 准备购买

步骤03 ❶在打开的页面中输入邮箱号、密码和验证码，❷再单击“下一步”按钮，如图9-23所示。

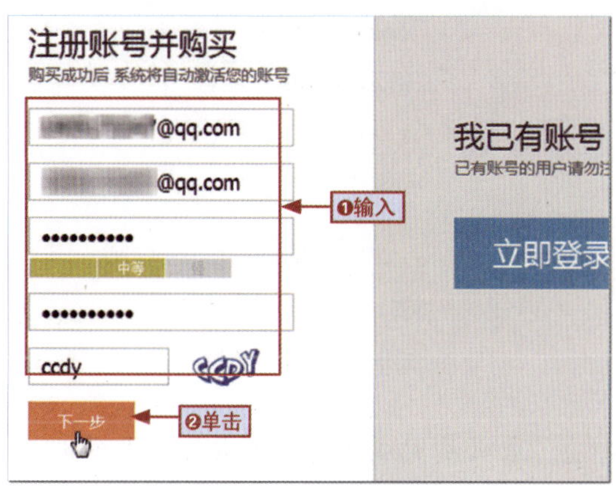

图9-23 注册并购买

步骤04 在打开的页面中选择购买版本，单击其名称超链接，如图9-24所示。

图9-24 选择购买版本

步骤05 在打开的页面中输入验证码，单击“确认购买”按钮，如图9-25所示。

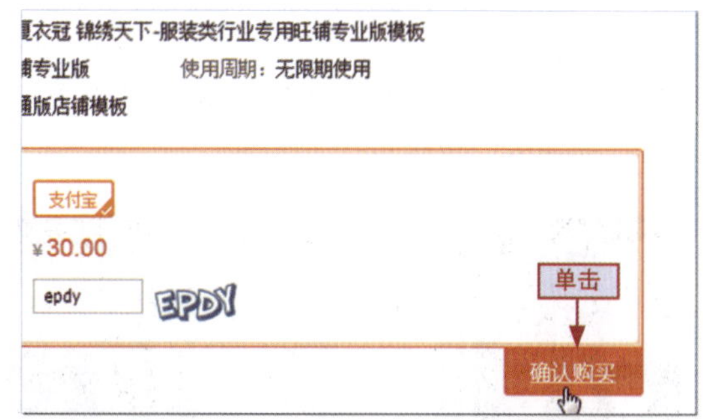

图9-25 确认订单信息

步骤06 完成以上步骤后，再完成支付即可成功购买。

如何应用购买的模板

在350服务平台购买并注册账户成功后便可登录350后台进行使用。使用的方法很简单，只需进入“我购买的模板”页面，选择模板，单击“应用模板”按钮即可，如图9-26所示。

图9-26　应用模板

9.2.3 在淘宝装修市场购买模板

淘宝网为卖家提供了装修市场，在上面同样可以购买大量精美的模板，下面就来看看具体该如何购买。

步骤01 进入淘宝装修市场(https://zxn.taobao.com/)，在首页选择要购买的模板，单击其超链接，如图9-27所示。

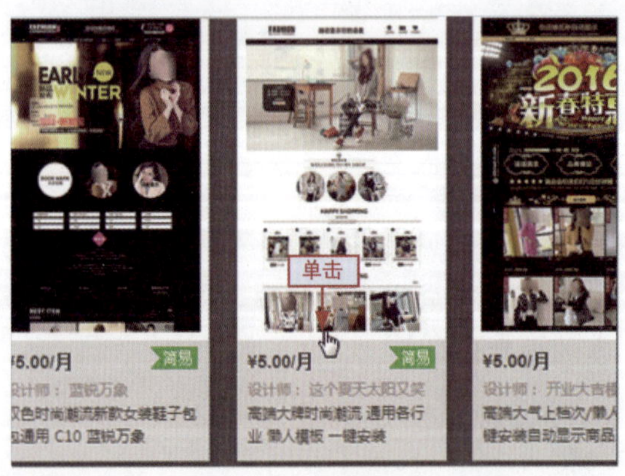

图9-27　选择模板

步骤02 ❶在打开的页面中选择使用周期，❷再单击“立即购买”按钮，如图9-28所示。

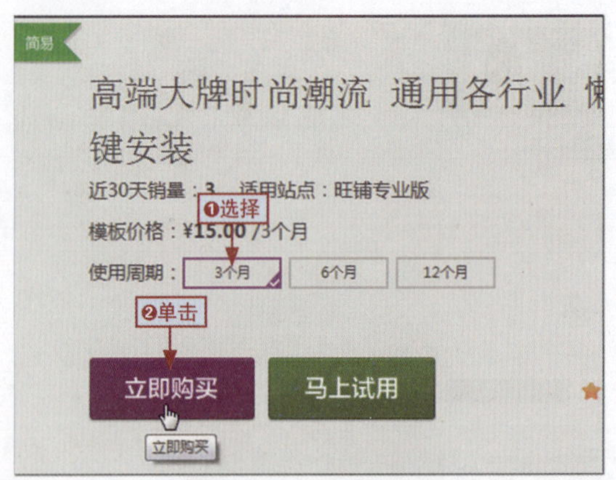

图9-28　选择使用周期

步骤03 在弹出的“提醒”对话框中单击“确定”按钮，如图9-29所示。

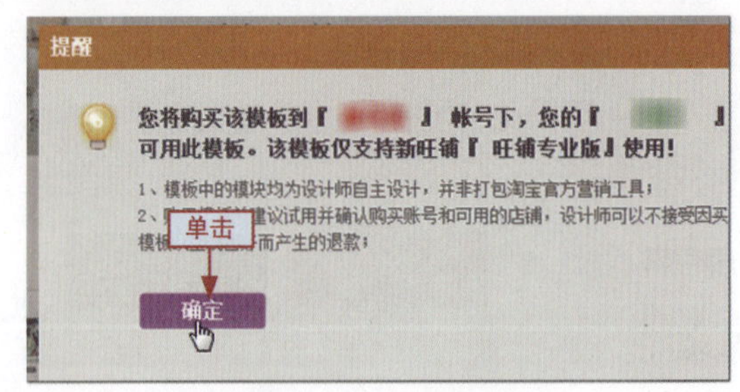

图9-29　阅读提醒

步骤04 进入确认订单页面，单击“同意协议并付款”按钮，如图9-30所示。

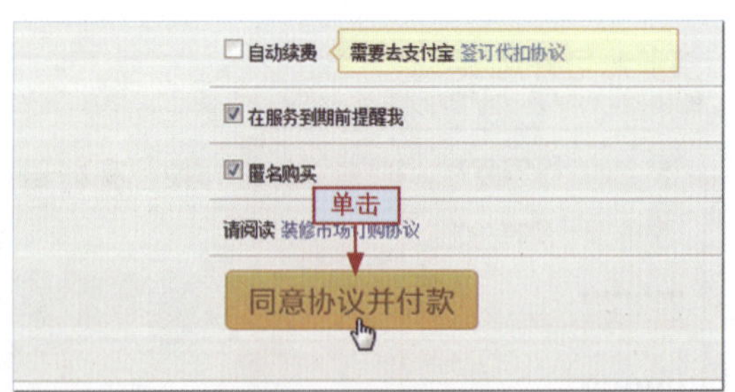

图9-30　同意协议

步骤05 最后完成支付即可成功购买模板。

给你支招 | 如何选择适合的模板

小白：网上提供的模板大多会很精美，我应该怎样选择适合自己的模板？

阿智：其实很简单，只需要确定你的店铺版本，找准店铺的经营类型，试用后再购买，就可以买到称心如意的模板。

网上模板平台提供了大量的模板样式，但并不是所有模板都适合自己的店铺，我们不仅要学会如何购买和使用，还要学习如何选择模板。

选择模板前要做的第一步是确定自己旺铺的版本，旺铺的版本在店铺装修页面左上角便可查看到，如图9-31所示。

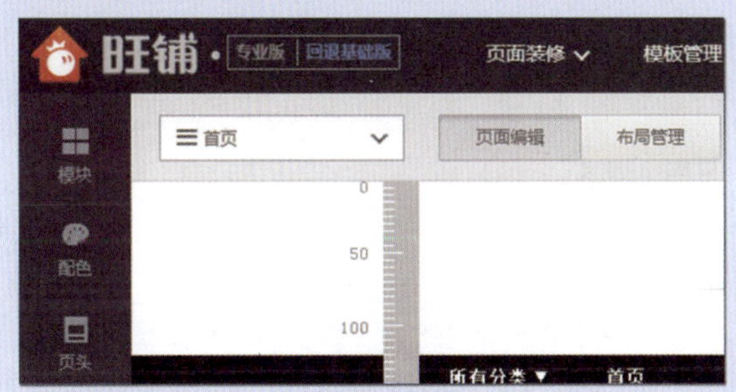

图9-31　查看旺铺版本

清楚自己的旺铺版本后在购买模板时就可以进行筛选，以淘宝装修市场为例，可以在“旺铺版本”栏中选择“旺铺专业版”选项，如图9-32所示。

图9-32　筛选旺铺版本

不同的行业都有不同的风格特征，在选择模板时要选择自己的行业类型，以使模板的搜索结果更加精确，如图9-33所示。

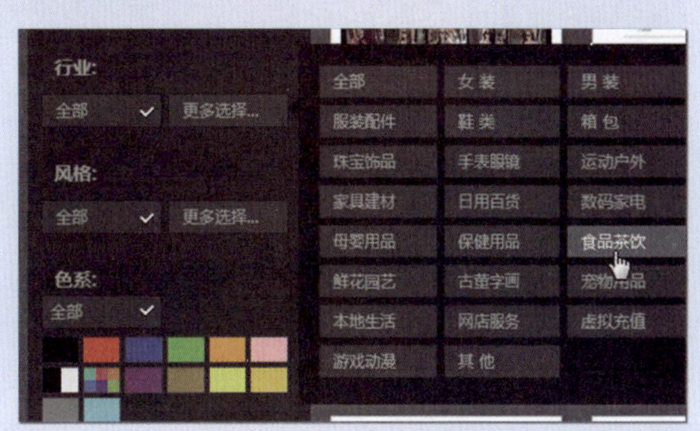

图9-33　筛选行业

350服务平台和淘宝装修市场都提供了模板的试用功能，在购买前可以选择试用，看其编辑页面的操作是否简便，以及在网店中的展示效果，如图9-34所示。

图9-34　试用效果展示

完成以上步骤后就能选择出适合自己网店的模板了。需要注意的是，购买的模板都有使用的周期，在到期前如果还想继续使用就需要再次购买。

在淘宝装修市场购买模板时会发现模板类型有简易模板、高级模板和JS特效模板。简易模板是在旺铺装修系统后台设计的模板，高级模板是设计师在SDK开发包上设计出的模板。

高级模板与简易模板相比布局更灵活，操作更简单，不用反复粘贴代码，如图9-35所示的是高级模板后台操作界面。

图9-35 高级模板后台界面

简易模板的后台界面与装修后台自带的界面相同，看起来没有高级模板直观，可以更改的内容也不多，如图9-36所示。

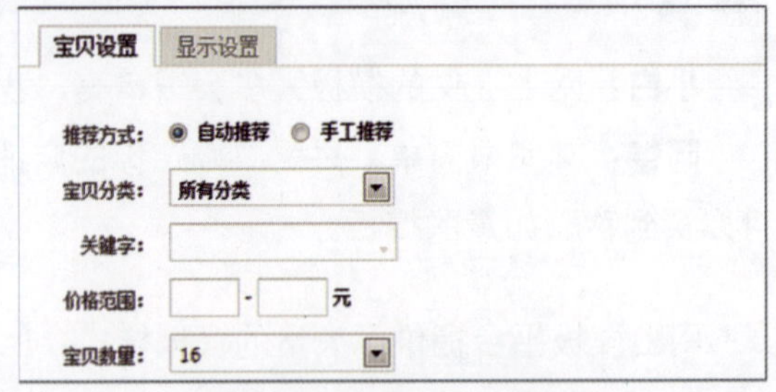

图9-36 简易模板后台界面

JS特效模板全称叫作JavaScript，是一种开发语言，它与懒人模板不同，需要使用配套工具来装修，如果想要快速实现装修的卖家不建议使用该模板。而其优点在于可以实现动画和炫酷的效果，后台操作界面如图9-37所示。

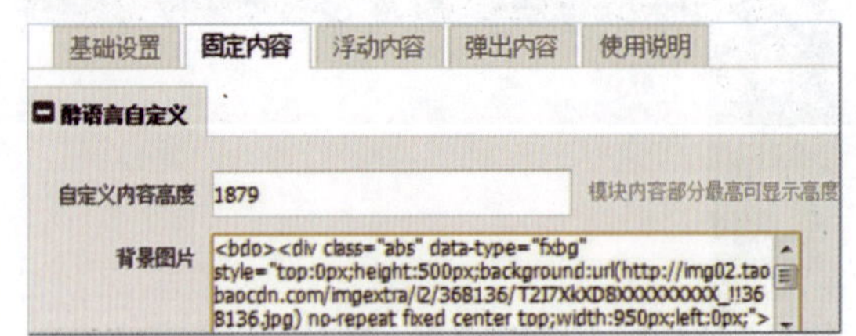

图9-37 JS特效模板后台操作界面

给你支招 | 如何获取宝贝描述模板代码

小白：如何让网店宝贝描述装修变得简单呢？

阿智：使用宝贝描述模板进行安装是最简单的，只需填写代码后，再编辑宝贝图片和购买须知等信息即可，下面就来看看如何获取描述素材代码和素材图片。

步骤01 进入三角梨素材官方网站，在首页选择“宝贝描述”选项，如图9-38所示。

图9-38 进入三角梨官方网站

步骤02 在打开的页面中选择模板，单击其名称超链接，如图9-39所示。

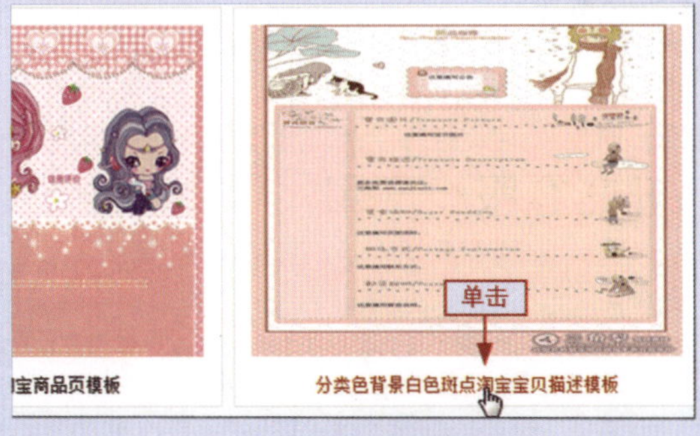

图9-39 选择模板

步骤03 在打开的页面中单击“复制代码”按钮，如图9-40所示。

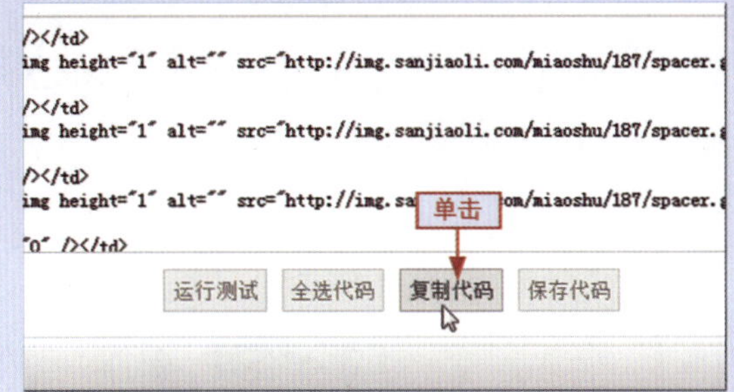

图9-40 复制代码

步骤04 在页面下方单击“下载地址1”按钮，将图片下载到计算机中，如图9-41所示。

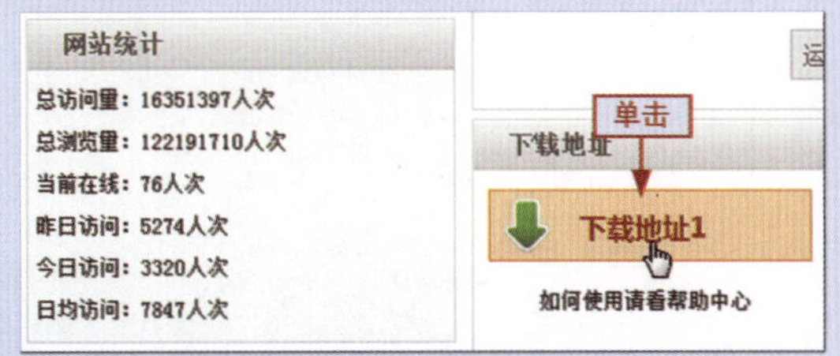

图9-41 下载图片

步骤05 将素材图片存储到计算机中，完成以后便成功获取了宝贝详情代码和素材图片。

下载图片成功后，将压缩文件解压并上传至图片空间，下面就来看看如何编辑宝贝详情页面。

步骤01 进入正在出售的宝贝页面，选择要编辑的宝贝，单击“编辑宝贝”按钮，如图9-42所示。

图9-42 选择宝贝

步骤02 在“宝贝描述”中单击“源码”按钮，如图9-43所示。

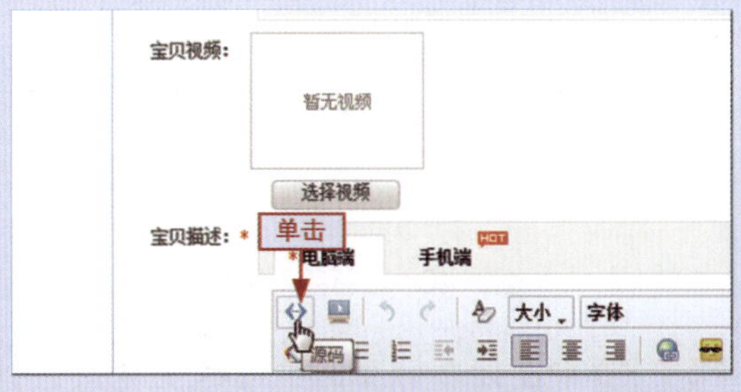

图9-43 进入宝贝描述页面

步骤03 在打开的页面中粘贴代码，如图9-44所示。

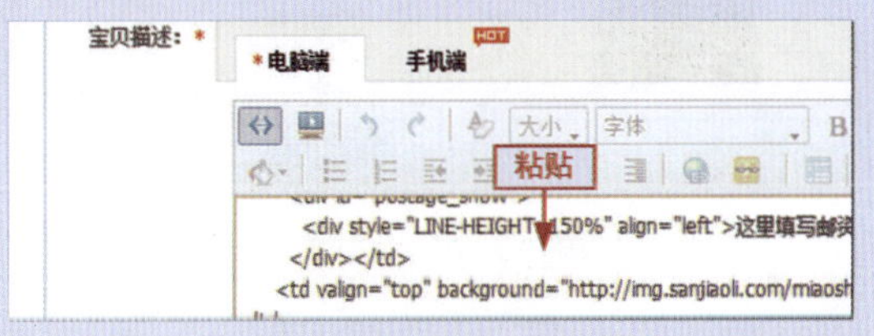

图9-44 粘贴代码

步骤04 单击“源码”按钮返回编辑页面，如图9-45所示。

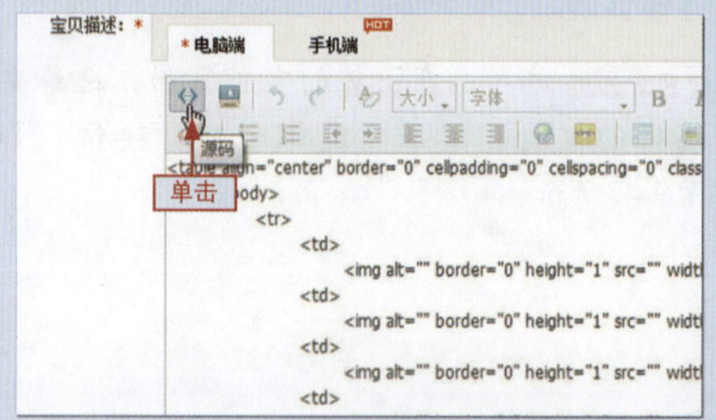

图9-45 返回编辑页面

步骤05 这时会发现模板已经显示在宝贝描述中，在填写宝贝图片的位置将文字删除，单击“插入图片”按钮，如图9-46所示。

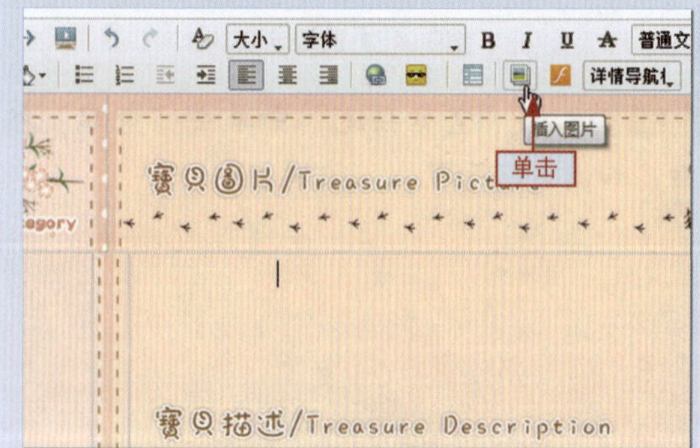

图9-46 准备插入图片

步骤06 ❶在打开的页面中选择宝贝图片，❷再单击“插入”按钮，如图9-47所示。

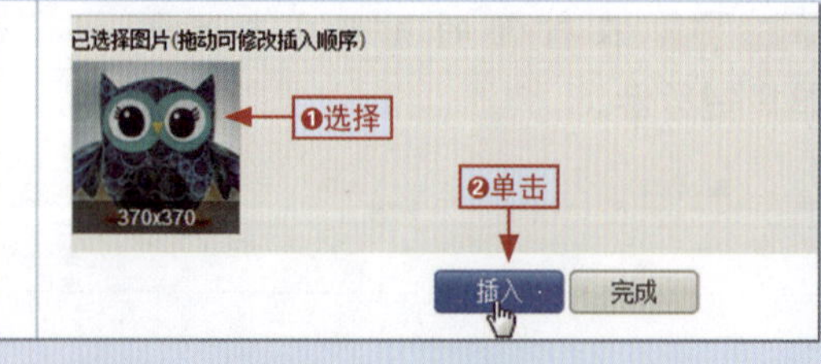

图9-47 选择图片

步骤07 ❶填写宝贝描述、邮资说明、联系方式等，❷填写完成后单击“确认”按钮，如图9-48所示。

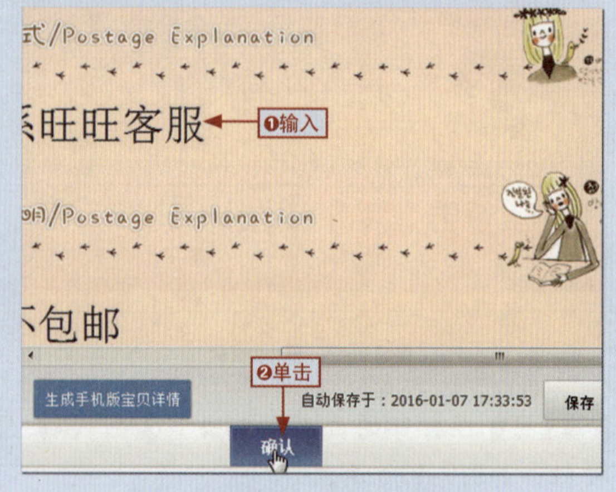

图9-48 完成发布

发布成功后即可查看展示效果，如图9-49所示。

图9-49 查看展示效果

Chapter 10 善用淘宝推广平台

学习目标

随着网店之间的竞争日益激烈，网店要生存发展就需要进行推广。推广不仅能够挖掘更多的潜在客户，还能增加产品的曝光率。阿里巴巴集团提供了阿里妈妈营销平台，让网店的推广实现一站式触达，本章就来看看具体如何使用这个平台。

本章要点

- 认识淘宝客推广
- 加入淘宝客
- 淘宝直通车概述
- 钻石展位概述
- 麻吉宝概述
- 达摩剑推广
- 让买家分享宝贝
- 利用微淘推广

知识要点	学习时间	学习难度
学会利用阿里妈妈营销平台	60 分钟	★★★
掌握网店的手机推广方式	50 分钟	★★

10.1 让淘宝客为你推广

阿智：小白，你的网店有没有加入淘宝客?

小白：淘宝客是什么?

阿智：淘宝客是一种网店的推广方式，能够帮助网店宝贝增加点击数和成交量。

淘宝客是帮助网店卖家推广店内商品的人，在淘宝客中由4个角色构成，分别是淘宝联盟、卖家、买家以及淘宝客。下面我们就来具体认识淘宝客以及如何加入淘宝客推广中。

10.1.1 认识淘宝客推广

淘宝客简称CPS，属于效果类营销推广，是一种按成交计费的推广模式。下面我们就来认识淘宝客各方面的具体内容。

学习目标 认识淘宝客的准入规则以及具体含义

难度指数 ★

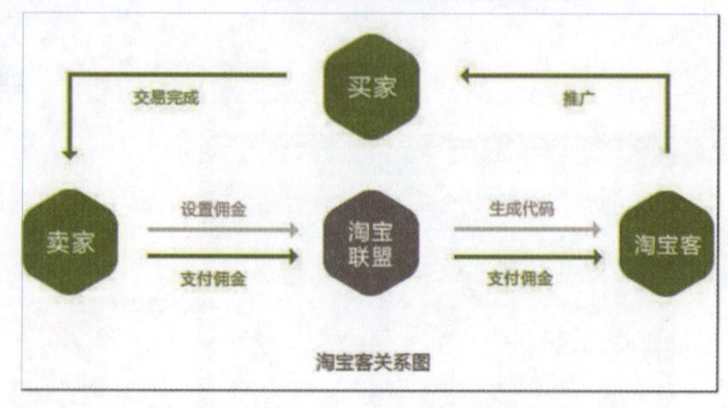

图 10-1 淘宝客关系图

● 淘宝客与卖家、买家的关系

淘宝客支持按单个商品和店铺的推广形式，可以针对某个商品或者店铺设定推广佣金。

佣金可以在一定范围内任意调整，较高的佣金设置会迎来更多的推广者青睐。具体佣金费用的扣除，会在每个交易结束后，根据相应的佣金设置从交易额中扣除。淘宝客与卖家、买家的关系如图10-1所示。

● 卖家加入淘宝客的条件

淘宝卖家要加入淘宝客需要满足店铺信用等级在一星及以上或参加了消费者保障计划，企业店铺信用度等级≥0，卖家店铺动态评分各项分值不低于4.5分的条件。

除了上述条件外，还需要满足店铺状态正常且出售中的商品数≥10件(同一商品库存有多件的，仅计为1件商品)。针对淘宝卖家因违反《淘宝规则》中相关规定而被处罚扣分的，还需符合表10-1的条件。

表 10-1 淘宝卖家因违反《淘宝规则》加入淘宝客的条件

违规类型	当前累计扣分分值	距离最近一次处罚扣分的时间
出售假冒商品	6分及以上	满365天
严重违规行为(出售假冒商品除外)	≥6分，<12分	满30天
严重违规行为(出售假冒商品除外)	12分	满90天
严重违规行为(出售假冒商品除外)	>12分，<48分	满365天
虚假交易(严重违规虚假交易除外)	≥48分	满365天

满足表10-1所示的条件后，还需签署支付宝代扣款协议和满足未使用阿里妈妈或其关联公司的营销产品(包括但不限于钻石展位、淘宝直通车、天猫直通车、网销宝全网版/1688版等)服务时因违规被中止或终止服务。

● 淘宝客的产品——如意投

如意投是为淘宝卖家量身定制的，帮助卖家快速提升流量，按成交付费的精准推广营销服务。

● 淘宝客的产品——通用计划

通用计划是卖家在开通淘宝客推广后默认开启的计划，其能够方便淘宝客及时获取推广链接帮助卖家推广产品，开启淘宝客推广后，通用计划便无法暂停和关闭。

● 淘宝客的产品——淘客群

淘客群是阿里妈妈为卖家搭建的一个定向计划，加入淘客群本身是没有限制的，只是在加入某个淘客群后，会有相应的门槛和佣金的限制，比如天天9块9淘客群的门槛和佣金限制，如图10-2所示。

天天9块9淘客群准入规则
1）佣金要求：宝贝佣金≥5%
2）商品区间：0-9.9元（商品折扣价，不包含邮费）
3）宝贝个数2个
服饰精品群准入规则
佣金要求：宝贝佣金≥10%
类目要求：男装/女装/流行男鞋/女士精品/女鞋
宝贝个数5个

图10-2 天天9块9淘客群准入规则

● 淘宝客的产品——定向计划

定向推广计划是卖家为淘宝客中某一个细分群体设置的推广计划。每一个卖家最多可以设置10个定向推广计划。通过定向计划可以让更多的淘宝客看到推广计划，以此来吸引淘宝客的加入。

10.1.2 加入淘宝客

许多淘宝卖家在加入淘宝客后都使网店的成交数量得到增加，下面就来看看具体该如何加入淘宝客。

学习目标	掌握如何加入淘宝客
难度指数	★★

步骤01 进入淘宝客卖家平台，在首页单击“我的淘宝客”超链接，如图10-3所示。

图10-3　进入淘宝客卖家平台

步骤02 ❶在打开的页面中输入登录名和登录密码，❷再单击“登录”按钮，如图10-4所示。

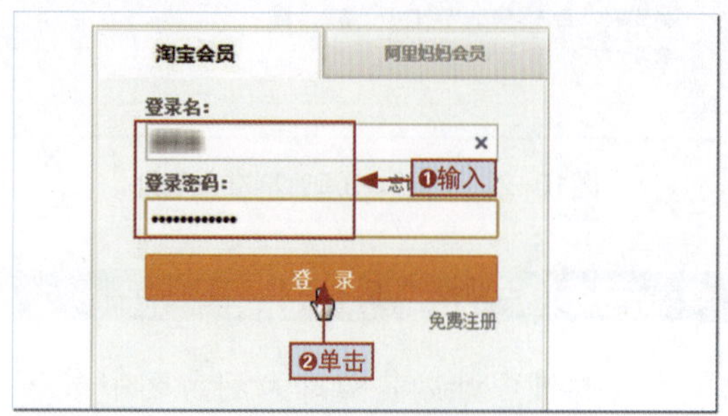

图10-4　登录账号

步骤03 进入营销平台首页后，选择“营销平台”下拉菜单中的“淘宝客”命令，如图10-5所示。

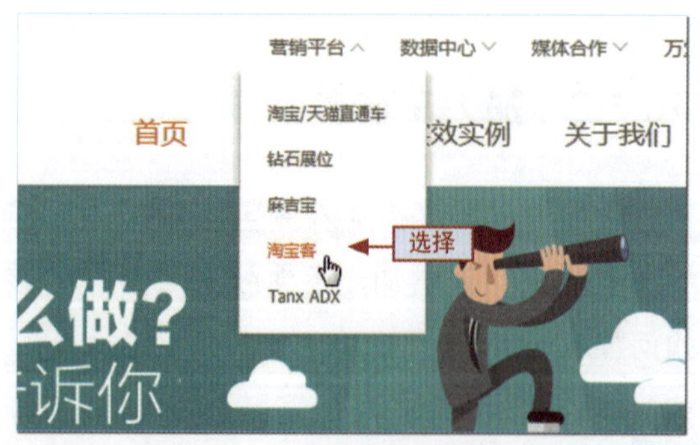

图10-5　进入营销平台

步骤04 进入账户信息补全页面，单击“同意协议并注册”按钮，如图10-6所示。

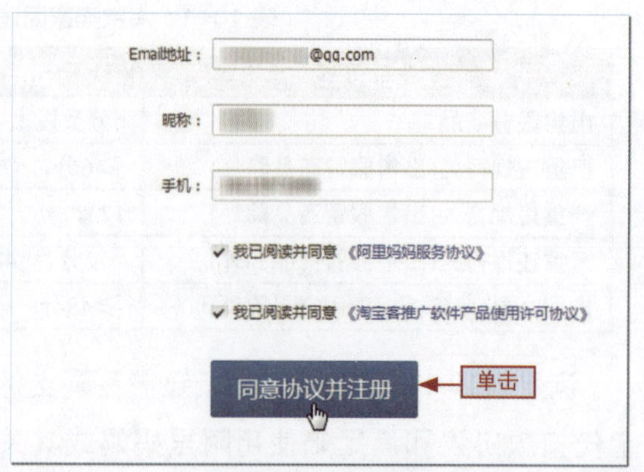

图10-6　补全账户信息

步骤05 在打开的页面中单击“进入我的淘宝客”按钮，如图10-7所示。

图10-7　进入淘宝客

进入淘宝客以后便可以进行推广计划管理，设置如意投计划和佣金管理等，如图10-8所示的是如意投设置类目佣金比率界面。

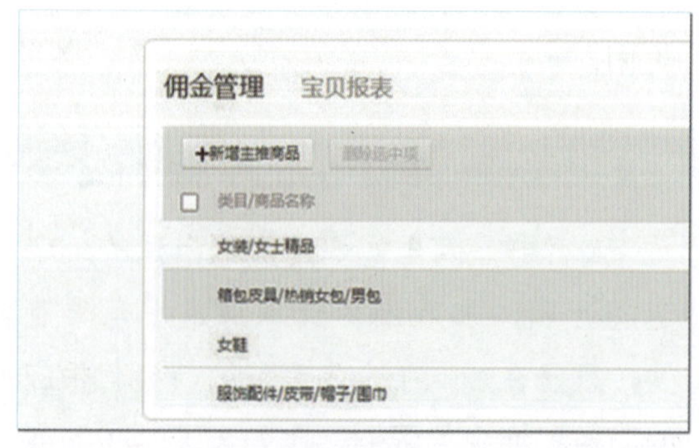

图10-8　如意投设置类目佣金比率界面

10.1.3 推广效果的分析

进入“我的淘宝客”页面后，可以在推广管理中分析不同推广计划或者整体账户总览的效果，分析推广效果要从以下几个方面进行分析。

学习目标　对淘宝客推广效果进行分析

难度指数　★★

● 点击数

点击数表明宝贝被点击的次数，点击的次数增加表示宝贝的推广起到了一定的效果，有买家查看了该商品。

● 结算金额

结算金额表示买家付款已经确认收货的金额，结算金额与点击数相结合进行分析，表明买家的平均购买金额，如图10-9所示。

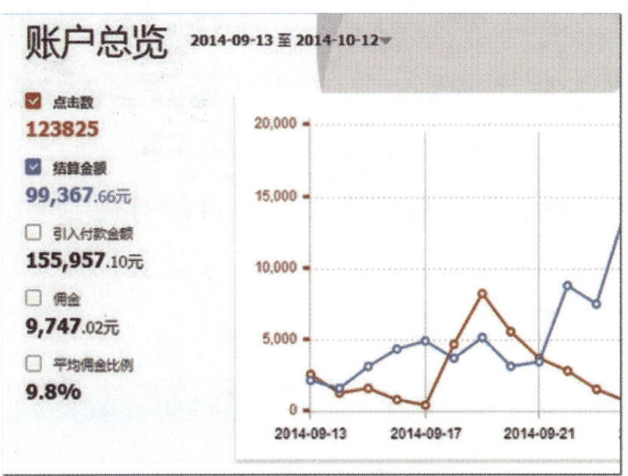

图10-9　点击数与结算金额图

从图10-9可以看出，在点击数是123825，结算金额为99367.66元，用结算金额除以点击数，可以算出平均每个点击了该宝贝的买家消费了0.8元。

● 引入付款金额

引入付款金额表明买家拍下且付款的金额，其同样可以与点击数结合起来分析，表明买家通过淘宝客链接进入后，下单购买的总金额。

● 佣金

佣金是实际结算的佣金，即卖家利用淘宝客推广的成本，在网店经营中，要把推广成本控制到一定程度才有利可图，因此佣金的设置要根据宝贝自身的利润来确定。将佣金与付款金额对比，可以查看成本占的比重是否过大。

● 平均佣金比例

平均佣金比例是结算金额与佣金的比例，反映历史成交的佣金比例。

上述的所有数据都可以在账户总览中查看到，还可以自由选择数据的日期区间，要查看单日数据，将光标放在相应的日期上即可，如图10-10所示。

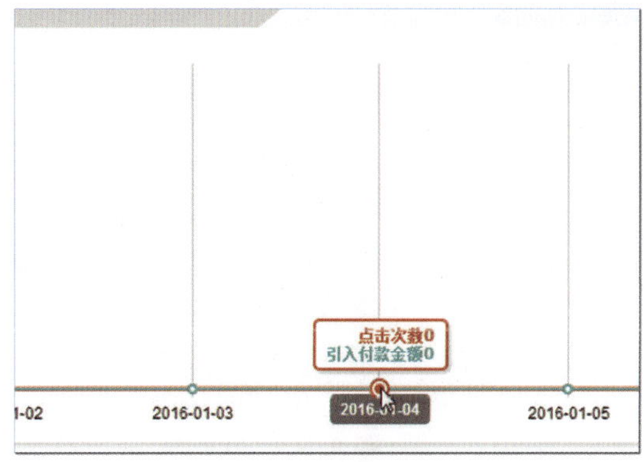

图10-10　查看单日数据

10.2 加入直通车推广计划

小白：我看到很多网店都在进行直通车推广，能告诉我直通车是什么吗？

阿智：直通车是一款帮助推广商品和店铺的营销工具。通过对买家搜索的关键词或是淘内外的展现位置出价，从而将宝贝展现在高流量的直通车展位上。

在淘宝平台中有一种推广方式是通过关键词或者展现位置来呈现的，卖家可以自由选择在哪些买家眼前展现，这种推广方式便是直通车推广，下面将进行具体了解。

10.2.1 淘宝直通车概述

淘宝直通车提供了三大引流工具，能够让宝贝在众多商品中找到最适合它的买家，下面就来认识这三大引流工具。

1. 全域搜索

全域搜索是通过关键词来寻找买家，当买家搜索关键词后，推广的宝贝便可以得到展现，当买家点击后便可获得流量，卖家按照点击数来支付相应费用，其推广优势如图10-11所示。

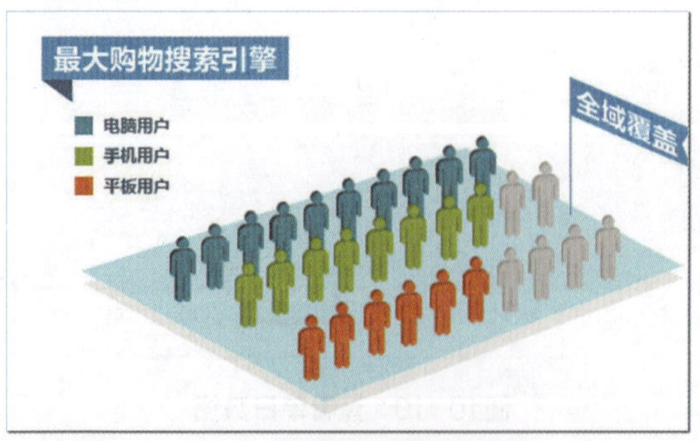

图10-11 全域搜索推广优势

从图10-11可以看出，全域搜索覆盖了电脑端、手机端和平板三大终端，使得不同终端的用户都可以看到宝贝，在淘宝中其展示位置在搜索栏的右侧，显示“掌柜热卖”的标题，如图10-12所示。

图10-12 全域搜索展示位置

除了在关键词搜索结果页的右侧“掌柜热卖”中会显示，还会展示在关键词搜索结果页底部的“掌柜热卖”中。

2. 定向推广

定向推广是通过淘宝数据库来分析买家的兴趣，从中分析出买家的特征和可能会购买的商品，以此来展现商品。

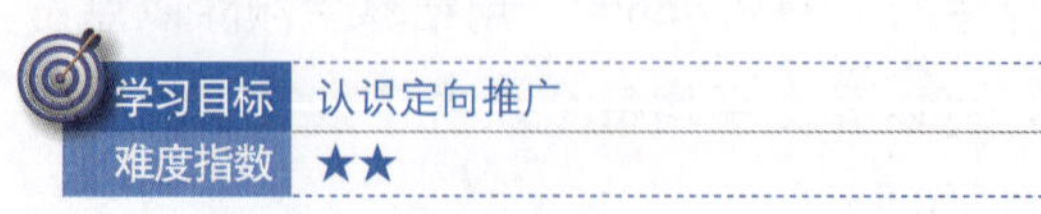

定向推广的展示方式有两种，分别是一跳页和二跳页。一跳的位置有购物车底部、我的淘宝首页“猜我喜欢”第三行和宝贝出错页；二跳页展现在页面的第一位，并有宝贝更详细的信息展现，如图10-13所示的是在我的淘宝首页“猜我喜欢”页面中的展示方式。

图10-13　定向推广展示位置

3. 店铺推广

店铺推广可以同时推广多个宝贝，它比较适合于购买意向并不明确的买家，店铺推广的方式分为关键词推广和定向推广两种。

店铺关键词的定向推广与单个宝贝推广的不同在于推广页面的不同。店铺推广可推广除单个宝贝的详情页面外的店铺任意页面，包括类页面、宝贝集合页面和导航页面等。店铺推广有站内资源和站外资源，流量的覆盖面更广泛，同时展示位置也较丰富，包括搜索资源位置、定向站内资源位置和无线推广位置。如图10-14所示的是在搜索资源位置中店铺搜索页面的展示方式，其标题显示为“店家精选”。

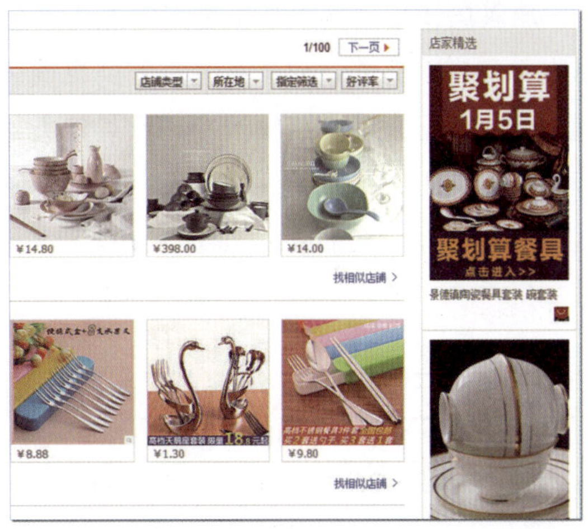

图10-14　搜索资源位置展示

10.2.2 选择合适的产品

我们已经知道直通车提供了3种推广方式，而要加入直通车推广首先要满足直通车推广的条件，下面就来具体看一看。

直通车推广对淘宝和天猫店铺准入条件有以下几点要求，如图10-15所示。

1. 淘宝卖家需满足店铺信用等级≥2星、动态评分各项≥4.4分
2. 淘宝卖家店铺主营商品所属的类目需要先加入“消保”并缴纳保证金
3. 天猫卖家需满足店铺动态评分各项≥4.4分，才能加入天猫直通车

图10-15　直通车准入要求

在直通车的3种推广方式中，加入定向推广除了要满足上述条件外，还需要满足店铺信用级别需要在一钻以上(包含一钻)的条件才能进行定向推广。

加入店铺推广要求店铺信用等级为四钻以上的卖家。另外，对于某些主营类目的店铺是禁止进行直通车店铺推广的，具体类目如表10-2所示。

表 10-2　禁止直通车店铺推广的类目

休闲娱乐	装修设计/施工/监理
外卖/外送/订餐服务	自用闲置转让
电影/演出/体育赛事	景点门票/实景演出
特价酒店/特色客栈	摄影/摄像服务
宠物/宠物食品及用品	古董/邮币/字画/收藏
保险	TP服务商大类
交通票	理财
摩托车/配件	司法拍卖拍品专用
房产/租房/新房	二手房/委托服务
网络店铺代金券/优惠券	购物提货券/蛋糕面包

店铺搜索推广和店铺定向推广服务中有些推广类目只支持天猫卖家，如图10-16所示的是店铺搜索推广仅支持天猫卖家的主营项目。

网络设备/网络相关	仅支持天猫卖家
平板电脑/MID	仅支持天猫卖家
手机	仅支持天猫卖家
笔记本电脑	仅支持天猫卖家
度假线路/签证送关/旅游服务	仅支持天猫卖家
珠宝/钻石/翡翠/黄金	仅支持天猫卖家
个性定制/设计服务/DIY	仅支持天猫卖家
3C数码配件	仅支持天猫卖家
个人护理/保健/按摩器材	仅支持天猫卖家
教育培训	仅支持天猫卖家
书籍/杂志/报纸	仅支持天猫卖家
闪存卡/U盘/存储/移动硬盘	仅支持天猫卖家
网络游戏点卡	仅支持天猫卖家
腾讯QQ专区	仅支持天猫卖家
手机号码/套餐/增值业务	仅支持天猫卖家
移动/联通/电信充值中心	仅支持天猫卖家
本地化生活服务	仅支持天猫卖家
奶粉/辅食/营养品/零食	仅支持天猫卖家
传统滋补营养品	仅支持天猫卖家
茶/咖啡/冲饮	仅支持天猫卖家
音乐/影视/明星/音像	仅支持天猫卖家
保健品/膳食营养补充剂	仅支持天猫卖家

图10-16　店铺搜索推广仅支持天猫卖家的类目

店铺定向推广仅支持天猫卖家的主营项目，如图10-17所示。

网络设备/网络相关	仅支持天猫卖家
平板电脑/MID	仅支持天猫卖家
手机	仅支持天猫卖家
笔记本电脑	仅支持天猫卖家
运动服/休闲服装	仅支持天猫卖家、淘宝网全球购，符合淘宝类目卖家管理要求的卖家

图10-17　店铺定向推广仅支持天猫卖家的类目

在选择直通车推广方式时卖家要仔细看清自己是否满足直通车推广的准入条件，不满足条件的不能加入直通车。

10.2.3 加入淘宝直通车

了解了直通车的基础知识和准入条件后，下面就来看看如何加入淘宝直通车。

学习目标　掌握如何加入直通车进行推广
难度指数　★★

步骤01　进入淘宝卖家中心，在首页单击"我要推广"超链接，如图10-18所示。

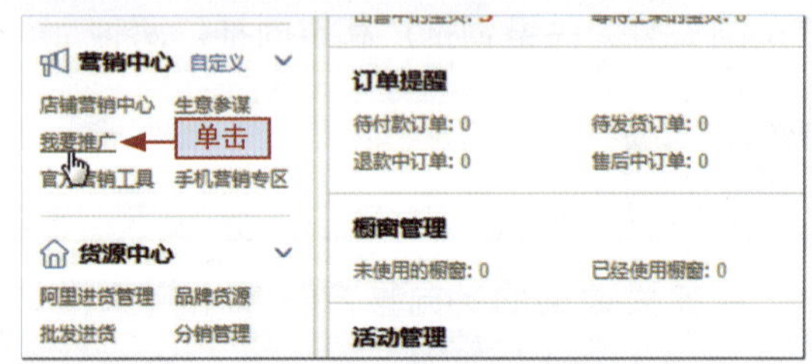

图10-18　进入卖家中心

步骤02　在打开的页面中单击"直通车"超链接，如图10-19所示。

图10-19　选择营销工具

步骤03 完成以上步骤后再同意用户协议，即可进入淘宝直通车。

小绝招 **加入直通车的费用**

加入直通车首次需存入500元起的预付款，付款成功后即可开通直通车账户。预付款即直通车的推广费用，账户续费充值需200元起。

10.2.4 直通车推广的技巧

很多初次尝试直通车的卖家都在疑惑为什么进行直通车推广却没有效果，这是因为卖家没有掌握直通车推广的技巧，下面就来看看具体有哪些推广技巧。

学习目标	掌握直通车的各种推广技巧
难度指数	★★

● 设置推广限额

直通车是可以设置推广限额的，为了使推广成本控制在一定范围内，可以设置推广限额，不要让充值的金额几次就花完了，如果没有成交量，大量的推广费用会成为店铺卖家沉重的负担，如图10-20所示的是直通车设置日限额界面。

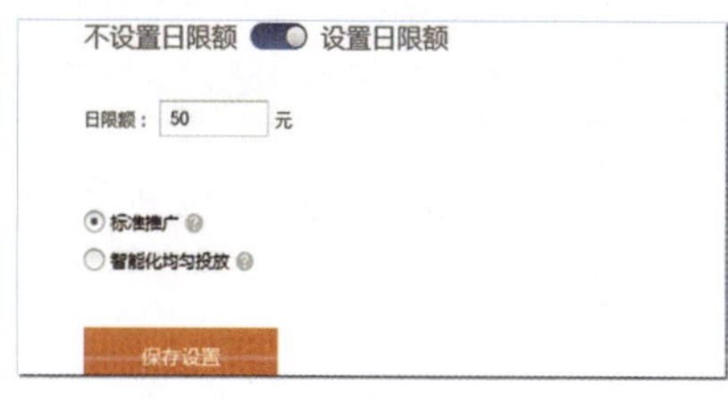

图10-20 设置直通车日限额

从图10-20可以看出，直通车有标准投放和智能化均匀投放两种，标准投放是根据投放设置正常展现推广，但有可能因为过早地达到了日限额而下线。智能化均匀投放是在投放时间内均匀地展现推广，尽量避免因为过早达到日限额而被迫下线的情况。

● 合理选择宝贝

进行直通车推广的宝贝必须是店内有竞争力的宝贝，如果宝贝本身没有优势和特点，买家通过直通车渠道进入店铺后也不会购买该宝贝，白白浪费了推广费用。

● 选择关键词

不同的关键词推广成本是不同的，在选择关键词时既要保证关键词是符合网店推广要求的，同时也要衡量该关键词的推广成本，如果成本过高可考虑次级的关键词，有时也会带来不错的推广效果。

● 选择投放时间

直通车推广并不需要24小时都进行推广，卖家可以根据客服的在线时间以及人群最容易上网购物的时间段进行推广，以保证买家在购买时有良好的客服，同时也使更多的目标受众看到推广内容。

● 出价要仔细

直通车推广的出价是卖家自己设置的，在设置时要保证推广的宝贝能够在网页的前几页；出价过低，会使得页面过于靠后，这样的推广也没有多大意义，因为没有买家会看到推广的宝贝。同时，在填写出价时也要仔细填写，避免因为操作失误而填错金额。

10.3 利用钻石展位推广

小白：有没有哪种推广方式能提供一站式全网推广投放解决方案？

阿智：钻石展位即是这样的推广方式，是可以为卖家提供精准定向、创意策略、效果监测和数据分析的一种全套营销工具。

钻石展位是一个通过图片、文字和视频来推广的实时竞价平台，其在站内和站外都有展示方式。钻石展位推广的原则是价高者获得优先展示权，下面就来看看钻石展位的具体内容。

10.3.1 钻石展位概述

钻石展位是一种营销方式，其按照流量竞价售卖的广告位，共提供了4种展示方式，具体内容如下所示。

学习目标	认识钻石展位的 4 种展示方式
难度指数	★★

● 展示广告

展示广告是指以图片展示为基础，精准定向为核心，通过CPM(千次展现计费)竞价的实时网络推广平台。其展示位置覆盖广泛，包括淘宝网、天猫、网易和优酷土豆等几十家淘内淘外优质媒体。

展示广告还支持图片和Flash等动态创意，为卖家提供创意模板，让卖家能够更好地开展钻展推广，其优势有以下几点，如图10-21所示。

精准定向

展示广告可以进行买家兴趣定向、群体定向、访客定向和营销场景定向，让定向更加准确，锁定目标人群。

实时竞价

展示广告能够实时反馈推广效果，让卖家及时调整自己的推广方式，实时进行优化。

海量数据

海量的数据能够让展示广告的每一次投放都有据可依，避免了盲目投放。

超大流量

展示广告覆盖了全国80%以上的网购人群，既有淘内的人群又有淘外的人群，能够为卖家提供充足的流量来源，使得目标受众更广泛。

图10-21 展示广告的优势

● 移动广告

移动广告是通过手机和平板电脑访问APP或者网页时显示的广告，随着移动客户端上网人群的增加，移动广告的优势也日益明显，其将广告推送到买家手机中，由于手机屏幕尺寸较小，用户更容易关注广告内容，使传播更有效。

● 视频广告

视频广告主要投放在主流视频网站上，包括PS、爱奇艺和优酷等大型的媒体，广告主要在视频开始前的15s内以及视频暂停时以弹窗的形式进行广告宣传。其支持PC端和无线端渠道投放，全面获取流量入口，同时钻展还能提供视频定向，使获取的视频流量更加精准。

● 明星店铺

明星店铺是钻石展位的增值营销服务，按千次展现计费，仅向部分钻石展位用户开放。开通服务后可以对推广信息设置关键词和出价，使得推广信息更有可能出现在页面上方展示，开通明星店铺服务的条件如图10-22所示。

1. 为天猫旗舰店的钻石展位用户。
2. 为天猫专卖店的钻石展位用户
3. 主营类目非珠宝/钻石/翡翠/黄金且信用等级在1皇冠以上的淘宝网钻石展位用户。
4. 主营类目为珠宝/钻石/翡翠/黄金且信用等级在4钻及以上的淘宝网钻石展位用户。

图10-22　明星店铺申请条件

上述条件只要满足任一条件即可申请成为明星店铺用户，除此以外，还要求卖家的店铺名称稳定，店铺名称中包含店铺品牌信息。店铺品牌需具有一定的“品牌知名度”，且与用户拟设置的关键词具有“相关性”。

另外，如果卖家明星店铺连续6个月无展现将会被终止使用明星店铺服务。

10.3.2 钻石展位的推广

并不是所有淘宝卖家都可以开通钻石展位，下面就来看看钻展开通的条件以及如何进行开通。

学习目标　掌握钻展开通条件以及流程
难度指数　★

申请加入钻展需要满足以下条件，如图10-23所示。

1. 店铺DSR每项必须在4.5及以上。
2. 出售中商品数量10件及以上。
3. 企业商家店铺信用等级>0，个人商家店铺信用等级一钻以上。
4. 无任何严重违规行为、无出售假冒商品、虚假交易及违反相关规定的处罚记录等。

图10-23　钻展准入条件

钻展和淘宝客一样对店铺主营类目有一定的要求，如表10-3所示。

表10-3　钻展主营类目准入条件

主营类目	钻展准入条件
国货精品数码	不开放
处方药	不开放
自用闲置转让	不开放
隐形眼镜/护理液	仅支持天猫店铺
家庭保健	不开放
床上用品	仅支持天猫及加入“极有家”的淘宝店铺
影音电器	仅支持天猫店铺
特色手工艺	仅支持天猫店铺
本地化生活服务	仅支持天猫及加入“生活家”的淘宝店铺
餐饮美食	仅支持天猫店铺
电玩/配件/游戏/攻略	仅支持天猫店铺
电子词典/电纸书/文化用品	仅支持天猫店铺

续表

主营类目	钻展准入条件
移动/联通/电信充值	仅支持天猫店铺
网游垂直市场根类目	仅支持天猫店铺
个性定制/设计服务/DIY	仅支持天猫店铺
休闲娱乐	仅支持天猫店铺
电影/演出/体育赛事	仅支持天猫店铺
淘花娱乐	仅支持天猫店铺
教育培训	仅支持天猫店铺
手机号码/套餐/增值业务	仅支持天猫店铺

加入钻石展位的方式比较简单，具体流程如图10-24所示。

进入卖家中心的“我要推广”页面，单击“钻展”超链接

在打开的页面中单击“加入钻石展位”按钮

在打开的页面中单击“立即报名”按钮

接受软件服务协议后即可成功加入钻展

图10-24 钻展开通流程

10.4 使用麻吉宝推广

小白：你的网店为什么近期访问量和转化率都提高了？

阿智：那是因为我开通了麻吉宝，其是一款无线端推广营销工具，很多买家都通过麻吉宝活动进入了我的网店，同时也购买了宝贝，你也快来加入麻吉宝吧。

麻吉宝是一种创新的营销推广方式，其针对的渠道是无线端，帮助卖家引流无线端的用户群体。麻吉宝提供的创新玩法给买家和卖家都带来了良好的用户体验，同时也让卖家的营销效果更好。

10.4.1 麻吉宝概述

随着利用手机购物的人群越来越多，如何抢占无线端的人流量是许多卖家要重视的问题。由于手机端和PC端的界面展示方式不同，如果仍利用PC端的推广方式来推广无线端很明显是不科学的。无线端的用户群体具有碎片化和互动性的特点，而麻吉宝的创新推广方式刚好符合无线端推广的要求和特点。

学习目标　认识麻吉宝的展示位置和创新玩法

难度指数　★

麻吉宝为移动端的用户提供了4种玩法，分别是答题推广、二阶任务、天猫猜品牌和猜价格，下面分别来认识这4种玩法，看看其有什么特点。

答题推广

答题推广是卖家在麻吉宝的后台通过设计问答题的方式进行推广的一种模式，买家通过答题与卖家进行互动，如果买家没有回答正确将不会扣除卖家费用，只有当买家回答正确时才会扣费。为了更快地回答正确问题，买家会进入卖家店铺寻找答案，如图10-25所示的是答题推广展示方式。

图10-25　答题推广展示方式

二阶任务

二阶任务可以帮助卖家积累无线端的流量，卖家在麻吉宝后台发起召回任务，当手机用户在指定时间内完成规定的任务后即可获得集分宝。比如当店铺在进行大促销时便可以利用二阶任务完成大量引流。

天猫猜品牌

天猫猜品牌是针对天猫卖家的推广方式，用户通过“猜品牌”这一方式与卖家进行互动，同时加深买家对天猫品牌的印象，如图10-26所示的是天猫猜品牌在手机淘宝中显示的界面。

图10-26　天猫猜品牌页面

猜价格

猜价格推广方式是指卖家在麻吉宝后台设置的一款产品的专享优惠价，当买家猜对这款商品的优惠价后即可使用优惠价购买商品，这种推广方式让买家更容易下单成交，如图10-27所示的是猜价格的展示方式。

图10-27　猜价格展示方式

进入麻吉宝页面的入口有很多，包括手机淘宝、支付宝、旺信、一淘、淘粉吧、UC浏览器、天猫和惠锁屏，如图10-28所示的是在支付宝“服务窗”中的入口。

图10-28 在支付宝中的入口

10.4.2 麻吉宝的优势

通过对麻吉宝4种玩法的了解可以看出，麻吉宝与传统的广告营销推广方式是有区别的，那么，这种推广方式有哪些优势呢？下面就来具体分析。

● CPA计费模式

CPA计费模式是按照行为来计费，也就是说，只有当用户完成了商家设置的任务后才会产生费用，这种计费方式能保证每位用户都真实地参加了商家的麻吉宝活动，避免了无效的推广浪费。

● 流量入口多

麻吉宝拥有站内和站外多个无线端流量入口，避免了只从一个入口引流的局限性，使得卖家可以拓展不同渠道的无线端用户。

● 互动激励的营销模式

麻吉宝并不是让买家被动地接受广告信息，而是让买家主动参与到营销活动中来。

● 提高用户黏性

麻吉宝让卖家的推广创意变成用户互动“小任务”，在参与任务的过程中买家能够看到卖家更多的营销内容，同时买家还可以通过收藏店铺和领取优惠券的形式持续关注卖家，从而提高用户的黏性。

10.4.3 加入麻吉宝

了解麻吉宝的基本知识后，就来看看该如何加入麻吉宝。

要加入麻吉宝进行推广还需满足店铺主营类目准入条件，如表10-4所示。

表 10-4 麻吉宝准入条件

主营类目	麻吉宝准入条件
国货精品数码	不开放
处方药	不开放
自用闲置转让	不开放
隐形眼镜/护理液	不开放
服务商品	不开放

续表

主营类目	麻吉宝准入条件
床上用品	天猫开放
运动鞋new	天猫开放
手机	天猫开放
书籍/杂志/报纸	天猫开放
网店/网络服务/软件	天猫开放
网络设备/网络相关	天猫开放
电影/演出/体育赛事	天猫开放
酒类	天猫开放
手表	天猫开放
音乐/影视/明星/音像	天猫开放

从表10-4可以看出，麻吉宝主要是针对天猫卖家开放，如果是淘宝店铺则无法加入，下面就来看看加入麻吉宝都有哪些流程，如图10-29所示。

进入阿里妈妈麻吉宝主页面，单击“我要加入”按钮。

进入填写申请资料页面，填写卖家基本资料。

申请提交成功后，等待审核，审核成功后即可使用麻吉宝。

图10-29 麻吉宝开通流程

10.5 其他推广方式

小白：在阿里妈妈中还有其他推广方式吗?

阿智：阿里妈妈还提供了达摩剑、达摩盘、品牌实效和网销宝推广方式，下面就一起来看看吧。

在阿里妈妈营销平台中有两种通过数据来实现精准定位推广的产品，分别是达摩剑和达摩盘，这两种推广方式与其他推广方式结合起来使用，可以达到很好的营销效果。

10.5.1 达摩剑推广

达摩剑是阿里妈妈旗下最新推出的全域大数据营销平台，其能够通过数据把握住关键的营销瞬间，下面就来看看达摩剑都有哪些优势。

学习目标　认识达摩剑推广的优势

难度指数　★

● 定向更精确

如果在店铺营销过程中没有找准目标用户，那么这一营销将会成为无效营销。达摩剑利用了阿里真实人口属性数据，让广告直接按清晰人口属性定向投放。由于每个消费者都有自身的消费需求，达摩剑利用消费者的历史浏览记录来找准目标客户，将更适合消费者的产品展现在其眼前，真正实现精准覆盖。

● 提高投放效率

在营销过程中常会出现一个用户过多收看同一个广告的情况，这样会导致资源的浪费，同时也会使用户产生视觉疲劳。达摩剑通过跨屏和跨设备控制频次，有效地避免了重复投放，降低人群覆盖成本，使得营销效率得到提高。

● 全方位覆盖

达摩剑拥有一站式触达门户、垂直、视频、电商和社交等海量优质资源，PC端整合国内前500名知名网站，如图10-30所示。

淘宝网 Taobao.com

图10-30　达摩剑PC端门户推广网站

在移动端整合海量主流APP及移动Wap网站，如图10-31所示。

垂直

58同城　中关村在线 ZOL.COM.CN　汽车之家　ELLE

图10-31　达摩剑移动端推广平台

10.5.2 达摩盘推广

达摩盘是个性化营销需求解决方案，推广需求方可以从消费群体中通过自定义的标签来选择自己的目标客户，其具有以下几个方面优势。

学习目标　了解达摩盘产品优势

难度指数　★

● 方便的数据管理

卖家可以上传自己店铺中的数据到达摩盘中，使得碎片化的数据得到整合，让数据发挥最大的价值，同时也便于进行数据分析。

● 帮助进行营销定位

在保护用户隐私的前提下，达摩盘可以通过图表的形式分析目标消费群体，帮助卖家了解自己的店铺和消费群体类型，使得营销定位更加清晰。

● 了解推广效果

卖家要了解推广效果也可以在达摩盘中查看，通过分析投资回报率和点击率的变化来了解是否达到了预期的推广效果。

许多商家通过达摩盘取得了很好的营销效果，加入达摩盘的前提条件是商家必须是钻石展位商家。申请加入的方式很简单，只需进入达摩盘营销平台提交申请资料即可，如图10-32所示。

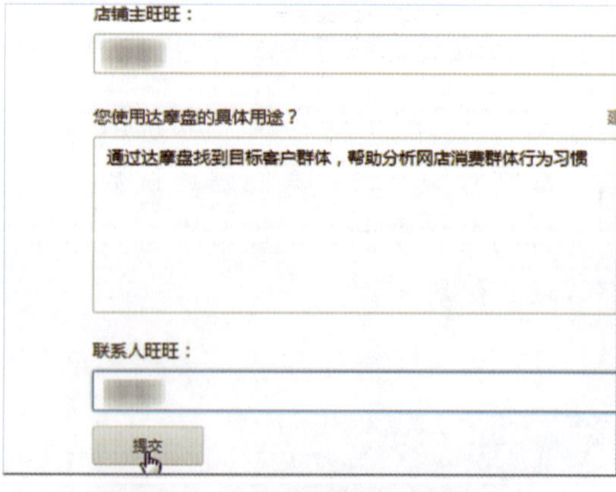

图10-32　达摩盘提交申请资料页面

提交申请资料以后，工作人员会在每周四完成当周申请名单的收集，周五完成审核及开通，开通信息将通过旺旺进行发送。如果在30天内商家无达摩盘花费，达摩盘将无法继续使用，再次使用需重新激活和通过审批。

10.6 网店的手机推广方式

小白：我看到许多网店都在进行手机淘宝的推广，我的网店需要进行手机端的推广吗？

阿智：当然需要，手机端的用户量与PC端已经平分秋色了，你的网店也需要抢占手机用户，下面就来看看如何推广你的手机店铺吧。

目前，手机淘宝用户已经超过了1.1亿，手机网购的规模更是迅猛增长，手机网购为用户网上购买提供了新的渠道，但是对于电商来说，却是一场新的机遇和挑战。

10.6.1 让买家分享宝贝

网店中的宝贝被人点击和浏览的次数越多，成交的概率也会越大，那么，如何才能使更多的人看到网店的宝贝呢？通过分享有礼的方式能找到更多的人来为商家宣传宝贝。

买家并不会免费为卖家做宣传，要让买家自愿为网店分享宝贝，首先用礼品来吸引买家分享，买家可以把宝贝分享到各个终端，包括微信、支付宝和QQ空间等。通过买家在这些渠道的宣传可以增加宝贝的曝光率。

如果店铺开通了分享有礼营销活动，当买家在进入宝贝详情页面后便可看到在宝贝标题旁有“分享有礼”四个字，如图10-33所示。

图10-33　分享有礼展示方式

分享有礼的礼品可以是支付宝红包、手机流量和优惠券等，下面就来看看如何开通分享有礼。

步骤01 进入卖家中心，在首页单击“手机营销专区”超链接，如图10-34所示。

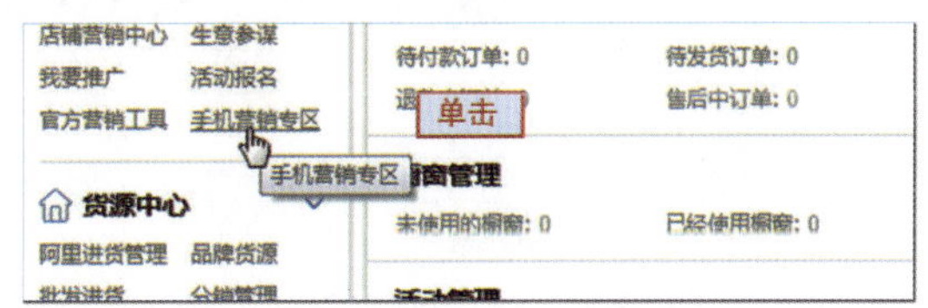

图10-34　准备进入手机营销专区

步骤02 在“分享有礼”栏中单击“马上创建”按钮，如图10-35所示。

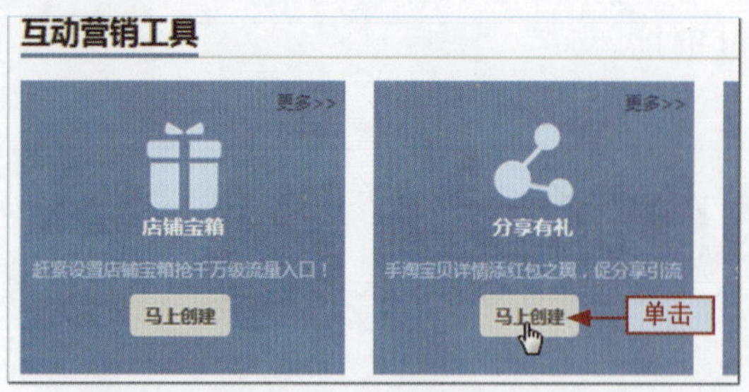

图10-35 选择分享有礼工具

步骤03 在打开的页面中单击“马上创建”按钮，如图10-36所示。

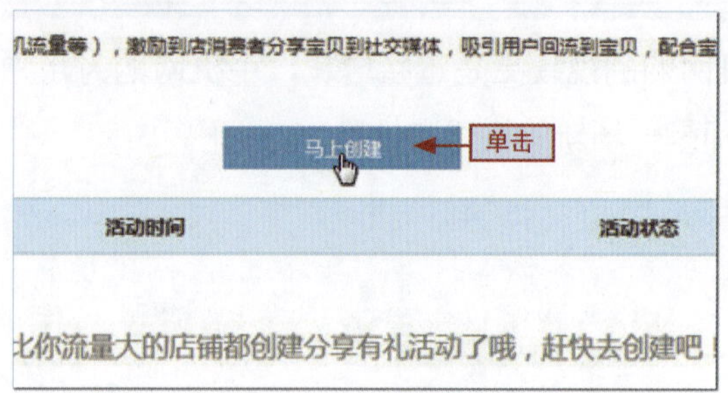

图10-36 准备创建

步骤04 ❶在打开的页面中设置活动名称、商品以及分享者奖品等，❷再单击“创建”按钮即成功设置，如图10-37所示。

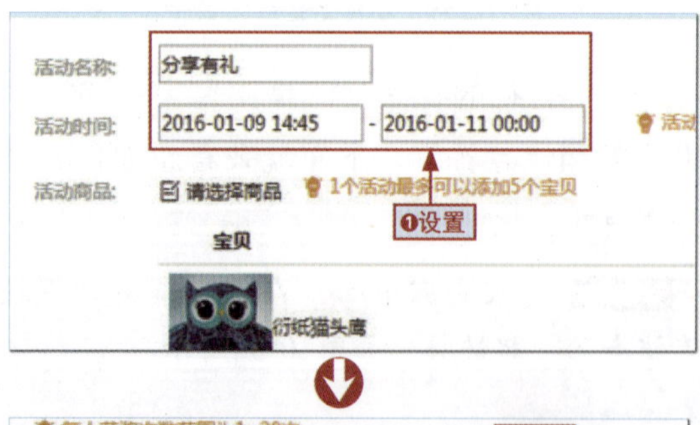

图10-37 创建活动

小绝招 要新建奖品

在创建活动前如果没有新建奖品池要进行新建，新建奖品池需要在客户关系管理页面的“平台权益”中进行创建，如图10-38所示是平台权益页面。

图10-38 平台权益页面

10.6.2 利用微淘推广

微淘是手机淘宝中的一种宣传推广工具，开通微淘后即可让网店商品在微淘中展示，下面就一起来认识微淘。

学习目标	简单认识微淘并掌握如何发布广播
难度指数	★★

微淘是手机淘宝产品之一，在微淘中买家可以关注自己感兴趣的账号，也可以看到最新的微淘动态，对商家来说微淘可以作为商家面向买家的移动电商平台。

微淘的入口在淘宝客户端主页下方的微淘导航中，进入微淘首页后可以看到微淘的展示方式，如图10-39所示。

图10-39　微淘首页展示方式

发布微淘广播的方法很简单，直接使用手机淘宝客户端就可以发布，下面就来看看具体该怎样操作。

步骤01 进入微淘首页，单击“+”按钮，如图10-40所示。

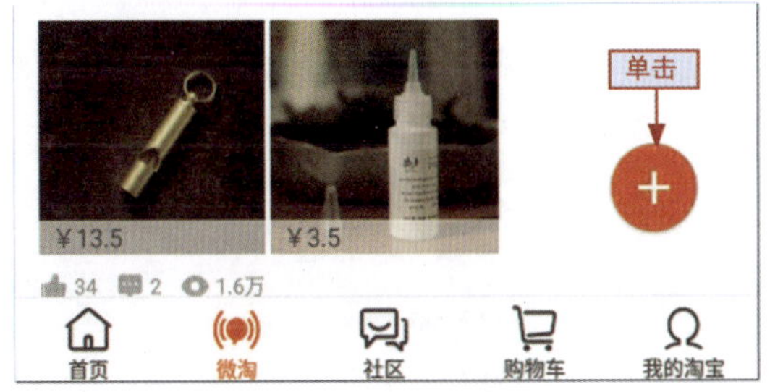

图10-40　进入微淘主页

步骤02 在打开的页面中单击“新建微淘广播”按钮，如图10-41所示。

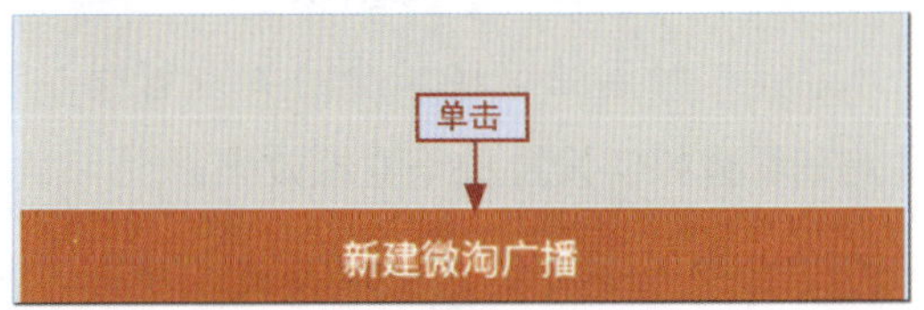

图10-41　准备新建微淘广播

步骤03 ❶在打开的页面中输入广播标题，❷添加商品，❸再单击“立即发布”按钮，如图10-42所示。

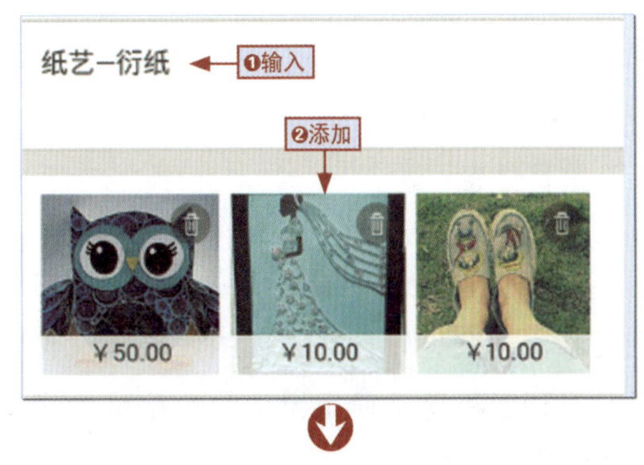

图10-42　发布微淘广播

除了在手机上可以发布微淘广播外，在计算机上也可以发布，电脑端的入口在无线运营中心(https://wuxian.taobao.com/)。

进入无线运营中心后，选择“发微淘”选项，进入页面后便可以发布微淘广播了，除此之外，还可以发商品、发活动和发互动。

发布微淘限制条件

前一自然月中未发送过微淘动态的商家，次月每天至多推送 1 条，前一自然月中有发送过微淘动态的商家且当月店铺账号的微淘月日均 uv（独立访客）< 1000 的商家，次月每天至多推送 1 条。前一自然月中有发送过微淘动态的商家，当月店铺账号的微淘月日均 uv ≥ 1000，次月每天至多推送 2 条。

给你支招 | 如何设置减现营销

小白：我看到有些网店的宝贝详情页面有拍下立减的标志，这是怎么回事？

阿智：这是网店的一种营销方式，被叫作减现，你的网店也可以实现拍下立减的效果，下面就来具体看一看。

拍下即可减钱，不用卖家手动改价即可实现买家拍下宝贝后自动减现的效果，这种营销方式相对于直接使用原来的价格标价销售更能吸引买家拍下付款，从而提高店铺的转化率。

拍下减现是在会员关系管理页面进行设置的，因此需要订购会员关系管理，订购操作如下所示。

步骤01 进入卖家中心，在首页单击“会员关系管理”超链接，如图10-43所示。

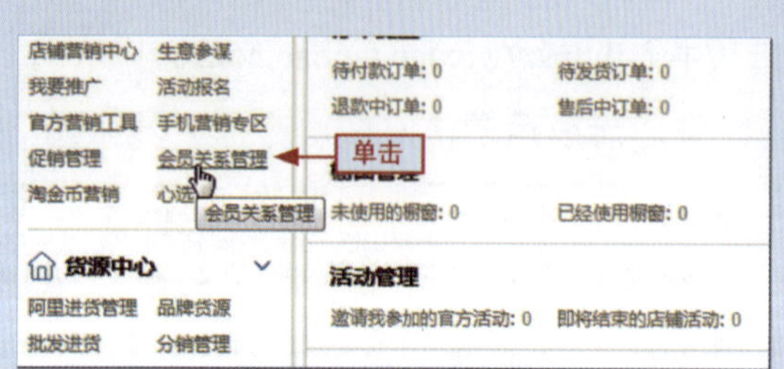

图10-43　进入卖家中心

步骤02 在打开的页面中单击“立即开通”按钮，如图10-44所示。

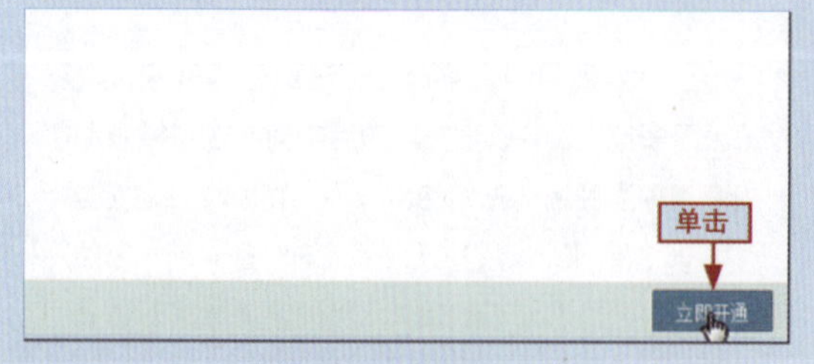

图10-44　准备开通

步骤03 ❶在打开的页面中选择周期，❷再单击“立即订购”按钮，如图10-45所示。

图10-45　订购会员关系管理

步骤04 在打开的页面中单击“同意协议并付款”按钮，如图10-46所示。

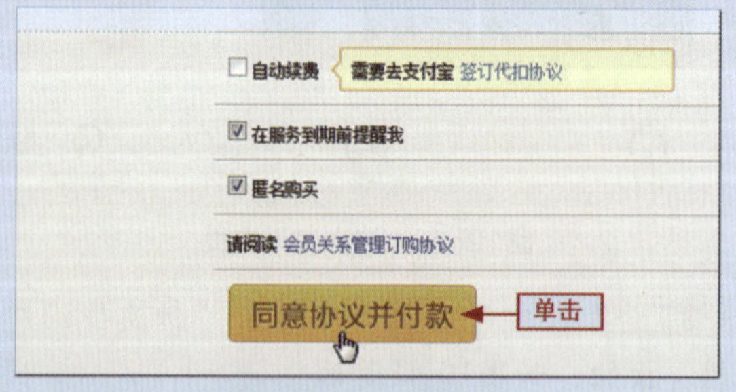

图10-46　同意协议

完成支付后即可使用会员关系管理，下面就来看看如何设置拍下立减效果。

步骤01 进入会员关系管理页面，单击“营销工具”超链接，如图10-47所示。

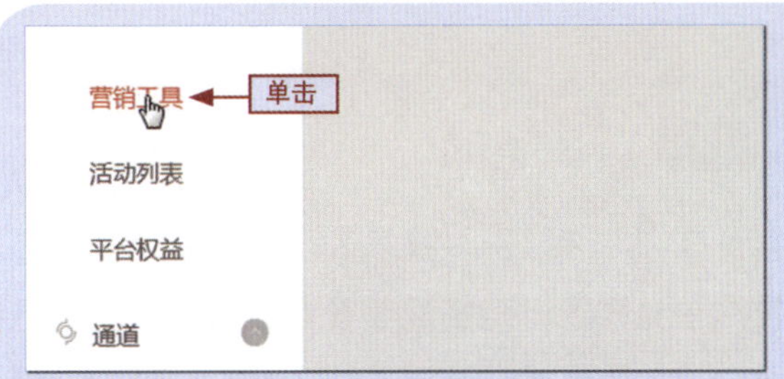

图10-47　进入会员关系管理页面

步骤02 在打开的页面中单击“减现”超链接，如图10-48所示。

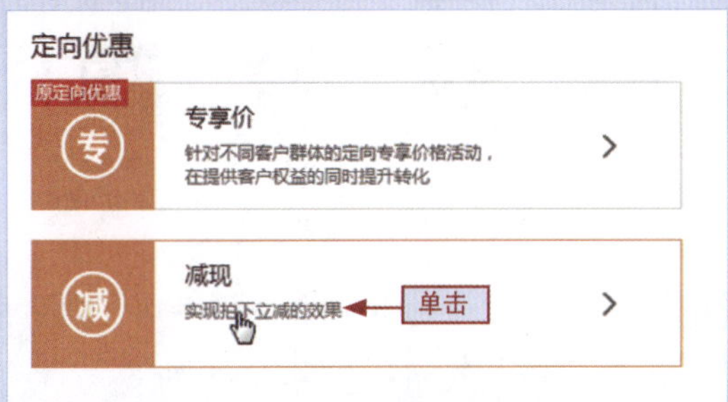

图10-48　准备设置减现

步骤03 ❶在打开的页面中选中相应活动对象前面的单选按钮，❷单击“下一步”按钮，如图10-49所示。

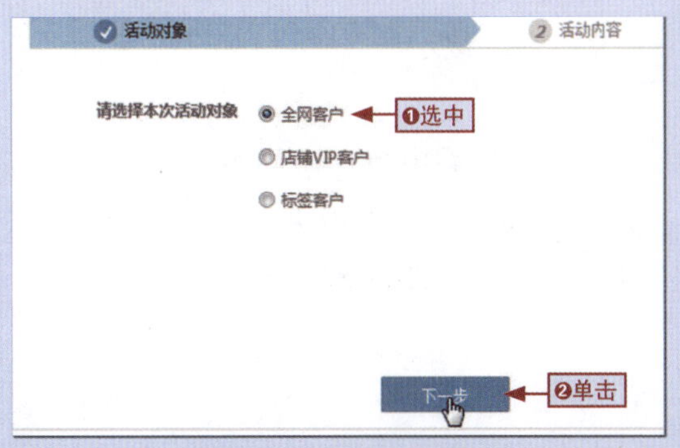

图10-49　选择活动对象

步骤04 ❶在打开的页面中填写活动名称、活动时间和促销方式等，❷单击“确定提交”按钮，如图10-50所示。

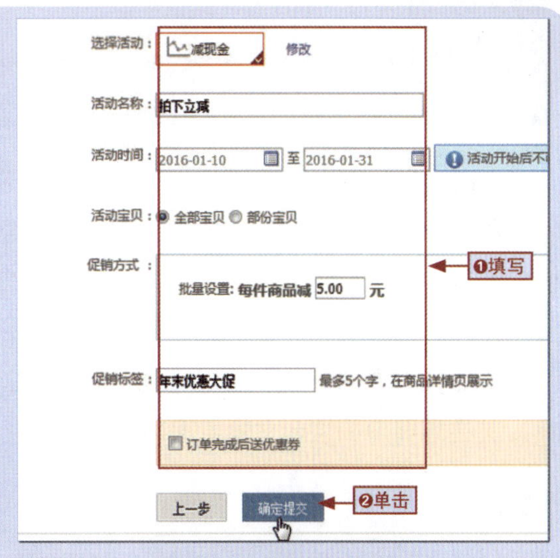

图10-50　填写活动内容

步骤05 在打开的页面中单击“确认”按钮，即可成功创建，如图10-51所示。

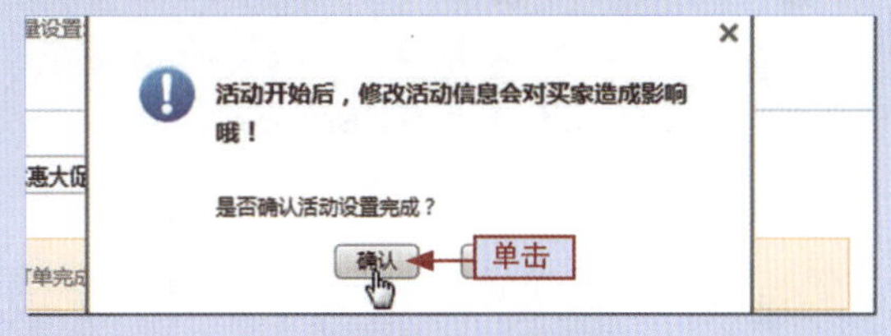

图10-51　完成减现

使用其他营销工具

在会员关系管理中除了可以使用减现营销工具外，还可以使用红包营销、优惠券营销、专享价营销、打折营销、包邮营销和新人礼包营销工具，如图 10-52 所示。

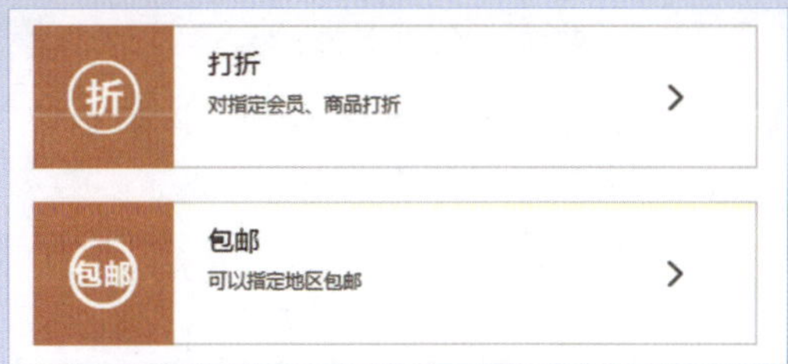

图10-52　其他营销工具

给你支招 | 使用搭配套餐推广

小白：阿智，我看到许多网店都在进行搭配套餐推广，你能告诉我怎么设置搭配套餐吗？

阿智：当然可以。要在网店中进行搭配套餐推广首先需要订购搭配套餐营销工具，再进行设置即可，下面一起来看看具体该如何操作。

搭配套餐是许多卖家都会使用的营销工具，其在店铺中的展示方式如图10-53所示。

图10-53　搭配套餐展示方式

搭配套餐是将几种产品组合起来销售，以促销套餐的形式让买家一次性购买更多的宝贝，下面就来看看如何订购搭配套餐营销工具。

步骤01 进入卖家中心，单击"我要推广"超链接，如图10-54所示。

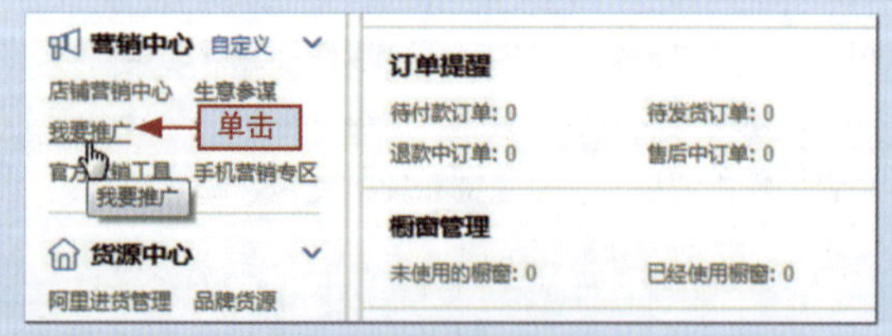

图10-54　进入卖家中心

步骤02 在打开的页面中单击"搭配套餐"超链接，如图10-55所示。

图10-55　选择营销工具

步骤03 ❶在打开的页面中选择周期，❷再单击"立即订购"按钮，如图10-56所示。

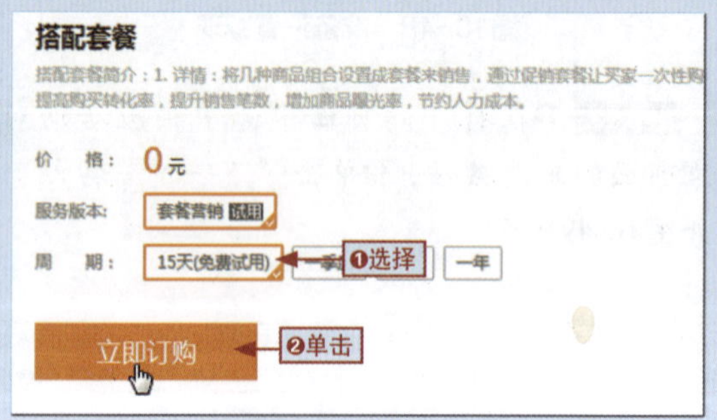

图10-56　选择周期

步骤04 在打开的页面中单击"同意协议并付款"按钮，如图10-57所示。

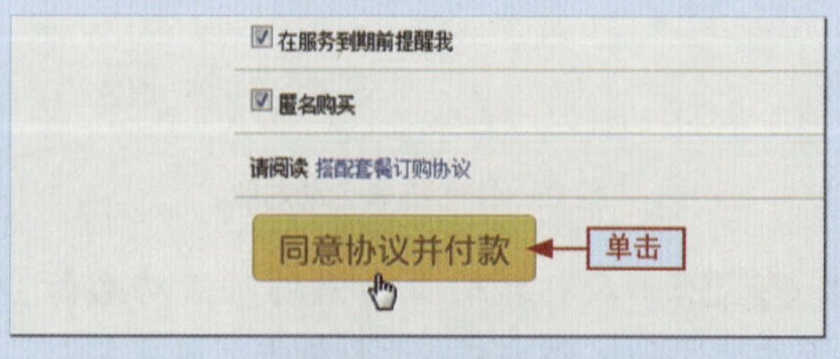

图10-57　同意协议

完成以上步骤后便成功订购了搭配套餐营销工具，下面一起来看看如何创建搭配套餐。

步骤01 进入卖家中心，单击"促销管理"超链接，如图10-58所示。

图10-58 进入卖家中心

步骤02 在打开的页面中选择"优惠活动"选项，如图10-59所示。

图10-59 进入商家营销中心

步骤03 在打开的页面中选择"搭配套餐"选项，如图10-60所示。

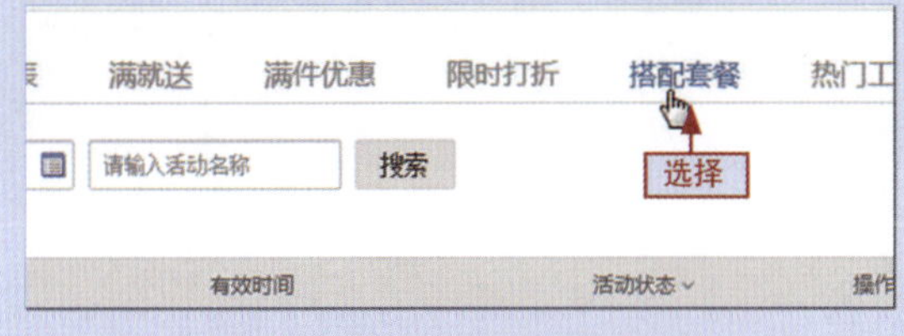

图10-60 准备创建搭配套餐

步骤04 在打开的页面中单击"创建搭配套餐"按钮，如图10-61所示。

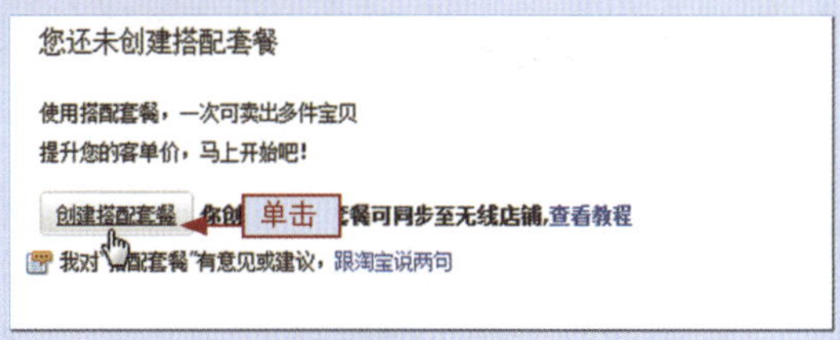

图10-61 进入创建搭配套餐页面

步骤05 ❶进入设置基本信息页面，输入套餐标题，❷单击"添加搭配宝贝"按钮，如图10-62所示。

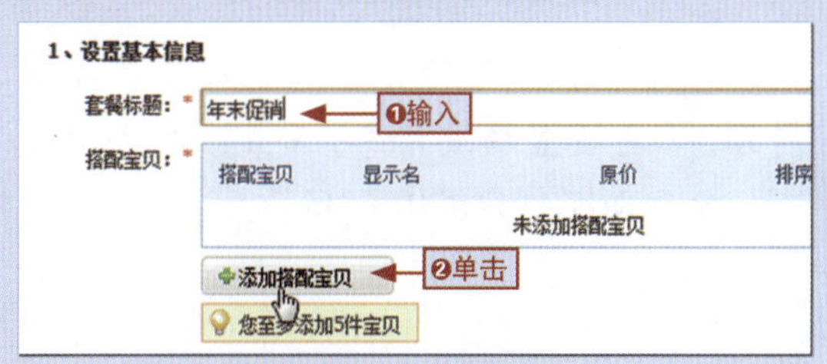

图10-62 填写标题

步骤06 ❶在需要添加的商品栏中单击"添加"按钮，❷再单击"保存"按钮，如图10-63所示。

图10-63 添加套餐商品

步骤07 在"套餐商品价格"文本框中输入套餐价格，如图10-64所示。

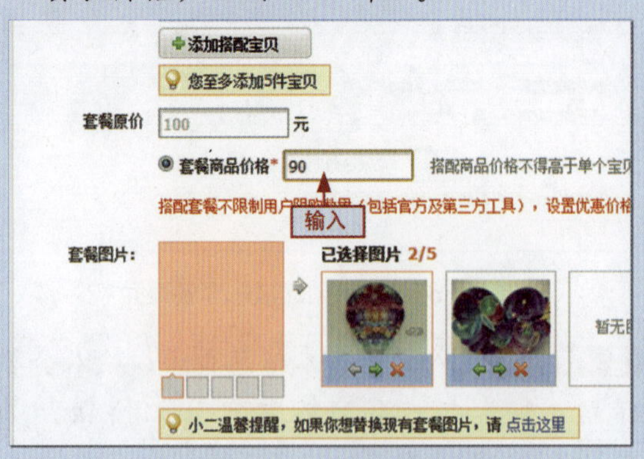

图10-64 设置套餐价格

步骤08 ❶在打开的页面中输入套餐描述内容，❷再设置物流信息，❸最后单击"发布"按钮即可，如图10-65所示。

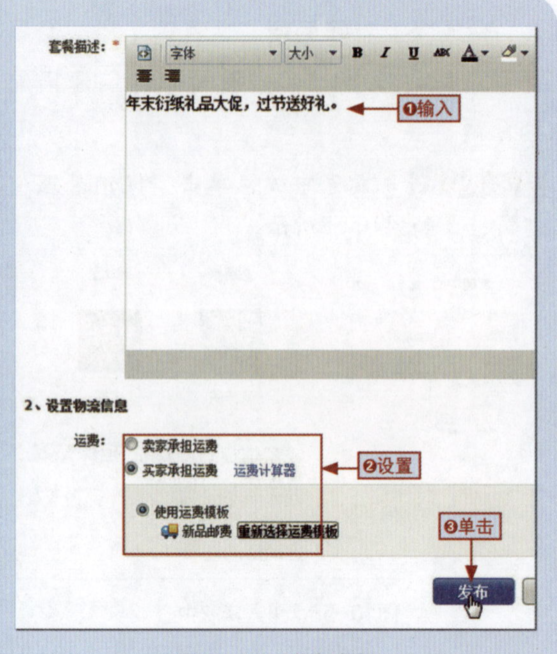

图10-65 发布套餐

Chapter 11

巧用官方活动助推广

学习目标

淘宝网开展了各种官方活动，包括淘金币、免费使用和天天特价等，这些活动频道可以作为卖家推广店铺和宝贝的入口，本章我们就来看看如何在这些活动频道中进行营销推广。

本章要点

- 认识淘金币
- 开展淘金币营销活动
- 加入淘宝试用的条件
- 认识天天特价
- 淘宝清仓的两种类型
- 加入淘宝清仓
- 聚划算如何收费
- 聚划算的几种参团方式

知识要点	学习时间	学习难度
掌握如何进行淘金币推广	50 分钟	★★
掌握如何加入免费使用中心	40 分钟	★★
学会使用天天特价推广	50 分钟	★★
掌握淘宝清仓和聚划算推广	60 分钟	★★★

11.1 利用“淘金币”进行推广

小白：淘宝网上每天都可以领取淘金币，淘金币对网店推广有什么作用？

阿智：买家领取淘金币后可以用来购物抵现，卖家加入淘金币活动后，便可以拥有 1.8 亿的淘金币用户，并且转化率也会相应提高。

淘金币实际上是一种虚拟积分，买家可以使用淘金币刮红包、抵扣现金和兑换权益，由于淘金币给买家带来了优惠，因此积累了不少具有黏性的淘金币用户，对卖家来说，淘金币则是一种营销推广的好工具。

11.1.1 认识淘金币

随着淘金币用户日益增加，淘金币活动也逐渐丰富起来，目前，淘金币活动类型主要有两种，即品牌汇和主题购，下面将进行具体介绍。

1. 品牌汇

品牌汇是各类优秀品牌的卖家独立成立的主题，每一商家的主题活动可以进行 3 天，其有单独的活动主页，并且能够在淘金币的主页展示，在淘金币 PC 端主页的展示方式如图 11-1 所示。

学习目标　了解品牌汇

难度指数　★

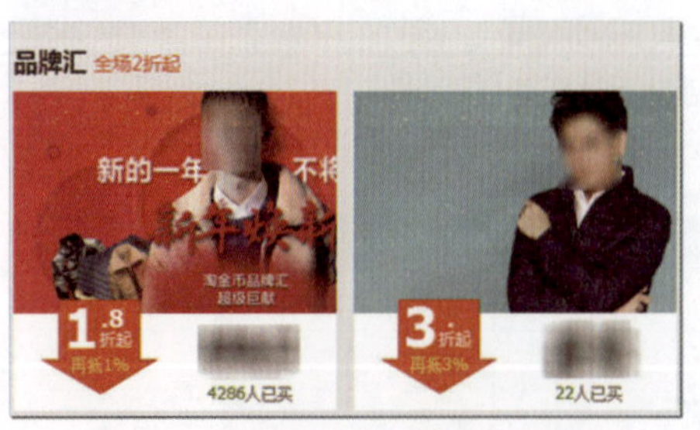

图11-1　品牌汇PC端展示方式

在手机端，是在淘金币主页中的“品牌折扣”页面中单独展示，如图 11-2 所示。

图 11-2　品牌汇手机端展示方式

品牌汇适合于集市头部的品牌商家。商家参与品牌汇活动不需要缴纳佣金，但是需要支付一定量的淘金币、兑换商品和保证金。

2. 主题购

主题购是以一个主题多个商家参与的形式开展淘金币活动，它和品牌汇一样都有单独的活动页面。在PC端的展示方式如图11-3所示。

图11-3 主题购PC端展示方式

在手机端主题购的展示方式，如图11-4所示。

图11-4 主题购手机端展示方式

主题购适合于集市头部品牌商家和集市类目TOP商家，需要支付的活动费用与品牌汇相同。

小绝招 淘金币的其他展示渠道

淘金币除了会展示在淘金币频道中以外，还会展示在自己店铺中的宝贝详情页和活动页中，在手机端的搜索结果页中也会进行展示。

11.1.2 开展淘金币营销活动

并不是所有的卖家都可以加入淘金币活动进行营销，申请加入淘金币主题活动的卖家必须符合一定的条件。

淘宝网针对参与淘金币主题营销活动的淘宝卖家制定了如下的店铺准入要求，如图11-5所示。

1. 符合《淘宝网营销规则》。
2. 店铺开通卖家淘金币账户，设置全店抵扣。
3. 店铺淘金币数量≥0。
4. 因为出售假冒商品(C类)被处罚的卖家不得报名。
5. 店铺内非虚拟交易占比≥90%，虚拟类目(如本地生活、房产和卡券类等)除外。

图11-5 淘宝卖家准入条件

如果是天猫卖家则要求符合《天猫营销活动报名基准规则》和天猫各类目的行业资质标准，并且满足图11-5所示的第2、3、5点规定。

若天猫卖家因虚假交易被违规扣分达48分及以上的，将被永久限制参加淘金币营销活动，其他因虚假交易被违规处理则限制参加营销活动90天。除了对店铺有要求外，对于在淘金币中开展营销活动的商品同样有要求，具体要求如图11-6所示。

1. 满足商品基本资质。
2. 淘金币抵扣比例(淘宝、天猫国际)≥1%。
3. 活动内容有商品图片、标题和详情。
4. 活动结束后15天内，不得以低于淘金币活动的折扣价报名其他营销活动或在店内进行促销。
5. 图片像素要求600px×450px，大小在1M以内，不得出现水印、Logo和文字信息等。
6. 活动标题要求突出淘金币活动氛围，比如满两件减20元等。

图11-6　参与淘金币活动的商品基础要求

参与淘金币营销活动首先需要开通淘金币账户，下面就来看看该如何开通淘金币账户。

步骤01 进入淘金币首页(https://taojinbi.taobao.com/)，单击“卖家中心”超链接，如图11-7所示。

赚金币、得红包，新技能get√
金币乐园
游戏厅
我的淘金币
卖家中心
单击
海量大牌超值热卖
囤年货第一波

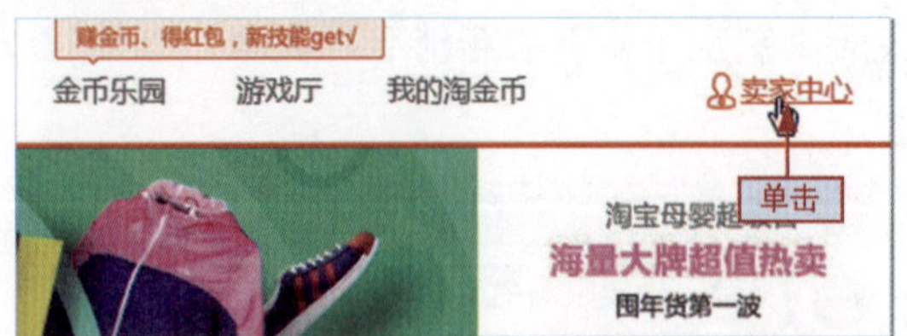

图11-7　进入淘金币首页

步骤02 在打开的页面中选择“淘金币账户”选项，如图11-8所示。

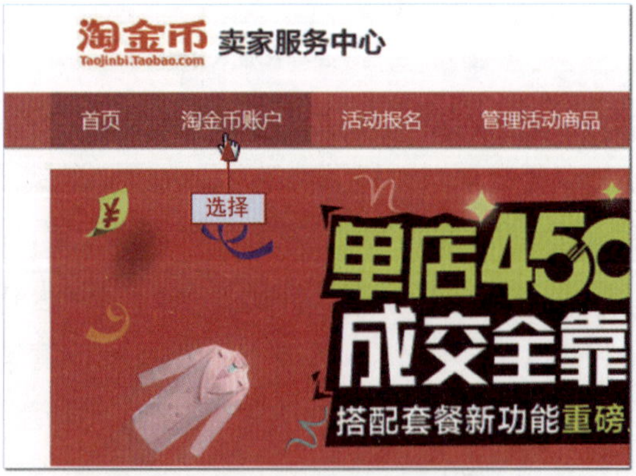

淘金币 卖家服务中心
Taojinbi.Taobao.com
首页
淘金币账户
活动报名
管理活动商品
选择
单店450
成交全靠
搭配套餐新功能重磅

图11-8　进入淘金币卖家中心

步骤03 在打开的页面中单击“立即申请淘金币账户”按钮，如图11-9所示。

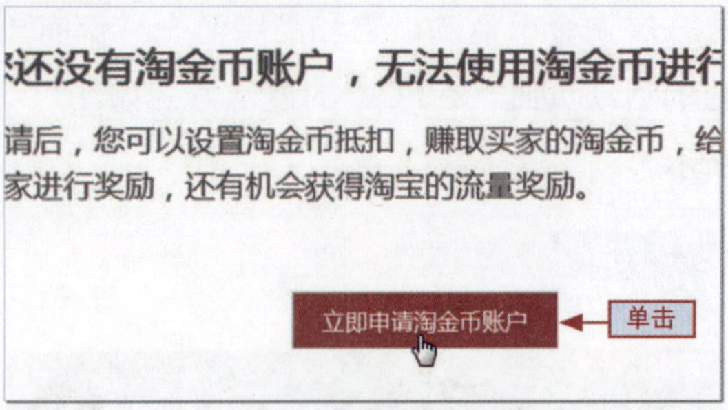

还没有淘金币账户，无法使用淘金币进行
请后，您可以设置淘金币抵扣，赚取买家的淘金币，给
家进行奖励，还有机会获得淘宝的流量奖励。
立即申请淘金币账户
单击

图11-9　准备申请开通

步骤04 进入阅读《淘金币账户服务协议》页面，阅读完成后单击“同意协议并申请账户”按钮，如图11-10所示。

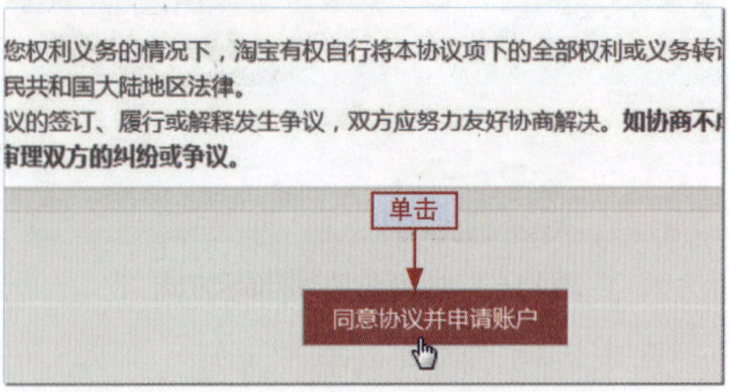

您权利义务的情况下，淘宝有权自行将本协议项下的全部权利或义务转
民共和国大陆地区法律。
议的签订、履行或解释发生争议，双方应努力友好协商解决。如协商不
审理双方的纠纷或争议。
单击
同意协议并申请账户

图11-10　同意协议

步骤05 在弹出的页面中单击“确认”按钮即可开通，如图11-11所示。

恭喜您，申请成功。点击确认返回至淘
金币账户首页
单击
确认

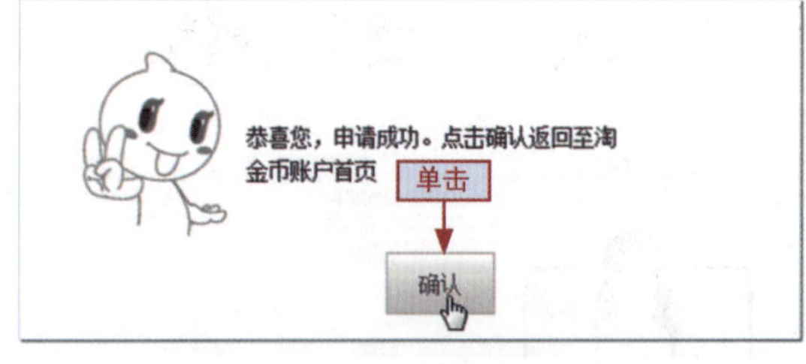

图11-11　完成开通

完成淘金币账户的开通后便可以在账户中设置购物送金币、淘金币抵现和店铺签到送淘金币等营销活动。下面就来看看该如何开通营销活动。

步骤01 进入淘金币账户首页，选择活动类型，单击相应活动中的“立即运行活动”按钮，如图11-12所示。

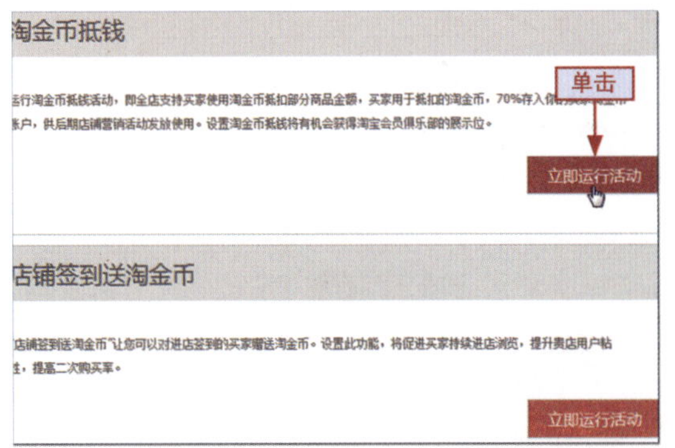

图11-12　选择活动类型

步骤02 ❶在打开的页面中设置抵扣比例，❷单击“同意开通”按钮，如图11-13所示。

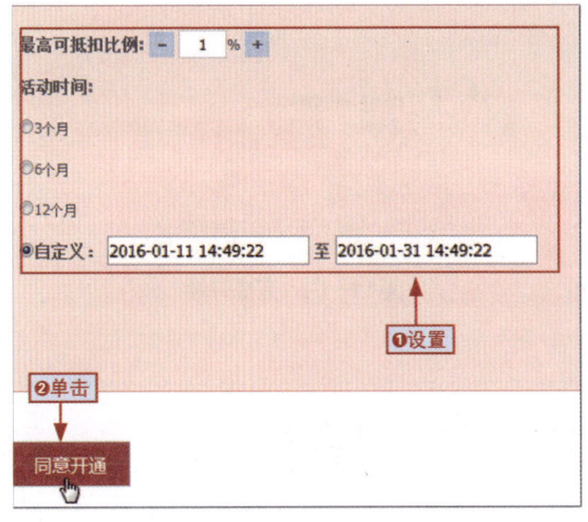

图11-13　设置抵扣比例

步骤03 在打开的页面中单击“确定开通”按钮即可完成开通，如图11-14所示。

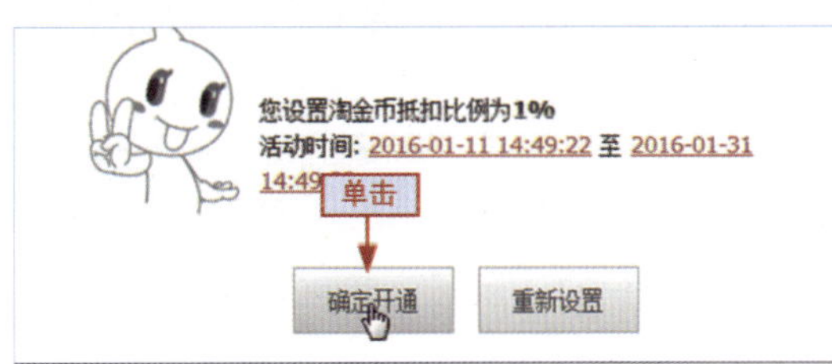

图11-14　完成开通

如何参与主题购和品牌汇活动

在淘金币账户中运行抵现活动后并不能保证宝贝在淘金币首页出现，如果要让店铺或者商品在淘金币首页显示，可以加入主题活动，比如品牌汇和主题购，加入需满足准入条件并进行报名。进入活动报名中心后可以选择不同的通道完成报名，如图11-15所示。

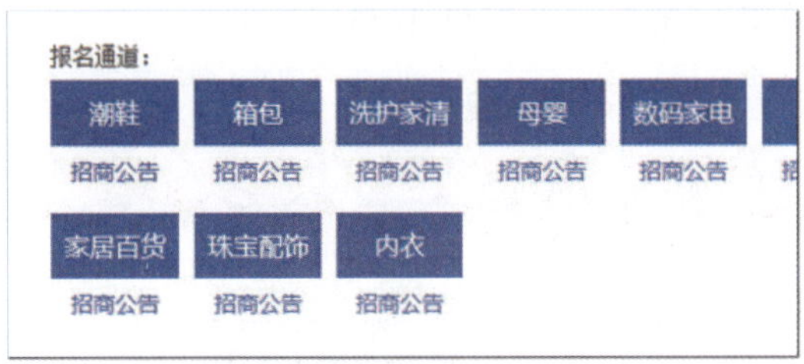

图11-15　淘金币主题活动报名入口

11.1.3 巧用淘金币

不仅买家可以使用淘金币，卖家同样可以使用，卖家可以使用淘金币开展各种营销活动，比如让买家分享店铺、分享宝贝以及收藏店铺等，下面来看看如何巧用淘金币。

卖家设置淘金币抵现活动后，当买家购买商品后便可以抵扣一定的现金，同时，卖家会获得买家抵现的淘金币。卖家赚取的淘金币不能放在账户中置之不理，而要用于营销活动中，这样才能发挥淘金币的价值。目前，淘宝网提供了8种花淘金币的店铺营销活动，分别是购物送淘金币、店铺签到送淘金币、分享店铺送淘金币、分享宝贝送淘金币、收藏店铺送淘金币、评价送淘金币、微淘新人送淘金币和淘口令送淘金币。

淘金币对买家来说是一种优惠，买家也需要赚取淘金币才能获得抵现的实惠，因此在店铺中开展各种分享送金币的活动能够吸引到足够多的买家。

花淘金币营销活动可以根据店铺营销推广的实际需要进行选择，下面来看看如何开通花淘金币运行活动。

步骤01 进入淘金币账户中心，单击“花淘金币”按钮，如图11-16所示。

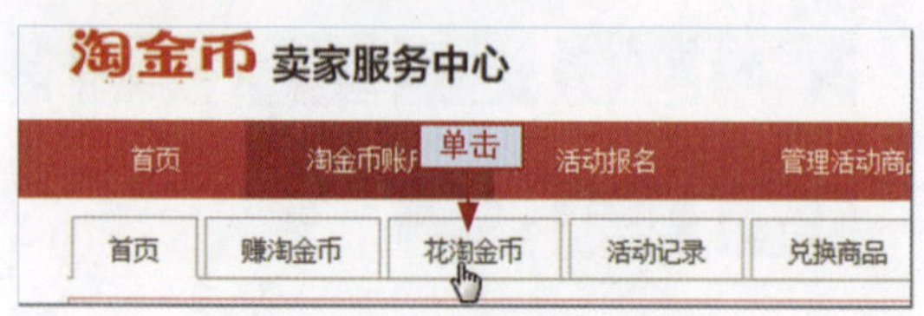

图11-16 进入账户中心

步骤02 在打开的页面中选择活动类型，单击“立即运行活动”按钮，如图11-17所示。

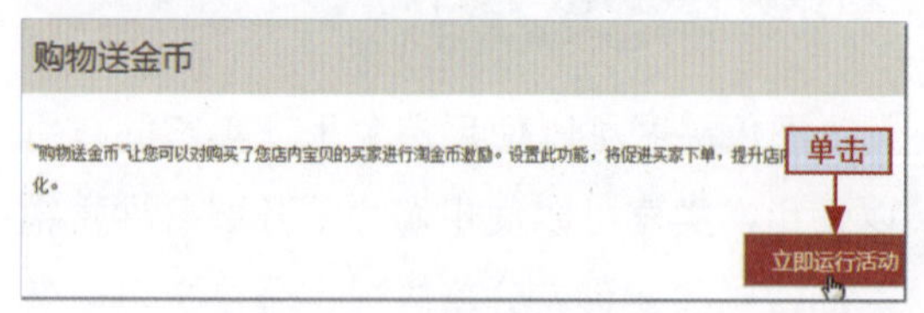

图11-17 选择活动类型

步骤03 ❶在打开的页面中设置淘金币预算数量和活动时间，❷单击“确定开通”按钮，如图11-18所示。

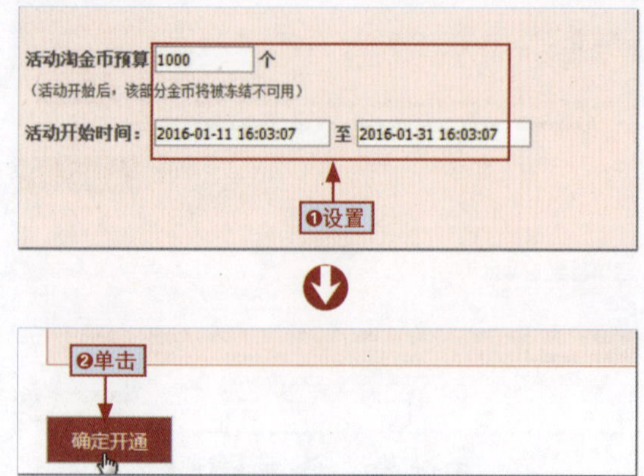

图11-18 设置淘金币预算和开始活动时间

步骤04 在打开的页面中单击“确认开通”按钮即完成开通，如图11-19所示。

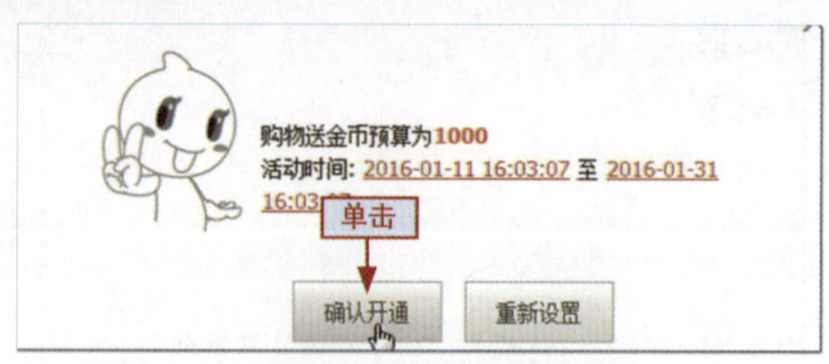

图11-19 完成开通

11.2 免费试用增加顾客数量

阿智：小白，你知道怎么利用免费试用帮助提升店铺品牌形象吗？

小白：免费试用还有提高店铺品牌形象的作用？

阿智：当然，免费试用可是集用户营销、活动营销、口碑营销和商品营销为一体的营销导购平台，可以帮助卖家提升店铺活跃度和品牌价值。

免费试用是一个试客分享平台，当用户进行免费试用后会分享试用感受，对卖家网店给予客观的评价，从而给其他买家的购买行为提供决策依据，用户的试用报告常常更具说服力，从而达到了很好的营销推广效果。

11.2.1 加入淘宝试用的条件

卖家在淘宝试用中心通过提供免费试用产品可以导入流量，试用报告还会形成口碑效应，那么，加入免费试用对卖家有哪些要求呢？具体内容如下。

学习目标 了解加入免费试用对卖家的要求
难度指数 ★★

卖家必须符合一定的条件才能加入免费试用中心，具体要求如图11-20所示。

1. 集市店铺的信用等级在1钻以上，加入消保，店铺综合评分4.6分以上，90天内没有因产品质量被投诉。

2. 商城（良品）店铺要求综合评分4.6分以上。

3. 确保试用产品必须为原厂商出产的合格和全新产品，在保质期内，不能用分装、DIY自制以及无商标无品牌的产品。

4. 食品卖家必须填写“食品生产许可证编号（QS编号）”属性。

5. 美容、彩妆及日化洗护类商品必须有假一赔三资质或分销平台品牌授权标识。

图11-20 免费试用报名条件

当用户被选为免费试用会员后，卖家就需要进行试用产品的发放，发放的类型主要有3种，具体内容如下。

● 订单发放

订单发放是指卖家采用0元订单发放的形式，当用户申请成功试用后，即生成订单，卖家则按照订单的形式发货，如果卖家未在90天内发货，那么将会被试用中心永久拉黑。

● 即时发放

即时发放是指用户在申请试用成功后，卖家即时在线发放，同时用户可以在线领取试用商品。

● 名单发放

名单发放是指试用商品采用名单发放形式，卖家在活动期间会收到试用名单，活动结束后会自动产生试客名单，卖家将按照该名单发放试用商品。

试用商品在参加试用期间需要保持在线，是可购买的状态。同时，商品不能设置地域限制(除港澳台、海外，其他均需发货)，不能在运费模板中少设置某地，导致用户不能下单。

11.2.2 加入试用中心

卖家如果满足加入试用中心的条件，便可申请参与试用活动，下面就来看看具体该如何操作。

步骤01 进入淘宝试用中心，选择商家报名下拉菜单中的“我要报名试用”命令，如图11-21所示。

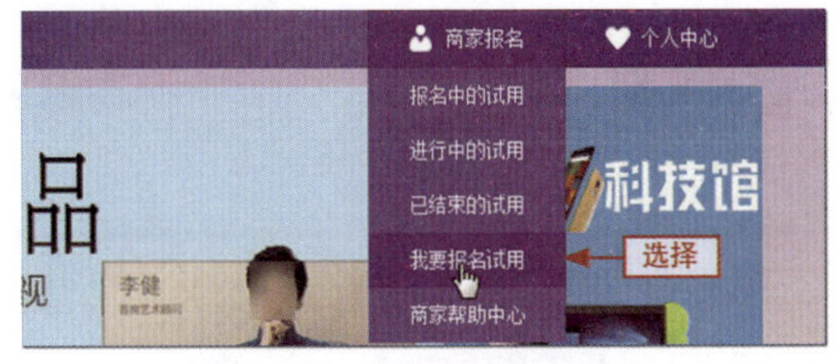

图11-21 进入淘宝试用中心

步骤02 在打开的页面中单击“报名免费试用”按钮，如图11-22所示。

图11-22 进入商家报名中心

步骤03 进入选择排期页面，选择时间，再单击“我要报名”按钮，如图11-23所示。

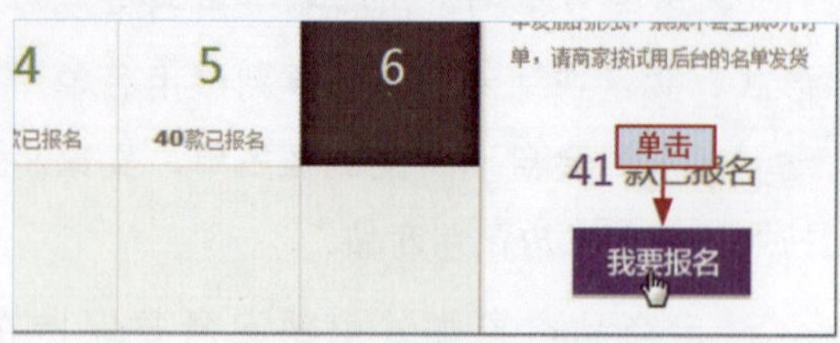

图11-23 选择排期

步骤04 进入填写试用品信息页面，填写宝贝链接、试用品标题以及提供数量等，如图11-24所示。

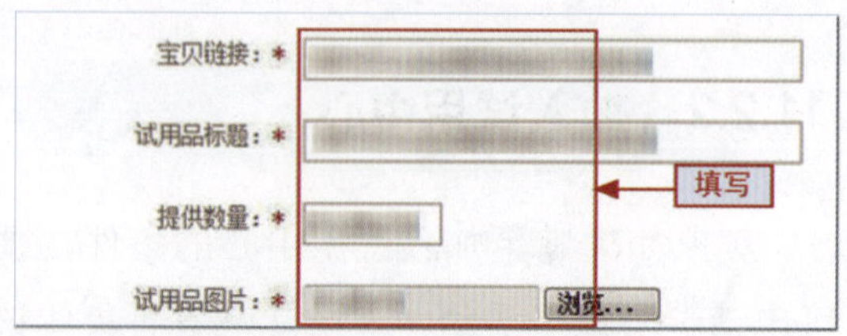

图11-24 填写试用报告

步骤05 ❶进入填写商家信息页面，填写联系人和联系电话，❷再单击“提交报名申请”按钮即可，如图11-25所示。

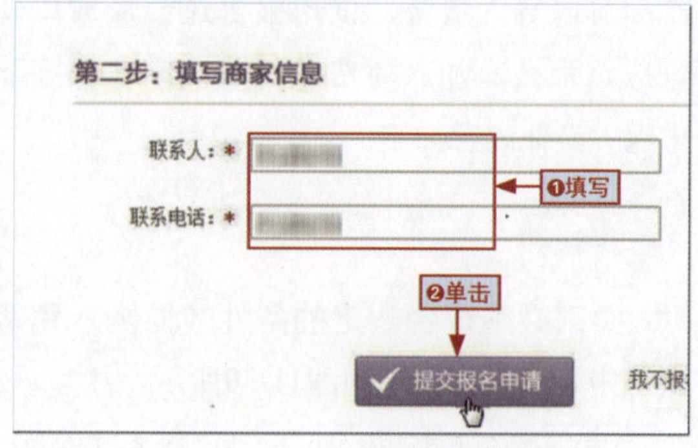

图11-25 填写商家信息

填写成功后需要等待审核，审核成功后会通过旺旺发送审核通过通知，审核未通过也会通过旺旺窗口弹出通知，审核的时间为排期前至少3天。

11.3 让天天特价刺激消费

小白：我的网店已经加入了淘金币推广，我想增加推广渠道，还可以利用淘宝哪些官方活动进行推广呢?

阿智：可以加入天天特价活动频道，这个频道致力于扶持中小卖家，活动不收费，是很实用的营销推广平台。

天天特价是一个扶持中小卖家发展的营销平台，在这个平台上卖家可以通过促销折扣和限时抢购的方式来推广店铺，也让更多的买家进入店铺选购物美价廉的宝贝，使店铺获得更多流量，使买家和卖家都能得到实惠。

11.3.1 认识天天特价

天天特价频道中展示的宝贝都是淘宝店铺中优质且实惠的商品，其扶持的是中小卖家，因此只招商集市卖家，下面就来详细了解天天特价的展示方式和招商规则。

● 天天特价展示方式

在淘宝网PC端和手机端都有天天特价的入口和主页，在PC端其主页展示方式如图11-26所示。

图11-26 天天特价PC端展示方式

在手机端，天天特价主页的展示方式如图11-27所示。

图11-27 天天特价手机端展示方式

● 招商规则

虽然天天特价扶持的只是中小卖家，但并不代表所有卖家都可以无条件准入，对加入天天特价的店铺有以下要求，如图11-28所示。

1.报名“类目活动”的店铺信用等级为“三星至五钻”，报名“10元包邮”的店铺信用等级为“三星及以上”。

2.店铺的开店时间需≥90天。

3.店铺需加入消费者保障服务且保证金余额≥1000元，并且已加入“7天无理由退换货”服务。

4.实物宝贝交易≥90%，虚拟类目（如生活服务、教育、房产和卡券类等）除外。

5.近半年店铺非虚拟交易的DSR评分三项指标分别不得低于4.7。

6.因严重违规被处罚的卖家，包括B类和C类，不能参加天天特价。

图11-28 加入天天特价的店铺要求

对参加天天特价活动的商品有以下要求，如图11-29所示。

1.商品库存需满足50～2000件（含50件和2000件）。

2.商品最近30天的交易成功订单数量需≥10件，且活动价格需低于最近30天交易的最低价格。

3.报名的商品必须全国包邮（港澳台除外），活动结束后不得低于天天特价活动的价格促销商品。

图11-29 加入天天特价的商品要求

11.3.2 选择活动方式

天天特价目前提供了三大活动，分别是类目活动、10元包邮和主题活动。10元包邮和主题活动是日常活动，主题活动是不定期开设的，主要包括淘世界和冲冠特惠两大主题活动。下面就来认识这几种活动方式，帮助卖家选择适合的活动类型。

学习目标 认识天天特价的几种活动方式

难度指数 ★

● 10元包邮

10元包邮商品展示在10元包邮栏目中，里面的商品每天0点上新，展示方式如图11-30所示。

图11-30 10元包邮展示方式

类目活动

类目活动只展示在类目详情页面中，也会随机展示在首页中。当买家选择不同的分类后，在该分类下的天天特价活动商品即会展示出来，如图11-31所示。

图11-31 零食特产类目活动

主题活动

主题活动中的淘世界每周有两期，分别是每周一至周三和每周四至周日，展示方式如图11-32所示。

图11-32 淘世界展示方式

淘世界对店铺星级要求更高，要求为一钻及以上，5金冠及以下，同时商品DSR、服务质量和卖家发货三项指标都要≥4.7。

参加淘世界的商品要求产地为境外，价格需≤100元，库存≥50件，每一个卖家只能报名两款商品。

主题活动中的冲冠特惠活动与淘世界开展活动的时间相同，加入活动的商品库存要求更高，需满足100~20000件(含100件和20000件)。店铺等级要求店铺信用等级为“三钻～五钻”，近30天内进行过无线店铺装修，每期冲冠特惠活动的主题会有所不同。

11.3.3 加入特价的报名方式

加入天天特价是以报名的方式进行的，报名过程中主要有三大步骤，分别是阅读招商规则、选择栏目和填写报名信息，下面就来看看具体该如何操作。

步骤01 进入天天特价首页(https://tejia.taobao.com/)，选择“商家中心”下拉菜单中的“商家报名”命令，如图11-33所示。

图11-33 淘世界展示方式

步骤02 在打开的页面中选择活动时间，单击其日期超链接，如图11-34所示。

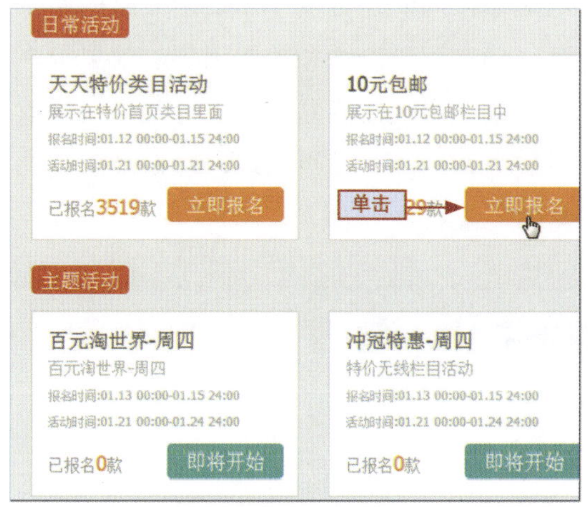

10	11 主题	12	13	14 主题	15
17	18 主题	19	20	21 主题	22
24	25 主题	26	27	28 主题	29

图11-34 选择活动日期

步骤03 在打开的页面中选择活动方式，比如单击“10元包邮”栏中的“立即报名”按钮，如图11-35所示。

图11-35 选择活动类型

步骤04 在打开的页面中阅读活动说明，再单击“我要报名”按钮，如图11-36所示。

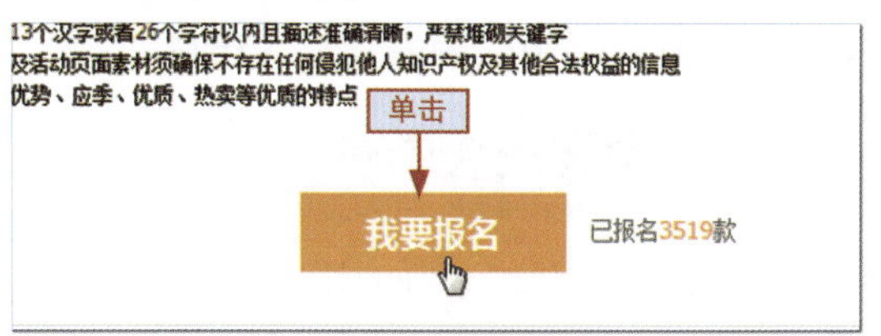

图11-36 阅读活动说明

步骤05 进入填写商品信息页面，填写宝贝链接和宝贝名称等，如图11-37所示。

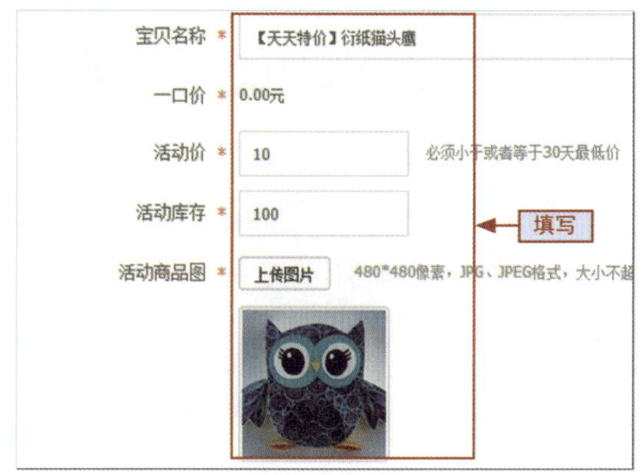

图11-37 填写商品信息

步骤06 ❶进入填写商家信息页面，填写联系人、联系电话和邮箱，❷选中“我已阅读……”复选框，❸再单击“提交申请”按钮，如图11-38所示。

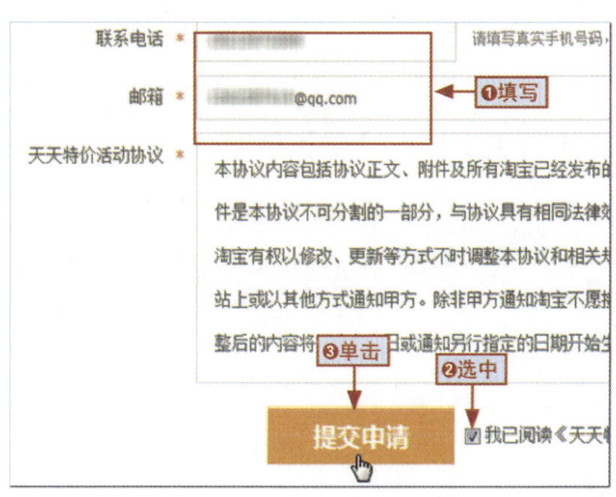

图11-38 提交申请

报名成功后需要等待审核，活动审核时间一般为7天，活动开始前两天会发出审核结果，通过旺旺和短信的形式发送审核通知。

11.3.4 做好天天特价

卖家要利用天天特价取得效果的最大化，还需要掌握一定的技巧，下面就来看看具体有哪些做法。

学习目标 掌握天天特价营销技巧

难度指数 ★★

● 选择活动商品

在参加活动前就应该选择好商品，保证商品是店铺内的优质商品，最好选择只有一口价的商品，不要选择有区间价格的商品。

● 做好装修

当系统通过商品审核后，商品详情页面会在活动前两天晚上10点被锁定，因此，在此之前就需要做好装修的准备，使详情页面装修营造出特价促销的氛围，因为进入天天特价中购物的买家都是冲着优惠去的。

在详情页面装修时可以加入其他商品的链接或者设置搭配套餐等模块，让买家关联消费，增加店铺销售额。

● 做好客服准备

每天进入天天特价平台的用户有很多，宝贝上线后，每天询价和成交的买家也会很多，这时更要做好售后服务，给第一次购买的用户留下好的印象，增加二次成交的概率。

● 坦然面对中差评

买家购买天天特价中的商品后通常会给出评价，这些评价中难免会有中评和差评，如果是由于卖家服务不当或者商品质量问题造成的，应向买家解释服务不当的原因或道歉，商品质量有问题的则主动联系买家进行退换货处理，面对卖家的无理中差评，应尽可能地与买家进行沟通，不要与买家争执，这样反而会对店铺产生不良影响。

● 善于总结

活动结束后卖家还应该进行总结，分析店铺活动期间的数据，包括成交量和访问量等，同时还可以了解后续买家的回头率、动态评分涨跌和关联销售的效果等，对活动中出现的问题也要进行反思，争取下次进行活动时不再出现，以提高店铺的整体运营能力。

11.4 清仓商品也能有销量

小白：网店中促销折扣的商品没有销量该怎么办？

阿智：可以加入淘宝清仓活动营销，淘宝清仓平台流量集中，有价格优势的品牌尾货在这个平台上往往能够取得很好的销量。

淘宝清仓平台适合于反季或者当季的具有高性价比的商品，能够通过清仓这一方式来吸引老客户和新客户，对于销售不是特别理想，但是收藏率高，评价也高的商品，进行清仓活动可以提高买家的下单率。

11.4.1 淘宝清仓的两种类型

淘宝清仓活动类型主要有两种，分别是品牌清仓和好货抄底，针对这两种活动方式有不同的准入条件要求，下面来具体了解。

学习目标　了解清仓的两种活动方式和准入条件

难度指数　★

● 品牌清仓

品牌清仓以品牌团为参加单位，可以一个品牌一个店，也可以一品牌多个店，商品预热时间为1天，展示时间为2天。对加入品牌清仓的淘宝店铺有以下要求，如图11-39所示。

1. 店铺信用等级在三钻及以上。
2. 开店时间在90天及以上。
3. 近30天店铺实物交易占比在90%及以上。

图11-39　加入清仓的淘宝店铺准入条件

若是天猫卖家则要求店铺三项指标评分都不得低于4.6，交易B类和A类扣分达48分及以上的不得报名清仓活动。对于商品要求淘宝卖家和天猫卖家的准入条件相同。

商品要求包括必须有品牌方提供的售卖证明、资质证明或者自有品牌的相关证明等。清仓价格不得高于近365天最低成交价，同时不能有区间价格，商品必须包邮，总货值在50万元及以上。从要求来看，品牌团更适合一些大型天猫或淘宝店铺，中小卖家不太适合。

● 好货抄底

好货抄底以单个宝贝为参加单位，商品预热时间为1天，展示时间为3天，好货抄底的淘宝卖家准入条件与品牌清仓相似，不同之处在于好货抄底要求淘宝店铺信用等级在五钻及以上。其对商品货值要求没有品牌清仓要求高，只需满足总货值5万及以上即可。

11.4.2 加入淘宝清仓

满足加入淘宝清仓的条件后，即可申请加入淘宝清仓平台，下面就来看看如何加入清仓平台。

加入淘宝清仓平台需要经历6个步骤，具体流程如图11-40所示。

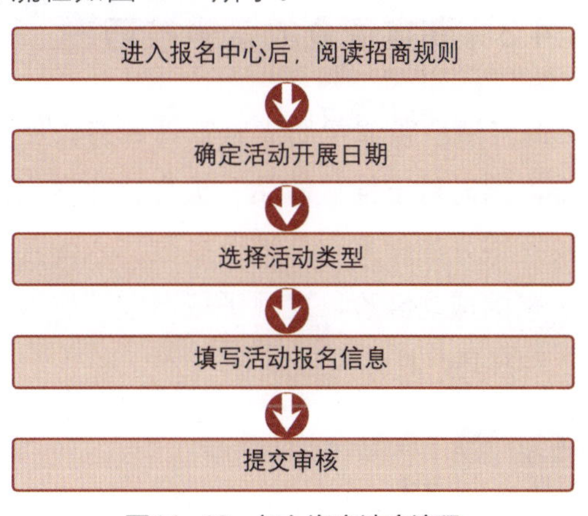

图11-40　加入淘宝清仓流程

了解了加入淘宝清仓流程后，就来看看该如何进入报名入口。

步骤01 进入清仓淘宝首页(https://qing.taobao.com/)，单击“商户中心”超链接，如图11-41所示。

图11-41 进入清仓首页

步骤02 在打开的页面中单击“立即报名”按钮，如图11-42所示。

图11-42 进入商户中心

进入报名入口后再完成相关的流程即可完成申请，申请提交后需要等待审核，审核成功后才能加入清仓平台。

11.4.3 淘宝清仓的营销技巧

淘宝清仓能够帮助卖家清理库存，回笼资金，同时对于推广新品、提高转化率也能够发挥很好的作用。总结大多数加入淘宝清仓卖家的成功经验，发现进行淘宝清仓营销有三种技巧，具体内容如下。

学习目标	掌握淘宝清仓的营销技巧
难度指数	★★

● 哪些产品适合清仓

并不是店内所有的商品都适合参加清仓，通常情况下，因销路不畅导致积压的商品、季节性强且正面临换季的商品、成交率不高但是卖家反响好以及正在热销的商品都可以参与清仓活动。

● 合理设置清仓价格

淘宝清仓要求活动价格不得高于近1年最低成交价，在这个规则基础上，卖家还需考虑设置的价格如何保证商品有足够的销量，如果清仓商品是积压商品，则定价可以比较同行的价格，定一个比同行更有优势的价格，使买家看到卖家的优惠力度。

如果是店铺热销商品，则定价可以略低于平时的商品价格，再配合搭配销售的方式增加其他商品的销量。

换季或者销量不畅的商品，为了尽快促成交易，价格设置上要有吸引力，并给予买家其他优惠，比如下单送优惠券等，可提高成交率并引导买家二次消费。

● 通知新老客户

店铺在进行清仓活动前，可以通过短信或者旺旺的方式通知新老买家，让买家知道店内即将开始清仓，并在活动期间关注清仓商品。除此之外，还可以配合其他营销活动共同推广清仓活动，比如淘宝客和直通车。在店内首页Banner图或者主页中也可以加入清仓商品链接，为清仓商品进行引流。

11.5 玩转聚划算推广

阿智：我在聚划算中购买的宝贝都很实惠，你的网店有没有正在进行聚划算活动的宝贝？

小白：我的网店还没有加入聚划算，你能告诉我该如何加入吗？

阿智：加入聚划算很简单，只需满足准入条件后进行报名即可，下面就来看看具体有哪些事项。

聚划算是一个限时特惠营销平台，同时也是店铺提升品牌形象、抢占市场的一个平台，聚划算平台中的活动类型和商品覆盖的领域都很丰富，因此成为大多数买家首选的团购平台。

11.5.1 你的网店可以加入聚划算吗

根据聚划算基础招商标准，要求加入的卖家店铺和商品要满足一定条件。

学习目标　了解加入聚划算的准入条件

难度指数　★

参与聚划算的商家基本资质需满足以下条件，如图11-43所示。

1. 支持淘宝消费者保障服务并支持参团商品的正品保障。
2. 除特殊商品外，必须支持七天无理由退换货，特殊商品如下：
   （1）消费者定做/定制类的商品，如个性定制，设计服务等；
   （2）鲜活易腐类的商品，如鲜花绿植，水产肉类，新鲜蔬果，宠物等；
   （3）在线下载或消费者拆封的音像制品，计算机软件等数字化商品，如网游，话费，数字阅读，网络服务等；
   （4）交付的报纸，期刊，图书等；
   （5）服务性质等商品，如本地生活服务，服务市场，家政服务，翻译服务等；
   （6）个人闲置类的商品，
   （7）天猫国际海外店铺出售的商品；
   （8）其他根据法律法规或商品属性不适合退换货的商品。
3. 近30天内参加过聚划算的店铺，近30天参聚订单金额退款率不超过50%；且除主营类目为男装，女装/女士精品，女士内衣/男士内衣/家居服，箱包皮具/热销女包/男包的店铺近30天参聚订单未发货金额退款率不超过40%外，其他店铺近30天参聚订单未发货金额退款率不超过30%。
4. 主营类目为男装，女装/女士精品的，近90天店铺退款率必须小于40%，其他店铺则必须小于30%。
5. 非天猫旗舰店需要提供有效的自有品牌(商标)证明、品牌（商标）授权证明或完整的进货链路证明，且商家所提供的相关资质文件必须真实完整并确保合作期内持续有效。
6. 商家应合法、合规经营并确保所参聚商品及其来源、售卖（含价格）完全符合国家法律法规等有关规定，确保商品无任何质量、权利瑕疵，并保留所有相关有效凭证。

图11-43　参与聚划算商家基本资质要求

参与聚划算报名的商品必须同时符合以下条件，如图11-44所示。

（一）商品基本资质：

1、报名商品的价格不得高于此商品在淘宝网/天猫的近30天历史最低价，淘宝网/天猫组织的大型促销活动的价格和特殊类目及商品除外；特殊类目和商品包括：黄金、手机、水产肉类/新鲜蔬果/熟食、鲜花速递/花卉仿真/绿植园艺；景点门票/实景演出/主题乐园，特价酒店/特色客栈/公寓旅馆，度假线路/签证送关 /旅游服务；

2、部分高危材质和特定类目的商品必须提供质检报告，特殊行业的商品应提供相应行业资质；具体可参见《聚划算质检规范》，该细则如有变动或更新的，应以其变动/更新内容为准；

3、品牌（商标）商品应提供该品牌（商标）的《商标注册证》或品牌（商标）授权书。

（二）除符合以上商品基本资质外，商品的报名信息应清晰、规整，商品标题和图片符合特定的格式要求，具体请见《聚划算主图规范》（http://rule.taobao.com/jdetail-1204.htm?tag=self），该规范如有变动或更新的，应以其变动/更新内容为准；

（三）报名商品必须设置商品限购数量，限购数量最高为5个（特殊类目除外），具体见《聚划算活动商品限购数量解读》（http://rule.taobao.com/jdetail-1484.htm?spm=0.0.0.0.nlKa27&tag=self），该解读如有变动或更新的，应以其变动/更新内容为准；

（四）除特殊类目商品、特殊玩法商品外，其他报名商品必须支持包邮。

特殊类目商品说明如下：

（1）家装主材、基础建材，住宅家具、商业/办公家具类目下的大件商品，必须支持包物流，同时家装主材、基础建材、住宅家具类目在提供包物流的基础上必须提供物流配送服务。

（2）家装主材、基础建材、住宅家具类目需要就314个主城区必须提供免费配送服务。

特殊玩法商品说明如下：

量贩团先试后屯类玩法商品不包邮。

（五）报名商品必须设置为拍下减库存；

（六）除符合本标准相关要求外，报名商品还需符合所报具体业务活动的招商标准。

图11-44　参与聚划算报名商品条件要求

另外，店铺存在《淘宝规则》中严重违规行为处罚的情况不能报名，或者因虚假交易扣分达48分及以上的店铺，自处罚之日起90天内不得报名。

11.5.2 聚划算如何收费

参与聚划算的商家需要支付一定的参团费用。收费模式不同，收费标准也就有所不同，下面就来进行具体分析。

学习目标 认识聚划算的收费模式
难度指数 ★

● 基础收费模式

基础收费模式包含的费用有3种，分别为基础技术服务费、实时划扣技术服务费和封顶技术服务费。

基础技术服务费(基础费用)是在参聚商家的商品获得审核通过后缴纳的费用，这笔费用需要提前存入支付宝中，在商品正式参团时，这笔费用将被划转至聚划算账户中，其收费标准如表11-1所示。

表 11-1 基础收费模式收费标准

收费项目	金额
单品团基础费用	2500元/天
单品团封顶费用	25000元/天
品牌团基础费用	50000元/团
品牌团封顶费用	100000元/团
市场营销活动单品团基础费用	1000元/天
市场营销活动单品团封顶费用	40000元/天
市场营销活动品牌团基础费用	10000元/天
市场营销活动品牌团封顶费用	80000元/天

实时划扣技术服务费是根据交易订单的金额确定的，当技术服务费等于或低于开团时的基础费用时，系统将不会划转技术服务费。当高于开团扣除的基础费用时，将对超出部分收取一定费用。当基础费用和技术服务费合计达到封顶费用时，系统停止扣费。

● 特殊收费模式

特殊收费模式包括3种方式，分别为实时划扣技术服务费收费模式、固定费用收费模式和竞拍费用收费模式，三者的含义如图11-45所示。

实时划扣技术服务费收费模式

是指不收取基础费也不设置封顶费用，按照成交额和对应类目的技术服务费费率实时划扣技术服务费的收费方式。

固定费用收费模式

是指在审核通过后缴纳一笔固定技术服务费，开团后不再按照成交额收取技术服务费的收费方式。

竞拍费用收费模式

是指在竞拍成功后提前缴纳技术服务费在支付宝账户中，开团时系统自动划转，开团后按照成交额收取技术服务费的收费方式。

图11-45 特殊收费模式中的3种收费方式

实时划扣技术服务费根据类目的不同费率会有所区别，在报名时可以具体了解业务类型公示的收费标准。

11.5.3 聚划算的几种参团方式

聚划算平台提供了5种活动方式，包括商品团、品牌团、生活团、聚名品和聚新品，下面就来详细了解这几种活动方式。

学习目标	认识聚划算的几种活动方式
难度指数	★

● 商品团

商品团的活动展位较多，卖家参团的概率也相对较大，它能够帮助卖家快速大规模地获取新用户，参团后不同的商品将展示在不同的类目下。

品牌团

参与品牌团能够快速抢占市场份额，提高品牌的认知度，其报名时间为每月4～12日，为期9天，其首页展示方式如图11-46所示。

图11-46　品牌团首页展示方式

生活团

生活团的参团类目主要是蛋糕甜品、地方菜系、西餐、电影演出、运动健身、家政服务、景点门票、酒店住宿和教育培训等与生活息息相关的商品。生活团采取城市定位售卖的方式，当买家进入生活团后会自动定位到所在区域，其首页展示方式如图11-47所示。

图11-47　生活团首页展示方式

聚名品

聚名品定位于中高端消费群体，有单品团和品牌团两种方式，适合参与聚名品的商家类目包括男鞋、女鞋、母婴童装、女装和箱包等，参与聚名品的每个商品图片中会显示“聚名品”3个字，如图11-48所示。

图11-48　聚名品展示方式

聚新品

聚新品是新品营销平台，适合于有潜力且高增长的新品品类参加，根据新品的评级来确定置顶，商家需提供新品营销方案，其展示方式如图11-49所示。

图11-49　聚新品展示方式

11.5.4 加入聚划算

在加入聚划算前卖家需要先了解招商公告，确定符合参团条件后再进行报名，下面来看看操作流程。

步骤01 进入聚划算商户中心(https://freeway.ju.taobao.com/)，单击“我要报名”按钮，如图11-50所示。

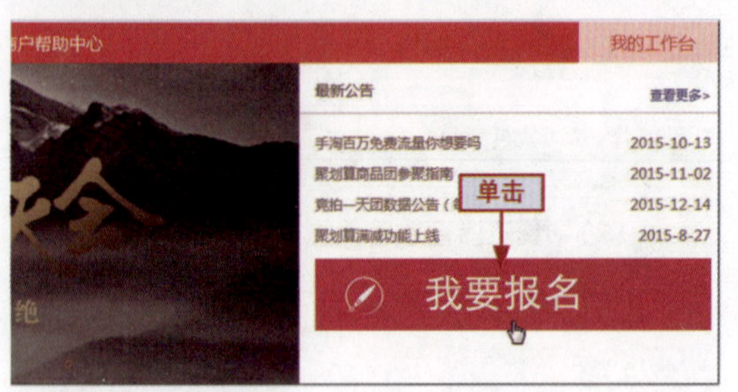

图11-50 进入商户中心

步骤02 ❶在打开的页面中选择频道类型，❷单击其名称超链接，如图11-51所示。

图11-51 选择参团类型

完成以上步骤后，系统会自动显示是否可报名，如果符合条件则单击“提交”按钮，之后进入商品信息编辑页面，填写参团信息后等待商品审核，如果不符合参团条件可以查看下方的详情介绍，查看不符合的原因。

给你支招 | 如何报名其他活动

小白：淘宝网还有没有其他营销活动是我可以参加的？

阿智：淘宝会不定期地举行其他营销活动，你可以选择店铺能参加的活动进行加入，并且有些活动还是免费的，下面来看看具体该如何操作。

步骤01 进入卖家中心，在首页单击“活动报名”超链接，如图11-52所示。

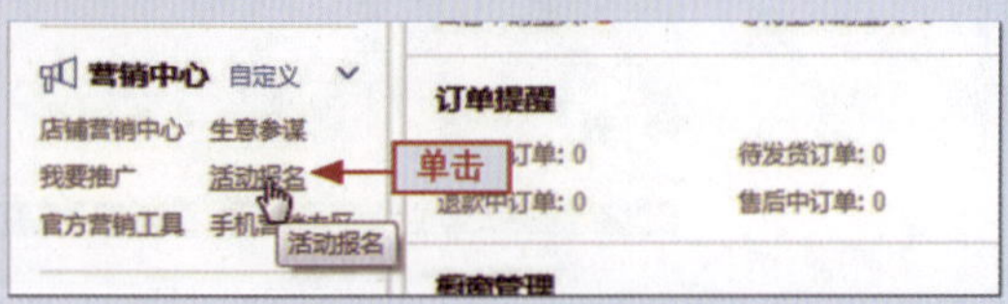

图11-52 进入报名中心

步骤02 在打开的页面中单击“可参加的活动”超链接，如图11-53所示。

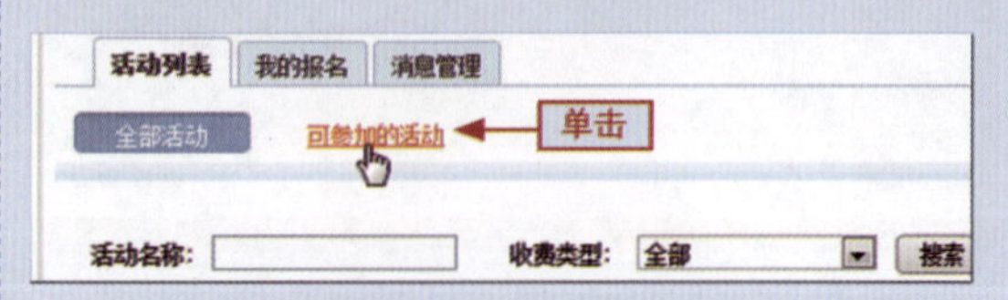

图11-53 进入活动中心

步骤03 在打开的页面中选择活动类型，单击“立即报名”按钮，如图11-54所示。

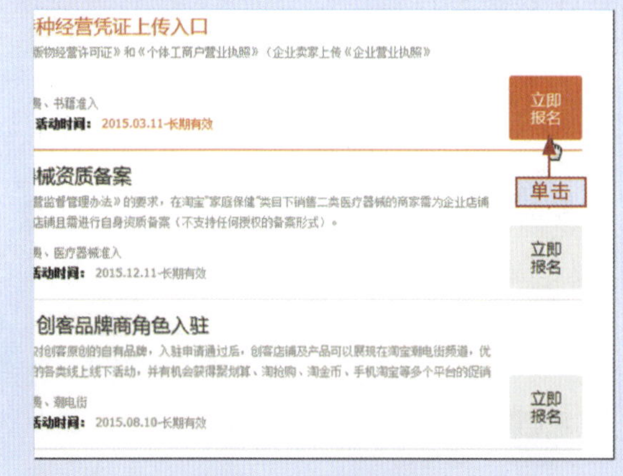

图11-54　选择活动

步骤04 在打开的页面中单击“立即报名”按钮即可，如图11-55所示。

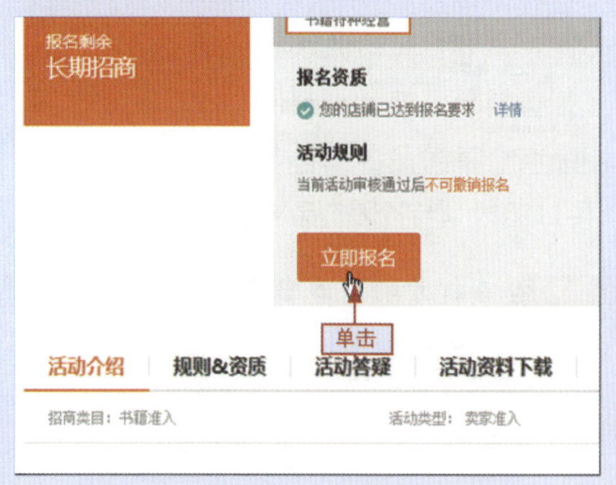

图11-55　报名活动

给你支招 | 如何让宝贝在搜索结果中优先显示

小白： 有没有哪个工具可以让店铺内的宝贝在搜索结果中优先展示呢？

阿智： 使用橱窗推荐工具就可以，把店内优质和具有竞争力的商品放在橱窗位展示，可以获得更多的搜索流量，下面来认识一下橱窗推荐，并掌握如何设置。

目前，橱窗推荐工具可以免费使用，但是有数量的限制，根据信用等级的不同有如下的数量要求，如表11-2所示。

表 11-2　根据信用等级发放数量

信用等级	数量
星级卖家	奖励10个橱窗位
钻级卖家	奖励20个橱窗位
冠级卖家	奖励30个橱窗位

根据开店时间的不同，橱窗位的数量也会有所区别，如表11-3所示。

表 11-3　根据开店时间发放数量

开店时间	数量
少于90天内	奖励10个橱窗位
满1年	奖励2个橱窗
满2年	奖励5个橱窗位
满3年	奖励10个橱窗位

另外，如果卖家缴纳消保保证金的，可奖励5个橱窗位，金牌卖家可奖励5个橱窗位，下面就来看看该如何设置网店宝贝的橱窗位。

步骤01 进入卖家中心，在首页单击“官方营销工具”超链接，如图11-56所示。

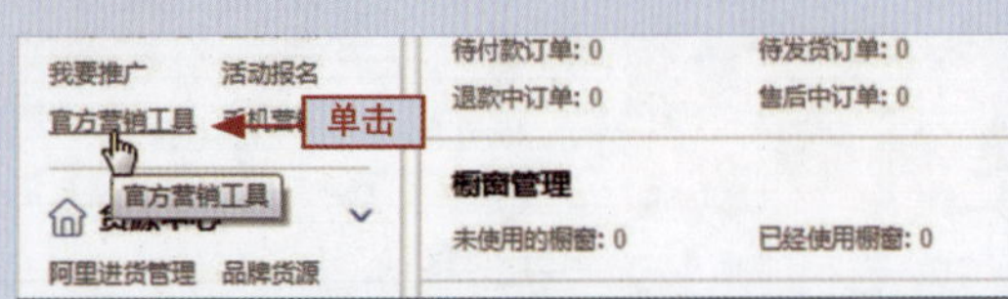

图11-56 进入卖家中心

步骤02 在打开的页面中的“橱窗”栏中单击“立即设置”按钮，如图11-57所示。

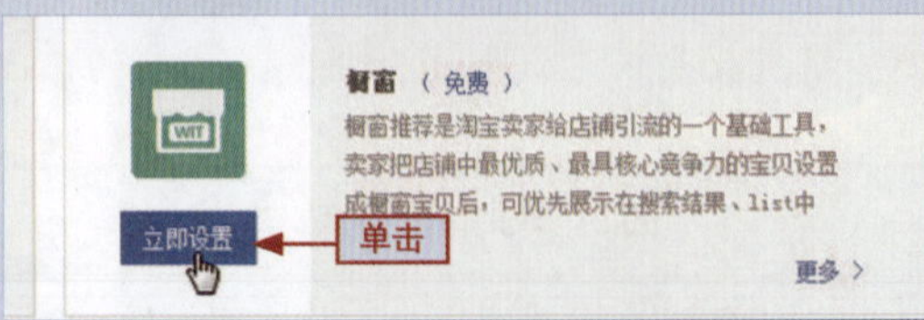

图11-57 进入官方营销工具中心

步骤03 ❶在打开的页面中选中宝贝前的复选框，❷再单击“橱窗推荐”按钮即可，如图11-58所示。

图11-58 设置推荐

Chapter 12 “微营销”推广

学习目标

说起微信，大多数人都不会感到陌生，它是用于沟通的软件，拥有庞大的用户群体，因此，它可以作为网店推广的工具。微博是记录生活和发布动态的平台，因其具有营销推广的功能，因此也可用于网店推广。本章就来看看这两种推广方式。

本章要点

- 认识不同类型的微信号
- 建立微信号前的准备工作
- 微信号的申请
- 更换微信号Logo
- 自动推送设置网店链接
- 了解可以利用的平台
- 关注他人积累粉丝
- 发布微博信息

知识要点	学习时间	学习难度
学会使用微信推广网店	60 分钟	★★★
学会使用微博推广网店	60 分钟	★★★

12.1 微信推广前的准备

阿智：小白，你知道使用微信推广网店需要做哪些准备工作吗？

小白：需要申请微信公众号。

阿智：申请微信公众号是比较重要的一步，但是申请公众号也是需要满足条件的。

大多数人是使用手机版微信，因此，微信可以成为网店移动端的入口之一，把微信中的潜在消费者引流到网店中，那么，这个入口应该如何建立呢？下面我们一起来看看吧。

12.1.1 认识不同类型的微信号

使用微信推广网店通常都是在微信公众号中进行的，能够用来进行推广的微信公众号有两种类型。

● 服务号

服务号主要偏向服务类交互，每一个自然月能够发送4条信息，如果想要在公众平台进行商品销售可以选择服务号。在微信手机客户端中，服务号在好友列表中的显示如图12-1所示。

图12-1 服务号的显示方式

服务号有认证和未认证的区别，认证的服务号在“账号主体”中会显示标志“√”，如图 12-2 所示。

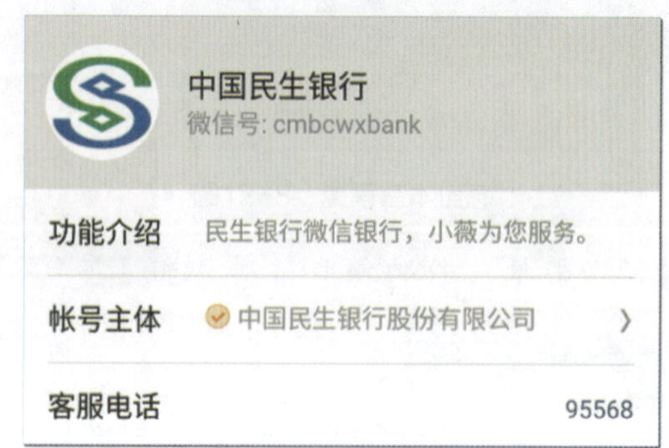

图 12-2 认证服务号

● 订阅号

订阅号偏重于为用户传达资讯，每天能够发送一条信息，如果要在微信中进行宣传推广服务，则可以使用订阅号。订阅号展示在“订阅号”栏中，用户进入“订阅号”后才能看到自己关注的订阅号信息，如图12-3所示。

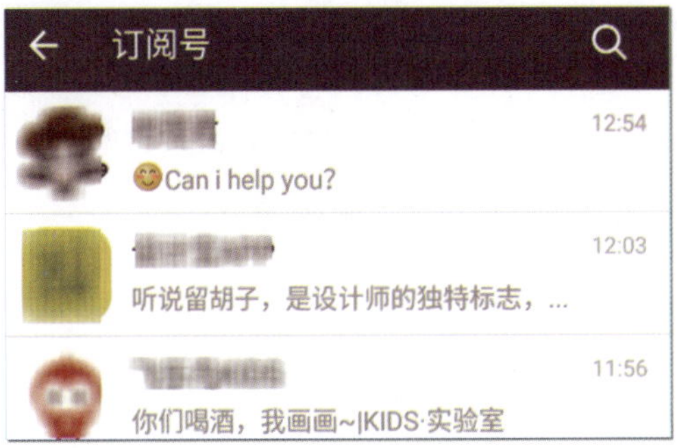

订阅号

Can i help you?

听说留胡子，是设计师的独特标志，...

你们喝酒，我画画~|KIDS·实验室

图12-3 订阅号的展示方式

服务号与订阅号除了展示方式不同外，还有功能权限的不同。普通服务号和普通订阅号的不同之处如图12-4所示。

功能权限	普通订阅号	普通服务号
消息直接显示在好友对话列表中		✔
消息显示在“订阅号”文件夹中	✔	
每天可以群发1条消息	✔	
每个月可以群发4条消息		✔
无限制群发		
保密消息禁止转发		
关注时验证身份		
基本的消息接收/回复接口	✔	✔
聊天界面底部，自定义菜单	✔	✔

图12-4 普通订阅号与普通服务号的权限区别

认证后的服务号和订阅号的功能权限也有一定区别，如图12-5所示。

什么是微信企业号

微信企业号是互联网化的连接器，具有帮助创建个性化应用、灵活设置菜单、灵活分级管理通信录、建立成员分组和发送消息等功能，能让员工之间的信息快速传递。其与公众号的区别在于，只有限定范围内的用户才可以关注对应的企业号，发送的信息数量不受限制。

功能权限	微信认证服务号	微信认证订阅号
消息直接显示在好友对话列表中	✔	
消息显示在“订阅号”文件夹中		✔
每天可以群发1条消息		✔
每个月可以群发4条消息	✔	
无限制群发		
保密消息禁止转发		
关注时验证身份		
基本的消息接收/回复接口	✔	✔
聊天界面底部，自定义菜单	✔	✔
定制应用		
高级接口能力	✔	部分支持
微信支付——商户功能	✔	

图12-5 认证订阅号与服务号的权限区别

12.1.2 建立微信号前的准备工作

不管是个人还是企业，抑或其他组织，申请公众号都要提供一定的资料，下面就来看看具体包括哪些内容。

网店的所有者大多为企业和个人，这两者申请公众号需要提交的资料如表12-1所示。

表 12-1 企业和个人申请公众号需提交的资料

企业类型	个人类型
企业名称全称	运营者身份证姓名
营业执照注册号	运营者身份证号码
运营者身份证姓名	运营者手机号码
运营者身份证号码	已绑定银行卡的微信号
运营者手机号码	
已绑定银行卡的微信号	
企业对公账户	

在申请公众号时运营者的证件登记次数是有限制的，如图12-6所示。

1.同一个身份证(不支持临时身份证)可登记5次信息。目前仅支持中国内地年满18周岁的身份证进行信息登记(不包含港、澳、台)。

2.同一个手机号码可登记5次信息，支持填写中国内地的手机号码(不包含港、澳、台)，其他国家的手机号码暂不支持。

3.同一个公司可以注册和认证50个公众号，其他类型组织同一个机构可注册和认证50个公众号。

图12-6　申请公众号证件次数限制

企业微信公众号的验证方式有两种，分别是自动对公打款验证和人工验证，如果是人工验证，则需要缴纳300元的审核费用，它适合于无对公账户或对公账户无法验证以及页面找不到银行的情况。人工验证会在15个工作日内进行审核。

个人微信公众号的验证只需扫描二维码验证即可，在验证前需使用个人微信号绑定银行卡才能通过验证。

12.1.3 微信号的申请

微信号的申请是在微信公众平台进行的，下面以个人微信公众号申请为例，看看如何进行申请。

步骤01 进入微信公众平台官方网站(https://mp.weixin.qq.com/)，单击“立即注册”超链接，如图12-7所示。

图12-7　公众平台首页

步骤02 ❶在打开的页面中填写邮箱、密码和验证码，❷选中“我同意并遵守……”复选框，❸单击“注册”按钮，如图12-8所示。

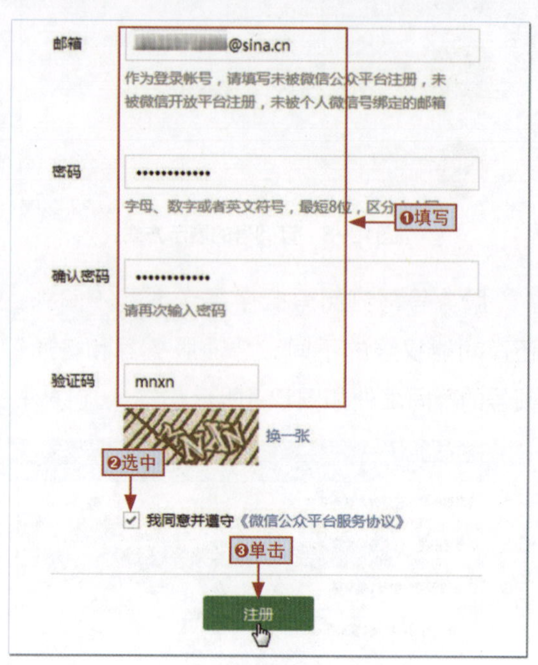

图12-8　填写基本信息

步骤03 进入邮箱查看邮件，单击激活链接，如图12-9所示。

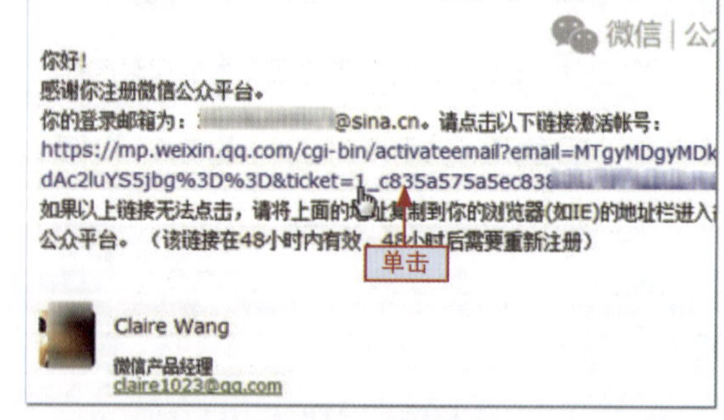

图12-9　激活账号

步骤04 账号激活成功后，页面会自动跳转到公众号类型页面，单击“订阅号”栏中的“选择并继续”超链接，如图12-10所示。

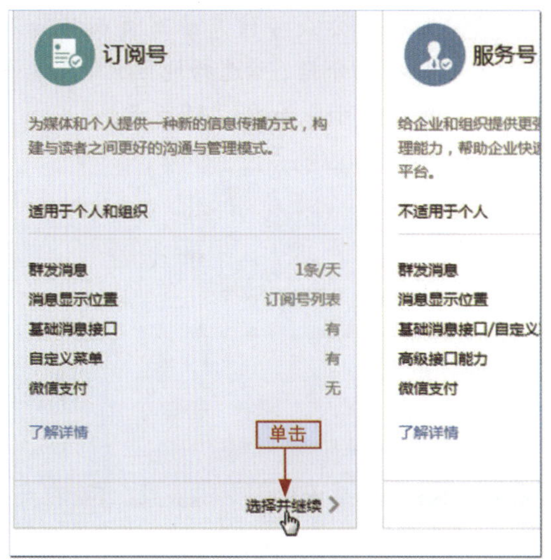

图12-10 选择公众类型

步骤05 在弹出的"温馨提示"对话框中单击"确定"按钮，如图12-11所示。

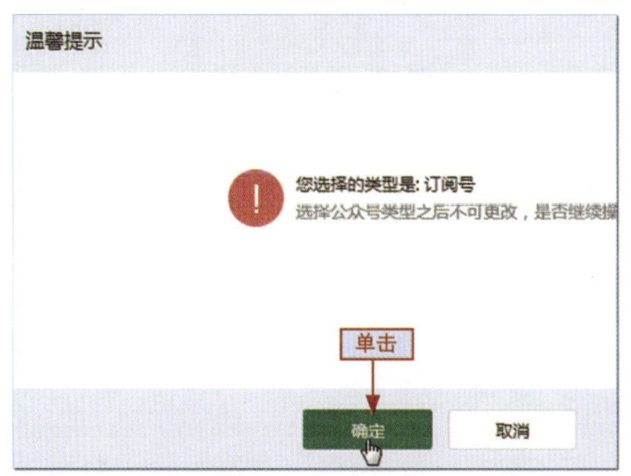

图12-11 确定类型

步骤06 在打开的页面中选择主体，单击"个人"按钮，如图12-12所示。

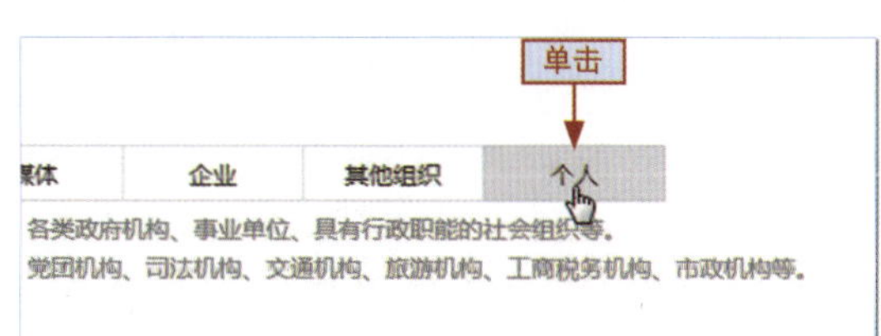

图12-12 选择主体类型

步骤07 ❶进入主体信息登记页面，输入身份证姓名和身份证号码，❷再使用绑定了本人银行卡的微信扫描二维码，如图12-13所示。

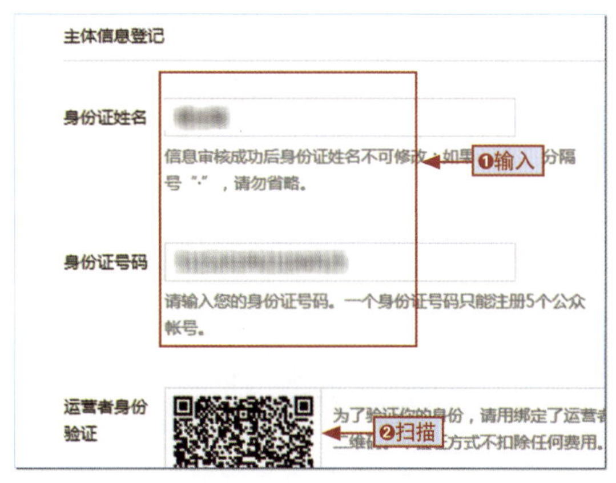

图12-13 选择公众类型

步骤08 在手机中点击"我确认并遵从协议"按钮，如图12-14所示。

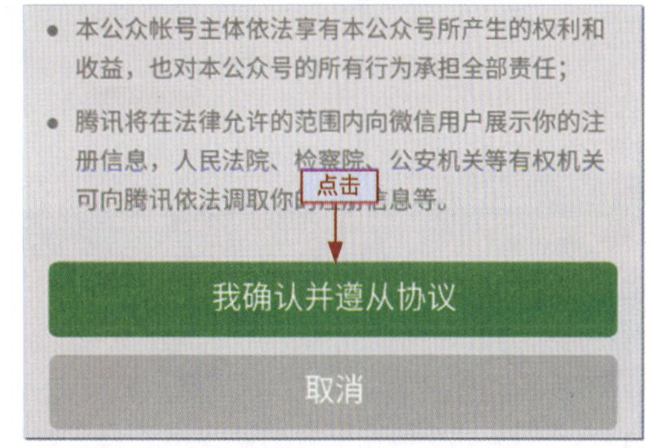

图12-14 确定协议

步骤09 在手机中点击"确定"按钮，如图12-15所示。

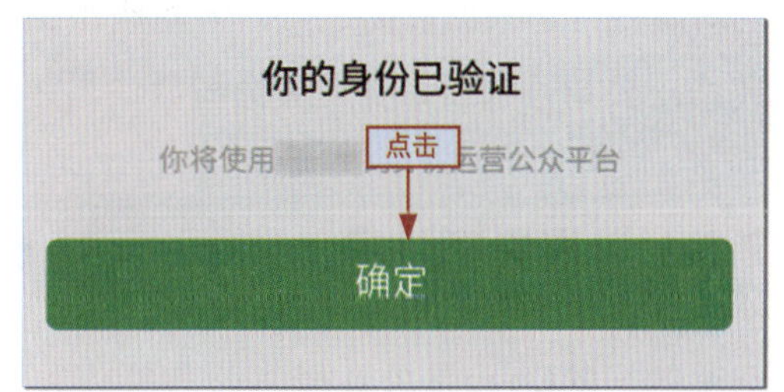

图12-15 完成验证

步骤10 ❶返回公众号注册页面，输入运营者手机号和短信验证码，❷再单击“继续”按钮，如图12-16所示。

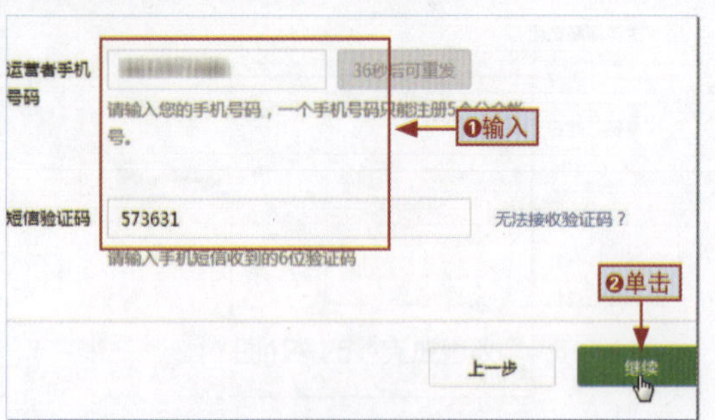

图12-16　登记运营者信息

步骤11 在打开的页面中单击“确定”按钮，如图12-17所示。

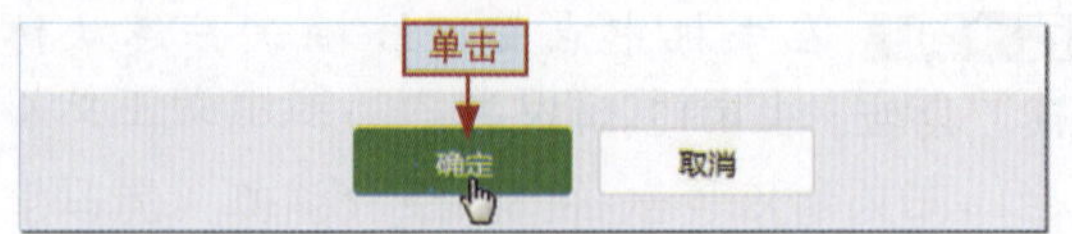

图12-17　确定注册

步骤12 ❶进入公众号信息填写页面，输入账号名称和功能介绍，❷选择地区，❸再单击“完成”按钮即可，如图12-18所示。

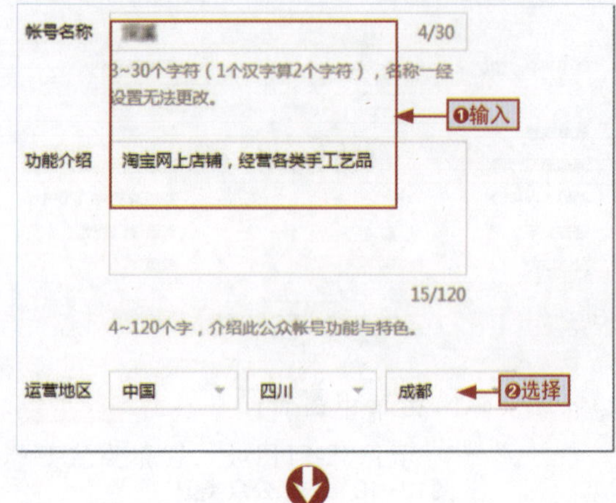

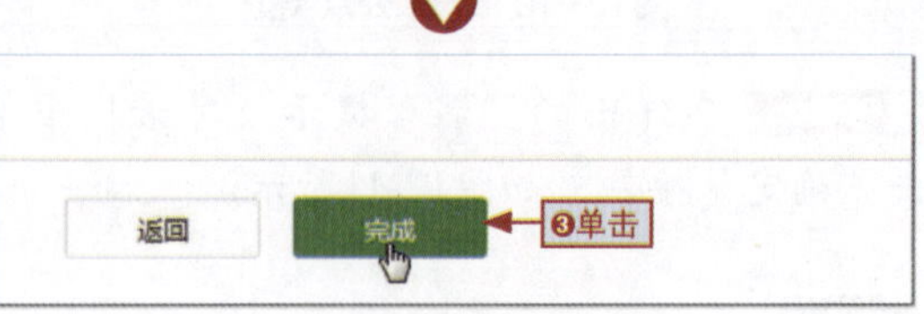

图12-18　完成注册

12.2 为微信号添加网店标识

小白：为什么我申请的微信公众号头像是空白的?

阿智：新申请的公众号是没有头像的，需要在公众号后台进行设置，如果要更改公众号的账号描述也可以在后台进行修改。

网店开办起来后需要装修，为网店申请的公众号作为网店在微信客户端的形象标识同样需要装修，公众号的装修要从头像和微信描述入手，下面就来看看该如何包装微信公众号。

12.2.1 更换微信号 Logo

微信号的Logo是公众号的形象标识，为网店申请的微信号，其Logo可以使用网店的店标，让网店与公众号保持一致，也方便于消费者识别。下面来看看如何设置公众号的Logo。

步骤01 ❶进入微信公众平台，输入公众号账号和密码，❷再单击"登录"按钮，如图12-19所示。

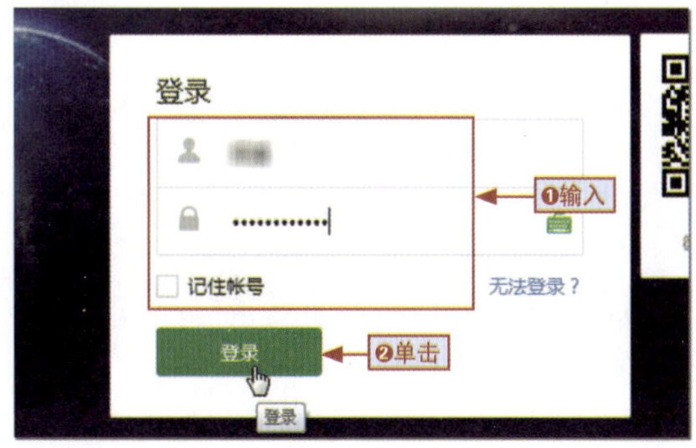

图12-19 登录公众号

步骤02 在打开的页面中单击"公众号设置"超链接，如图12-20所示。

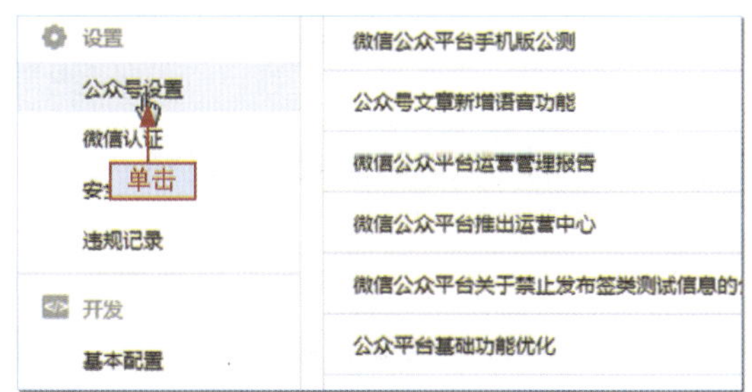

图12-20 进入公众号后台

步骤03 在打开的页面中单击"修改头像"超链接，如图12-21所示。

图12-21 进入公众号设置页面

步骤04 进入修改头像页面，单击"选择图片"按钮，如图12-22所示。

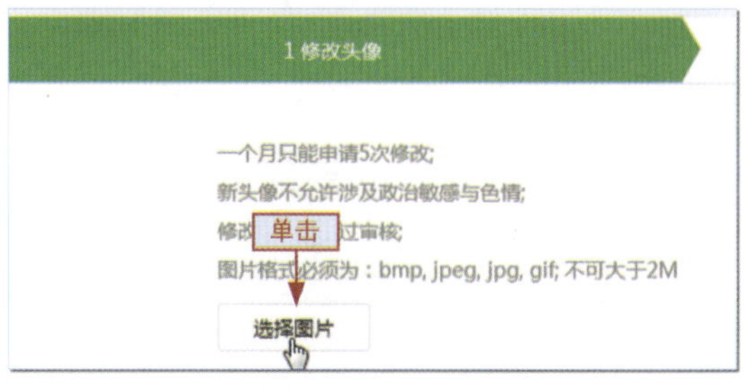

图12-22 进入修改头像页面

步骤05 ❶在计算机中选择网店的店标图片，❷再单击"打开"按钮，如图12-23所示。

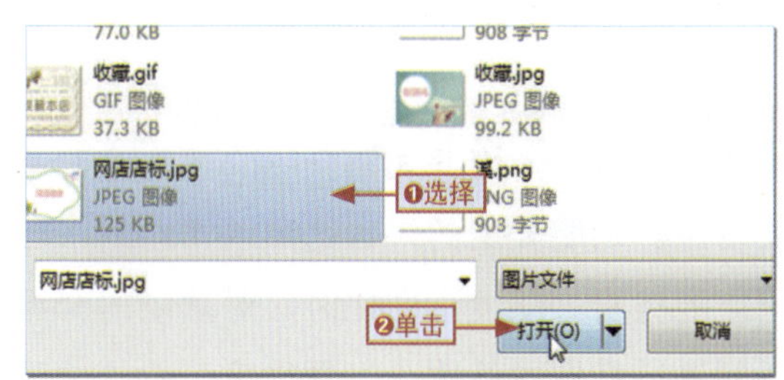

图12-23 选择图片

步骤06 图片上传成功后单击"下一步"按钮，如图12-24所示。

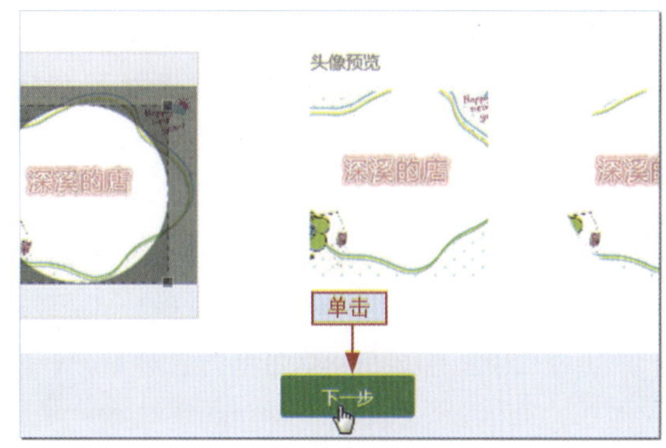

图12-24 预览头像

步骤07 在打开的页面单击"确定"按钮即可完成操作，如图12-25所示。

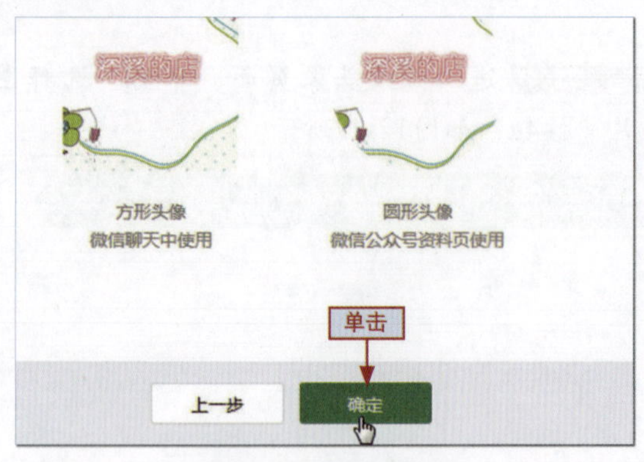

图12-25　完成修改

12.2.2 设置网店微信描述

当用户关注公众号时会看到关于该账号的主体功能介绍，可以了解该公众号的类型以及主要用途，因此功能介绍的填写绝对不能马虎。功能介绍的内容是可以修改的，当网店的经营方向发生变化时，对功能的介绍也要进行相应的修改，下面就来看看具体该如何修改。

步骤01 进入微信公众平台并登录账号，在“公众号设置”页面中单击“修改”超链接，如图12-26所示。

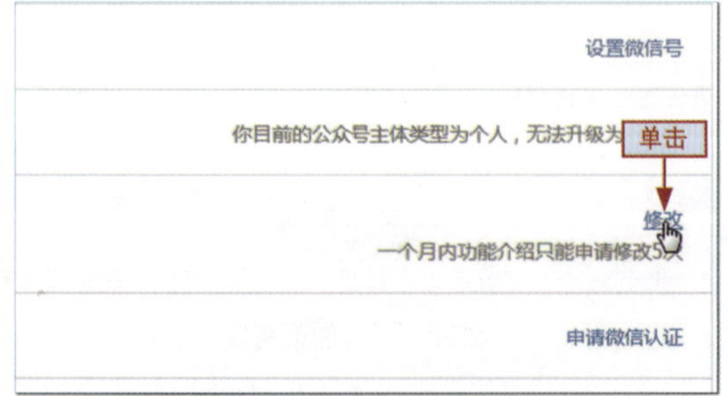

图12-26　进入公众号设置页面

步骤02 ❶在打开的页面中输入内容，❷再单击“下一步”按钮，如图12-27所示。

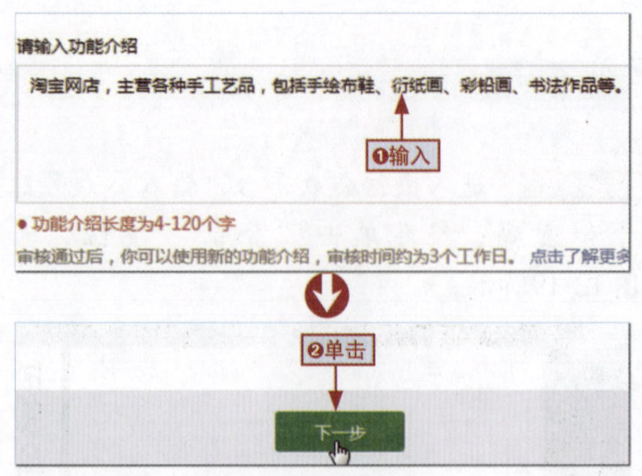

图12-27　输入内容

步骤03 在打开的页面中单击“确定”按钮即可完成填写，如图12-28所示。

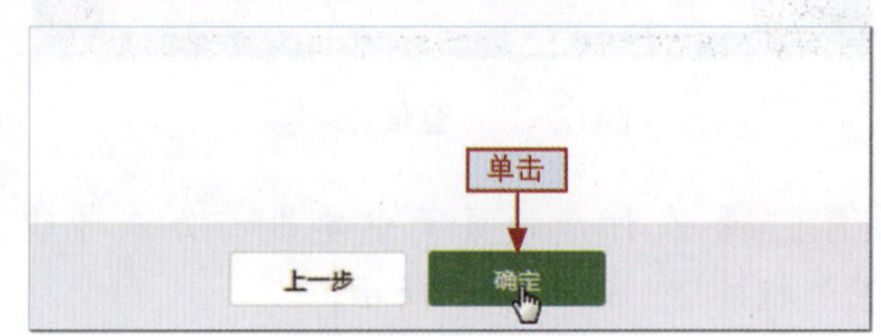

图12-28　确定修改

12.2.3 让微信号具有权威性

通过认证的微信号会赢得用户的信任，因此我们也可以为微信公众号申请认证，但并不是所有的公众号都可以申请认证，下面就来看看哪些公众号可以申请认证。

微信公众号针对可认证的账户类型有一定的限制，并不是所有注册成功的公众号都可以申请认证。微信服务号和订阅号支持的认证类型如下。

● 企业

企业账号类型支持企业法人、非企业法人中的个人独资企业、合伙企业、企业法人的非法人分支机构和中外合作经营企业中的非法人企业，以及个体工商户和外资企业驻华代表处。

● 网店商家

网店商家目前只支持天猫店铺和QQ网购店铺申请，商家要以店名为认证名称，店铺的经营者必须是申请店铺的主体。

● 媒体、政府及事业单位

媒体认证支持事业单位媒体和其他媒体，政府及事业单位认证支持政府和事业单位，其中政府可免费认证。

● 其他组织

其他组织包括社会团体、民办非企业组织和其他组织，如基金会和国外政府机构驻华代表处等。

从上述支持的认证类型可以看出并不包括个人，这表明个人是无法申请认证的，而网店商家中只支持天猫和QQ网购商铺。因此，在申请公众号之前申请人要慎重选择申请类型，如果后期要申请认证则不能申请个人公众号。因为申请类型一旦确定是不能更改的，如果要更改只能重新申请公众号。下面以企业认证为例，看看微信认证的具体流程，如图12-29所示。

第一步：进入公众平台，在“设置”栏中单击“微信认证”超链接，在打开的页面中单击“认证”按钮，准备进行认证。

第二步：进入身份验证页面，选择验证方式。

第三步：阅读认证服务协议，并同意协议内容。

第四步：在填写资料页面，选择认证类型并填写企业业务资料，包括组织机构代码和工商执照注册号等。

第五步：填写运营者信息，包括姓名、职位、手机号码和座机等，并上传运营者身份证明文件。

第六步：上传企业基本资料，包括组织机构代码证、营业执照、申请公函和其他证明文件。

第七步：确认命名名称，选择发票类型，最后完成支付即可。

图12-29　企业微信公众号认证流程

提交认证申请后，工作人员会在5个工作日内进行微信认证审核，审核成功后即完成认证，认证的有效期为自认证成功之日起计算，一年内有效，即该公众号的名称、认证标识和认证信息将会被保留一年。如果认证失败，会提示补填资料的最后提交期限，在此期限内申请人需补填资料。

认证完成后，在平台上会显示下次年审的时间，一般会提前3个月发出系统消息提醒。年审时，需重新填写资料，但会保留上一年的信息。

12.3 利用微信推广网店

小白：我已经申请了自己的微信公众号并设置了基本信息，接下来应该如何利用它来推广网店呢？

阿智：其实很简单，只需要充分利用微信提供的自动消息回复、转发分享和消息推送功能即可。

很多网店店主在申请了公众号以后都不清楚应该如何利用其来推广网店，其实公众号提供的许多功能本身就是推广的利器，而我们需要做的便是充分利用这些功能。

12.3.1 自动推送设置网店链接

我们使用公众号进行推广的目的是将微信中的用户引流到网店中，那么，怎样才能实现引流呢？我们可以通过设置关注公众号后自动回复消息的功能，让用户进入公众号后即可单击链接进入网店。

学习目标　掌握如何设置消息自动回复

难度指数　★★

自动回复是在用户首次关注公众号时推动的消息，其表现方式多样，可以是一条消息，也可以是图片语音或者视频。如图12-30所示为文字的表现形式。

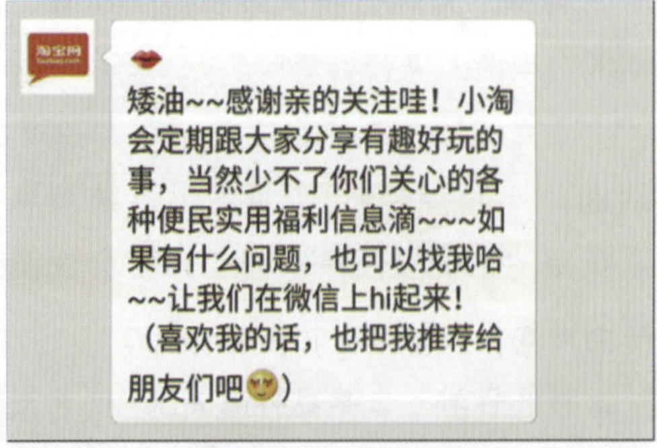

图12-30　被关注自动回复

被关注后自动回复的设置比较简单，下面来看看具体操作。

步骤01 登录微信公众平台账号，单击“自动回复”超链接，如图12-31所示。

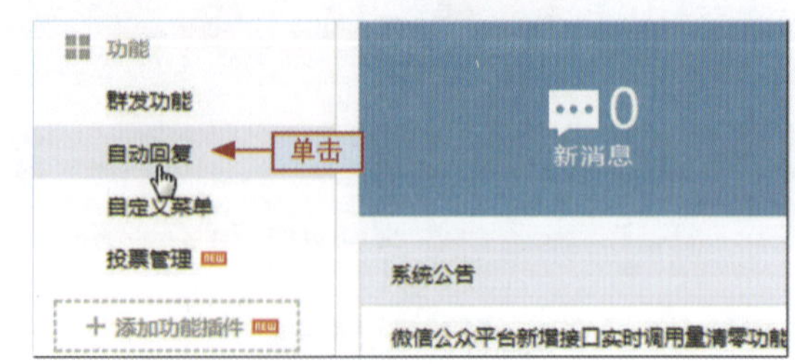

图12-31　登录公众账号

步骤02 ❶在打开的页面中输入内容，❷再单击“保存”按钮即可，如图12-32所示。

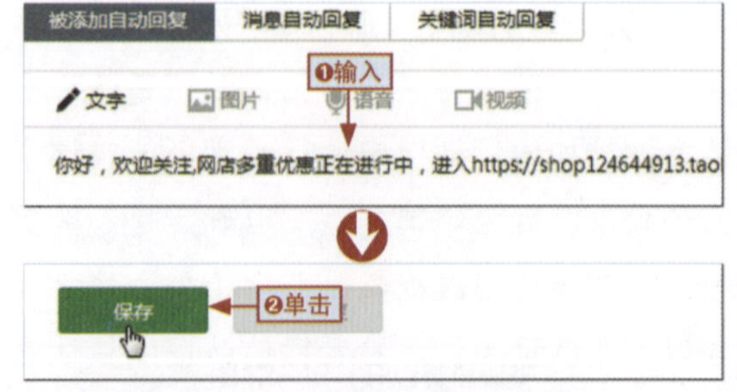

图12-32　设置被添加自动回复

当用户关注以后，会通过微信咨询各种问题，若店主没有登录公众账号，则可能无法及时回答用户的问题，这时可以设置消息自动回复或者关键词自动回复。如图12-33所示为输入不同的关键词获取的不同信息。

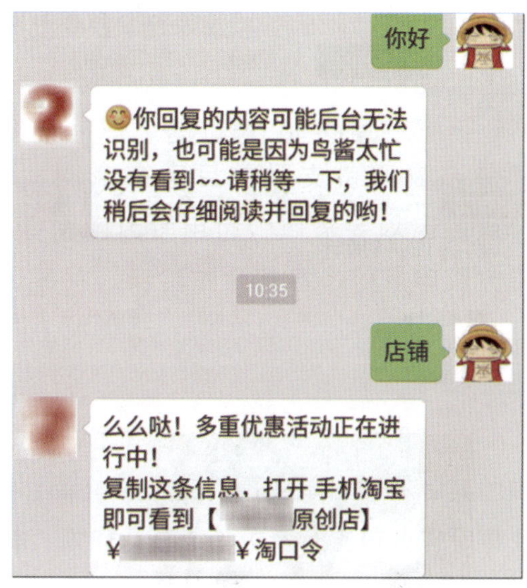

图12-33　关键词自动回复设置

设置消息自动回复和关键词自动回复都比较简单，下面就来看看如何设置关键词自动回复。

步骤01 进入自动回复设置页面，单击“关键词自动回复”按钮，如图12-34所示。

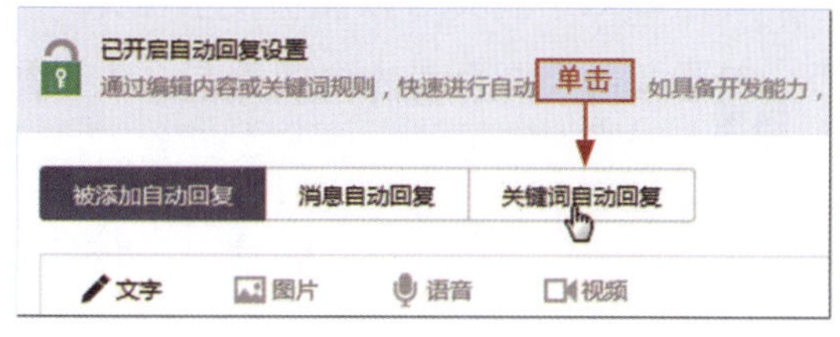

图12-34　进入自动回复设置页面

步骤02 在打开的页面中单击“添加规则”按钮，如图12-35所示。

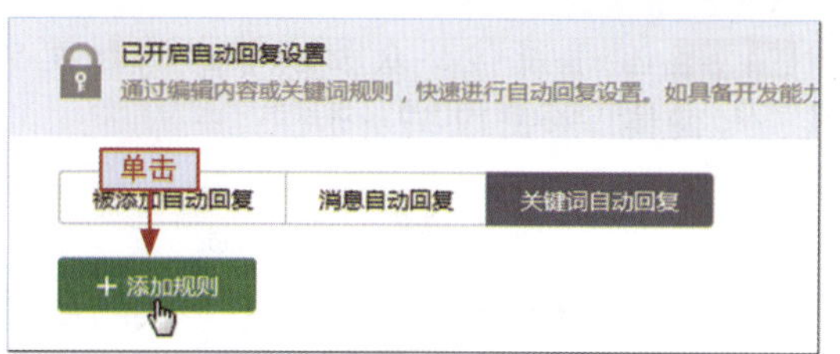

图12-35　准备添加规则

步骤03 ❶在打开的页面中输入规则名、关键字和回复内容，❷再单击“保存”按钮即可，如图12-36所示。

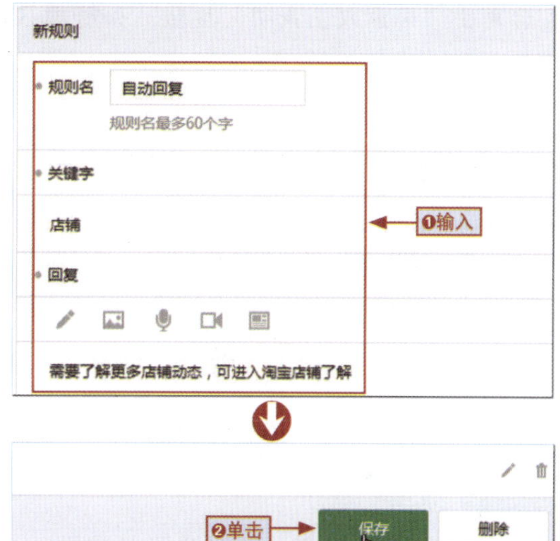

图12-36　保存添加的规则

12.3.2 告知网店促销活动信息

当网店中正在或者即将进行促销活动时，为了让微信中的新老用户都能知道这一活动信息，并主动进店购买，可以在公众号中群发消息，让用户了解其活动具体内容，并参与其中。下面就来看看具体操作流程。

学习目标	掌握如何在公众号中发送群发信息
难度指数	★★

步骤01 登录微信公众号，单击“群发功能”超链接，如图12-37所示。

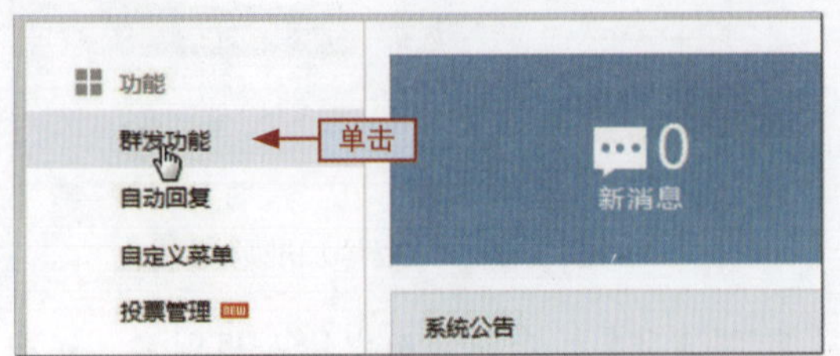

图12-37　登录微信公众号

步骤02 在打开的页面中阅读声明内容，完成后单击“同意以上声明”按钮，如图12-38所示。

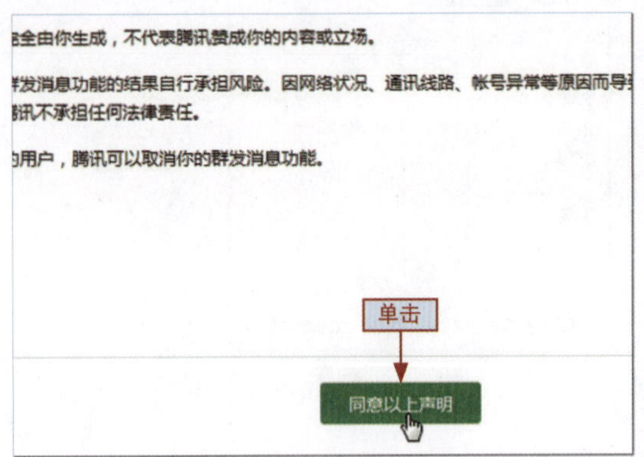

图12-38　同意声明

步骤03 在打开的页面中单击“新建图文消息”超链接，如图12-39所示。

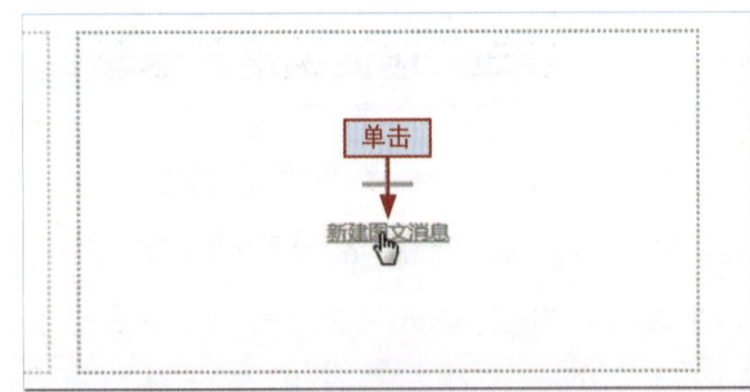

图12-39　准备新建图文消息

步骤04 ❶在打开的页面中输入消息内容并上传图片，❷完成编辑后单击“保存并群发”按钮，如图12-40所示。

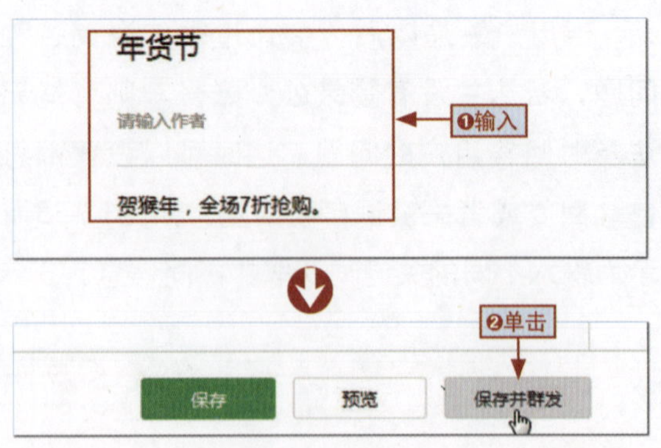

图12-40　编辑内容

步骤05 在打开的页面中单击“群发”按钮，如图12-41所示。

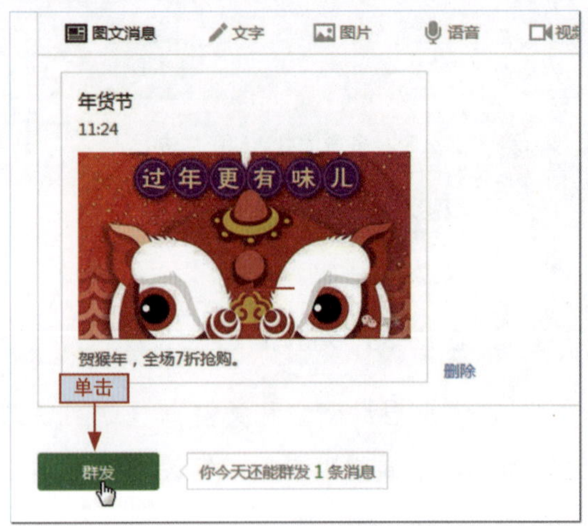

图12-41　发布消息

步骤06 在打开的微信保护页面中单击“开始”按钮开启保护，如图12-42所示。

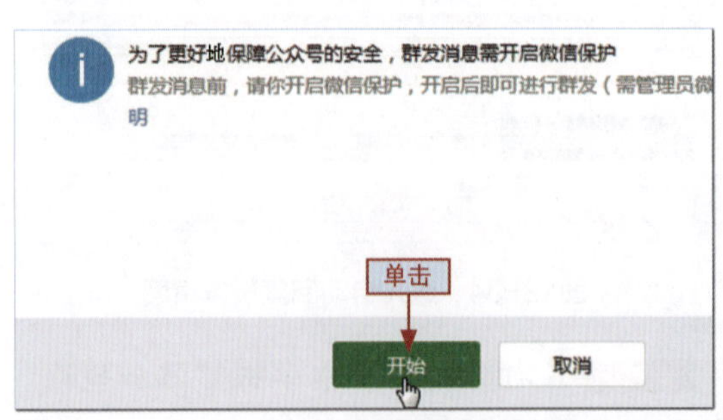

图12-42　开启微信保护

步骤07 ❶进入选择验证方式页面，选中相应的验证方式，❷单击“下一步”按钮，如图12-43所示。

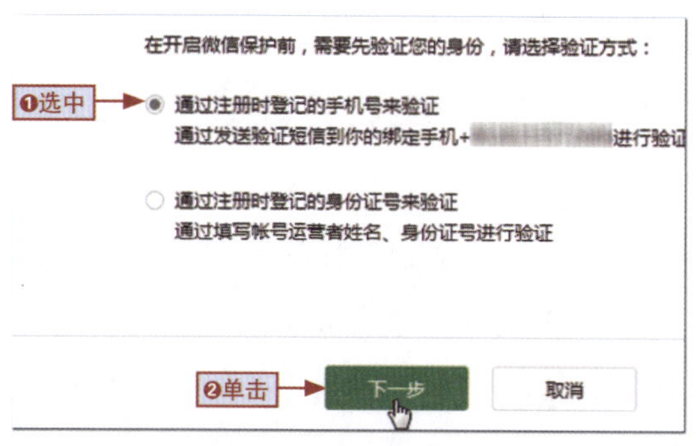

图12-43 选择验证方式

步骤08 ❶在打开的页面中输入验证码，❷单击“下一步”按钮，如图12-44所示。

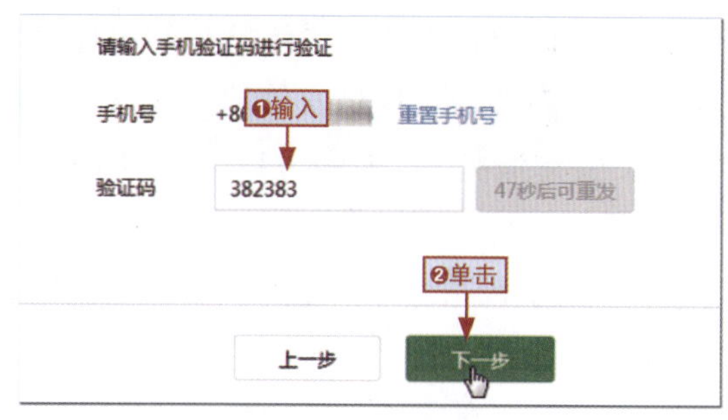

图12-44 账号验证

步骤09 在打开的页面中使用管理员个人微信号扫描二维码，如图12-45所示。

图12-45 扫描二维码

步骤10 进入管理员个人微信号，单击“确定”按钮启用微信保护，如图12-46所示。

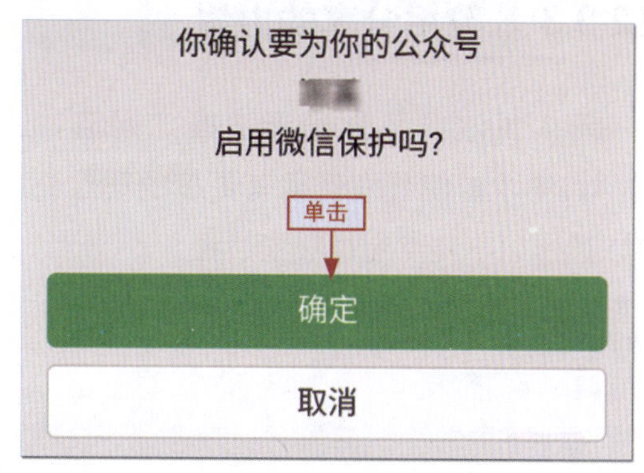

图12-46 确定启用微信保护

步骤11 ❶在群发消息页面单击“群发”按钮，❷再单击“确定”按钮，如图12-47所示。

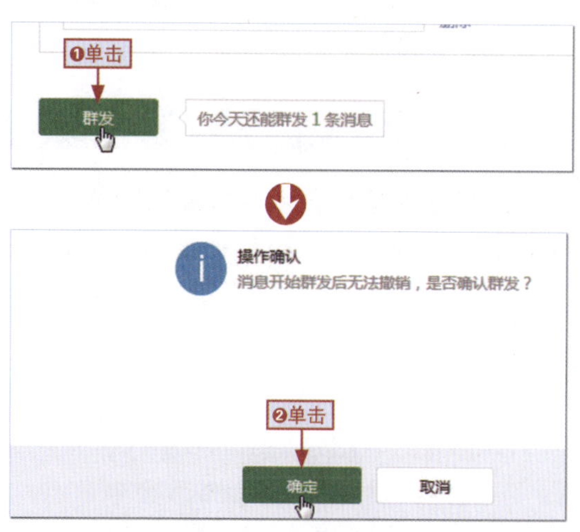

图12-47 确认操作

步骤12 使用手机扫描二维码完成微信验证，如图12-48所示。

图12-48 微信验证

步骤13 最后在管理员微信号中单击“确定”按钮即可成功发送群发消息。

12.3.3 善用分享的力量

无人关注的公众号无法推广网店，那么，如何才能使公众号拥有更多的粉丝呢？可以通过以下几点完成吸粉过程。

学习目标	如何让公众号获得更多关注
难度指数	★★

● 转发微信

网店店主可以建立自己的微信群或加入其他微信群，在微信群中群发与网店有关的消息，或者在自己的个人微信号中转发微信，让微信受到更多人关注。

● 策划分享活动

利用微信策划转发或分享活动能够增加公众号的曝光率，常见的活动有转发集赞送礼或者转发截图后参与抽奖等，如图12-49所示。

参与规则： 只要关注“ ”微信，并将此条微信分享到朋友圈截图至 后台，就有机会获得 儿童艺术大礼包，一共5份名额。

礼包内容： 儿童艺术大画毯圣诞特别款1份+36色漂流瓶水水彩笔1套

开奖时间： 2015年12月4日

图12-49 微信分享活动

只有用户感兴趣或者对用户有价值的内容，用户才会进行转发或者分享，在策划分享活动时要注意以下两点，以提高微信被分享的可能性。

● 内容简单明了

分享活动的内容应该简单明了，非常直观地告知用户如何操作即可参与活动，以图12-49为例，该公众号的活动内容便很清晰地写明了参与规则、礼包内容和开奖时间。

● 把握好推送时间

活动内容通常以群发消息的方式推送到用户手机中，为了让更多的用户看到分享活动的内容，选择群发信息的时间也很重要。通常情况下，在每天17:30～18:00和20:00～22:00这两个时间段群发信息最好，因为大多数手机用户在这两个时间段有空闲阅读微信内容。

另外，当用户看到有价值和有意义的微信文章时，即使没有任何“礼品”也会自动转发，因此平台推送的微信信息一定要有可阅读性。通常情况下，有哲理的短文、笑话以及生活小常识等，更容易被他人自动转发。

12.4 做好微博推广的准备

小白： 我看到有许多网店店主都在微博上进行推广，我的网店也可以在微博上推广吗？

阿智： 当然可以，微博是一个很好的推广平台，只要运行得当会起到事半功倍的营销推广作用。

在淘宝推广平台中，微博是一个很好的站外资源，也是很多卖家选择的免费推广平台。在微博上不仅可以进行店铺推广，也可以进行产品推广，下面就一起来看看如何进行微博推广。

12.4.1 了解可以利用的平台

可以进行微博推广的平台有很多，下面就一起来认识这些平台。

学习目标	了解各种微博推广平台
难度指数	★★

● 新浪微博

新浪微博是目前最主流、最具人气，也是最火爆的微博产品，登录页面如图12-50所示。

图12-50 新浪微博登录页面

● 腾讯微博

腾讯微博与个人QQ号绑定，能很方便地与QQ好友互动，同时可以关注他人或被他人关注，其登录页面如图12-51所示。

图12-51 腾讯微博登录页面

● 乐乎

乐乎(LOFTER)是网易打造的微博平台，其能够较方便地将内容同步在新浪微博和QQ空间等社交平台上，其登录页面如图12-52所示。

图12-52 乐乎登录页面

● 搜狐微博

搜狐微博是当前极具人气、新锐和真实的微博产品，其登录页面如图12-53所示。

图12-53 搜狐微博登录页面

12.4.2 在微博中设置网店信息

每一个微博账号都拥有自己的微博名和Logo头像，这也是用户识别微博账号的重要依据。

微博账号的形象标识必须区别于他人，这就好比网店的店标和店名是不可缺少且应尽量避免重复的。在微博中，形象标志的表现方式如图12-54所示。

图12-54 淘宝网新浪微博形象标志

下面以新浪微博为例看看如何设置微博头像和名称。

步骤01 ❶进入新浪微博登录页面，输入账号、密码和验证码，❷再单击“登录”按钮，如图12-55所示。

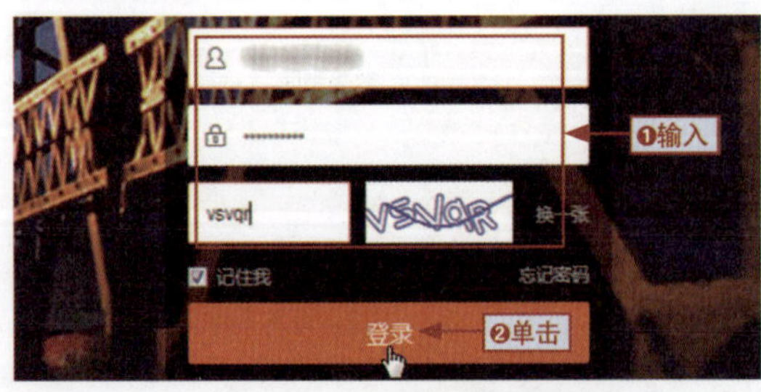

图12-55 登录新浪微博页面

步骤02 进入微博主页后，选择设置下拉菜单中的“账号设置”命令，如图12-56所示。

图12-56 进入微博主页

步骤03 在打开的页面中单击“昵称”栏中的“编辑”超链接，如图12-57所示。

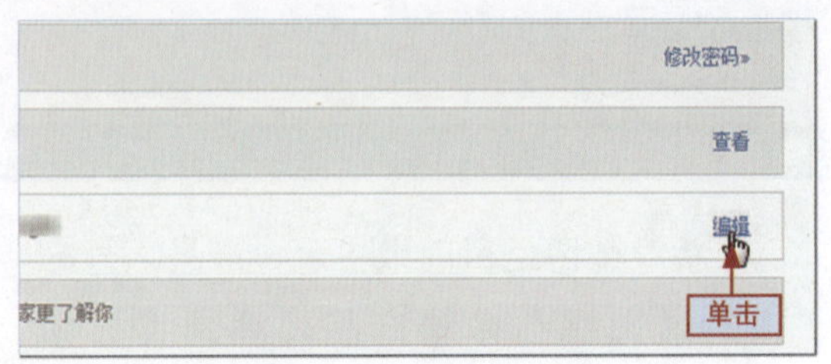

图12-57 准备编辑昵称

步骤04 ❶在打开的页面中输入新昵称，❷再单击“保存”按钮，如图12-58所示。

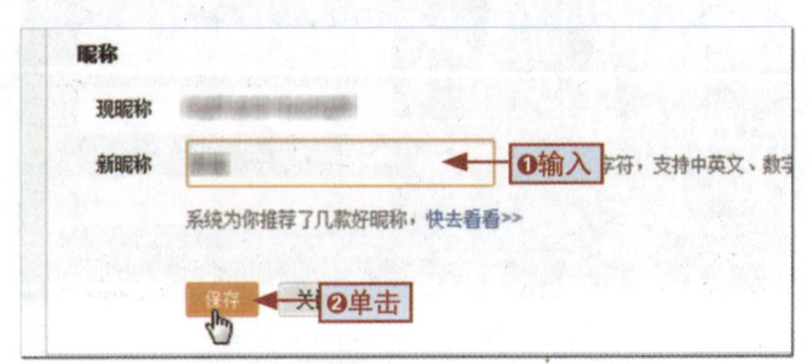

图12-58 设置新昵称

步骤05 昵称保存成功后选择“头像”选项，如图12-59所示。

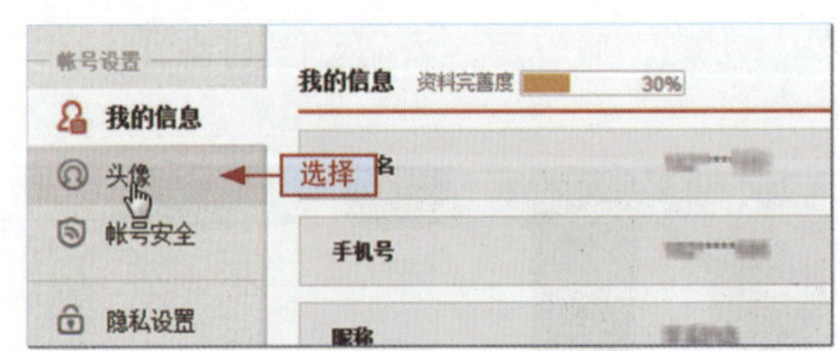

图12-59 准备设置头像

步骤06 在打开的页面中单击“本地照片”按钮，如图12-60所示。

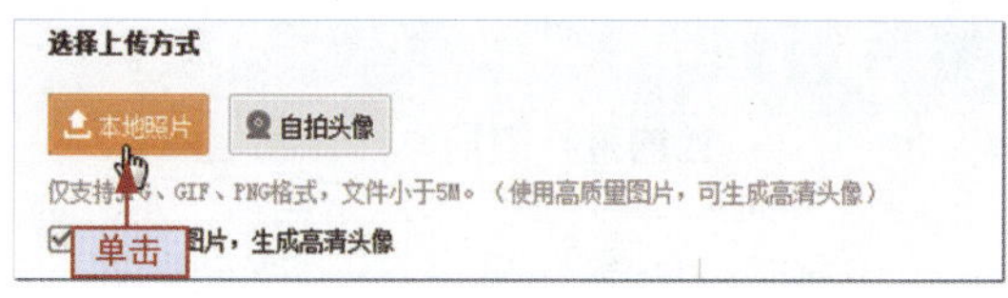

图12-60　准备上传照片

步骤07 ❶在电脑中选择要上传的图片，❷再单击"打开"按钮，如图12-61所示。

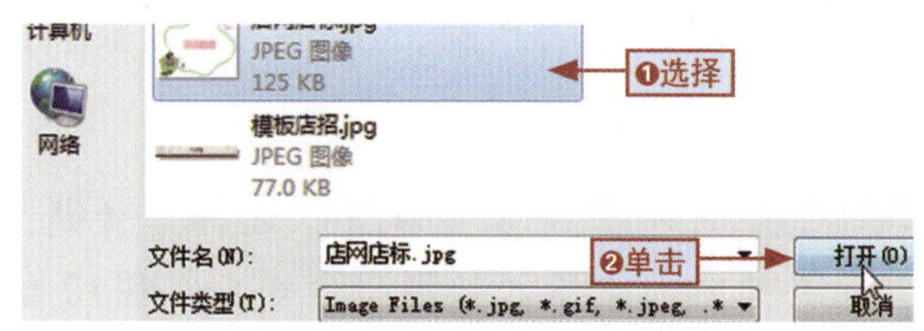

图12-61　选择图片

步骤08 上传成功后，单击"保存"按钮即可，如图12-62所示。

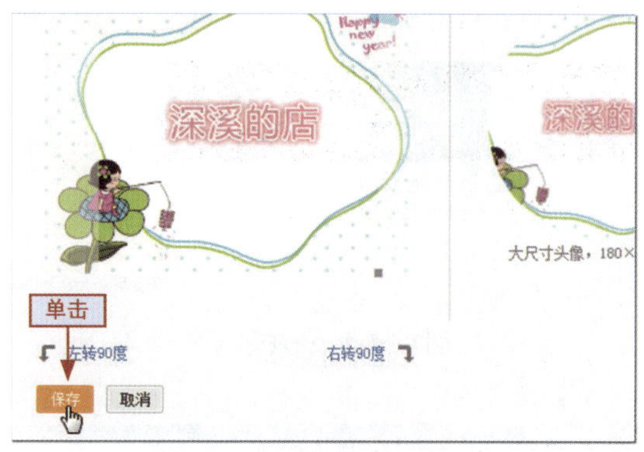

图12-62　完成设置

12.5 利用微博推广网店

小白：微博账号的基本信息设置好以后，要怎样利用微博来推广呢？

阿智：发布用户感兴趣的微博信息，发起微博话题，再通过微博开展各种活动来增加粉丝量，从而达到推广网店的目的。

进行微博营销比较重要的一点是积累粉丝量，特别对新手卖家来说更重要，只有积累了一定的粉丝量后才能提高转化率，为网店带来成交量，接下来就看看如何巧用微博推广网店。

12.5.1 关注他人积累粉丝

刚申请的微博账号不会有太多的粉丝，这时不妨先关注他人来获取粉丝。假设一天能够关注100个人，那么在这100个人中可能会有10个人会互粉，日积月累也会拥有很多粉丝，而在这些粉丝中有一部分可能就是潜在客户。关注他人的方法很简单，可以在热门微博榜中关注，也可以选择分类关注或者通过搜索关注。

学习目标	掌握如何关注他人
难度指数	★

步骤01 进入微博账号主页，单击"发现"超链接，如图12-63所示。

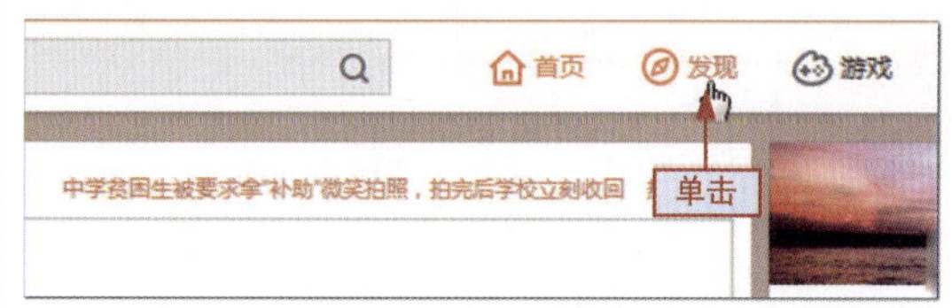

图12-63　微博账号主页

步骤02 将鼠标指针移动到微博名上，在弹出的页面中，单击“关注他”按钮即关注成功，如图12-64所示。

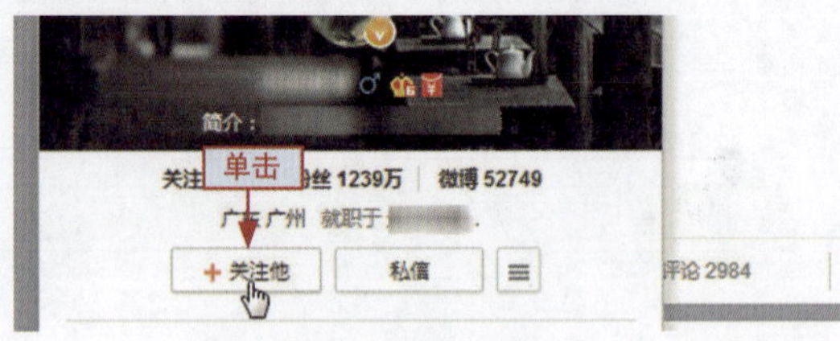

图12-64 关注他人

12.5.2 发布微博信息

有针对性地发布微博内容和话题才能得到更多用户的关注，从而提高微博的曝光率，同时，可以利用这些内容来吸引传播，接下来看看如何发布微博内容。

学习目标	学会发布微博内容和话题
难度指数	★★

步骤01 ❶进入微博账号首页，输入要发布的微博内容，❷单击“发布”按钮，如图12-65所示。

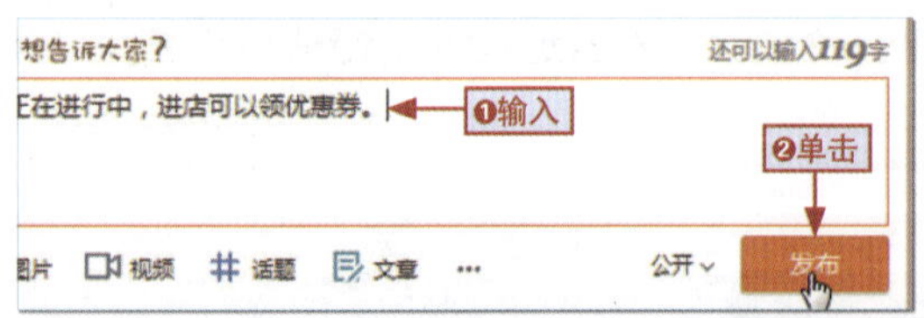

图12-65 发布微博内容

步骤02 发布成功后即可在主页看到微博内容，如图12-66所示。

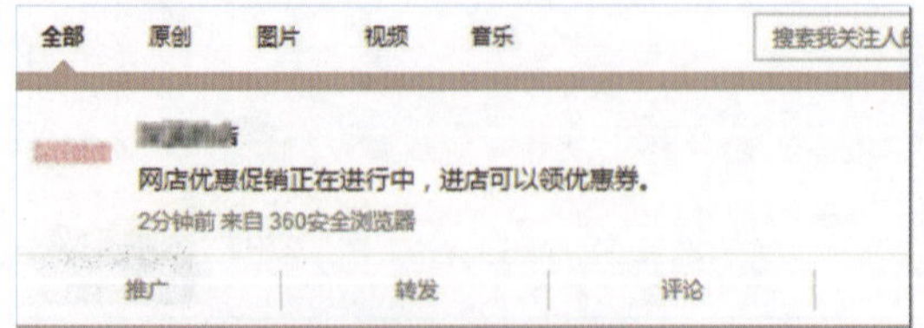

图12-66 发布成功

小绝招 **如何推广微博**

在发布微博内容后，可以看到下方显示出“推广”两个字，单击“推广”按钮可选择不同的推广工具来推广微博，让微博内容被更多人关注。

发起微博话题的方法也很简单，可以发起他人已经发起的话题，也可以发起新的话题，具体操作如下。

步骤01 进入微博账号首页，选择“话题”下拉菜单中的“插入话题”命令，如图12-67所示。

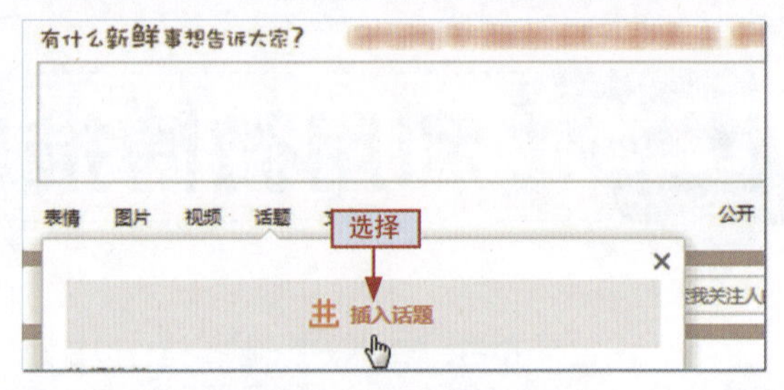

图12-67 进入微博主页

步骤02 ❶输入话题内容，❷单击“发布”按钮即可发布话题，如图12-68所示。

图12-68 发布话题

小绝招 **发微博的最佳时间**

发微博内容时要考虑什么时候发布的效率最高，通常情况下，在9:00～9:30可以发布早安心语类微博，10:00～10:30适当发布与网店相关的微博，12:00～13:30发布有趣文章或网店营销微博，17:30～18:00发布轻松活泼的微博；20:00～22:00发布网店推广类型的微博或长微博。

给你支招 | 如何让微博置顶显示

小白： 每天都有很多人在发布微博，有什么办法可以让我发布的微博在粉丝的消息页的第一条显示且不被其他微博"淹没"？

阿智： 使用微博置顶工具就可以了，要使用这个功能需要开通微博置顶会员才行，下面就来看看该如何开通。

步骤01 进入微博账号主页，选择"设置"下拉菜单中的"会员中心"命令，如图12-69所示。

图12-69 准备进入会员中心

步骤02 选择"功能特权"下拉菜单中的"微博置顶"命令，如图12-70所示。

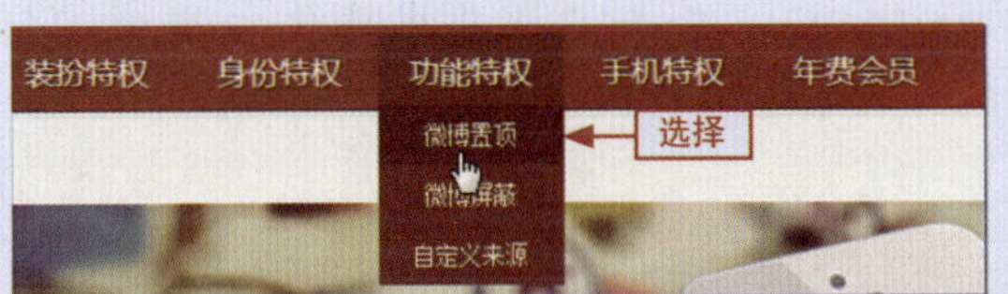

图12-70 会员中心页面

步骤03 在打开的页面中单击"开通会员"按钮，如图12-71所示。

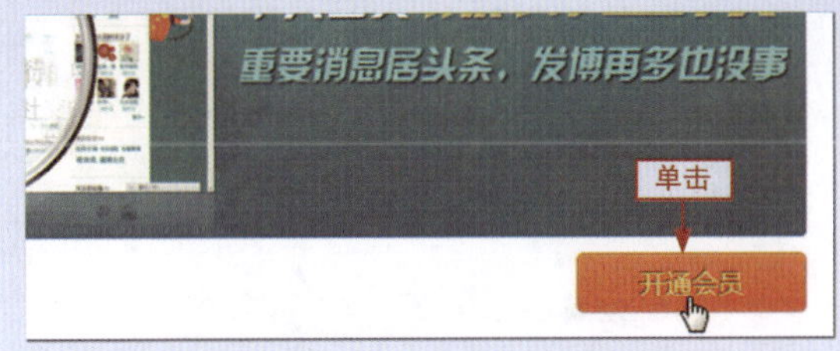

图12-71 准备开通会员

步骤04 ❶在打开的页面中选择开通时长和开通方式，❷单击"去支付宝付款"按钮，如图12-72所示。

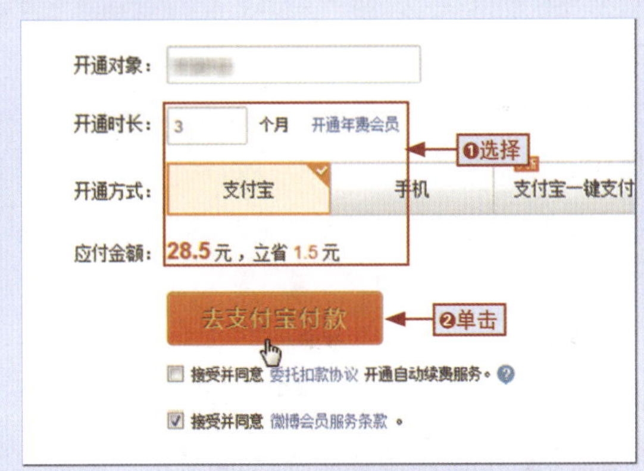

图12-72 选择开通时长

步骤05 完成支付即可成功开通微博置顶功能。

开通微博置顶后，进入个人主页将鼠标指针放在微博内容区域时，可以看到"置顶"操作按钮，单击后便可使该条微博在主页置顶显示，如图12-73所示。

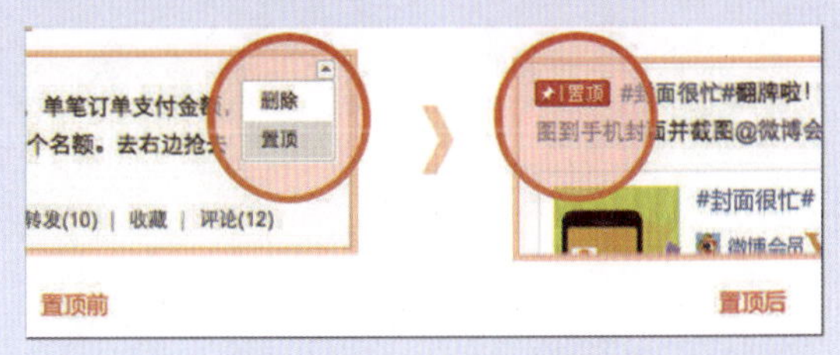

图12-73 微博置顶操作

给你支招 | 在微博中拥有淘宝专属标志

小白：如何才能使我的微博拥有淘宝的专属标识呢？

阿智：开通微博淘宝版，进入账户设置页面，把自己的微博账号与淘宝绑定即可使用微博淘宝版的所有功能。

微博淘宝版是微博为淘宝卖家量身定制的专属版本微博，开通后在微博名片中可以看到店铺名称、地址、主营方向和关注等按钮，开通方法如下。

步骤01 进入微博账号主页，选择“设置”下拉菜单中的“账号设置”命令，如图12-74所示。

图12-74　微博账号主页

步骤02 在打开的页面中选择“账号绑定”选项，如图12-75所示。

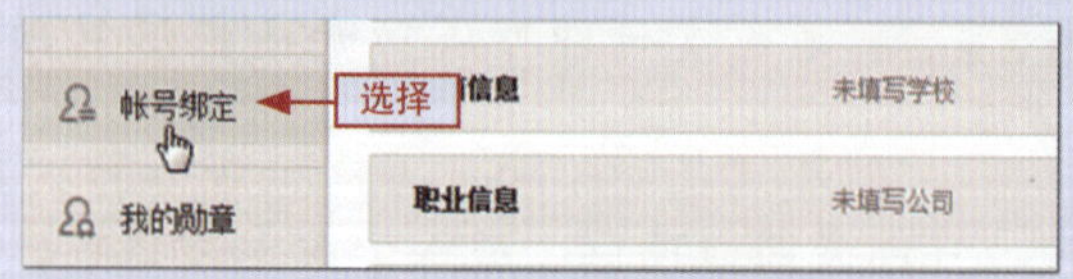

图12-75　账号设置页面

步骤03 在打开的页面中单击“淘宝账号”栏中的“绑定”超链接，如图12-76所示。

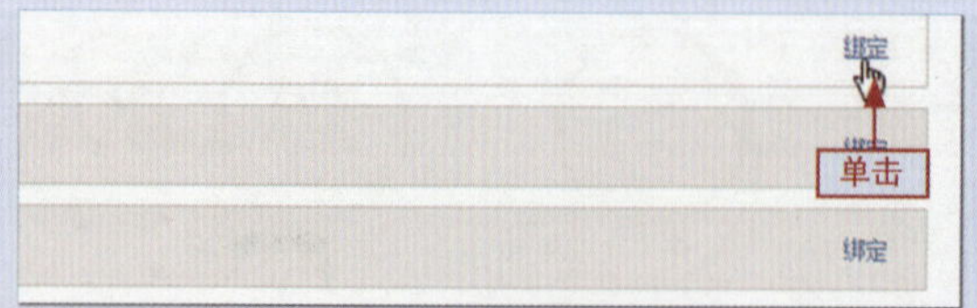

图12-76　准备绑定

步骤04 ❶在打开的页面中输入淘宝账户和密码，❷再单击“同意协议并绑定”按钮，如图12-77所示。

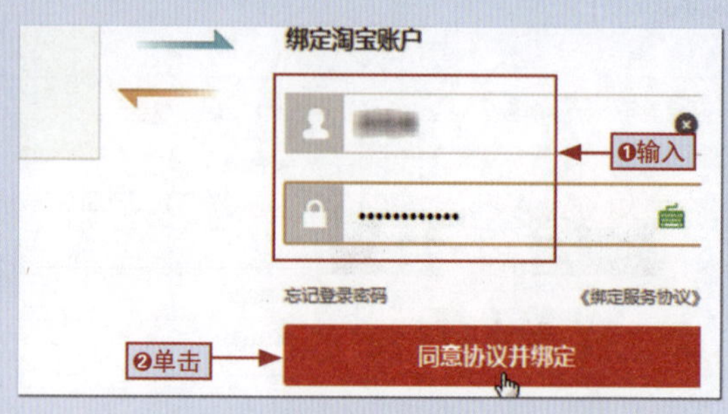

图12-77　绑定账户

步骤05 绑定成功后进入微博淘宝版首页(http://weibo.com/a/bind/open?from=taobao)，单击“点此申请体验微博淘宝版”按钮，如图12-78所示。

图12-78　微博淘宝版首页

步骤06 在打开的页面中单击“确认开通微博淘宝版”按钮即可，如图12-79所示。

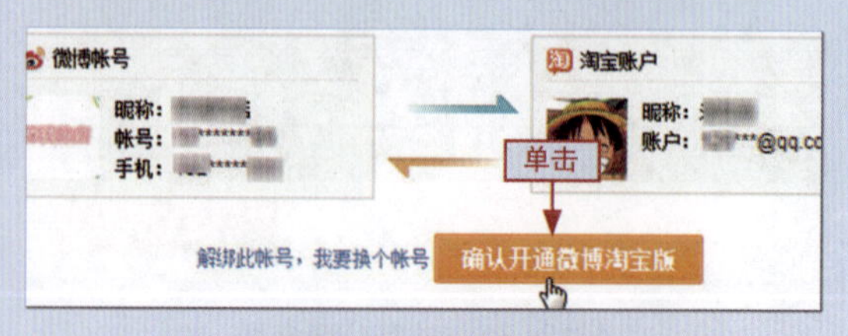

图12-79　完成开通

Chapter 13

种类丰富的论坛推广

学习目标

网店推广有付费的推广方式和免费的推广方式，其中，直通车和钻展等推广都是需要收费的，对于推广投入较低的卖家来说付费推广只能选择性地使用一部分工具。因此，更多的卖家会选择使用免费推广工具，本章就来看看如何使用免费的论坛推广。

本章要点

- 认识淘宝论坛
- 在淘宝论坛中发帖
- 如何加入贴吧
- 在贴吧中发帖
- 加入豆瓣社区
- 在豆瓣中发布淘宝宝贝
- 天涯社区
- 猫扑社区

知识要点	学习时间	学习难度
掌握如何注册各类论坛账号	50 分钟	★★
掌握如何在论坛中发帖	60 分钟	★★★

13.1 利用淘宝论坛推广

阿智：你有没有在淘宝论坛中发表帖子推广自己的网店呢?

小白：我只是浏览他人发表的帖子，自己没有发布过，你能告诉我怎样发表帖子吗?

阿智：只需登录淘宝论坛后，再进入相应板块即可看到发布按钮。

淘宝论坛是淘宝店铺的社区论坛，不管是淘宝买家还是卖家都可以在论坛中发帖，它是网店卖家免费推广的平台，同时也成为卖家之间交流推广心得、分享成功经验的平台。

13.1.1 认识淘宝论坛

淘宝论坛分为不同的板块，包括淘宝政策、卖家经验、活动流量、卖家故事和金牌卖家等，下面来进行分别了解。

学习目标 了解淘宝论坛的不同板块

难度指数 ★

● 淘宝政策

淘宝政策板块中有公告栏、聚焦热点、卖家服务、商家品质、网商讲坛和杭州同城活动讨论页面，这个板块主要是分享和交流淘宝最新政策公告的板块，首页显示方式如图13-1所示。

图 13-1 淘宝政策首页

● 卖家经验

卖家经验板块主要是分享和交流网店经营的经验，包括发货、装修和推广等方面的经验。

● 卖家故事

卖家故事板块主要是分享卖家生活中的故事。

● 金牌卖家

金牌卖家板块包含了金牌卖家的考核标准、规则、参与类目和进出机制等内容。

● 其他板块

淘宝论坛中还有其他板块，比如清仓、天天特价和手机淘宝等。在发表帖子的时候要根据所发帖子的内容选择发布的板块。

13.1.2 在淘宝论坛中发帖

淘宝论坛只需使用淘宝账号即可登录，下面就来看看如何在论坛中发帖。

步骤01 进入淘宝论坛官方网站(https://bbs.taobao.com)，在首页单击“个人中心”按钮，如图13-2所示。

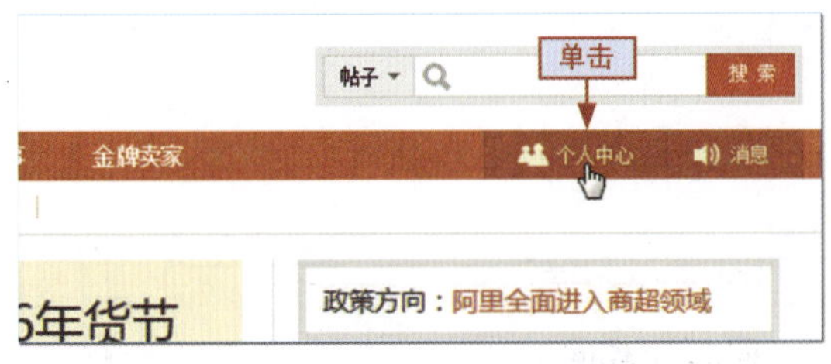

图13-2 进入淘宝论坛

步骤02 登录论坛后，在打开的页面中单击“淘宝论坛”超链接，如图13-3所示。

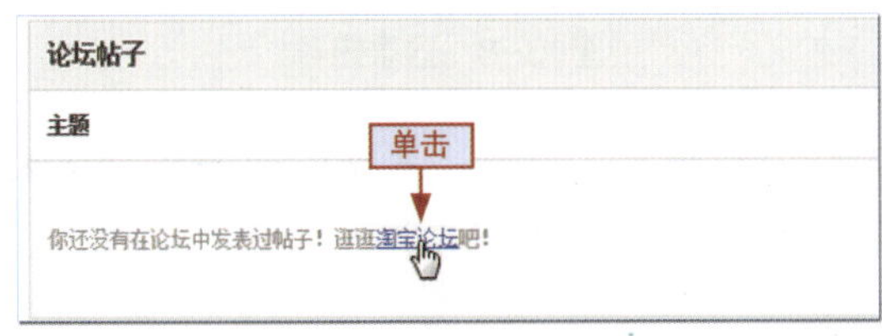

图13-3 进入个人中心

步骤03 进入淘宝首页后选择要进入的板块，比如选择“卖家经验”选项，如图13-4所示。

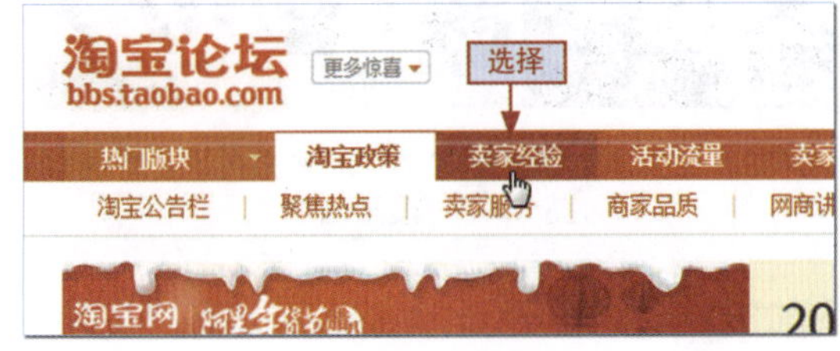

图13-4 选择板块

步骤04 在打开页面中的“发帖”下拉菜单中选择“帖子”命令，如图13-5所示。

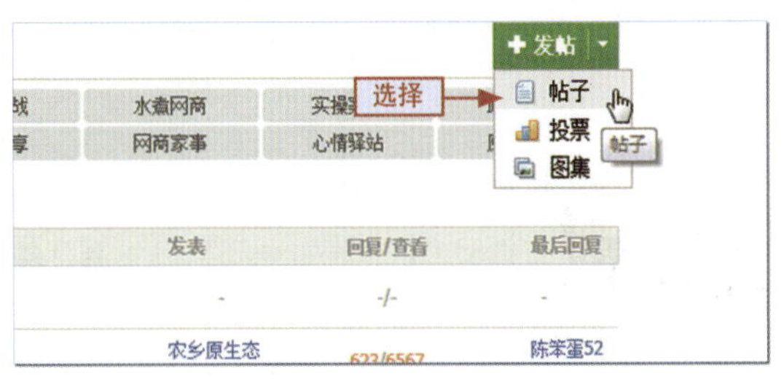

图13-5 准备发帖

步骤05 ❶在“帖子标题”中输入帖子标题内容，❷在“发表版面”下拉菜单中选择类型，比如选择“网商家事”命令，输入正文内容后，❸单击“发表”按钮即可，如图13-6所示。

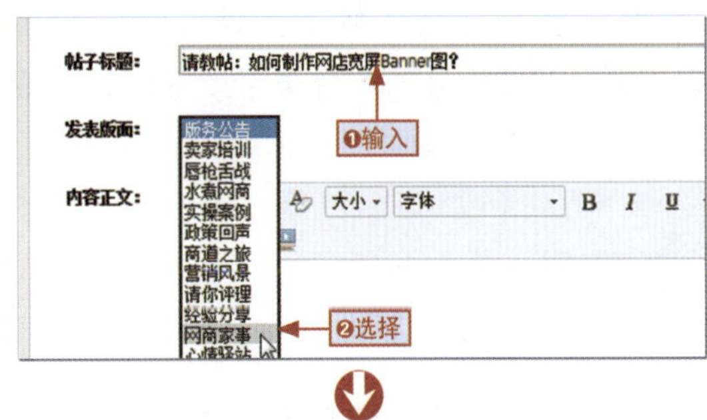

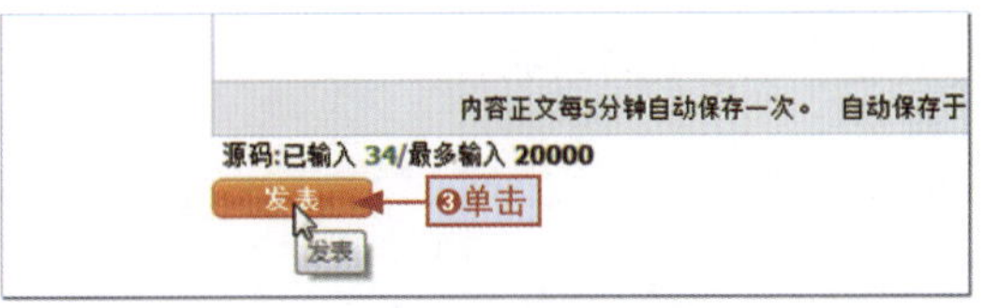

图13-6 发表帖子

淘宝论坛发帖的注意事项

在淘宝论坛中发帖不能发“水帖”，或者明显是广告的帖子，这样的帖子会被系统自动删除。可以发布技术帖，讲述自己经营过程中失败或成功的帖子，只有帖子的“含金量”高，才能得到更多人的关注，如果能够被“加精”，那么关注者将会更多，帖子有了曝光率，才能起到推广网店的作用。

13.2 借助百度贴吧推广

小白：听说百度贴吧也可以推广网店，怎样才能在百度贴吧中发布帖子呢？

阿智：在百度贴吧中发帖需要注册百度账号，关注相应的贴吧以后才能发表帖子。

百度贴吧是全球最大的中文社区，贴吧目录覆盖广泛，有社会、地区、教育和娱乐等，把拥有共同兴趣爱好和话题的人集聚在一起，共同交流和互相帮助。

13.2.1 加入贴吧

前面我们已经了解了如何注册百度账号，使用百度账号即可登录百度贴吧，下面来看看如何加入贴吧。

步骤01 进入百度贴吧首页，单击“登录”超链接，如图13-7所示。

图13-7 准备登录

步骤02 ❶在打开的页面中输入账号和密码，❷单击“登录”按钮，如图13-8所示。

图13-8 登录账号

步骤03 输入关键字，再按Enter键即可进入该贴吧，如图13-9所示。

图13-9 搜索贴吧

步骤04 进入贴吧后单击吧名右侧“关注”按钮，如图13-10所示。

图13-10　关注贴吧

步骤05 在弹出的“成功提示”对话框中单击“知道了”按钮可即成功加入贴吧，如图13-11所示。

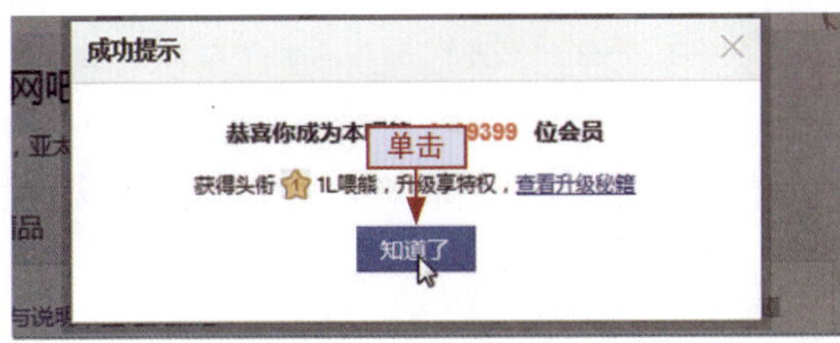

图13-11　加入贴吧

除了通过搜索关键词的方式筛选贴吧外，还可以通过分类来筛选需要加入的贴吧，百度贴吧的分类很详细，进入相应的分类后可以看到“推荐吧”栏目，单击吧名即可进入贴吧，如图13-12所示。

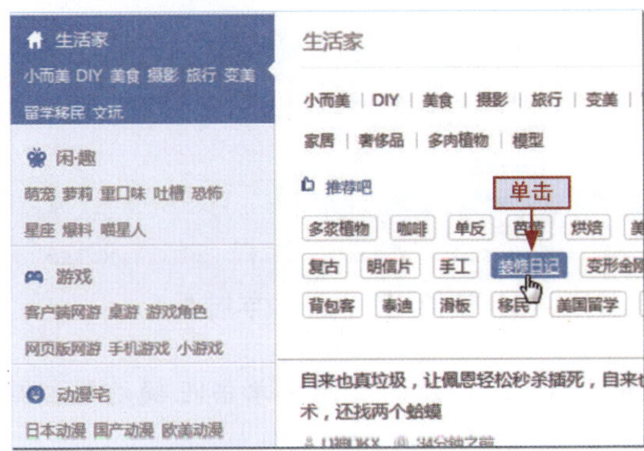

图13-12　贴吧分类页面

选择合适的贴吧加入

百度贴吧种类很多，在加入时要选择可能出现潜在客户的贴吧加入，可以根据网店的经营类目来筛选，比如网店经营的是女装，这时可以选择女装吧、韩版女装吧、女装设计吧以及时尚女装吧等加入。

13.2.2　在贴吧中发帖

加入贴吧后便可在贴吧中发布帖子，在发布帖子之前需要查看吧规再发帖，以免自己发布的帖子被删除。

贴吧吧规通常会置顶显示在贴吧首页，不同的贴吧规定也会不同，如图13-13所示的是某贴吧吧规。

★删贴规则★

1. 影响吧务管理的帖子，予以删除处理。（以下规则同时适用签名档和头像）所有图片上均不允许出现网址、QQ号、手机号、旺旺号、微信等商业联系性质的内容。（注意，此类帖子一经发现也是一律删除+封禁。）

（1）主题名称中出现“加精”“置顶”等干预吧务管理的帖子。

（2）在指定帖外擅自发布如相关投诉、信息的帖子。

2. 对本吧的安全及形象存在严重威胁的帖子，予以删除处理。

3. 影响本吧和谐有爱发展.挑起矛盾.诽谤他人.影响宗教自由的帖子，予以删除处理。

4. 一些内容不合适、不恰当的帖子，经吧务组考虑后酌情删帖。

6. 其他本吧吧务认为不妥的以及违反百度贴吧协议的帖子，视情况酌情删除。

7. 所有帖子内容都不允许带有网址、链接（注意，是除百度以外的链接，百度贴吧的链接除外），例如QQ空间、淘宝网址等（凡是带有链接网址的帖子一经发现一律删除+封禁）。

8. 恶意刷经验值.求助攻，机器抢楼，超长水帖，超长尾巴.跟风复制粘帖回复.

原因：你们懂的，网址形广告是百度主要严厉打击的对象，发布网址链接被删贴封号的几率是98%。

★封禁规则★

封号是最严厉的惩罚，因此在封号上力求少而精，以不影响大多数吧友权利为准。

封号规则暂定为以下7条：

1. 为保持贴吧和谐环境，对于侮辱他人者予以封号处理。

2. 刷屏，刷楼，爆吧者，进行酌情封号处理，期限3～10天。

3. 禁止故意模仿吧务以及他人ID进行挑衅、欺骗、攻击等活动,发现后一律删帖，经劝阻无效者,给予封禁。

图13-13　贴吧规则

了解贴吧吧规后在发帖时就要注意不要违反规定，在发布帖子时要注意帖子的广告性不能太强，单纯的广告帖是不会有人看的，同时还有可能被删帖或者封禁。因此，在发帖时要注意收敛广告的意图，不能太直接，而应该间接地打广告，最好采用图文并茂的方式发帖，下面就来看看如何在贴吧中发帖。

步骤01 进入某贴吧首页，在页面下方输入标题，要插入图片则单击“图片”下拉菜单中的“本地上传”按钮，如图13-14所示。

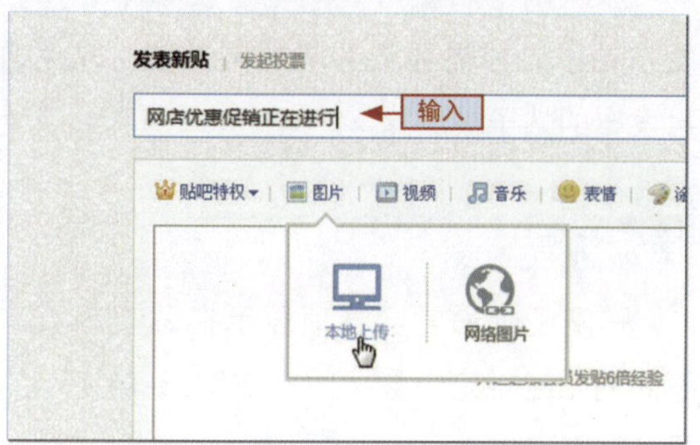

图13-14 输入标题

步骤02 ❶在计算机中选择图片，❷再单击“打开”按钮，如图13-15所示。

图13-15 选择图片

步骤03 单击“添加图片”按钮还可以添加更多图片，如图13-16所示。

图13-16 添加图片

步骤04 添加完成后单击“插入图片”按钮即可插入图片，如图13-17所示。

图13-17 插入图片

步骤05 ❶在图片旁输入文字描述，❷再单击“发表”按钮，如图13-18所示。

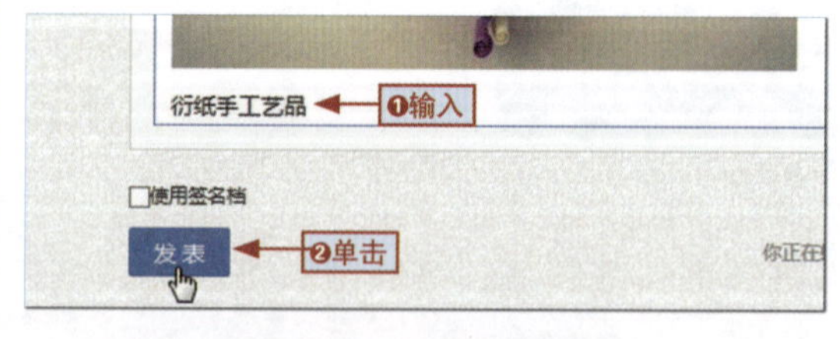

图13-18 输入文字描述

步骤06 在打开的页面中单击正确的验证码即可发布帖子。

长知识｜使用贴吧美化图片工具

在贴吧中发帖插入图片后，可以使用自带的美化图片工具美化图片，具体操作如下。

步骤01 插入图片成功后，单击图片上的“美化图片”按钮，如图 13-19 所示。

图13-19　准备美化图片

步骤02 在打开的页面中选择“美化”选项，如图 13-20 所示。

图13-20　进入图片编辑页面

步骤03 ❶在打开的页面中选择美化方式，❷再单击“确定”按钮即可，如图 13-21 所示。

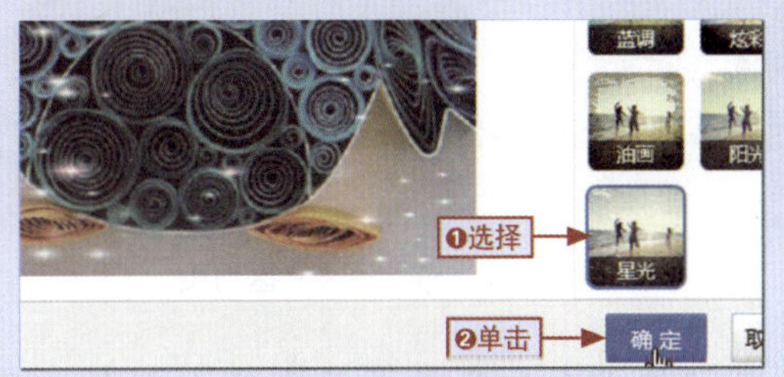

图13-21　进行美化

13.3 让豆瓣社区引流

阿智： 小白，你有没有在豆瓣社区上发表过豆瓣“东西”呢？

小白： 豆瓣“东西”？你能告诉我它有什么作用吗？

阿智： “东西”是豆瓣提供的一个发布产品的平台，你可以把自己网店中的宝贝放在“东西”中出售，从而帮助宝贝做推广，增加曝光率，提高下单率。

豆瓣是一个社区网站，提供了读书、音乐、电影和科技等方面的信息，在豆瓣社区上可以发表评论和创建小组，是集交友、小组和收藏于一体的新型社区网络。

13.3.1 加入豆瓣社区

要在豆瓣社区中发表文章或者发布网店的东西，需要注册豆瓣社区账号，具体操作如下。

步骤01 进入豆瓣官方网站(http://www.douban.com/)，单击“注册账号”按钮，如图13-22所示。

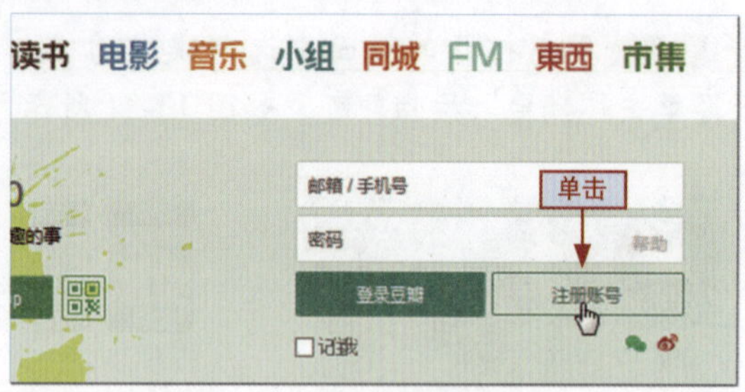

图13-22 进入豆瓣社区首页

步骤02 ❶在打开的页面中输入邮箱、密码、名号和手机号，❷再单击“获取验证码”按钮，如图13-23所示。

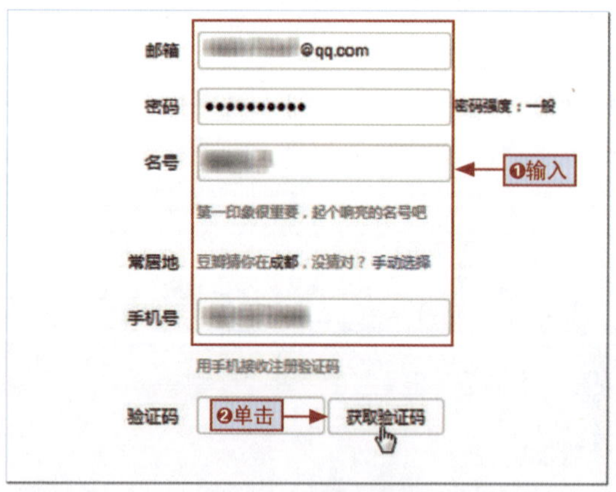

图13-23 填写资料

步骤03 ❶在弹出的对话框中输入验证码，❷再单击“确定”按钮，如图13-24所示。

图13-24 输入验证码

步骤04 ❶输入手机短信验证码，选中“我已经认真阅读……”复选框，❷再单击“注册”按钮即可完成注册，如图13-25所示。

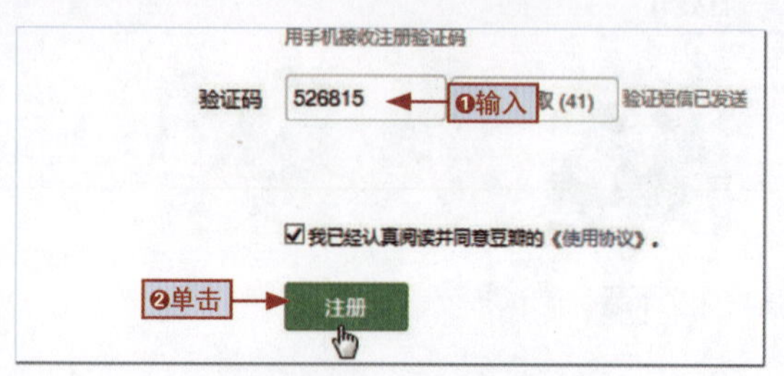

图13-25 完成注册

13.3.2 在豆瓣中发布淘宝宝贝

在豆瓣中发布的宝贝会展现在豆瓣的“东西”频道中，下面来看看具体的发布过程。

步骤01 ❶进入豆瓣官方网站，输入账号和密码，❷再单击“登录豆瓣”按钮，如图13-26所示。

图13-26 登录账号

步骤02 在打开的页面中选择“发布东西”下拉菜单中的“发布东西”命令，如图13-27所示。

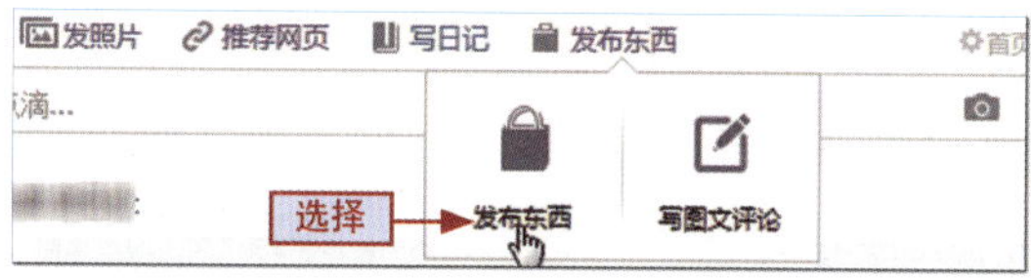

图13-27 准备发布东西

步骤03 ❶在打开的页面中粘贴宝贝购买地址，❷单击“获取东西信息”按钮，如图13-28所示。

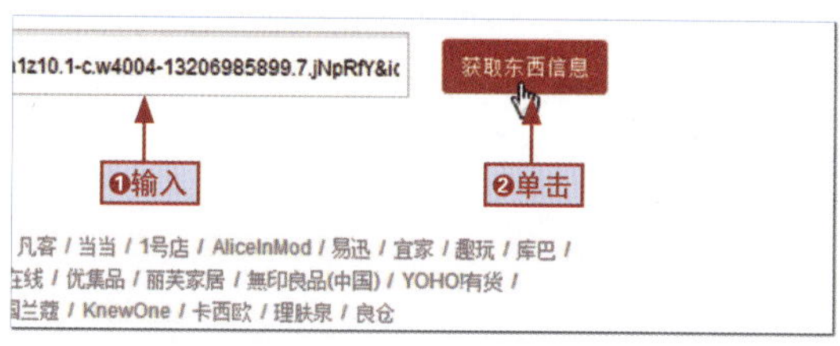

图13-28 粘贴链接

步骤04 ❶在打开的页面中可以进行图片修改和填写评论，❷完成操作后单击“发表”按钮即可，如图13-29所示。

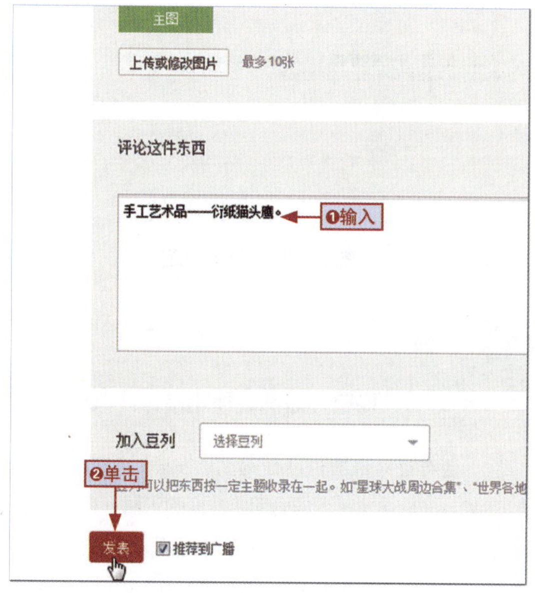

图13-29 添加评论

13.3.3 创建小组让他人加入

豆瓣小组是一个相互沟通的平台，对网店卖家来说可以创建小组让网店中的新老用户加入，让他们参与回应，同时可以在小组中发布网店的上新宝贝以及网店促销等信息，下面来看看如何创建豆瓣小组。

学习目标 掌握如何在豆瓣中创建小组
难度指数 ★★

步骤01 登录豆瓣个人账号，在首页单击“小组”超链接，如图13-30所示。

图13-30 登录账号

步骤02 在打开的页面中单击“申请创建小组”超链接，如图13-31所示。

图13-31 申请创建小组

步骤03 在打开的页面中单击“开始创建小组”按钮，如图13-32所示。

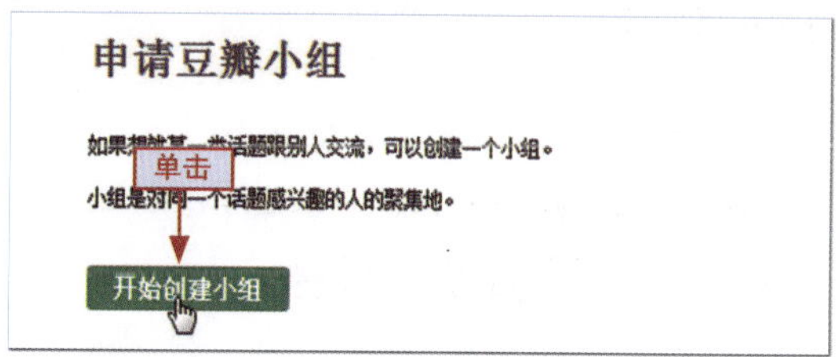

图13-32 准备创建

步骤04 ❶在打开的页面中选中小组类型，❷输入小组名称、小组介绍和手机号等信息，❸再单击“验证”按钮，如图13-33所示。

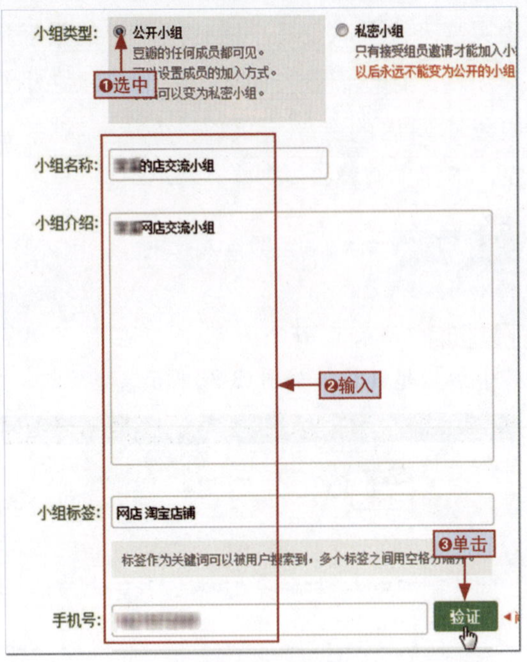

图13-33　进行验证

步骤05 ❶在弹出的对话框中输入验证码，❷单击“确定”按钮，如图13-34所示。

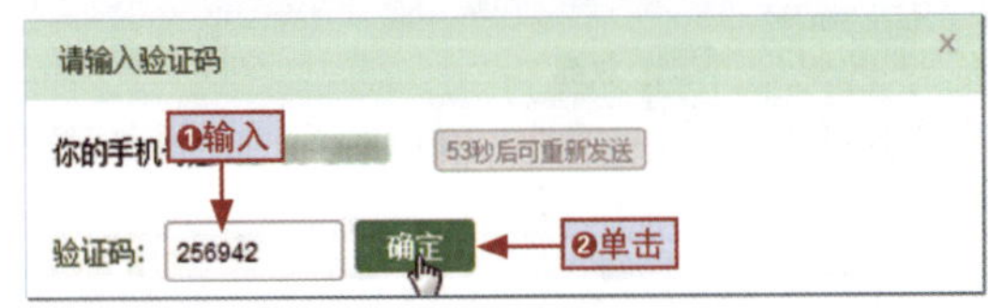

图13-34　完成手机验证

步骤06 ❶选中“我已认真阅读……”复选框，❷单击“提交申请”按钮即可，如图 13-35所示。

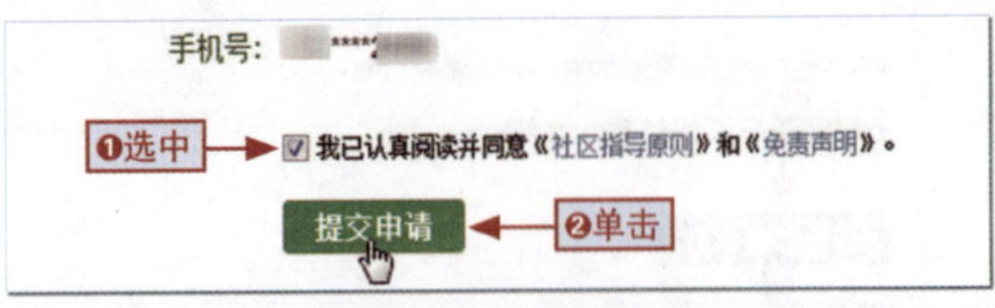

图13-35　完成创建

13.3.4 发布有利于推广的话题

在豆瓣社区中还可以发布话题，如果是为了推广网店而发布的话题，其内容就要与网店相关，可添加网店首页或者宝贝详情页的链接，让用户通过话题可以直接进入自己的网店，下面来看看具体如何发布话题。

学习目标	掌握如何发布豆瓣话题
难度指数	★★

步骤01 登录豆瓣个人账号，在首页单击“话题”按钮，如图13-36所示。

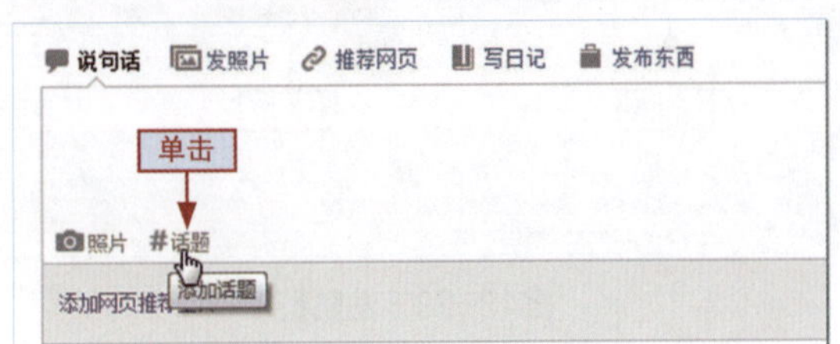

图13-36　登录账号

步骤02 ❶在打开的页面中输入话题内容，❷单击“发布”按钮，如图13-37所示。

图13-37　发布话题

使用豆瓣的其他功能

豆瓣社区还提供推荐网页、发照片和写日记等功能，这些功能都可成为网店推广的工具，在豆瓣中推广网店，则❶可在“推荐网页”中输入网店首页地址，❷单击“输入网址”按钮，❸最后单击“发布”按钮即可，如图13-38所示。

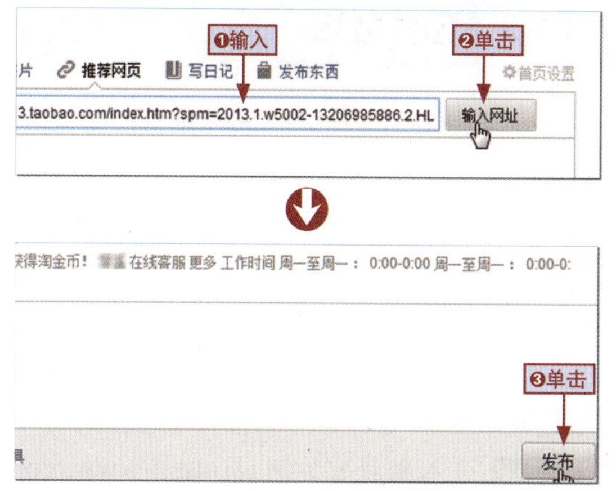

图13-38　推荐网页

发布成功后即可看到推荐网页的内容，单击“添加到豆列”按钮还可以将网页添加到豆列中，如图13-39所示。

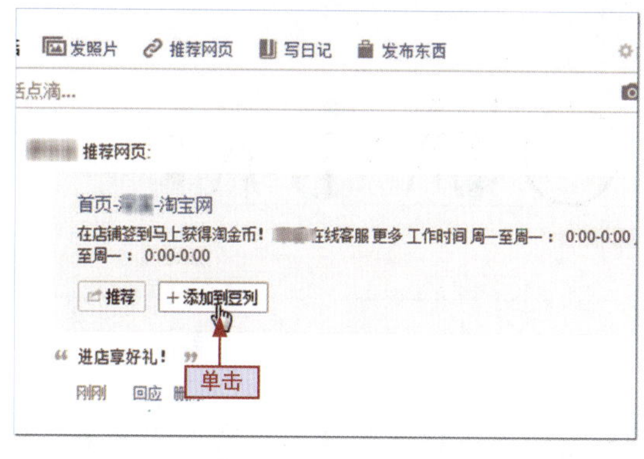

图13-39　完成发布

在添加豆列时可以填写推荐语，告知他人添加的理由，推荐语描述得准确和足够吸引人的话，可以获得更多人的点击，使得网店的访问量得到提升，同时也可以增加网店宝贝的曝光率。

13.4 其他常见的论坛

小白： 可用于网店推广的论坛只有淘宝论坛、百度贴吧和豆瓣社区吗?

阿智： 用于网店推广的论坛还有很多，比如天涯、猫扑以及新浪等，下面就一起来认识这些论坛。

不同的人喜爱使用的论坛网站是不同的，我们进行网店推广也不要只局限于一两个论坛，可以多论坛推广，让网店在更多的渠道展示。那么，常见的论坛网站都有哪些呢？下面就一起来看看。

13.4.1 天涯社区

天涯社区是极具影响力的网络社区平台，提供了论坛、博客和问答等多个功能板块，要使用天涯论坛发布相关推广的帖子，需要注册天涯账号，下面就来看看如何注册天涯账号。

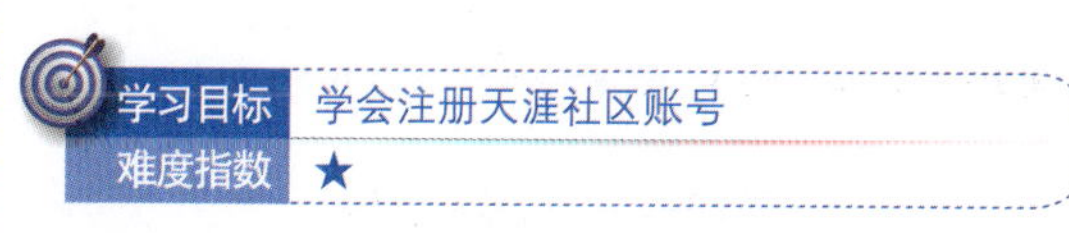

学习目标	学会注册天涯社区账号
难度指数	★

步骤01 进入天涯论坛首页(http://bbs.tianya.cn/)，单击“注册”按钮，如图13-40所示。

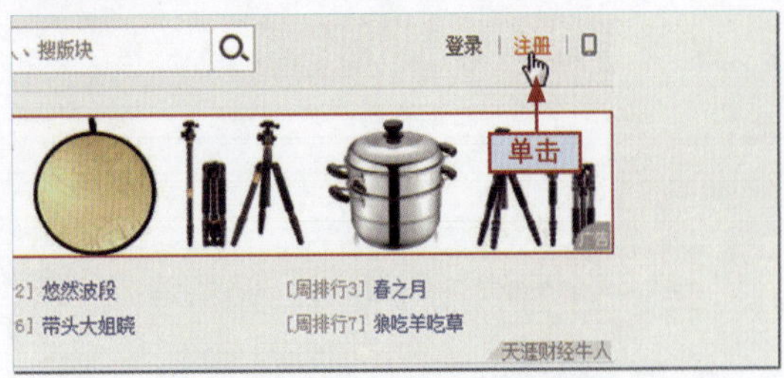

图13-40　进入天涯论坛首页

步骤02 ❶在打开的页面中输入用户名、密码、手机号码和图形码，❷单击"立即注册"按钮，如图13-41所示。

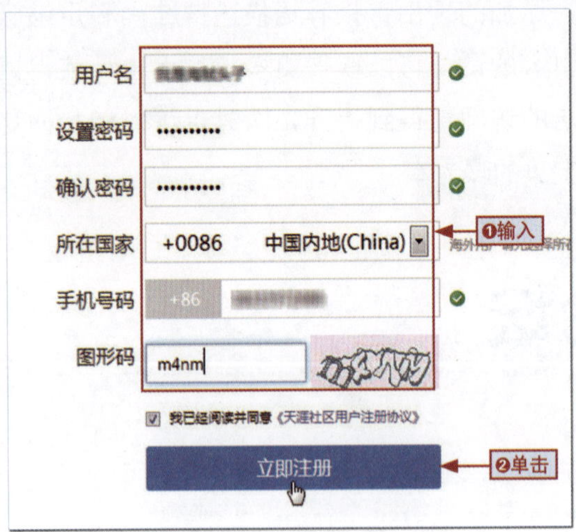

图13-41　填写账号信息

步骤03 在打开的页面中按照提示操作在手机中回复短信验证码即可注册成功，如图 13-42所示。

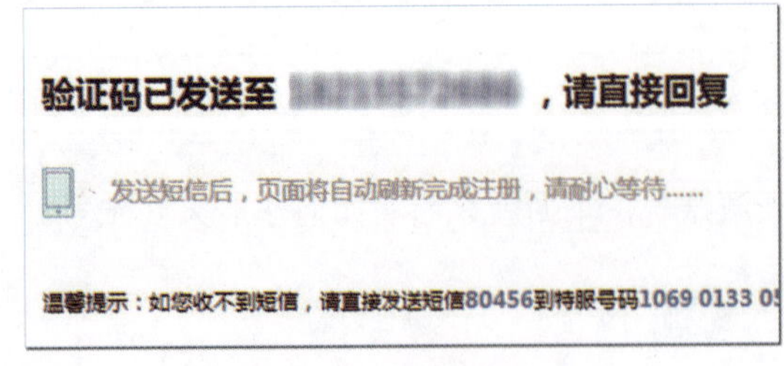

图13-42　回复验证码

13.4.2 猫扑社区

猫扑是知名的中文网络社区之一，社区中的板块包括大杂烩、贴贴论坛、购物、联盟和活动等，下面就来看看如何注册猫扑社区账号。

学习目标　学会注册猫扑社区账号

难度指数　★

步骤01 进入猫扑官方网站(http://www.mop.com/)，在首页单击"注册"按钮，如图13-43所示。

图13-43　进入猫扑首页

步骤02 ❶在打开的页面中输入昵称、邮箱和密码等，❷单击"同意协议并注册"按钮即可注册成功，如图13-44所示。

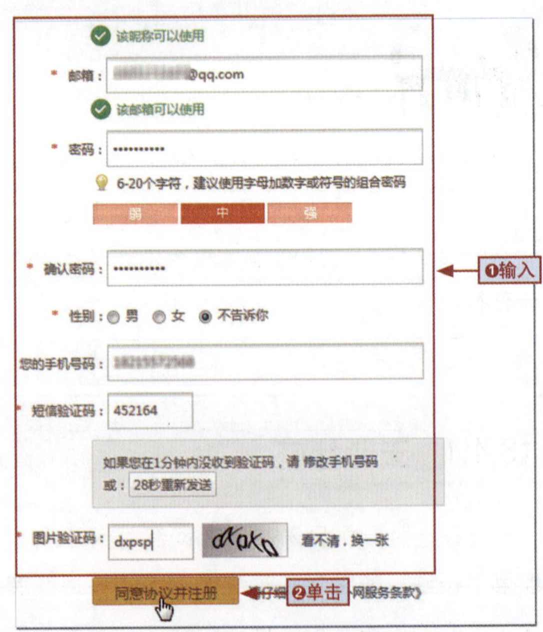

图13-44　完成注册

13.4.3 网易论坛

网易论坛拥有丰富的板块，包括文化论坛、新闻论坛、地方论坛和旅游论坛等，注册网易论坛账号也比较简单，具体操作如下。

步骤01 进入网易论坛首页(http://bbs.163.com/)，单击“立即注册”超链接，如图13-45所示。

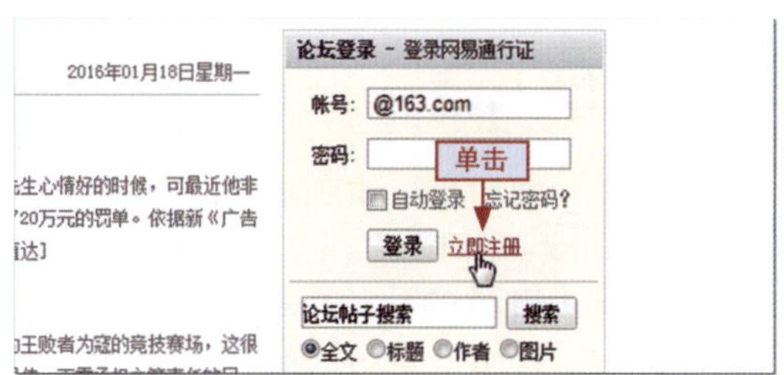

图13-45 选择板块

步骤02 ❶在打开的页面中输入邮箱、密码和验证码，❷单击“立即注册”按钮，如图13-46所示。

图13-46 完成注册

步骤03 在打开的页面中单击“立即登录邮箱验证”按钮，如图13-47所示。

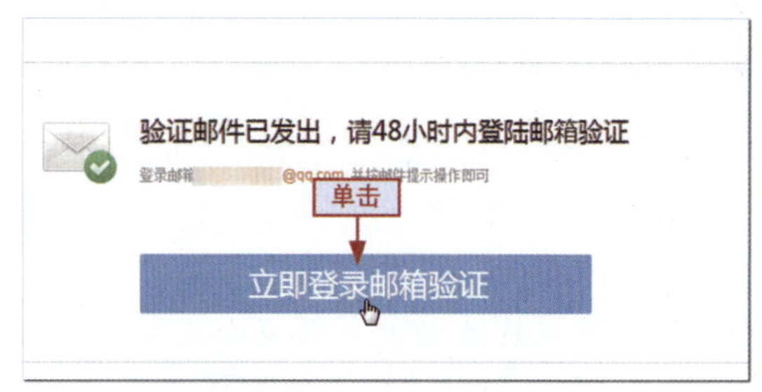

图13-47 准备验证邮箱

步骤04 登录邮箱后，单击网页地址超链接完成验证即可，如图13-48所示。

图13-48 完成验证

在网易论坛中发帖也是很简单的，只需登录账号后，进入相应的板块，选择“发帖”下拉菜单中的“新帖子”命令即可进入帖子编辑页面，如图13-49所示。

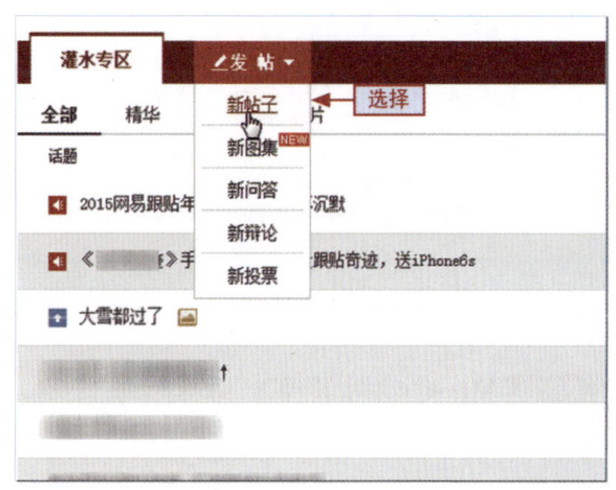

图13-49 准备发帖

给你支招 | 评论抢沙发

小白：使用论坛推广网店除了可以自己发帖进行推广外，还有其他推广方式吗？

阿智：以回帖的方式也可以达到推广的目的，下面以百度贴吧为例看看如何回帖。

步骤01 进入百度贴吧并登录个人账号，在“常逛的贴吧”栏中单击要进入的贴吧按钮，如图13-50所示。

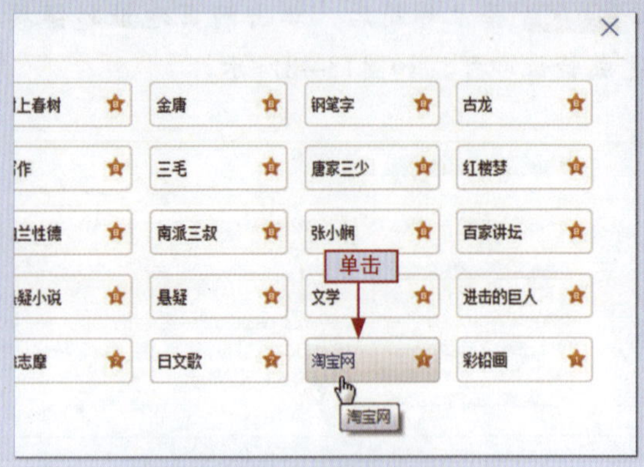

图13-50 选择要进入的贴吧

步骤02 在打开的页面中单击要进入的帖子名称超链接，如图13-51所示。

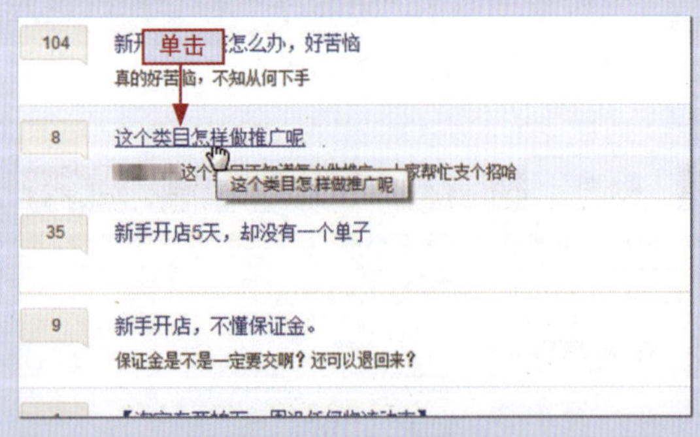

图13-51 选择帖子

步骤03 ❶在打开的页面中输入回复内容，❷单击“发表”按钮，如图13-52所示。

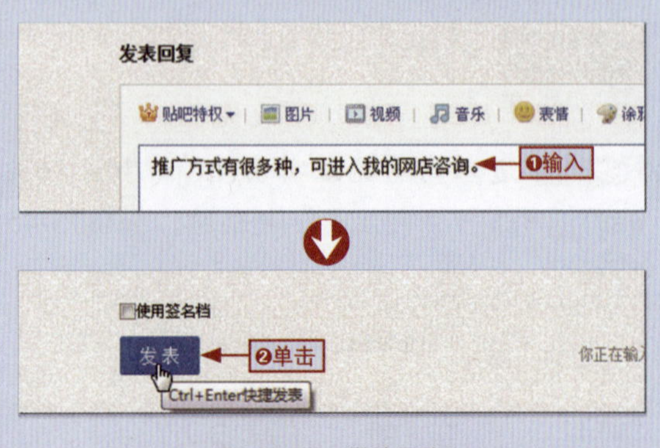

图13-52 发表回复

为了不让自己的评论太过靠后，可以选择一些还没有太多人评论的帖子进行回复，这样可以使评论内容被更多的人看到。除此之外，在固定的楼层进行回复也可以使其回复内容不过于靠后。

在固定楼层回复只需进行以下操作即可：❶单击“回复”超链接，❷输入内容后，❸单击“发表”按钮，如图13-53所示。

图13-53 在固定楼层回复

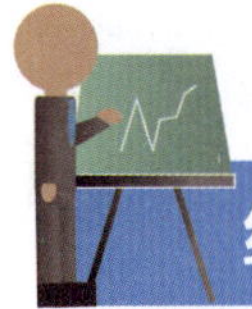

给你支招 | 论坛软文的撰写技巧

小白：为什么我在论坛上发布的帖子都没有人回复呢？

阿智：论坛中用户的活跃量是很惊人的，要使自己的帖子有人气，还需要掌握一定的技巧，如果进入论坛后就发广告帖，并且帖子没有可读性，这样的帖子是不会有人关注的，在撰写论坛软文时要掌握以下的技巧。

在撰写论坛软文时首先要明白撰写软文的步骤，才能让软文内容有条理，具体流程如图13-54所示。

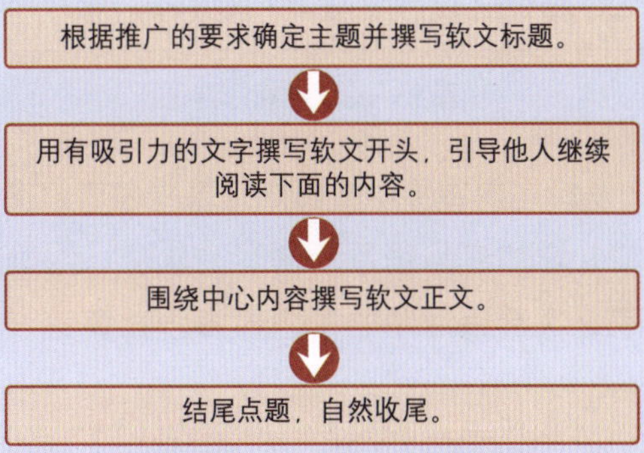

根据推广的要求确定主题并撰写软文标题。
用有吸引力的文字撰写软文开头，引导他人继续阅读下面的内容。
围绕中心内容撰写软文正文。
结尾点题，自然收尾。

图13-54　论坛软文撰写的步骤

软文标题的撰写有不同的方式，主要包括直接型、发问型、创新型、隐秘型和悬念型等，如图13-55所示的是直接型软文标题。

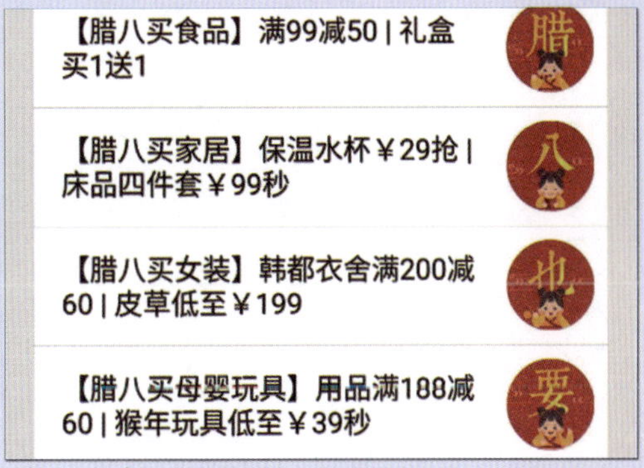

【腊八买食品】满99减50 | 礼盒买1送1
【腊八买家居】保温水杯￥29抢 | 床品四件套￥99秒
【腊八买女装】韩都衣舍满200减60 | 皮草低至￥199
【腊八买母婴玩具】用品满188减60 | 猴年玩具低至￥39秒

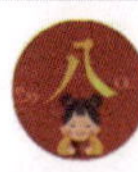

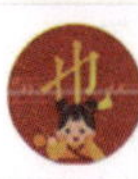

图13-55　直接型标题

这种标题让人一眼便看出软文的主题，适合发表在不限制打广告的论坛中，而如果论坛限制不能打广告，那么就要使用隐秘型标题，如图13-56所示。

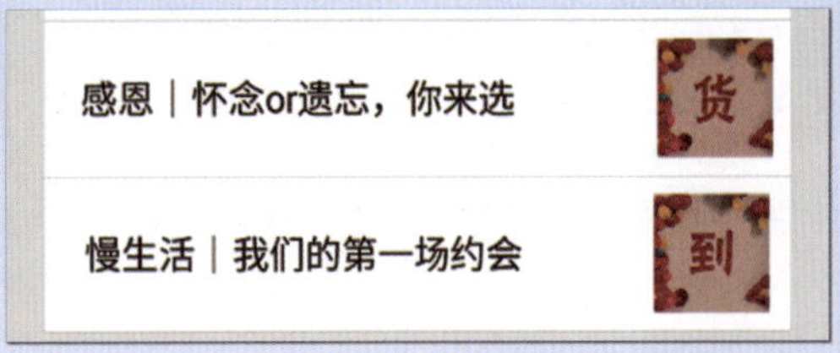

感恩 | 怀念or遗忘，你来选
货
慢生活 | 我们的第一场约会
到

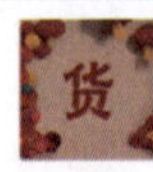

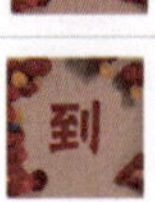

图13-56　隐秘型标题

确定了标题以后就可以撰写软文开头了，开头内容是读者最先阅读到的部分，因此这部分的内容一定要能引起读者的兴趣，可以采用引经据典、故事讲述和情境导入等写法，如图13-57所示的是“怀念or遗忘，你来选择”的软文开头内容。

青春走到成年
好像很远却又不太远
或许真的要走得够远
才能体会地球是一个圆

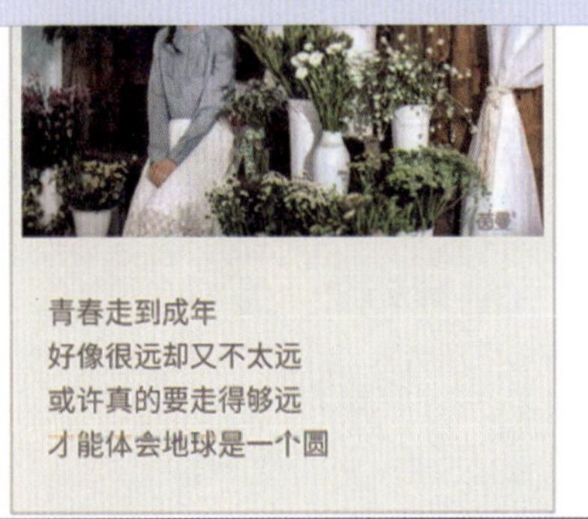

图13-57　情境导入开头

从上述软文的开头内容便可以给读者以联想，让读者融入从青春走到成年这一成长的场景中，很好地吸引读者继续阅读下面的内容。

正文在整篇软文中占的篇幅最多，这时要逐渐引入文章主题，如图13-58所示的是“怀念or遗忘，你来选择”的软文正文内容。

> 喜欢一首歌，也许是因为它的歌词戳中了你的心。音乐这东西，开心时入耳，伤心时入心；快乐的时候，你听的是音乐；难过的时候，你开始懂得了歌词！

> 我们在岁月中经历的点点滴滴，从来就不曾真的消失过，许多故事，被定格，被封存，等候着怀念或者遗忘～每一件陪伴着我们的物品都被赋予了生命里，因为他们身上有我们的故事。而每天与我们最亲密的物品当然非衣服莫属了。

图13-58　正文内容

通过图13-58可以看出，该文章是一家服装店撰写的软文文章，这一点从“而每天与我们最亲密的物品当然非衣服莫属了”这句话中可以看出。

在文章结束的最后，便是广告的最后部分，因此结尾要点题并得出结论，让读者明白此次推广的主题思想。如图13-59所示的是该篇文章的结尾。

怀念or遗忘

> 即日起至1月27号，选择一句歌词说出你的故事发朋友圈，附上穿着　衣服的图片，截屏　分享　，就有机会获得　一张。

> 也许你参与这个活动不是冲着奖品而来，只是为了与　，与　分享生活的点滴，或美好或晦暗，你的故事会有人懂~

图13-59　结尾内容

从结尾内容可以看出这是某服装店为推广店铺并增加商品销量所撰写的软文，明确表明了此次营销活动的主题内容，让读者一目了然。

在论坛撰写软文时，除了掌握以上技巧以外，还可以采用图文并茂的方式，因为大部分读者都没有太多的耐心阅读大段的文字，图文并茂的方式能够让文章的展现方式更加美观，同时也让读者在阅读时更有新鲜感。

学习目标

QQ对一般用户而言是沟通交流和分享个人动态的平台，对于网店卖家来说则是一个简单而实用的免费推广工具，本章我们将一起来认识如何使用QQ进行网店推广。

本章要点

- 为QQ号完善网店信息
- 添加更多的好友
- 在QQ中发布上新宝贝
- 建立网店QQ群
- 邀请好友加入QQ群
- 获取他人邮件地址
- 邮件的发送
- 使用邮件群发工具

知识要点	学习时间	学习难度
学会使用个人 QQ 号进行网店推广	50 分钟	★★★
学会使用 QQ 群进行网店推广	60 分钟	★★★
学会使用邮件进行网店推广	60 分钟	★★★

14.1 个人 QQ 号推广

阿智：你有没有为自己的网店建立 QQ 号并推广上新宝贝呢?

小白：我没有在 QQ 上推广过宝贝，QQ 也可以成为推广工具吗?

阿智：QQ 是一个免费而实用的工具，可以为自己的网店申请一个专属的 QQ 号，并添加新老客户为好友进行店铺宝贝的营销宣传。

很多网店店主都知道可以利用 QQ 进行网店的推广，但是对于如何推广却不甚明了，最简单的 QQ 推广方法即是使用个人 QQ 号进行推广，下面就一起来看看具体该如何推广。

14.1.1 为 QQ 号完善网店信息

大部分人都拥有自己的 QQ 号，要把自己的 QQ 号打造成网店营销推广的平台，需要为 QQ 号建立网店形象标识，让他人便于识别，这可以通过修改个人资料来实现，具体操作如下。

学习目标　掌握为 QQ 号添加网店标识

难度指数　★

步骤01 登录QQ号后选择头像下拉菜单中的"修改个人资料"命令，如图14-1所示。

图 14-1　登录 QQ 号

步骤02 在打开的页面中单击"编辑资料"按钮，如图14-2所示。

图 14-2　准备编辑资料

步骤03 ❶在打开的页面中填写个性签名、个人说明和昵称等，❷单击"保存"按钮，如图14-3所示。

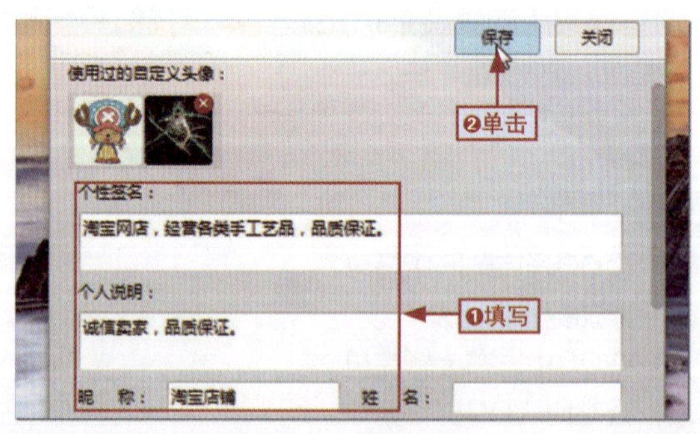

图 14-3　保存更改

步骤04 保存成功后单击"头像"超链接准备修改头像，如图14-4所示。

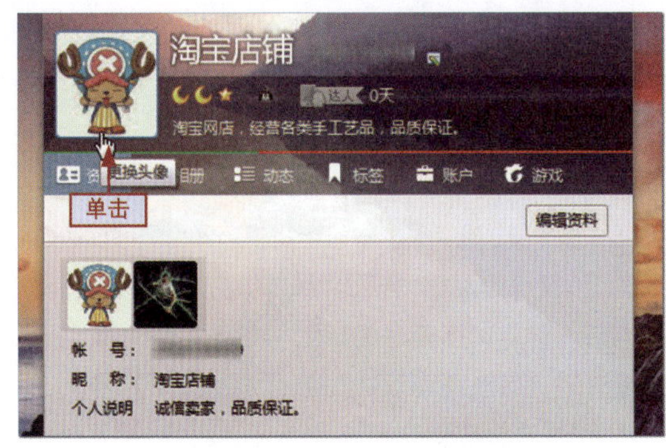

图14-4 准备修改头像

步骤05 在打开的页面中单击“本地照片”按钮，如图14-5所示。

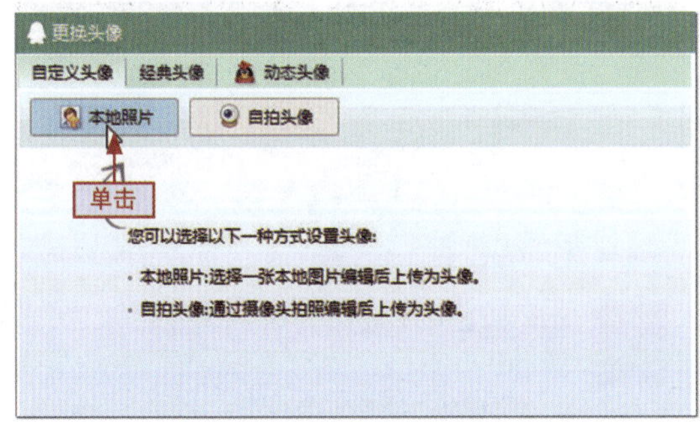

图14-5 准备上传头像

步骤06 ❶在计算机中选择图片，❷单击“打开”按钮即可上传，如图14-6所示。

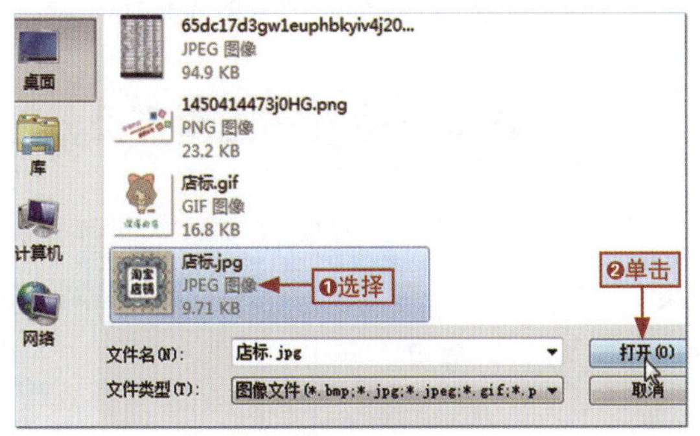

图14-6 选择图片

步骤07 ❶在打开的页面中调整图片位置，❷选择特效，使图片看起来更加美观，❸调整完成后单击“确定”按钮，如图14-7所示。

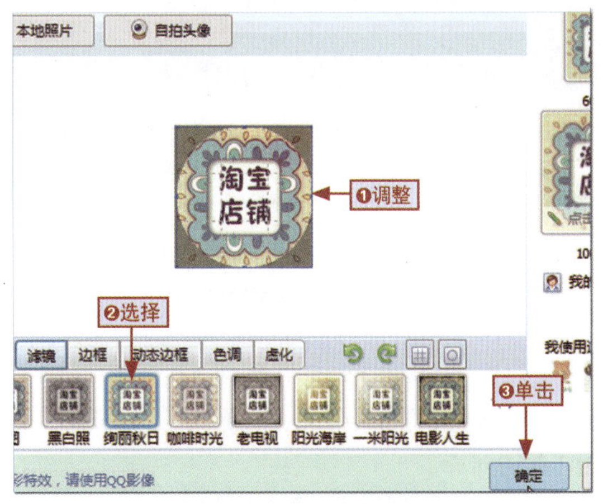

图14-7 完成更改

14.1.2 添加更多的好友

使用微博和微信进行推广需要粉丝量，而QQ推广则需要好友量，在使用QQ进行推广的前期可以主动添加好友，让自己的QQ拥有更多的好友。添加QQ好友可以通过搜索QQ号的方式进行添加，也可以通过搜索地区、性别和年龄的方式进行添加，具体操作如下。

步骤01 登录个人QQ号，在QQ主界面中单击“查找”超链接，如图14-8所示。

图14-8 登录QQ号

步骤02 ❶在打开的页面中设置所在地、故乡、性别和年龄等信息，❷单击“查找”按钮，如图14-9所示。

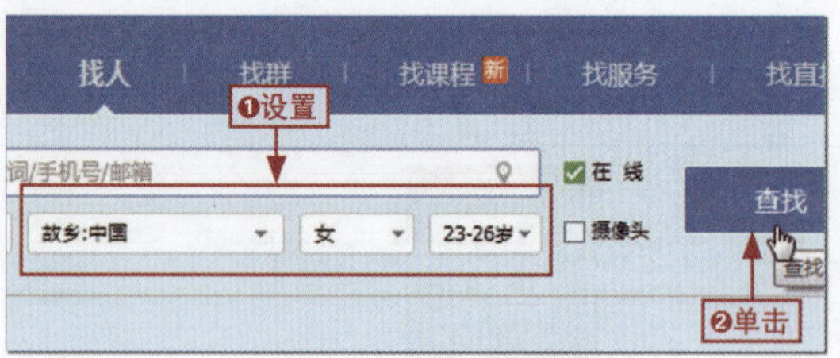

图14-9　地区筛选

步骤03 在筛选的结果中选择要添加的好友，单击头像右侧的“好友”按钮，如图14-10所示。

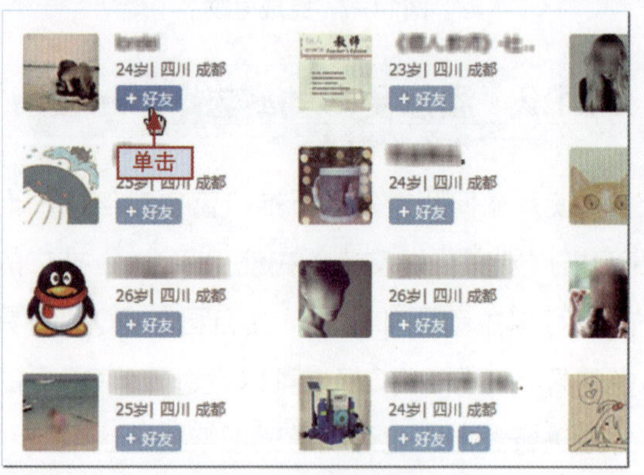

图14-10　选择好友

步骤04 ❶在打开的页面中输入验证信息，❷单击“下一步”按钮，如图14-11所示。

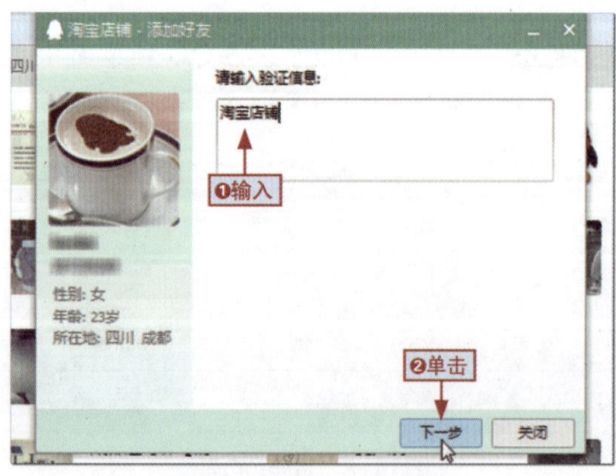

图14-11　输入验证信息

完成以上步骤后还需等待他人验证，通过他人验证后才能成功添加为好友。

如何获得他人 QQ 号

添加 QQ 好友采取账号查找的方式会更容易通过验证，获取他人 QQ 号可以通过为他人提供免费资源的方法获取，比如在论坛上为他人提供免费电子书资源，这时便可以把需要资源的人加为好友，如图 14-12 所示。

图14-12　提供免费资源获取QQ好友

14.1.3 在 QQ 中发布上新宝贝

当QQ号拥有一定量的好友后，便可以在QQ中进行推广，最常见的QQ推广方式是在QQ中发布上新宝贝。

在QQ中发布宝贝最好采用图文并茂的方式，让好友能够清楚地看出是哪些宝贝并且通过文字知晓产品的特点，如图14-13所示。

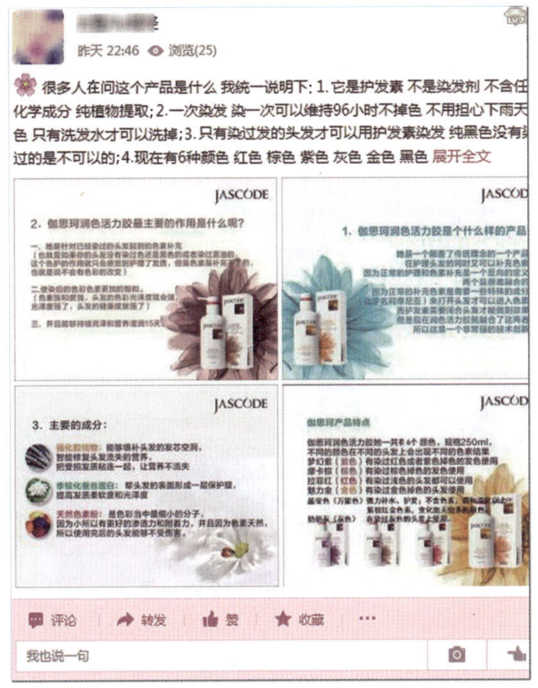

图14-13 QQ空间宝贝推广形式

下面来看看如何在QQ空间中发布上新宝贝，具体操作如下。

步骤01 在QQ面板中单击“QQ空间”超链接，如图14-14所示。

图14-14 登录个人QQ号

步骤02 ❶进入QQ空间后，输入文字内容，❷选择照片下拉菜单中的“本地”命令，如图14-15所示。

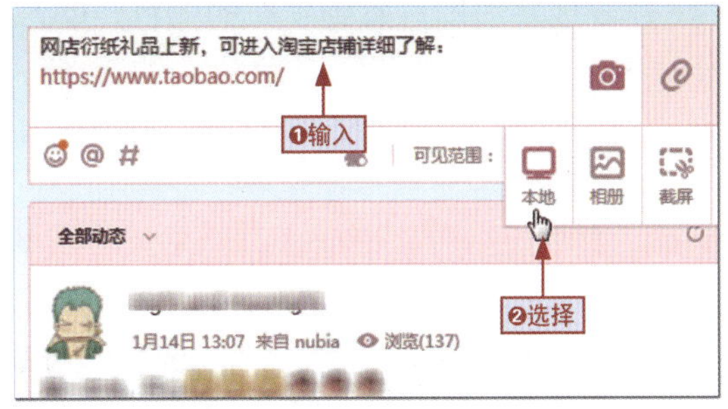

图14-15 编辑文字描述

步骤03 ❶在计算机中选择要上传的图片，❷单击“打开”按钮上传图片，如图14-16所示。

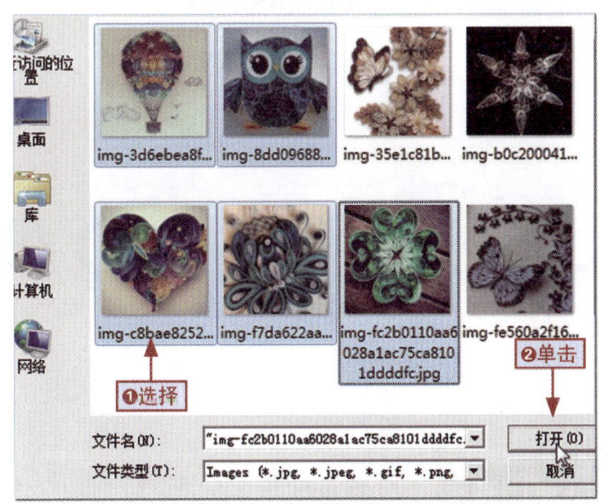

图14-16 选择图片

步骤04 图片上传成功后单击“发表”按钮，如图14-17所示。

图14-17 发表到QQ空间

发表成功后即可看到发布的内容，QQ好友在个人好友动态中也可以看到该内容，如图14-18所示。

图14-18　发表成功

小绝招　**QQ 空间的装扮**

QQ 空间的头像也是需要设置才能显示的，图 14-18 中的空间头像便没有设置。可以将空间头像也设置为网店的店标，与网店形象保持统一。修改空间头像的方法很简单，只需要选择“修改头像”下拉菜单中的“本地上传”命令，之后上传图片即可，如图 14-19 所示。

图14-19　修改QQ空间头像

14.2 利用 QQ 群集合顾客

小白：我看到许多人都在 QQ 群中推广自己的产品，我应该怎样利用 QQ 群进行网店推广呢？

阿智：使用 QQ 群进行推广，可以在他人的群中进行，也可以自己建立 QQ 群进行推广。

QQ群是一个多人聊天交流的平台，群主建立QQ群后可以邀请其他好友加入，在QQ群中还可以上传图片、共享文件和进行群通话等，下面来看看如何利用QQ群进行推广。

14.2.1 建立网店 QQ 群

利用QQ群进行推广的前提是要有QQ群，建立QQ群的方法很简单，只需要在个人QQ号中创建即可，具体操作如下。

学习目标	学会在个人 QQ 号中创建 QQ 群
难度指数	★

步骤01 在QQ面板中单击“群/讨论组”按钮，如图14-20所示。

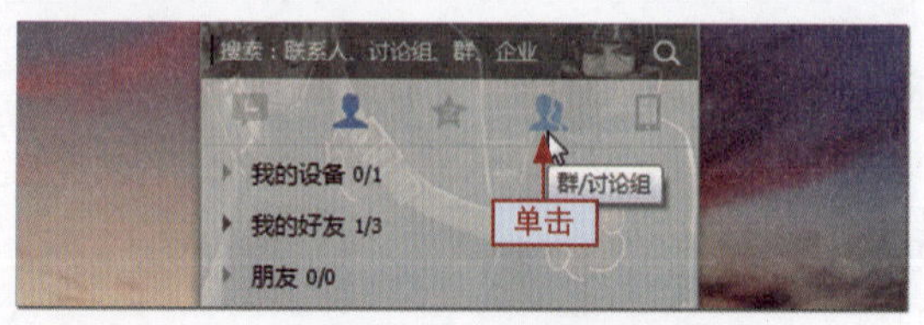

图14-20　进入群页面

步骤02 在打开的页面中单击“创建我的第一个群”按钮，如图14-21所示。

图14-21 准备创建群

步骤03 在打开的页面中选择即将建立的群组类型，如图14-22所示。

图14-22 选择群类型

步骤04 ❶在打开的页面中填写群信息，❷单击“下一步”按钮，如图14-23所示。

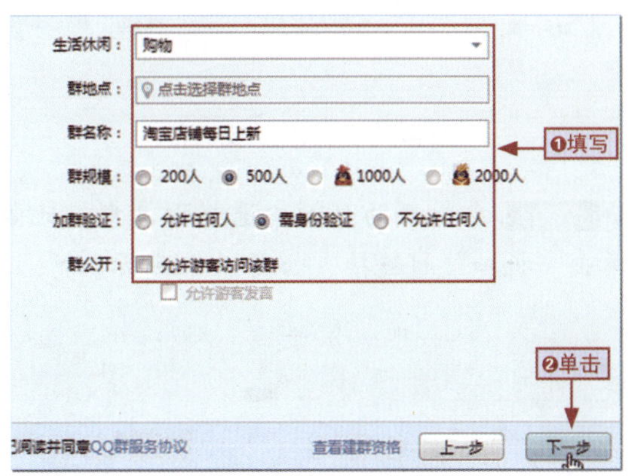

图14-23 填写群信息

步骤05 在打开的页面中单击“完成创建”按钮，如图14-24所示。

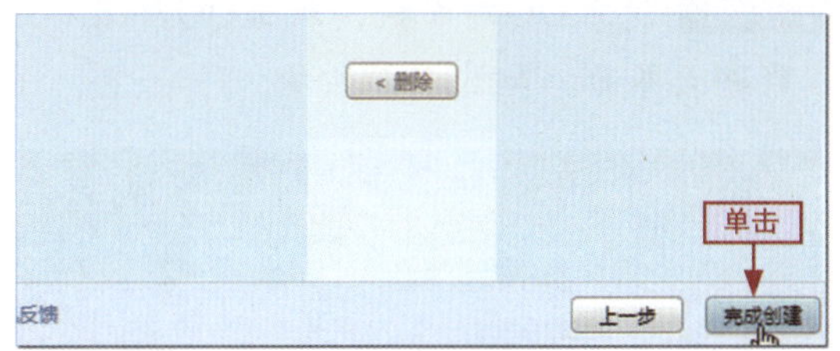

图14-24 创建群

步骤06 ❶在打开的页面中输入姓名和手机号，❷单击“提交”按钮，如图14-25所示。

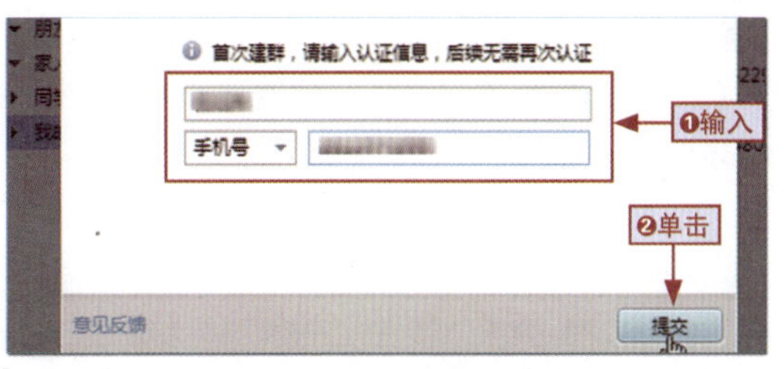

图14-25 验证信息

步骤07 在打开的页面中单击“完成”按钮即可完成群的创建，如图14-26所示。

图14-26 完成创建

14.2.2 邀请好友加入 QQ 群

QQ群搭建好以后如果没有群友，QQ群就不能发挥推广的作用，可以邀请QQ号中的好友加入QQ群，让QQ群更有人气，也更活跃，下面就来看看如何邀请好友加入QQ群。

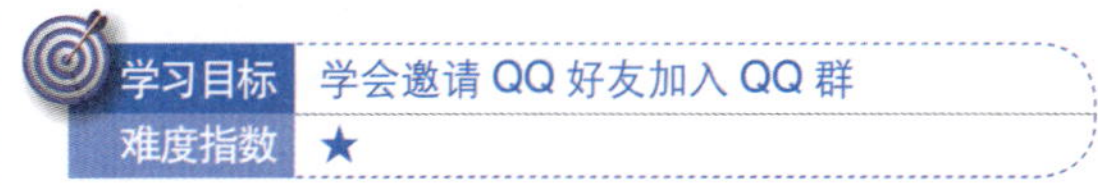

学习目标 学会邀请 QQ 好友加入 QQ 群

难度指数 ★

步骤01 进入QQ群面板，双击QQ群名称进入群聊天界面，如图14-27所示。

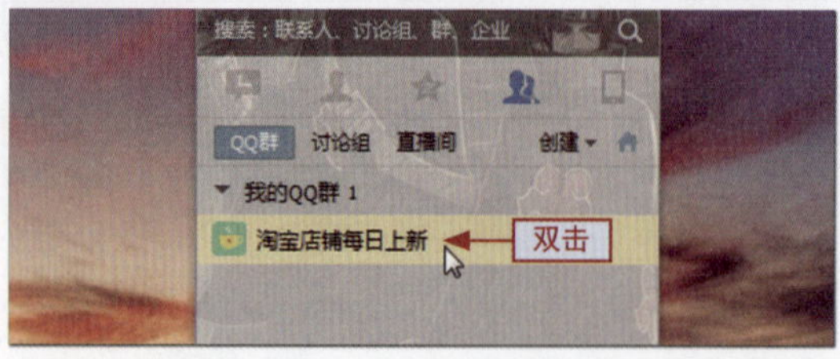

图14-27　准备进入群聊天界面

步骤02 在聊天界面中选择“⚙”下拉菜单中的“邀请好友入群”命令，如图14-28所示。

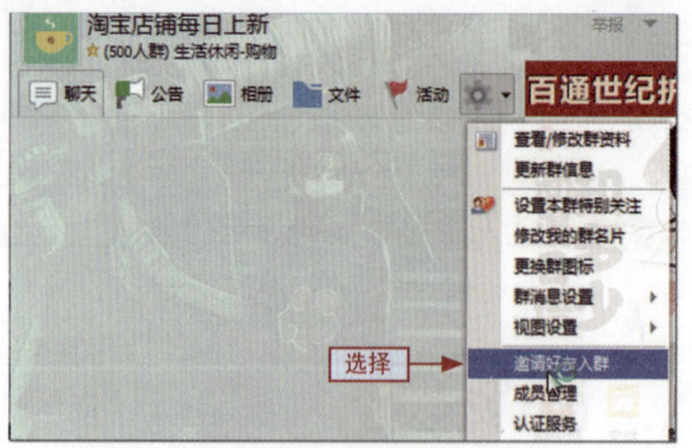

图14-28　进入群聊天界面

步骤03 ❶在打开的页面中选择好友，❷单击“确定”按钮即完成邀请，如图14-29所示。

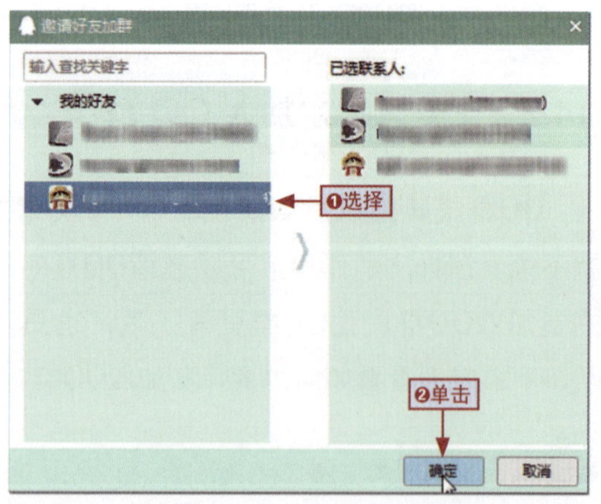

图14-29　邀请好友加群

14.2.3 加入他人QQ群

除了自己建立QQ群进行推广外，还可以在他人的QQ群中进行推广，在他人QQ群中进行推广首先要加入他人建立的QQ群，下面来看看具体该如何加入。

学习目标	学会加入他人建立的QQ群
难度指数	★★

步骤01 在个人QQ面板中单击“查找”超链接，如图14-30所示。

图14-30　准备查找群

步骤02 在打开的页面中选择“找群”选项，如图14-31所示。

图14-31　进入查找页面

步骤03 在打开的页面中选择群类型，比如单击“折扣”超链接，如图14-32所示。

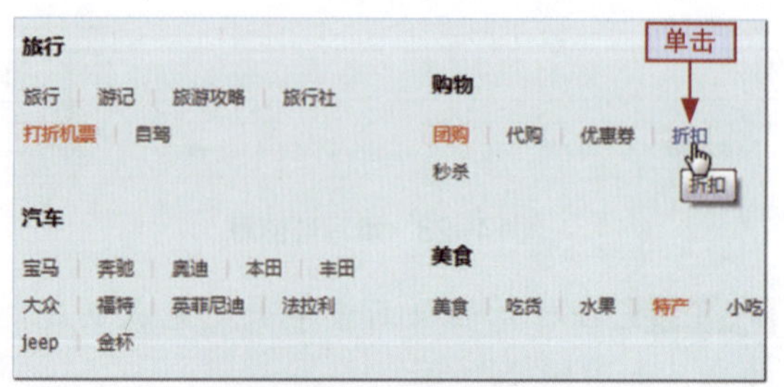

图14-32　选择群类型

步骤04 在搜索结果页面中选择要加入的QQ群，单击其右下方的“加群”按钮，如图14-33所示。

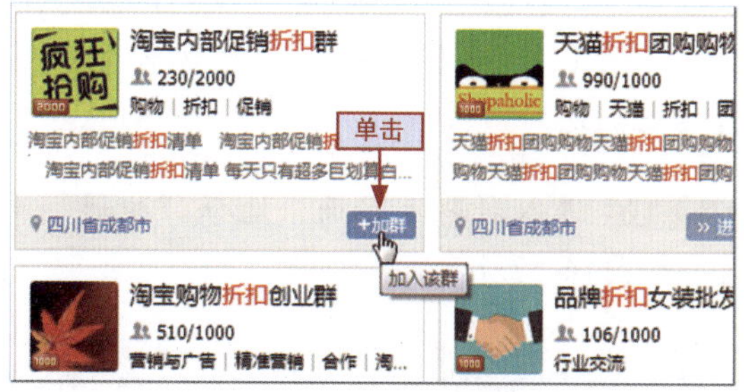

图14-33　选择QQ群

步骤05 ❶在打开的页面中输入验证信息，❷单击“下一步”按钮即发起加群申请，如图14-34所示。

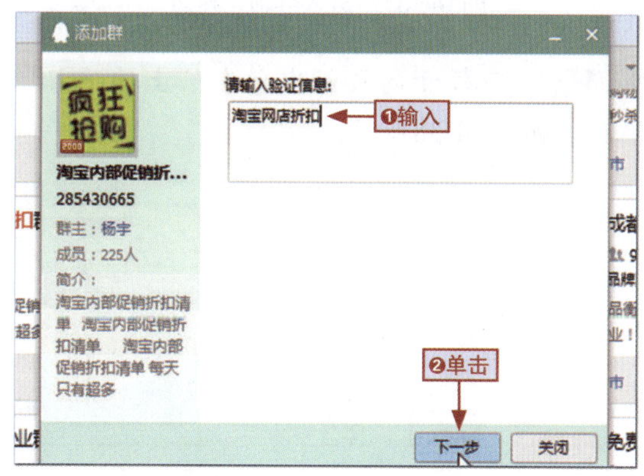

图14-34　输入验证信息

提交验证信息后需等待群主或者管理员验证，验证成功后才能加入该群。

14.2.4 进行 QQ 群推广

在他人建立的群中进行推广需要掌握一定技巧，不能在加群以后就立马打广告，这样很容易被踢出群组，进群后要做以下几点。

学习目标　掌握在 QQ 群中推广网店的方法

难度指数　★★

查看群公告

在加入他人的群时首先需要查看群公告，看公告内容中是否有写明禁止打广告的内容，群公告可以在群聊天界面的“公告”栏中查看到，如图13-35所示的是某QQ群公告内容。

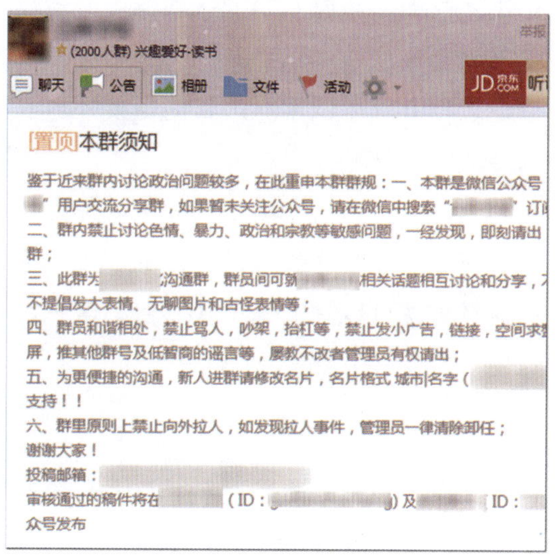

图14-35　群公告内容

修改群名片

在加入群后可以将自己的群名片更改为网店的名称或者其他便于识别的昵称，让其他群友慢慢熟悉自己的QQ号，如果群公告中要求群名片需按照格式修改的，则按照相应格式修改即可。

合理地进行推广

在群里发布自己的网店推广信息时要注意次数，不能频繁地刷屏，这样会引起他人的反感，还有可能被踢出群。发送广告信息的次数可以是两三天一次或者一星期一次等，不能一天发送多次。

掌握交流方法

加入群后可以无须急着表明自己的身份，可以以普通群友的方式与他人交流，在平时聊天过程中可以有意识地以网店产品为话题。比如网店中的产品是衍纸手工艺品，则可以询问群友中有没有喜欢衍纸手工艺品的，与有共同爱好的群友交流制作方法等，并将网店中的产品发送在群中，这样不仅可以排除广告的嫌疑还可以间接地打广告。

当和群友交流比较愉快时可以加为自己的好友，或者将其拉进自己的群中，通过这种方法可以更准确地找到目标客户，也使推广工作开展得更加有效。

让QQ在前几位显示

QQ的状态有在线、隐身、Q我吧、请勿打扰和离线几种状态，为了让自己的QQ显示在群成员的前面几位，增加曝光率，可以将状态设置为在线或者Q我吧的状态，如果是隐身或者请勿打扰的状态，则会显示在群成员的后面，如图14-36所示的是不同状态下群成员位置对比。

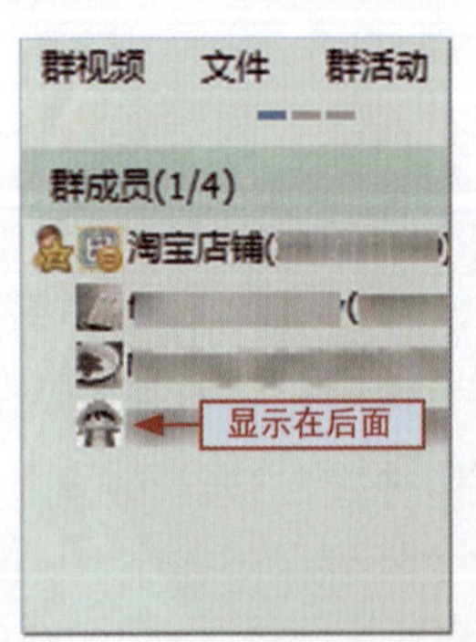

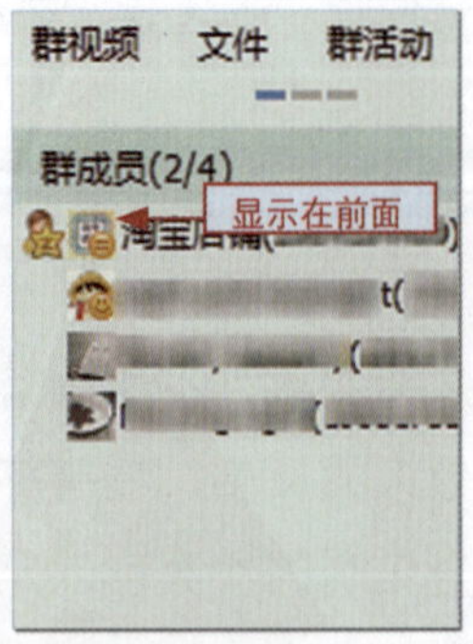

图14-36　不同状态下群成员位置

QQ群中的群相册和文件等工具也可以成为推广的工具。通过上传群相册和文件的方式也可以让群友看到自己的推广信息，下面以上传群相册的方法为例看看如何进行操作。

步骤01 进入群聊天界面，选择“相册”选项，如图14-37所示。

图14-37　进入群聊天界面

步骤02 在打开的页面中单击“上传照片”按钮，如图14-38所示。

图14-38　进入群相册页面

步骤03 ❶在弹出的“创建相册”对话框中输入相册名称和相册描述，❷单击“确定”按钮，如图14-39所示。

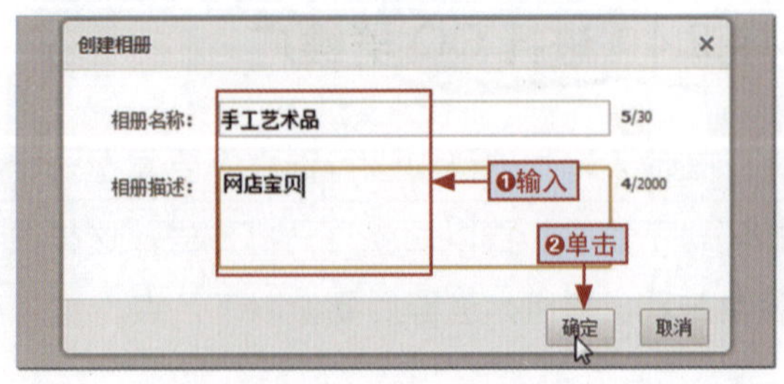

图14-39　创建相册

步骤04 在打开的页面中单击“选择照片”按钮，如图14-40所示。

图14-40 准备选择照片

步骤05 ❶在计算机中选择要上传的图片，❷单击“打开”按钮，如图14-41所示。

图14-41 选择照片

步骤06 在打开的页面中单击“开始上传”按钮，如图14-42所示。

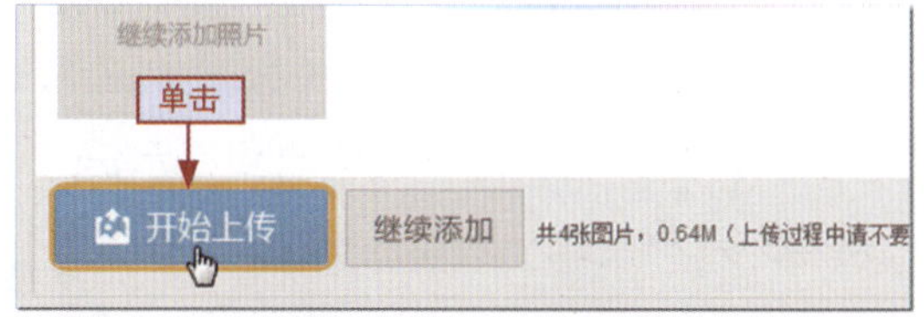

图14-42 上传图片

步骤07 上传成功后单击“完成”按钮即完成相册图片的上传，如图14-43所示。

图14-43 完成上传

上传成功后群聊天界面和群通知中会显示上传照片的信息，如图14-44所示。

图14-44 在群聊天界面显示

QQ群提供了代码一键加群的方法，为QQ群创建代码后可以让他人加群更方便，也更便于推广网店的QQ群，具体操作如下。

步骤01 在群聊天界面中选择“⚙”下拉菜单中的“推广该群”命令，如图14-45所示。

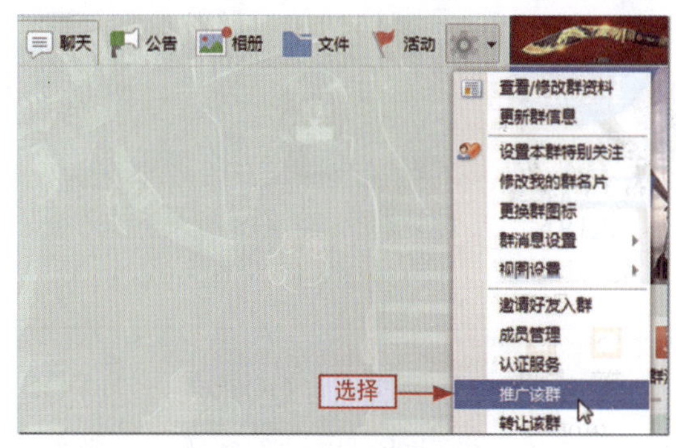

图14-45 准备设置

步骤02 在打开的页面中单击头像以登录QQ号，如图14-46所示。

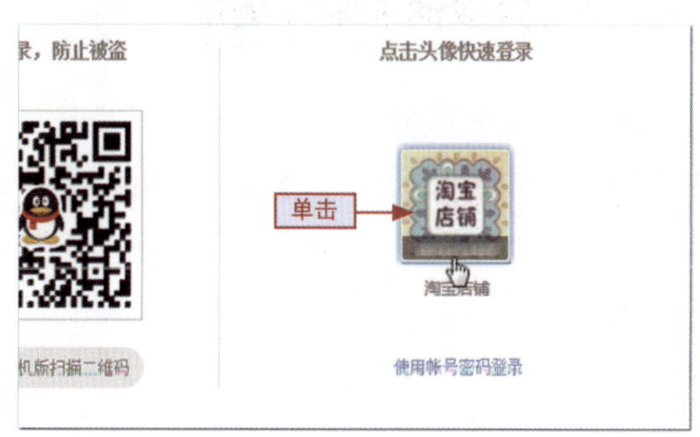

图14-46 登录QQ号

步骤03 在打开的页面左侧选择创建的群，如图14-47所示。

图14-47　选择QQ群

步骤04 ❶在打开的页面左侧选择需要的网页代码或二维码，❷单击“复制代码”按钮即完成操作，如图14-48所示。

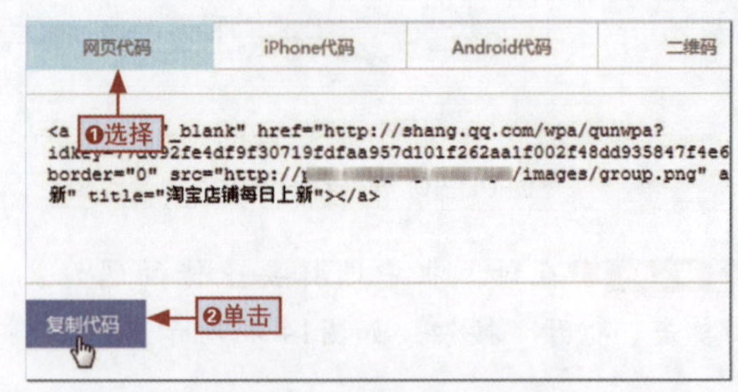

图14-48　选择代码或二维码

14.3 为目标客户发送邮件

阿智：我最近收到了很多网店发给我的商品打折邮件，结果导致我的网购支出又增加了不少。

小白：发邮件也能促成成交?

阿智：邮件营销可是很多网店都在进行的推广方式，你的网店也可以使用这种方式进行营销宣传。

拥有了QQ号便拥有了QQ邮箱，个人QQ号登录以后，如果有新邮件便会收到提示信息，用户点击提示消息即可以进入邮箱阅读邮件内容，网店即可利用这一功能进行推广。

14.3.1 获取他人邮件地址

为他人发送邮件需要得知其邮件地址才能发送，前面我们已经了解了通过论坛获取他人QQ号的方法，下面来看看还有哪些其他获取方法。

● 通过QQ群获取

在加入他人的QQ群后可以查看群友的资料，查看以后将群友的QQ号保存下来建立一个数据库，这样就可以轻松地获得许多QQ邮件地址了，发送邮件时只需在QQ号后加上“@qq.com”的后缀即可。

● 购买电子邮件地址包

许多购物平台都有邮件地址包出售，可以在网上快速地购买到。

● 使用电子邮件收集软件

电子邮件收集软件可以通过关键字搜索方式来获取邮件地址，使获取的电子邮件地址具有定向性，过滤了部分无关的目标客户，使得邮件发送效果更好。

● 黄页收集

在一些黄页网站上，如黄页88等会找到邮箱地址。

14.3.2 邮件的发送

收集到电子邮箱地址后便可以登录个人QQ邮箱为目标客户发送邮件了。

在QQ邮箱中发送的电子邮件表现形式可以是文字、图片或者图文结合的形式，如图14-49所示的是图片展示方式。

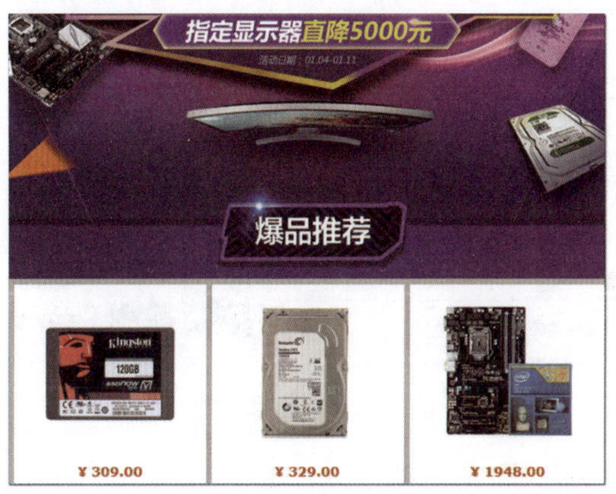

图14-49　电子邮件图片展示方式

下面来看看如何通过QQ邮箱发送电子邮件，具体操作如下。

步骤01 ❶进入QQ邮箱登录页面(https://mail.qq.com/)，输入账号和密码，❷单击“登录”按钮登录邮箱，如图14-50所示。

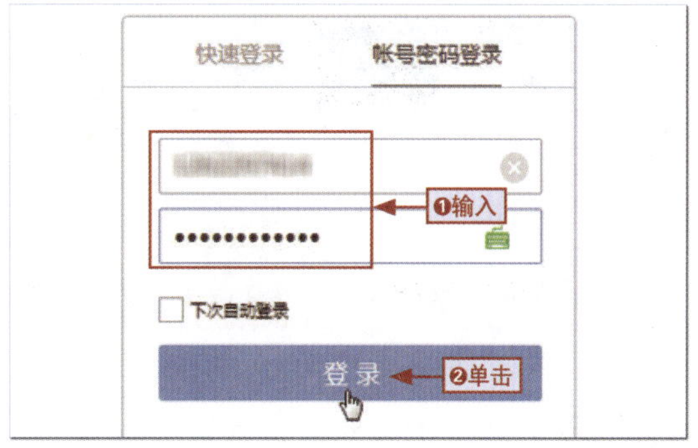

图14-50　登录QQ邮箱

步骤02 登录成功后单击“写信”超链接，如图14-51所示。

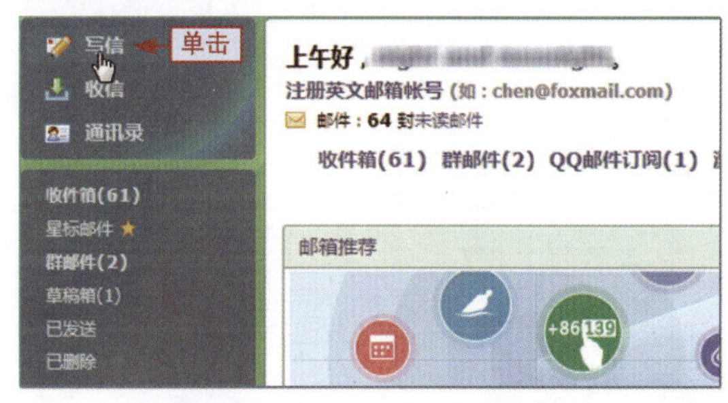

图14-51　进入个人QQ邮箱主页

步骤03 ❶在打开的页面中输入收信人的邮箱地址和邮件的主题，❷单击“照片”超链接，如图14-52所示。

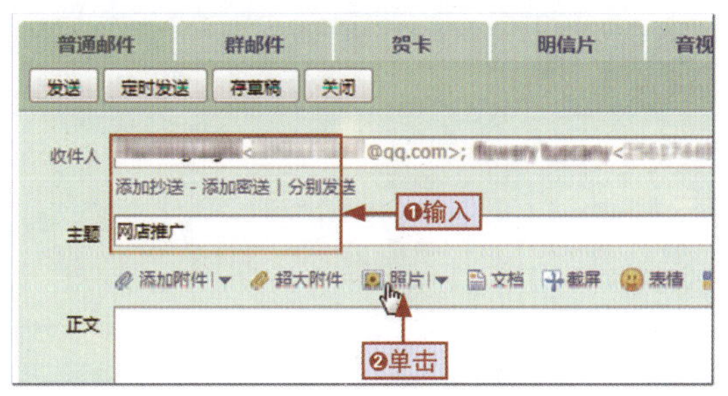

图14-52　编辑收件人和主题

步骤04 ❶在计算机中选择要上传的图片，❷单击“打开”按钮，如图14-53所示。

图14-53 选择照片

步骤05 ❶在打开的页面中输入文字描述，❷单击“发送”按钮即可，如图14-54所示。

图14-54 发送邮件

可在好友列表中选择好友

如果是为QQ好友发送电子邮件，可以在邮件编辑页面的右侧直接选择要发送的好友，不用再输入邮件地址，如图14-55所示。

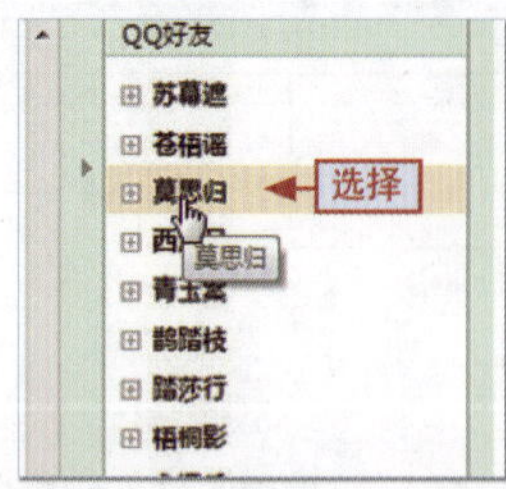

图14-55 选择QQ好友

14.3.3 使用邮件群发工具

邮件群发是网络推广常用的方式，它能够方便同时对多人发送邮件的操作，目前邮件群发软件的种类很多，可以根据推广的需求自由选择，下面来看看如何下载邮件群发软件。

步骤01 进入邮件群发软件下载页面(http://www.crsky.com/list/s_228_1.html)，选择要下载的软件，单击右侧的“立即下载”按钮，如图14-56所示。

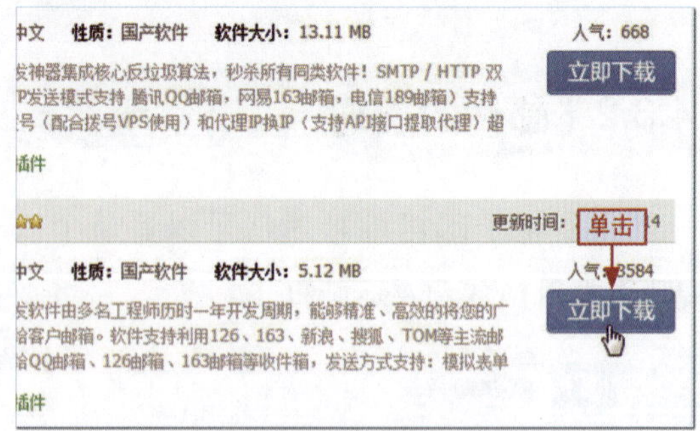

图14-56 选择软件

步骤02 在打开的页面中选择下载方式，比如单击“迅雷下载”按钮，如图14-57所示。

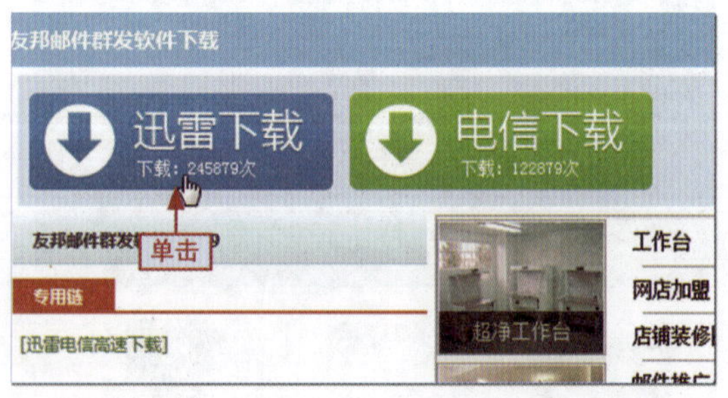

图14-57 选择软件

步骤03 在页面下方选择“保存”下拉菜单中的“另存为”命令，如图14-58所示。

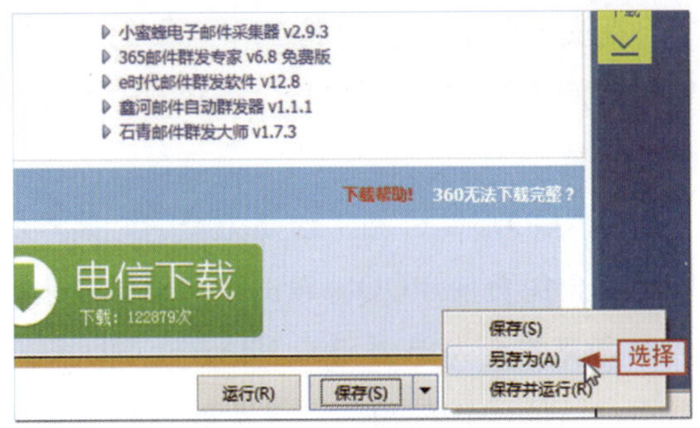

图14-58　存储软件

完成以上步骤后需等待软件的下载，下载完成后再双击安装包安装软件，待安装成功后即可使用。

14.3.4 使用订阅杂志推广

QQ邮箱中还提供了杂志订阅功能，每位邮箱用户都可以订阅自己感兴趣的杂志内容，订阅成功后杂志内容将以邮件形式发送至“QQ邮件订阅”文件夹中。作为网店店主，可以申请接入优质的订阅栏目，迅速找到网店的目标群体，提升自身品牌价值，下面来看看具体如何申请接入。

步骤01　登录个人QQ邮箱，在首页单击“QQ邮件订阅”超链接，如图14-59所示。

图14-59　进入QQ邮箱首页

步骤02　在打开的页面中单击“发布栏目”超链接，14-60所示。

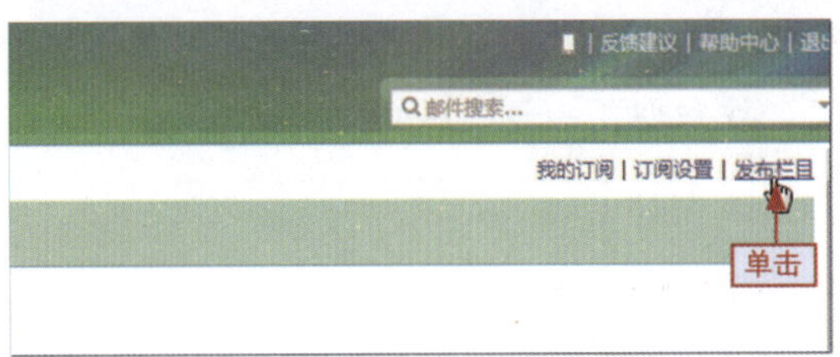

图14-60　进入订阅开放平台

步骤03　在打开的页面中选择“我的栏目”选项，如图14-61所示。

图14-61　准备申请

步骤04　在打开的页面中单击“添加新栏目”按钮，如图14-62所示。

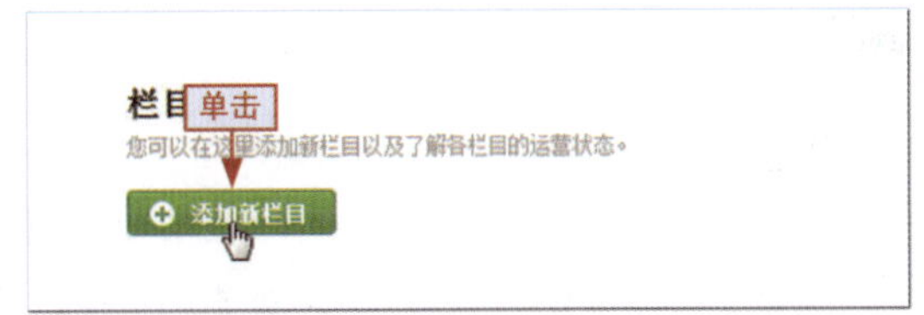

图14-62　进入栏目管理页面

步骤05　在打开的页面中填写公司相关信息，如图14-63所示。

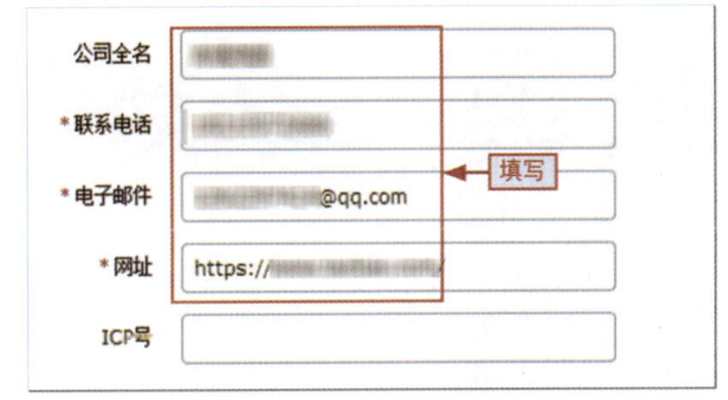

图14-63　填写公司信息

步骤06 在打开的页面中，❶填写栏目信息，❷选中“我已阅读……”复选框，❸单击“提交”按钮即可，如图14-64所示。

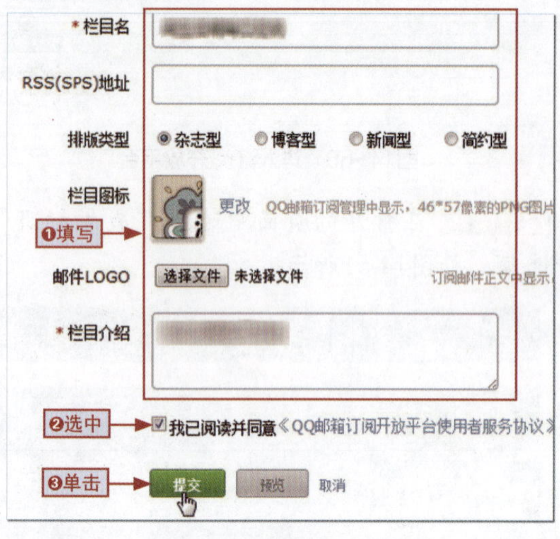

图14-64 填写栏目信息

提交申请后需要等待工作人员的审核，审核时间为2～3个工作日，审核通过后即可上线发行。

接入QQ邮件订阅平台是免费的，接入后即可完全免费使用QQ邮箱的订阅邮件投递服务。订阅的行为是由用户主动产生的，只有当用户订阅了该栏目后，才会收到栏目投递的邮件。

小绝招　什么是一键订阅功能

“一键订阅”功能是QQ邮箱提供的一项免费为网站增加订阅的入口，方便用户订阅的服务。在网站上添加“一键订阅”按钮后，用户只需单击其按钮即可订阅在QQ邮箱邮件订阅中所对应的栏目。

给你支招 | 怎样使用漂流瓶

小白：登录QQ后会接收到“收到一个漂流瓶”的提示信息，上面的内容有进行广告宣传的，我要怎样才能让他人也收到有我的网店宣传信息的漂流瓶？

阿智：进入QQ邮箱扔瓶子即可，同时还可以通过回应收到的漂流瓶的方式来进行营销宣传，具体操作如下。

步骤01 进入个人QQ邮箱首页，单击“漂流瓶”超链接，如图10-65所示。

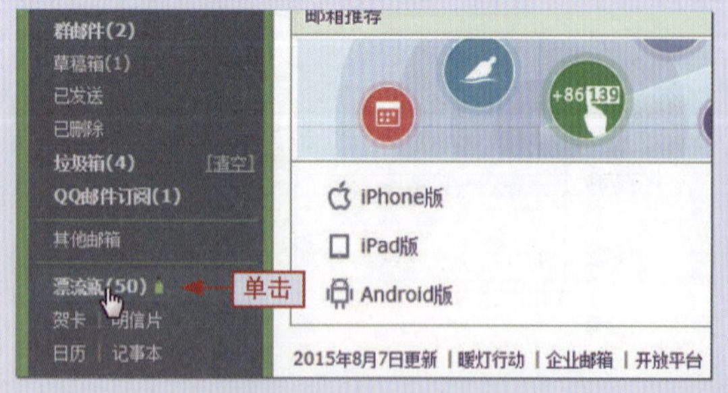

图14-65 进入个人邮箱

步骤02 在打开的页面中，单击“查看并回应”按钮，如图14-66所示。

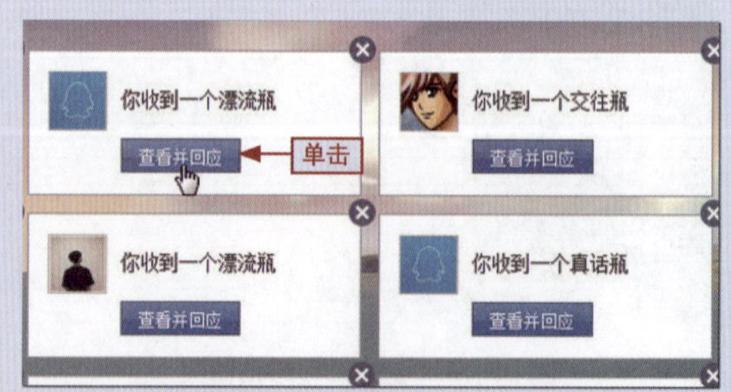

图14-66 准备回应他人

步骤03 ❶在打开的页面中输入回复内容，❷单击“发送”按钮，如图14-67所示。

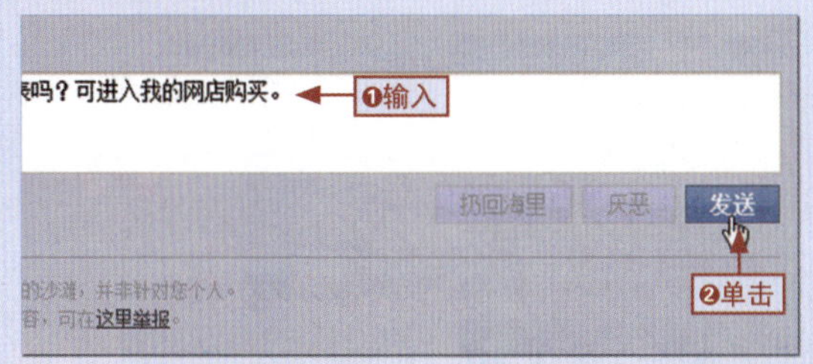

图14-67 完成回应

步骤04 回复成功后选择“扔一个”下拉菜单中的漂流瓶类型，比如选择“普通瓶”命令，如图14-68所示。

图14-68 选择漂流瓶类型

步骤05 ❶在打开的页面中输入内容，❷单击“扔出去”按钮即可，如图14-69所示。

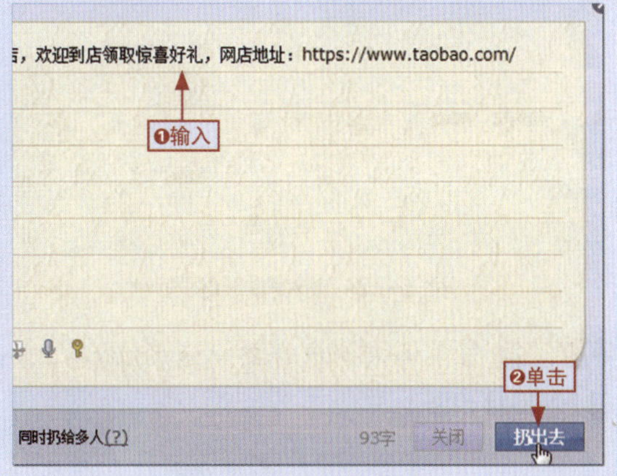

图14-69 扔出漂流瓶

在漂流瓶主页中单击“捞捞看”超链接还可以捞他人扔出的瓶子，如图14-70所示。

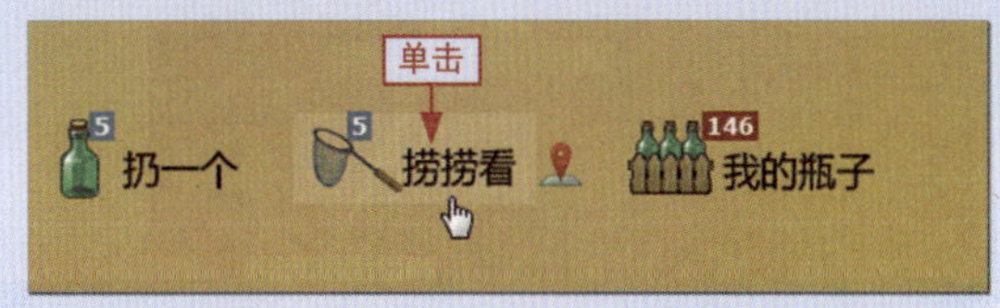

图14-70 捞他人扔出的瓶子

给你支招｜如何给 QQ 群好友发邮件

小白：我的 QQ 邮箱中经常会收到群邮件，发送群邮件有什么好处？

阿智：发送群邮件可以使 QQ 群中的群友都收到邮件内容，避免了通过查找群友 QQ 号再发送邮件带来的麻烦。

发送群邮件的方法与发送个人电子邮件的方法类似，只是需要进入群邮件页面中进行发送，具体操作如下。

步骤01 进入个人QQ邮箱首页，单击“群邮件”超链接，如图14-71所示。

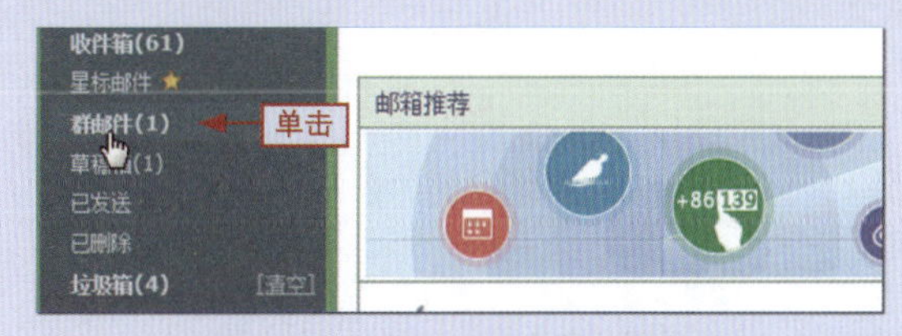

图14-71 进入个人QQ邮箱首页

步骤02 在打开的页面中单击“写群邮件”按钮，如图14-72所示。

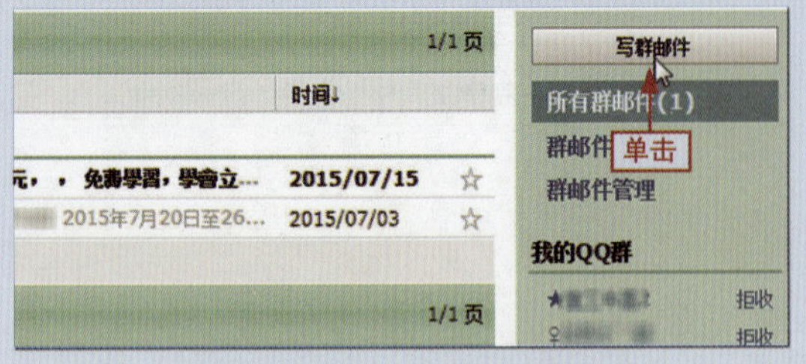

图14-72 进入群邮件页面

步骤03 在页面右侧选择要发送的QQ群，如图14-73所示。

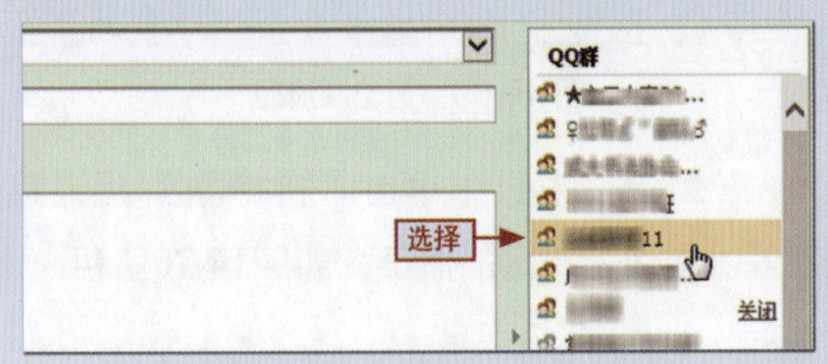

图14-73 选择QQ群

步骤04 ❶输入邮件主题和正文内容，❷单击“发送”按钮即可，如图14-74所示。

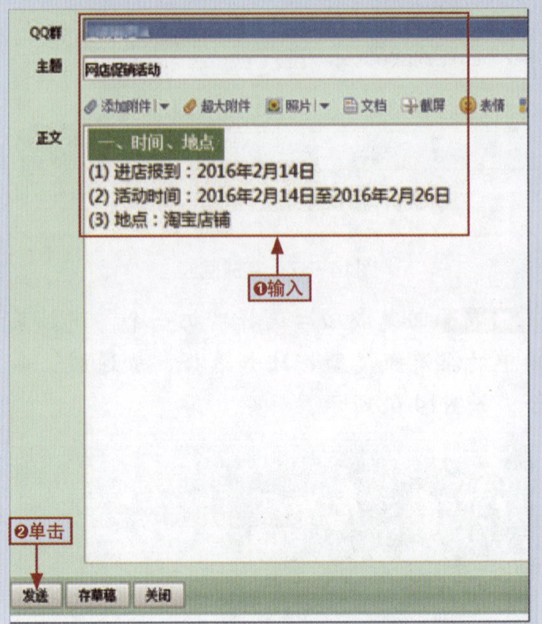

图14-74 发送群邮件

Chapter 15 使用淘宝站内推广

学习目标

大多数有明确消费目的的买家在进入淘宝网后，都会通过搜索关键词的方式来搜索自己需要的宝贝，因此让自己的宝贝尽可能地排在搜索结果的前面就显得尤为重要，本章就来了解如何利用站内优化推广，并搭配其他营销工具增加网店销量的方法。

本章要点

- 什么是站内搜索概述
- 淘宝站内搜索优化的意义
- 商品标题的优化技巧
- 图片也要优化
- 实用的定价技巧
- 降价销售技巧
- 善用节日活动
- 用优惠券增加购买量

知识要点	学习时间	学习难度
掌握如何进行淘宝战略优化	50 分钟	★★★
掌握网店宝贝的定价技巧	50 分钟	★★★
学会利用自助活动进行营销	50 分钟	★★★

15.1 站内搜索推广

小白：淘宝站内搜索是指什么？

阿智：站内搜索是指通过淘宝提供的搜索工具搜索宝贝，从而打开相应的页面。

淘宝站内搜索推广可以让买家在搜索关键词后，让相关的店铺或者商品展示在网页上，站内搜索的排名不是固定不变的，卖家通过优化可以使商品排名逐渐靠前，本节先来认识站内搜索推广的基础知识。

15.1.1 站内搜索概述

在淘宝站内进行宝贝的搜索与在百度搜索引擎中通过关键词搜索网站类似，两者的区别只是使用的平台和搜索引擎不同，那么是什么影响了搜索结果的排名呢？原因有以下几点。

学习目标　掌握影响淘宝搜索排名的因素

难度指数　★

● 关键词

要想让自己的宝贝出现在搜索引擎中，那么宝贝标题上至少要出现相同的关键词或者相似的关键词，如图15-1所示的是在淘宝中搜索“花器”关键词的搜索结果。

图 15-1　搜索结果显示

从图15-1可以看出，搜索结果中的宝贝标题都出现了“花器”这个关键词，并且关键词的颜色与其他字体颜色不同。

● 销量

搜索引擎不会识别商品质量的好坏，但它会通过数据来判断商品的好坏，而销量便是其中一个重要的数据，不同的店铺如果访客数量是相同的，那么销量更多的宝贝将会排在前面，如图15-2所示。

图 15-2　按销量排序

从图15-2可以看出，两家网店宝贝的销量分别是491和179，而销量更高的宝贝排在前面。在淘宝热门商品的搜索结果中，通常前几页的商品销量都不会太低。

● 宝贝相关性

宝贝相关性是指宝贝的类目，类目设置正确后才能保证产品出现在正确的类目中，因此在添加商品属性时一定要填写正确。

● 店铺信用评价

店铺信用评价的高低也会影响到宝贝显示的排名，如果店铺能够为买家提供消费者保障服务、7天无理由退货、运费险保障以及好评率高等，这些都会为卖家的信用等级加分。

● 宝贝收藏量

宝贝收藏量越多表明商品的人气更越高，因此这一点也关系着宝贝在搜索结果中的排名先后。

● 宝贝上下架时间

宝贝上下架时间对排名影响不是很大，但并不代表没有影响，通常上下架时间为7天一个周期，也就是说，在第7天的宝贝权重会比第一天高。

在淘宝站内搜索宝贝，默认是按照综合排序进行结果的排名。从上述的影响因素来看，任何一个都不是影响排名的绝对因素，而是综合所有因素来进行排序，总结来说，影响因素主要包括人气+销量+信誉+价格。通俗来讲，便是卖家的信用、宝贝的好评率、宝贝浏览量、本期累计出售的商品数量、30天内的销售量和收藏人气等因素，也就是说，如果要使宝贝的排名在综合搜索结果中尽可能靠前，就需要做好这几个方面。

15.1.2 淘宝站内搜索优化的意义

许多卖家都知道做好淘宝站内的优化搜索是很重要的，但是对于具体作用却不甚清楚，下面来看看优化搜索都有哪些意义。

学习目标 认识优化站内搜索的作用

难度指数 

● 节省成本

淘宝买家通过站内搜索进入宝贝详情页所带来的流量都是免费的流量，与使用付费推广带来的流量相比，可以节省一笔推广费。为了获得更多的利润，网店的销量来源也应主要以自然流量为主，过于依赖付费推广有可能导致网店成本过大而无法继续经营。

● 转化率更高

通过站内搜索进入的买家通常都有明确的购买需求，这一部分顾客都是优质的精准买家，当他们通过淘宝搜索进入宝贝详情页面后，则表明对该宝贝有较明确的购买意向，因此，宝贝的成交率也会相对较高。

● 提高竞争力

目前，淘宝各卖家之间的竞争是很激烈的，但是每个页面的展示位置都是有限的，只有做好优化才能有效地提高宝贝的竞争力。

优化与店铺销量相辅相成

店铺的站内优化做得好会提升宝贝的销量，同时宝贝的销量提高了也会让宝贝的权重得到提高，因此二者是相辅相成的。

为付费推广提供有利条件

站内优化做得好也会让付费推广进行得更得心应手，两者相结合能够让店铺的推广进行得更顺利并更有效果，使店铺脱颖而出。

15.2 站内优化

小白：我已经知道了影响淘宝搜索排名的因素了，能告诉我进行站内优化要做哪些工作吗?

阿智：进行站内优化要从标题、图片和时间上逐步进行，不能操之过急，需要坚持不懈的努力才能看到效果。

要使自己的网店排名靠前就要了解淘宝搜索的规则，进行淘宝优化要有步骤地进行，下面就来看看如何进行宝贝的优化，帮助提高自己店铺的自然流量。

15.2.1 商品标题的优化技巧

前面我们已经知道了影响排名的其中一个因素是关键词，而关键词常常存在于商品标题中，优化标题就要把合适的关键词放在标题中，那么，如何才能选择出符合自己商品的关键词呢？可以从以下方面入手。

学习目标 掌握如何为标题设置合理的关键词

难度指数 ★★★

通过搜索选择

选择关键词时可在淘宝中尝试搜索找到合适的关键词，在搜索宝贝时会发现在搜索框和搜索框的右侧都会出现其他关键词，如图15-3所示。

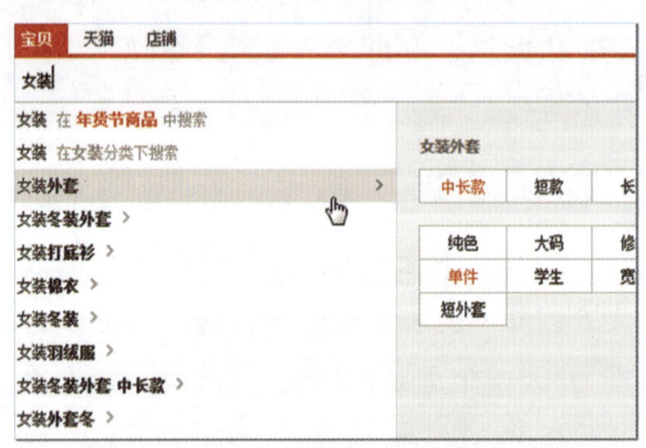

图15-3 关键词搜索

从图15-3可以看出，“女装”这个关键词是顶级关键词，比较火爆，这种关键词流量大，同时竞争也激烈，而如果给女装加上限定词，比如“女装外套”这样的关键词，虽然描述会更精准，但流量也会相对较少。其

优点是转化更高，这样的关键词可叫作二级关键词。通过再次搜索的方法可以选择出更精准的关键词，比如在淘宝中搜索“女装外套中长款”这个关键词会出现以下的结果，如图15-4所示。

宝贝 天猫 店铺

女装外套中长款

女装外套中长款厚呢子
女装外套中长款修身
女装外套中长款韩版
女装外套中长款 棉衣
女装外套中长款羽绒
女装外套中长款呢子
女装外套中长款秋
女装外套中长款新款
女装外套中长款学生
女装外套中长款 外贸

女装外套中长款修身
呢子 毛呢
秋冬 学生
显瘦 大码
棉衣 加厚

图15-4 关键词搜索结果

从图15-4可以看出，在“女装外套中长款”这个关键词中还可以加上限定词，再次加上限定词的关键词会更加精准。在淘宝搜索结果中出现的关键词都是比较热门的，因此为自己的宝贝编辑标题时也可以选择这种反复搜索的方法，看看出现了哪些关键词，再从中选出最适合自己宝贝的关键词。

● 利用淘宝排行榜选择

在淘宝排行榜中可以查看到关键词的一周关注热门和近日关注上升榜，还可以查看到不同类目下的关键词关注指数升降情况，近期关注度较高的关键词如果是符合自己的宝贝的，也是可以利用的关键词，如图15-5所示的是淘宝排行榜中短外套类目下的关键词搜索热门排行。

销售上升榜 销售热门排行 搜索上升榜 搜索热门排行

排名	关键词	关注指数
1	毛呢外套女	3071.2
2	毛呢大衣	2054.4
3	外套女	2020.3
4	羽绒服女	1933.9
5	棉衣女	1681.9
6	外套	1522.4
7	短款外套女	1399.5
8	妈妈装外套	1377.1
9	外套女冬	1359.3
10	羽绒衣	1347.7
11	女装外套	1227.4

图15-5 短外套搜索热门排行

从图15-5可以看出，“毛呢外套女”这个关键词是关注指数最高的关键词，如果这个关键词符合宝贝的商品属性，在为自己的店内宝贝编辑关键词时便可以选择这个关键词。

● 编辑标题的方法

找出合适的关键词后便可以着手编辑宝贝的关键词，标题可由顶级关键词+二级关键词+长尾关键词+品牌词组成，如图15-6所示。

图15-6 女装搜索结果

从“女装”这个关键词的搜索结果中可以看出，宝贝标题通常不会太短，采用的便是顶级关键词+二级关键词+长尾关键词+品牌词的构成方式，比如“摩奥2015冬季新款女装中长款一粒扣有口袋长版毛呢外套”这个标题，顶级关键词是女装，二级关键词为女装中长款，长尾关键词为2015、冬季新款、毛呢和长版等，品牌词为摩奥。

15.2.2 在合适的时间发布商品

在发布宝贝的时候会要求选择开始时间，这个时间便是宝贝的上架时间，目前淘宝规定的商品有效期为7天，其对优化的意义在于商品发布成功之后，以7天为一个周期，到7天之后系统将自动对商品做下架并上架操作，商品越接近7天的下架时间点，商品搜索的权重越会增加，因此合理安排上下架时间也是非常重要的，合理地安排时间可以掌握以下几点。

● 根据搜索量选择

从搜索量在不同时期分布的大小可以看出该商品在一定时期内高峰的访问时间有哪些，如图15-7所示。

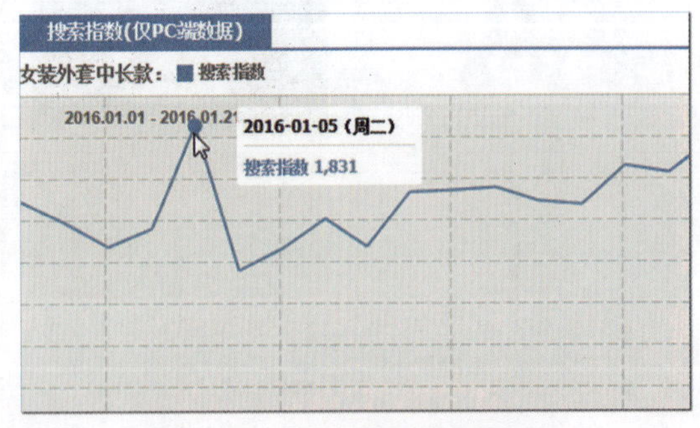

图15-7 女装外套中长款搜索量

从图15-7可以看出，“女装外套中长款”搜索量在2016年1月5日为最高点，也就是周二时搜索量最高，再依次查看几个高点发现，周日、周五的搜索量也比较高，因此在设置上架时间时可以设置为周二、周五和周日这3个时间段。

● 查看他人宝贝上下架时间

通过查看他人宝贝的上下架时间可以了解竞争对手的上下架时间，为自己店铺的宝贝上下架时间提供参考资料，如图15-8所示。

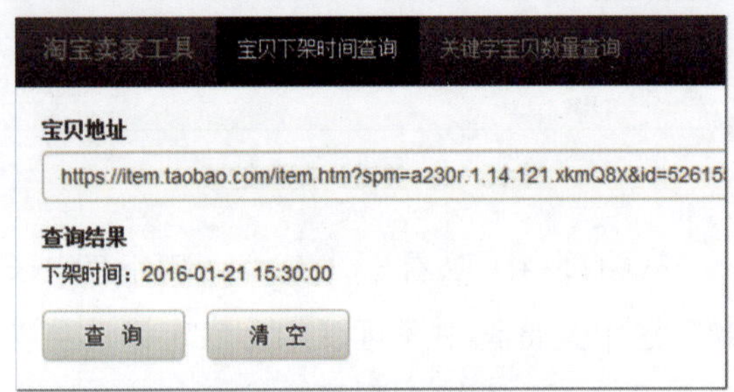

图15-8 宝贝下架时间

从图15-8可以看出，该宝贝的下架时间为2016年1月21日15时30分。可以推测出该宝贝的上架时间是在周四。在查询时可以多查询几个宝贝进行综合比较。查看宝贝下架时间段的方法很简单，只需进入查询工具页面(http://www.okyhm.com/?do=tool.shxj:query)输入宝贝地址，再单击“查询”按钮即可。

15.2.3 图片也要优化

宝贝详情页图片的大小关系到页面的打开时间，通常情况下，买家等待图片加载的时间不会超过10秒，如果时间太长便会关掉网页，因此图片的优化也是很重要的，进行图片优化需要做到以下几点。

学习目标 掌握如何优化宝贝详情页的图片
难度指数 ★★

● 宝贝主图的优化

宝贝详情页面的主图片一定要清晰，图片大小不能超过3M，为了展示效果的美观，图片最好为正方形，如图15-9所示。

图15-9 宝贝主图长方形展示方法

从图15-9可以看出，该商品图片为长方形，使得上方和下方出现空白区域，看起来很不美观，而如果图片是正方形则看起来会美观很多，如图15-10所示。

图15-10 宝贝主图正方形展示方法

● 尽量不要使用大图

宝贝描述页面上传的图片可以是一张很长的大图，但是如果把宝贝描述中的图片制作成一个整体在上传会影响打开速度，因此上传图片的时候最好把大图切成小图后再上传，这样一来，可以使加载速度更快。

● 保存PS格式时不一定用最佳品质

在使用Photoshop进行图片处理后，保存图片时系统默认保存为最佳品质，其实肉眼是很难分辨出“高品质”和“最佳品质”的区别的，高品质的图片已经能够满足展示清晰的要求了，然而“高品质”比“最佳品质”的图片小很多，可使图片占用空间更小，如图15-11所示的是两者的图片大小比较。

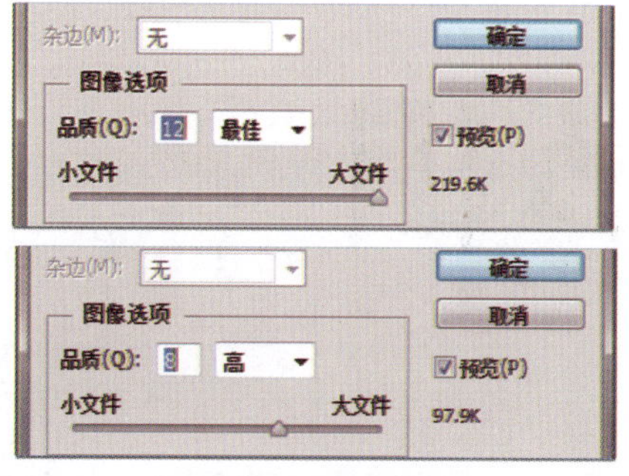

图15-11 高品质与最佳品质图片大小对比

15.3 巧用价格营销

小白：我的网店宝贝定价大多采用整数定价法，但是销量一直上不去，这是为什么呢？

阿智：整数定价法更适合对价格不敏感的买家，对价格敏感的买家来说采用临界定价的方法更好。

网店中宝贝的销售价格是在发布宝贝时编辑的，许多网店店主在设置价格时常常忽略了标价的重要性，导致宝贝销路不畅，本节就一起来看看如何为宝贝合理定价。

15.3.1 实用的定价技巧

价格是许多买家选择是否购买商品的重要因素，掌握一些定价的技巧在一定程度上可以使商品销量更好。

学习目标	掌握常见的定价技巧
难度指数	★★

● 临界定价

临界定价是指采用接近整数的方式来定价，常见的有39.2元、6.58元、69.8元和89.9元等，这种定价方式能够让买家产生价格便宜的错觉，也是大多数网店常用的定价方式，如图15-12所示便采用的是临界定价法。

图15-12 临界定价法

从图15-12可以看出，两个商品的定价为9.76元和19.84元，分别接近整数10元和20元，虽然与整数相差不大，但是会给买家价格比较便宜的心理暗示，买家下单成交的概率就会大很多。

● 数量折扣定价

数量折扣定价法可以让商品薄利多销，比如采取满10件包邮、满5件打9折、满3件减2元等的方式提高买家的购买数量，如图15-13所示。

图15-13 数量折扣定价

● 整数定价法

整数定价法是指不在价格后面设置小数点，而采取整数定价，比如199元、500元和80元等，大多数中高端的商品都采用这种定价方式，可以让买家认为商品质量更有保障，更值得信赖，如图15-14所示。

图15-14 整数定价法

15.3.2 降价销售技巧

降价销售会对买家产生更大的吸引力，降价的方式有很多，比如打折和促销等，商品的降价会让宝贝多销，但是降价不合理也会导致宝贝滞销，在降价时需要掌握以下几方面技巧。

学习目标　认识如何降价才能使商品销路更畅

难度指数　★★

● 告知降价理由

没有任何原因的降价会让买家认为商品是由于销量不畅而导致降价，因此在降价时不妨告知买家降价的理由，常用的降价理由包括节日活动、店庆和季节性酬宾等，如图15-15所示的是阿里年货节活动降价。

图15-15　活动降价

● 控制成本

在为商品降价时不能盲目降价，必须把握好降价的幅度，考虑商品的成本，降价过多可能会导致商品无任何利润可赚。

● 不能频繁降价

商品的降价不能过于频繁，频繁地降价会给买家造成不良影响，因此，降价活动的次数也要适度。

● 降价也要做好服务

对于降价销售的商品即使利润不高也要做好服务，包括买家咨询的要及时回复、售后服务以及物流发货速度等，只有这些细节做到位才能让降价更具杀伤力，同时也会为网店带来更多回头客。

15.3.3 利用涨价增加销量

与降价销售相反的销售方式是涨价销售，网店店主不应该害怕涨价，合理的涨价有时会带来更多的成交，涨价销售可以掌握以下策略。

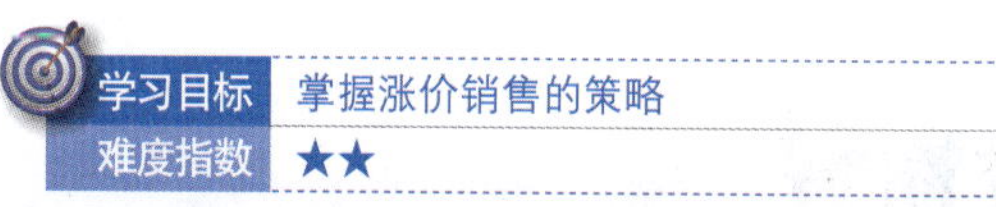

学习目标　掌握涨价销售的策略

难度指数　★★

● 告知即将涨价信息

要想刺激买家尽快下单可以明确告知买家商品即将涨价，这样买家才有下单的动力。可以在商品详情页面写明即将涨价的信息，如图15-16所示。

图15-16　即将涨价信息

● **活动结束后调价**

当优惠活动结束以后就要调高商品的价格，让买家清楚地认识到价格确实上涨了，如果活动结束后却没有涨价，会让买家认为店铺不诚信。

● **提价的同时增加服务**

商品的涨价会引起部分买家的不满，为了说服买家接受涨价，可采取增加服务类别的方法，比如为买家提供运费险、提高商品延保时间和赠送小物件等，买家获得额外的好处就会因为服务而下单，不会过多关注商品是否涨价。

● **涨价要适度**

当商品的成本上升时只有依靠涨价才保证利润，但是涨价的幅度也不能太高，这样会让买家难以接受价格的较大变动，可采取逐渐提高价格的方式，尽量减轻买家的抵触心理。

● **合理选择涨价时机**

商品的涨价要把握好时机，通常情况下，在年度交替、买家普遍得知采购成本上涨、商品换季和传统节日时可以适当调高商品价格。

15.4 网店自助活动营销

阿智：我看你的网店从来没有进行营销活动，宝贝销量恐怕不乐观吧。

小白：宝贝销量确实不好，这和营销活动有关吗?

阿智：大多数买家网上购买都是冲着优惠去的，你可以试试开展店内营销活动，不仅能增加店内人气还能增加宝贝销量。

淘宝内部的营销活动有很多，大家熟知的双11和双12等都属于营销活动，积极参与淘宝活动会获得不少流量和成交量，同时店铺内部也可以进行自助的营销活动，即通过回馈老客户、吸引新客户的方式提升店铺人气。

15.4.1 善用节日活动

每逢节假日各大电商都会推出一系列的活动，比如端午节、中秋节和情人节等，在这些节假日淘宝网自身也会进行广告宣传，好好利用这些节日活动宣传店铺，不仅能够提高店铺人气还能增加网店销量，可谓是一举两得。

节日促销活动有很多，如何利用这些节日活动是许多卖家都比较关注的问题，具体做法有以下几点。

学习目标　掌握如何利用节日活动进行店内营销

难度指数　★

● 提前策划

在节日即将到来时要提前做好策划工作，确定活动的主题、目的、参与活动的产品以及不同的会员政策等。

● 提前预热

活动开始前网店便要开始营造节日的气氛，每到节日期间淘宝网的首页都会更换主题，网店同样需要提前做好店铺的装修，让网店整体风格与节日风格相配合，形成视觉上的统一，如图15-17所示的是某店铺年货节首页展示方法。

图15-17　年货节首页展示方法

● 写明优惠活动内容

节日没有优惠是不会刺激到买家的购买欲望的，这时可以推出买一送二、满199减100和赠送小礼品等优惠活动，为了进一步引起买家注意，还可以在店铺首页或宝贝详情页标明“最后一天”“数量有限”“限时促销”和“抢”等字样来吸引买家关注，如图15-18所示。

图15-18　活动营销广告语

● 多渠道宣传

在活动前和活动期间可以进行论坛宣传、QQ宣传、微信和微博宣传，让更多的人得知节日活动的信息和内容。

15.4.2 用优惠券增加购买量

店铺的优惠券实际上是一种虚拟的电子现金券，买家在领取优惠券后可以使用优惠券抵扣现金，买家为了使用优惠券会增加商品的购买数量，下面来认识一下优惠券并学会如何设置。

学习目标　掌握如何在店内设置优惠券

难度指数　★★★

店内的优惠券可以设置不同的门槛，如图15-19所示。

图15-19　不同门槛优惠券

店铺可以根据自身情况，自行设置优惠券的使用条件和金额，下面来看看如何设置店内优惠券。

步骤01 进入淘宝卖家中心单击“促销管理”超链接，如图15-20所示。

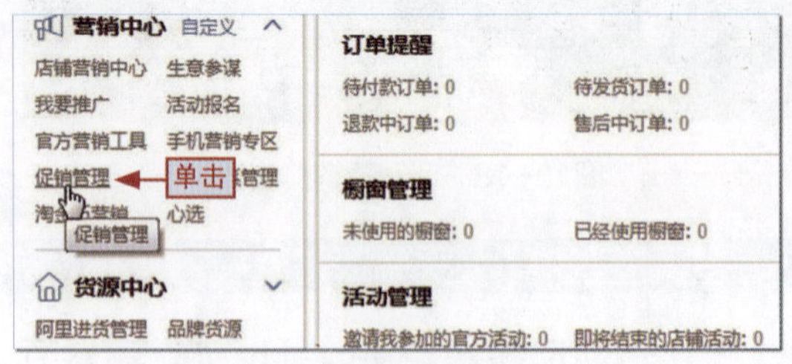

图15-20 进入卖家中心

步骤02 进入商家营销中心页面，选择“优惠活动”选项，如图15-21所示。

图15-21 准备进入优惠活动页面

步骤03 在打开的页面中选择“满就送”选项，如图15-22所示。

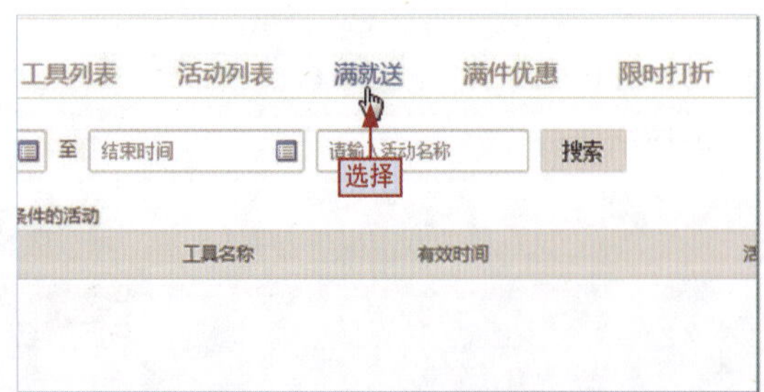

图15-22 准备订购服务

步骤04 在打开的页面中单击“马上订购”按钮，如图15-23所示。

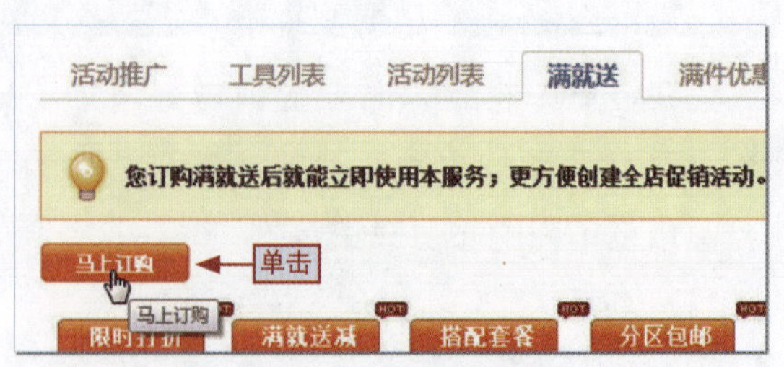

图15-23 准备订购服务

步骤05 ❶在打开的页面中选择使用周期，❷单击“立即订购”按钮，如图15-24所示。

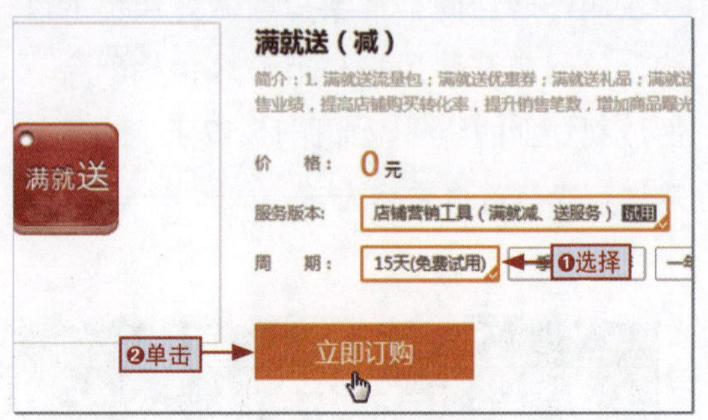

图15-24 选择周期

步骤06 在打开的页面中单击“同意协议并付款”按钮，如图15-25所示。

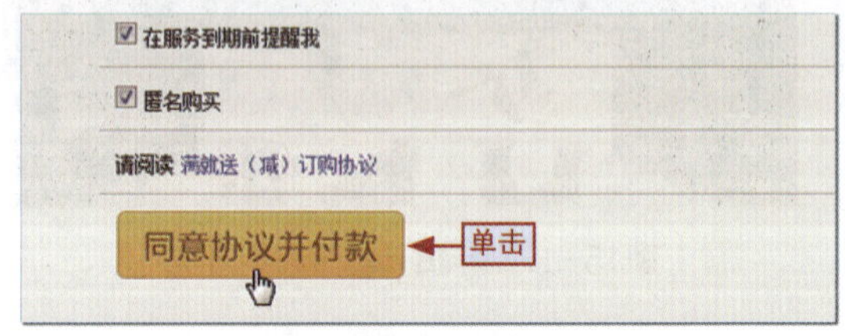

图15-25 订购服务

步骤07 在打开的页面中单击“满就送”超链接，如图15-26所示。

图15-26 订购成功

步骤08 ❶进入创建活动页面，填写活动信息，❷单击“完成活动设置”按钮即可，如图15-27所示。

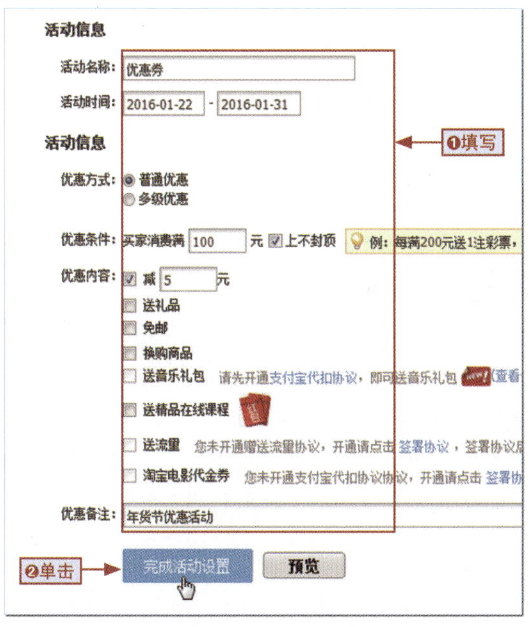

图15-27　创建活动

创建成功后即可在宝贝详情页面看到优惠券的显示方式，如图15-28所示。

图15-28　优惠券展示方式

优惠券的展示图除了可以使用默认的商品图片外，还可以手动上传活动展示图，如果要进行活动推广需配置活动页，只需在优惠券创建成功后按照提示的操作步骤完成操作即可。

15.4.3 限时活动营销

限时打折活动是促成买家尽快下单的有效方法，下面来看看如何在店内设置限时打折活动。

学习目标	掌握如何在店内限时打折
难度指数	★★★

步骤01 进入商家营销中心，选择“优惠活动”选项，如图15-29所示。

图15-29　准备进入优惠活动页面

步骤02 在优惠活动页面中选择“限时打折”选项，如图15-30所示。

图15-30　进入优惠活动页面

步骤03 在订购服务页面中单击“马上订购”按钮，如图15-31所示。

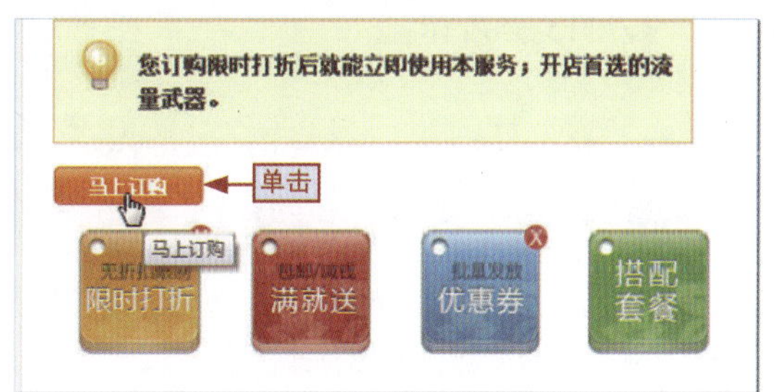

图15-31　准备订购服务

步骤04 ❶在打开的页面中选择打折周期，❷单击“立即订购”按钮，如图15-32所示。

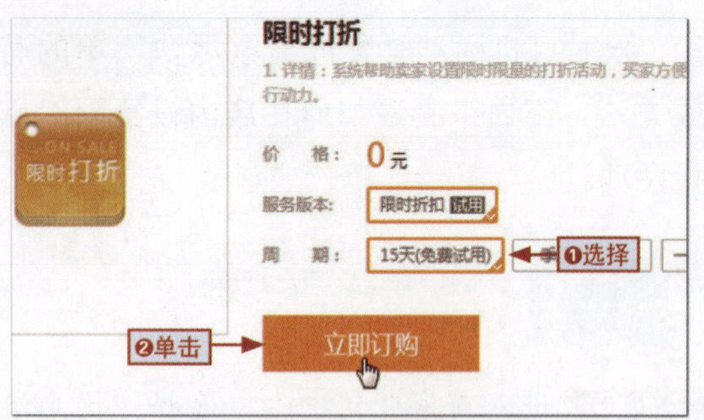

图15-32 订购限时打折服务

步骤05 在打开的页面中单击“同意协议并付款”按钮，如图15-33所示。

图15-33 同意协议并付款

步骤06 在打开的页面中单击“限时打折”超链接，如图15-34所示。

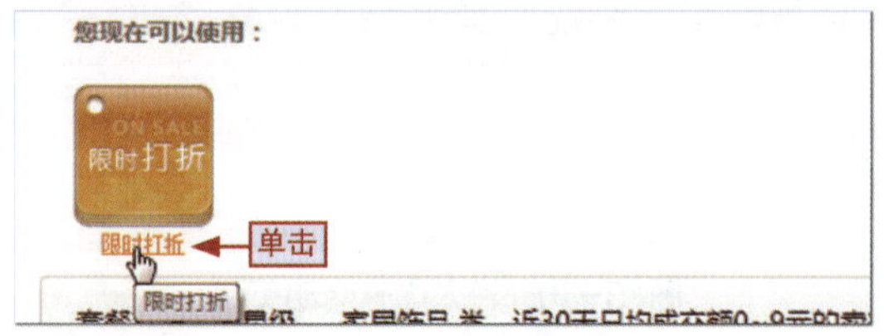

图15-34 完成订购

步骤07 在打开的页面中单击“创建活动”按钮，如图15-35所示。

图15-35 准备创建活动

步骤08 ❶进入创建活动页面，设置活动名称和促销时段，❷单击“确定”按钮，如图15-36所示。

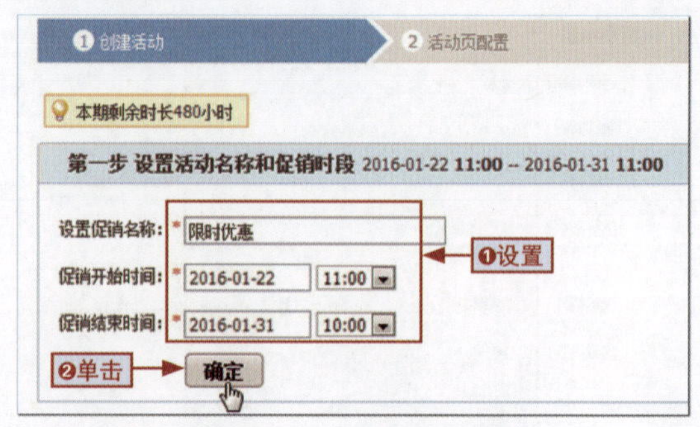

图15-36 设置活动内容

步骤09 ❶进入选择宝贝页面，单击要参加活动的宝贝栏中的“参加打折”按钮，❷单击“完成选择”按钮，如图15-37所示。

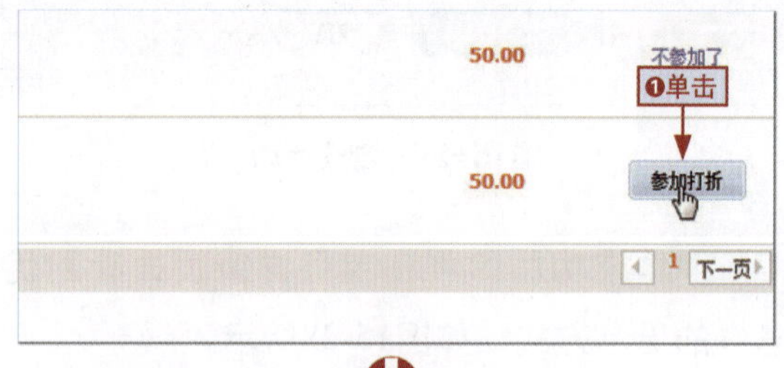

图15-37 选择宝贝

步骤10 ❶在打开的页面中设置折扣和限购量，❷单击“完成活动设置，去推广”按钮，如图15-38所示。

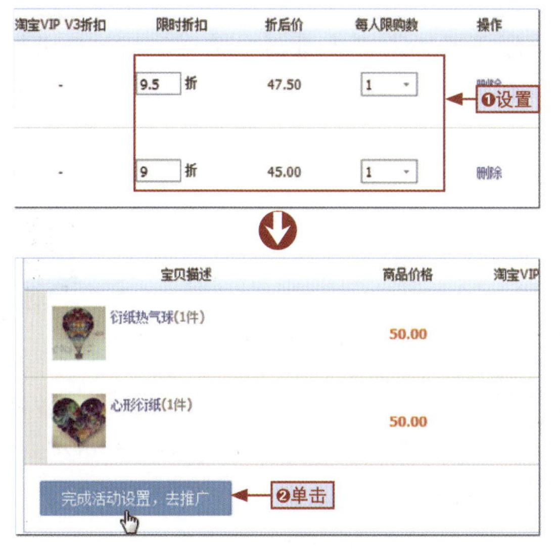

图15-38 选择宝贝

完成设置后即可在宝贝详情页面看到折扣的信息，如图15-39所示。

图15-39 限时打折展示方式

给你支招 | 如何设置宝贝批量下架

小白：为了进行站内优化，每个宝贝都要去设置上下架真麻烦。

阿智：使用千牛工作台的商品管理插件可以批量设置宝贝上下架，不用一个一个宝贝去设置，下面就来看看如何设置吧。

步骤01 登录千牛工作台，在主界面单击“插件”按钮，如图15-40所示。

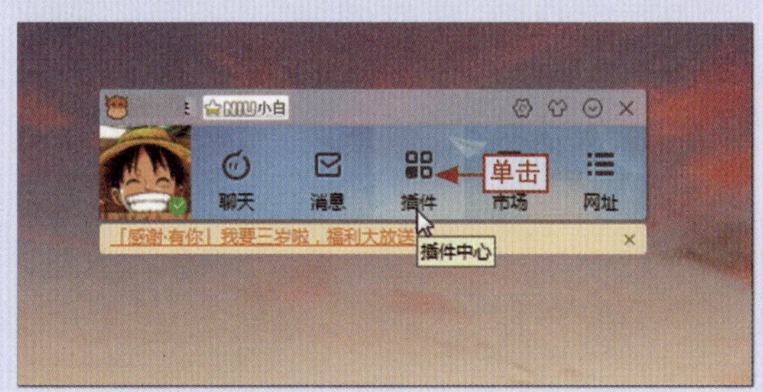

图15-40 登录千牛工作台

步骤02 在插件页面中单击“商品管理”超链接，如图15-41所示。

图15-41 准备添加插件

步骤03 在打开的页面中选择插件，单击“立即订购”按钮，如图15-42所示。

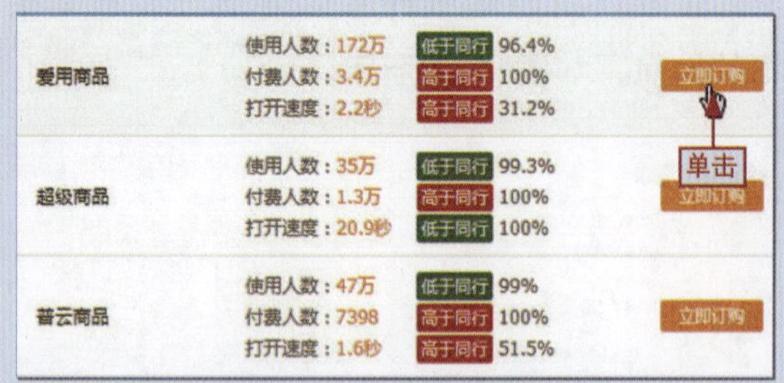

图15-42　选择插件

步骤04 ❶在打开的页面中选择版本和周期，❷单击“立即订购”按钮，如图15-43所示。

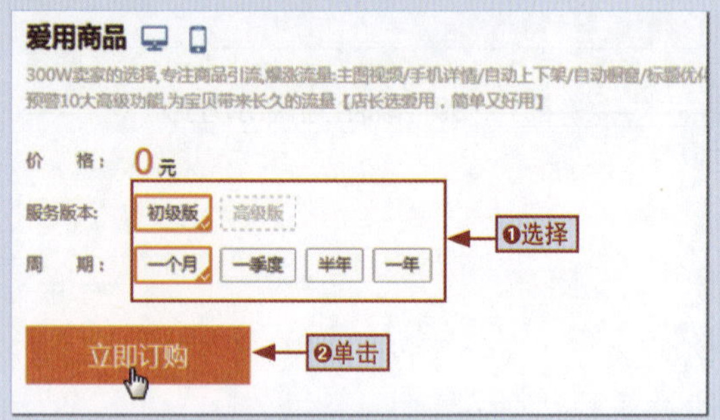

图15-43　选择版本

步骤05 在打开的页面中单击“同意协议并付款”按钮，如图15-44所示。

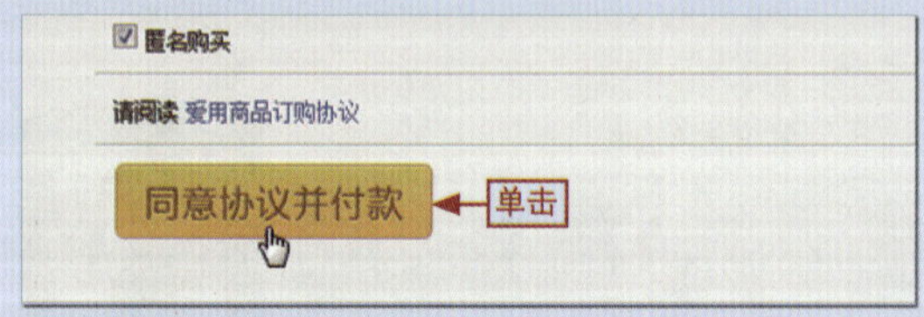

图15-44　完成订购

步骤06 在打开的页面中单击“爱用商品”超链接，如图15-45所示。

图15-45　准备使用

步骤07 在打开的页面中单击“立即使用”按钮，如图15-46所示。

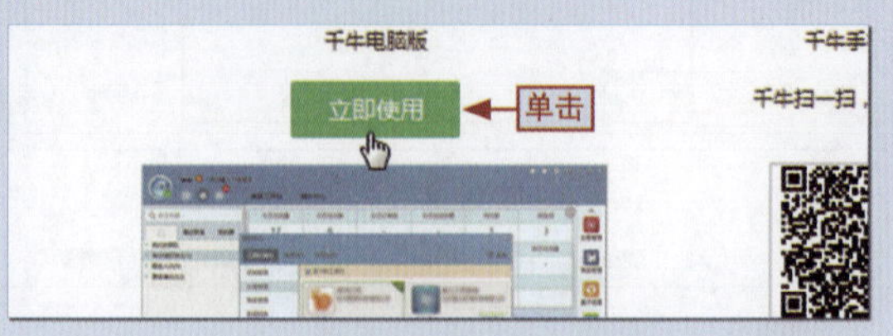

图15-46　通过电脑版使用

步骤08 在弹出的“爱用商品授权”对话框中单击“立即授权”按钮，如图15-47所示。

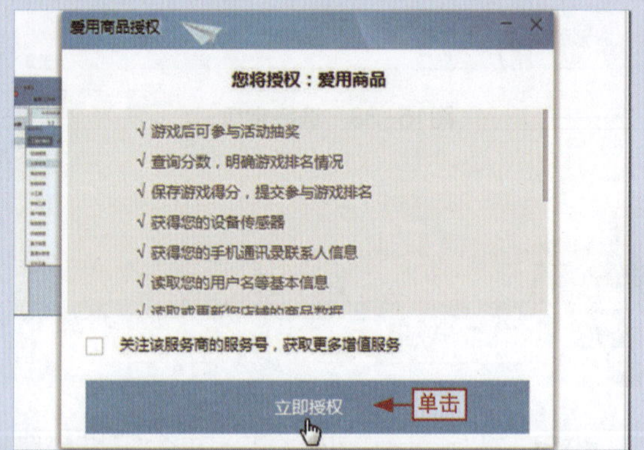

图15-47　商品授权

步骤09 在打开的页面中单击“授权并登录”按钮，如图15-48所示。

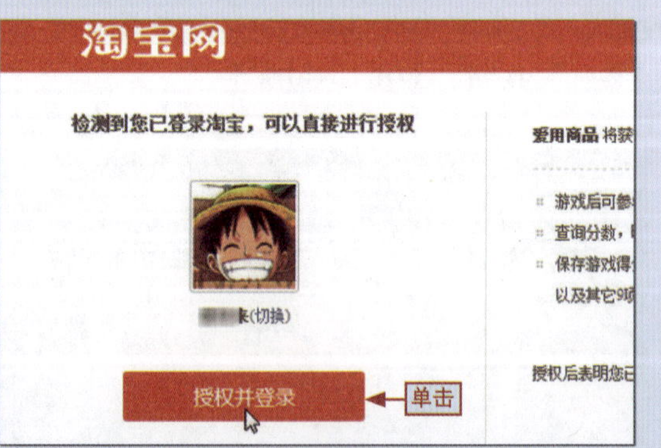

图15-48　完成授权

步骤10 ❶在打开的页面中输入短信验证码，❷单击“确定”按钮，如图15-49所示。

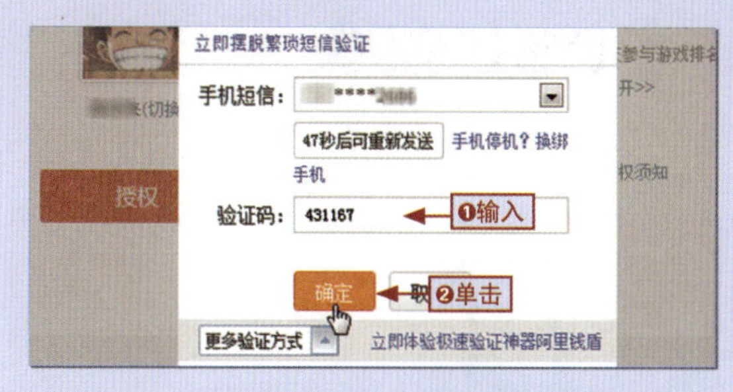

图15-49　二次验证

步骤11 ❶在打开的页面中选中要下架的宝贝，❷再单击"批量下架"按钮，如图15-50所示。

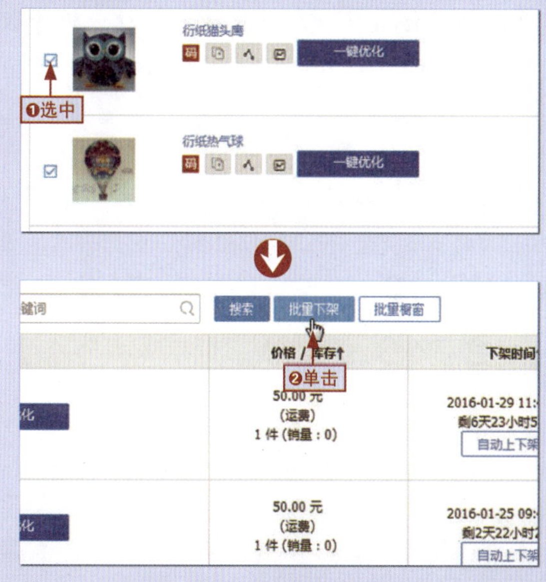

图15-50　选择要下架的宝贝

步骤12 在打开的页面中单击"确定"按钮即可完成下架，如图15-51所示。

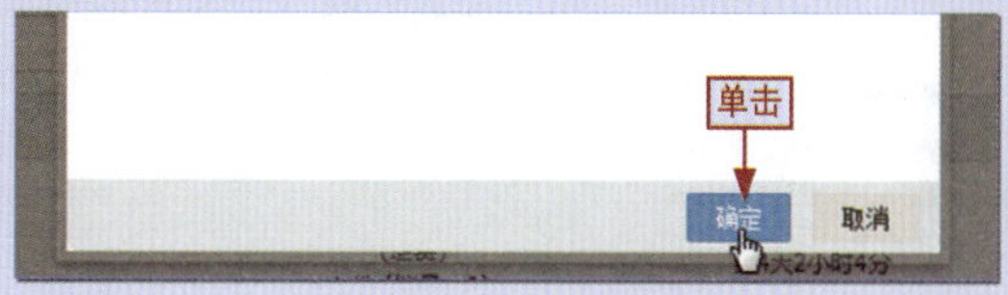

图15-51　完成下架

宝贝的上架操作与下架操作类似，只需进入"仓库中"的宝贝页面，批量选中宝贝后单击"批量上架"按钮，如图15-52所示。

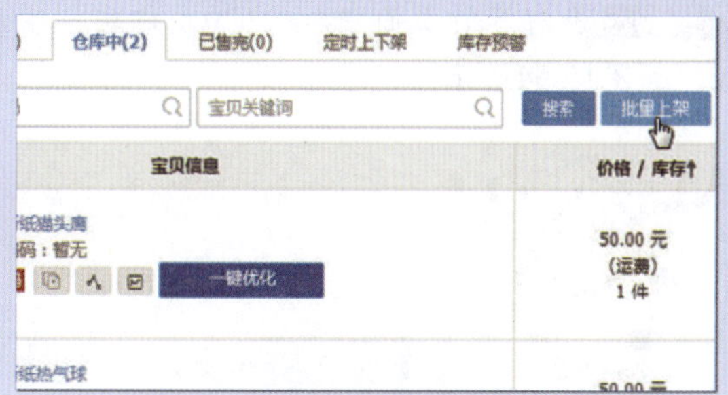

图15-52　批量上架宝贝

如何设置宝贝自动上下架

设置宝贝自动上下架后不用手动操作即可实现宝贝按照设置的时间自动上下架的效果，如果使用的是爱用商品初级版，则只需升级为高级版后便可使用宝贝自动上下架的功能。

给你支招 | 查看网店核心关键数据

小白：网店优化不清楚店铺的流量数据和交易数据，推广时感觉无从下手。

阿智：使用生意参谋工具，能了解到网店流量、商品、交易和服务等一系列经营环节的数据，通过这些数据的分析实现引流，下面就看看如何开通和使用生意参谋工具。

步骤01 进入卖家中心，单击“生意参谋”超链接，如图15-53所示。

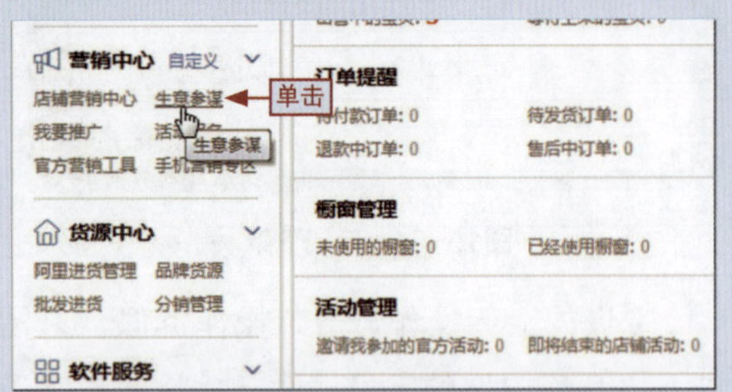

图15-53 进入卖家中心

步骤02 在打开的页面中单击“0元订购”按钮，如图15-54所示。

图15-54 准备订购

步骤03 在打开的页面中单击“同意协议并付款”按钮，如图15-55所示。

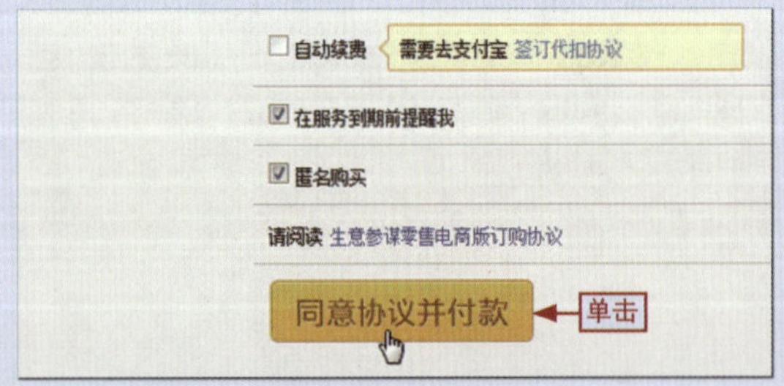

图15-55 完成订购

步骤04 在打开的页面中单击“生意参谋零售”超链接，如图15-56所示。

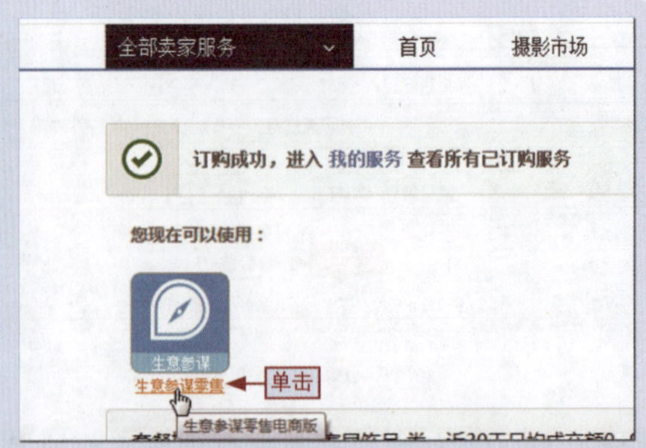

图15-56 准备使用生意参谋

步骤05 在打开的网点数据页面中即可查看到店铺的访客数、经营概况和流量分析等数据，如图15-57所示。

图15-57 查看网店数据

给你支招 | 利用包邮进行促销

小白： 网店宝贝设置不包邮的话购买量很小，免邮又没有利润，我正在为这个事烦恼呢。

阿智： 可以为网店设置满件包邮活动，能够让买家购买更多的商品，使得免邮也有利润可得，具体设置方法如下。

步骤01 进入商家营销中心优惠活动页，选择“满件优惠”选项，如图15-58所示。

图15-58 进入商家营销中心

步骤02 在打开的页面中单击“设置全店活动”按钮，如图15-59所示。

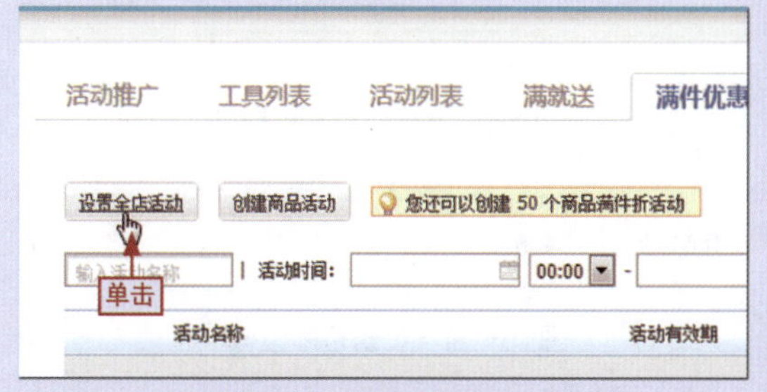

图15-59 准备设置全店活动

步骤03 ❶在打开的页面中填写活动名称、活动时间和优惠条件等信息，❷单击“完成活动设置，去推广”按钮，如图15-60所示。

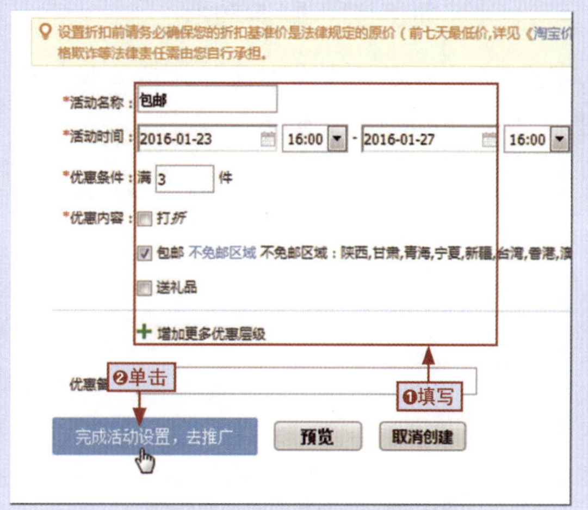

图15-60 完成活动设置

设置成功后，当买家购买的数量符合活动内容时便可自动减免邮费，为了让买家得知满件包邮的信息，可以在网店首页或者商品详情页添加这一信息的模块让买家得知活动内容。

除了通过这种方式可以设置满件包邮外，在编辑物流模板时也可以设置相应条件，即包邮，具体操作如下。

步骤01 进入卖家中心，单击“物流工具”超链接，如图15-61所示。

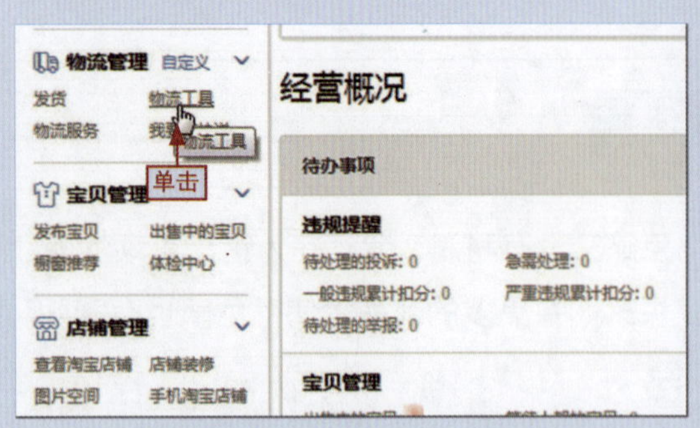

图15-61　进入卖家中心

步骤02 在打开的页面中选择“运费模板设置”选项，如图15-62所示。

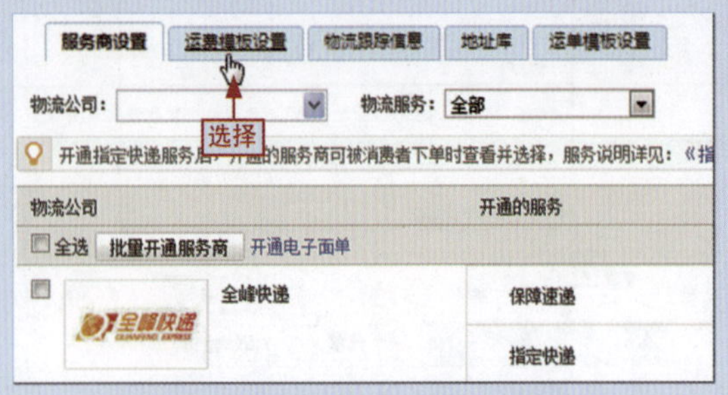

图15-62　准备设置运费模板

步骤03 在打开的页面中单击“新增运费模板”按钮，如图15-63所示。

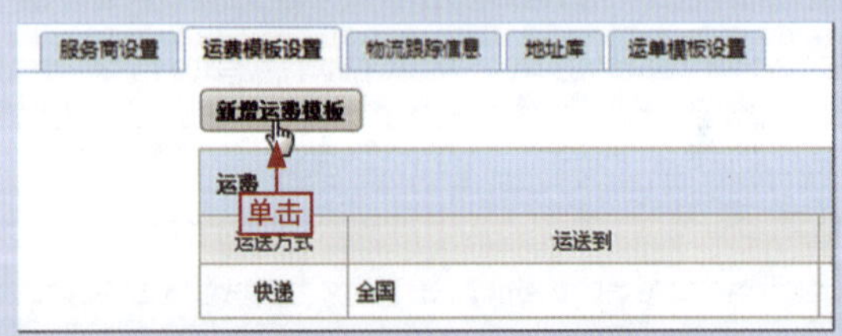

图15-63　准备新增运费模板

步骤04 ❶在打开的页面中填写模板名称、宝贝地址和发货时间等信息，❷选中“指定条件包邮”复选框，❸编辑包邮地区，❹设置包邮条件，❺再单击“保存并返回”按钮即可完成设置，如图15-64所示。

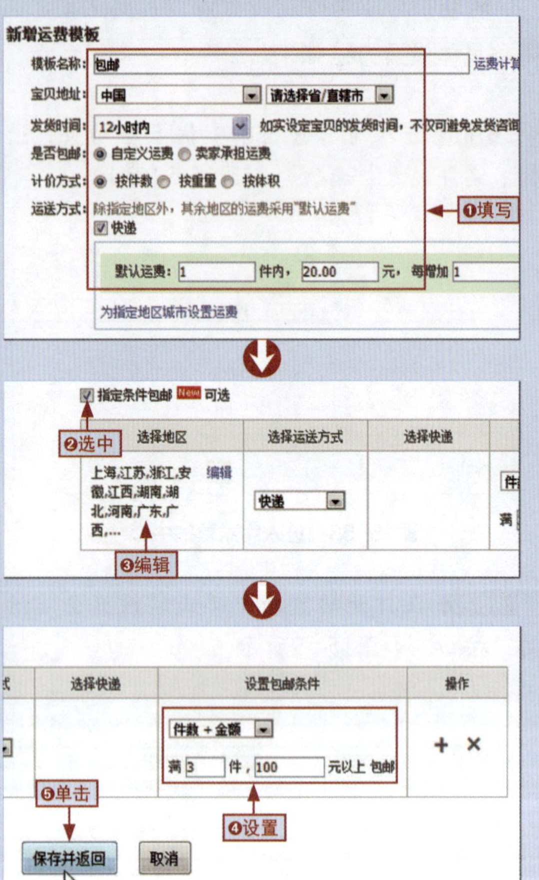

图15-64　设置包邮模板

设置完成后将该模板运用在相应的宝贝中即可。

Chapter 16 其他简单的推广方式

学习目标

在网店的推广过程中，有些推广方法操作起来很简单，却是很实用的方法，本章就一起来看看具体有哪些方法，并掌握如何使用这些方法。

本章要点

- 常见的博客网站
- 在博客上发布推广文
- 网店互换链接推广
- 图片打水印推广
- 百度文库推广法
- 百度知道推广法
- 用手机海报进行推广
- 用手机进行其他推广设置

知识要点	学习时间	学习难度
利用博客进行网站推广	40 分钟	★★
掌握如何使用免费资源进行推广	60 分钟	★★★
了解电商运营推广	30 分钟	★★

16.1 博客也能进行推广

阿智： 没想到我开通博客以后，在博客上推广自己的网店竟然带来了这么多的流量。

小白： 博客也能作为推广工具？

阿智： 博客是免费的推广工具，利用博客进行软文宣传也能让网店更有名气，使销量得到增加。

前面我们已经了解了多种网店推广的方法，利用博客进行推广并不是一种新鲜的推广方式，但它仍然是不能忽视的一种推广工具，由于博文篇幅一般不会太短，从而使得博文更有说服力，推广也更有效。

16.1.1 常见的博客网站

之前我们已经了解了一些微博平台，这些平台基本也会提供博客交流方式，下面就来认识几个没有介绍过的博客网站，以帮助增加推广的渠道。

● 搜狐博客

搜狐博客是网友记录、分享和沟通的平台，其分类很详细，包括美食、文化和健康等，其首页如图16-1所示。

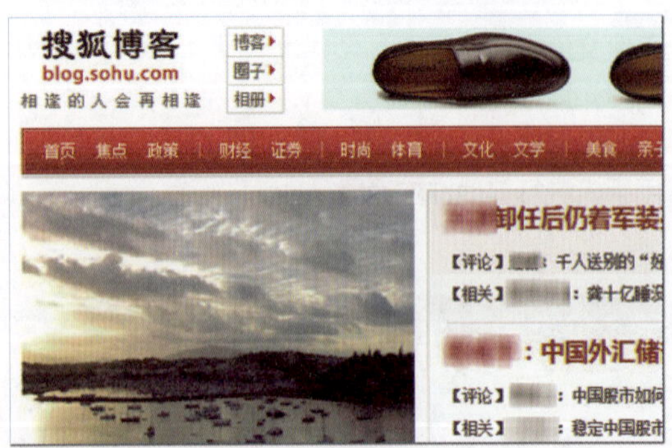

图16-1 搜狐博客首页

● 凤凰博报

凤凰博报提供的栏目包括文史、财经、旅游生活和社会等，其首页如图16-2所示。

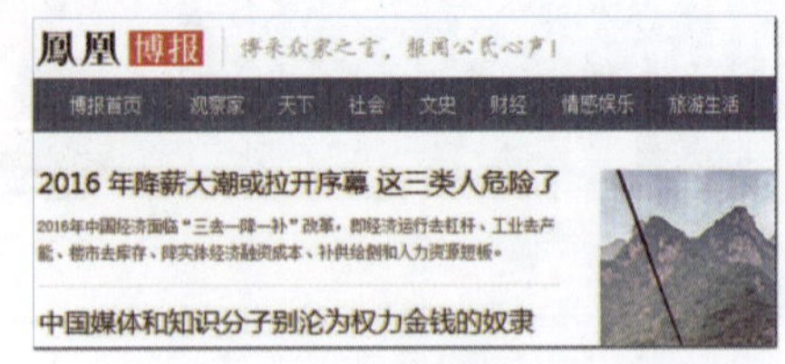

图 16-2 凤凰博报首页

● 其他博客网站

除此之外，还有和讯博客、中华网博客、人人小站和博客园等，不同的博客平台有不同的特点，应该选择人气较高的博客平台进行网店推广。

16.1.2 在博客上发布推广文

在博客中发表博文是很简单的，只要拥有该平台账号便可以快速地发布，下面以新浪博客为例来看看具体该如何发布。

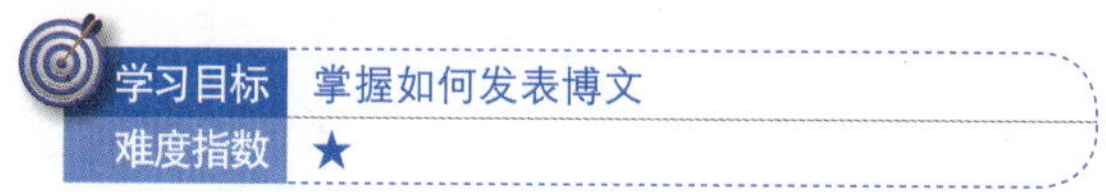

步骤01 ❶进入新浪博客首页(http://blog.sina.com.cn/)，输入账号和密码，❷单击“登录”按钮，如图16-3所示。

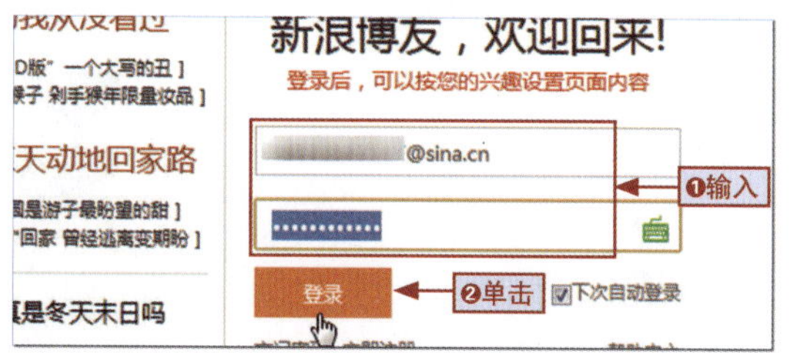

图16-3 登录新浪博客

步骤02 登录成功后单击“发博文”超链接，如图16-4所示。

图16-4 准备发博文

步骤03 ❶在打开的页面中输入标题和正文内容，❷设置分类、标签和权限管理，❸再单击“发博文”按钮即可完成发表，如图16-5所示。

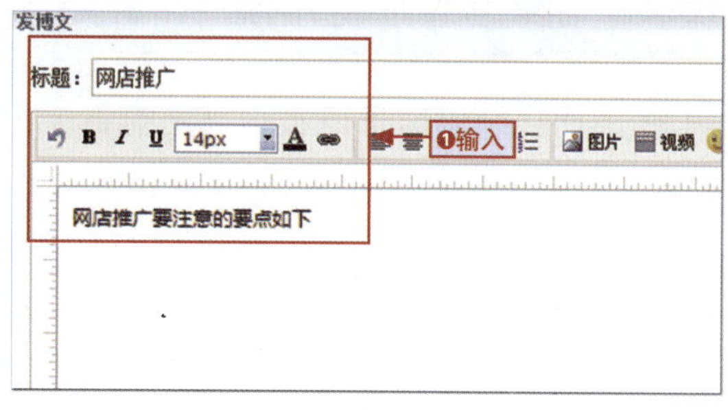

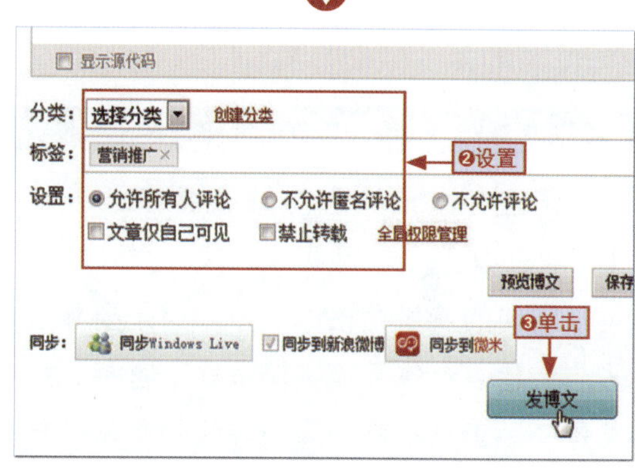

图16-5 发博文

使用博客推广可以在多个平台上进行，卖家可以注册多个平台的博客账号，将博文推广文章发表在不同的平台即可。

16.2 巧用免费资源推广

小白： 两个网店互换友情链接岂不是为他人进行了推广？

阿智： 虽然为他人的网店进行了推广，但是也为自己的网店带来了流量，这是一种互助的推广方式，对两家店铺都有好处。

与其他网店互换链接、在图片上打水印和利用百度知道回答问题这些简单易操作的推广方式都是免费的，在网店推广经费有限的情况下，可以使用这些推广方法来降低推广成本。

16.2.1 网店互换链接推广

在为网店装修时可以看到"友情链接"模块，但是大多数买家都没有使用这个模块，其实店铺之间互相进行友情链接也会取得意想不到的推广效果，在选择链接的店铺时要注意以下几点。

● 不一定要追求钻级店铺

有些卖家只愿意与钻级卖家互换链接，而不愿意与其他卖家互换，虽然钻级卖家店内的流量会相对较多，但是要和这些店铺建立合作互换链接也并不容易。如果是新手卖家不妨和同样等级的卖家进行链接，彼此共同进步也是不错的选择。

● 选择互补的店铺

在选择互换链接的店铺时，要选择与自己店铺销售的商品性质或功能互补的店铺进行链接，比如店铺是销售手机零配件的，便可以和销售手机的店铺互换链接，进行流量互导。

● 常常检查链接是否有效

在与他人的店铺互换链接以后不能置之不理，还需要经常检查链接是否可用，如果链接不可用了，便要和对方联系，询问原因。这样不仅能排除无效的链接，还能给合作方留下好的印象，同时也避免因不清楚合作方网店关闭或不再经营等情况而导致对方的宣传效果根本无效的情况出现。

找到合作伙伴后就可以在自己的店铺内设置合作方的链接了，设置友情链接的方法很简单，进入装修页面即可设置，具体操作如下。

步骤01 进入店铺装修页面，添加"友情链接"模块，如图16-6所示。

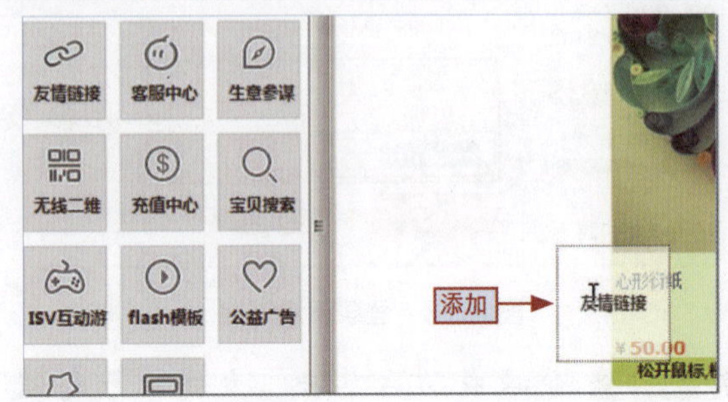

图16-6 添加友情链接模块

步骤02 单击"友情链接"模块中的"编辑"按钮，如图16-7所示。

图16-7 编辑链接模块

步骤03 ❶在打开的页面中选中链接类型的单选按钮，比如选中"文字"单选按钮，❷输入链接名称和地址等信息，❸单击"保存"按钮即可，如图16-8所示。

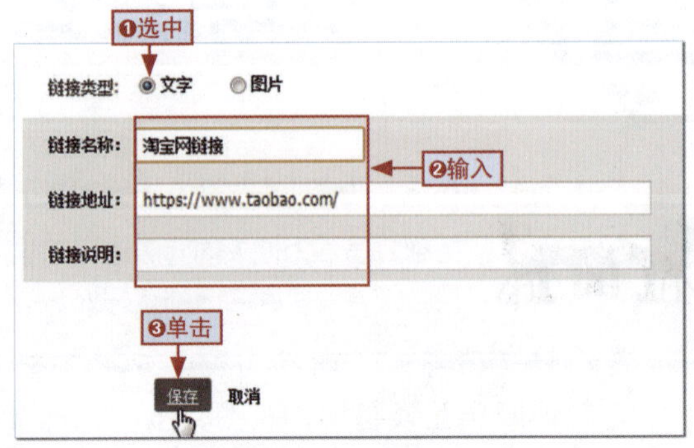

图16-8 设置链接地址

设置好合作方店铺的链接后，可以告知其设置情况，并进入合作方的店铺查看自己店铺的链接是否能够正常跳转，以免链接无效浪费流量。

16.2.2 图片打水印推广法

在图片中打上水印不仅能避免他人盗图，而且还是一种推广方法，当他人引用了自己店铺内的图片后就能提高店铺的曝光率，下面来看看如何为图片设置水印。

学习目标 掌握如何在图片空间设置水印
难度指数 ★★

步骤01 进入网店图片空间，选择“百宝箱”下拉菜单中的“设置水印”命令，如图16-9所示。

图16-9 进入图片空间

步骤02 ❶在打开的页面中输入水印文字，❷设置字体、字号和颜色等，❸设置完成后选择“水印开关”选项，如图16-10所示。

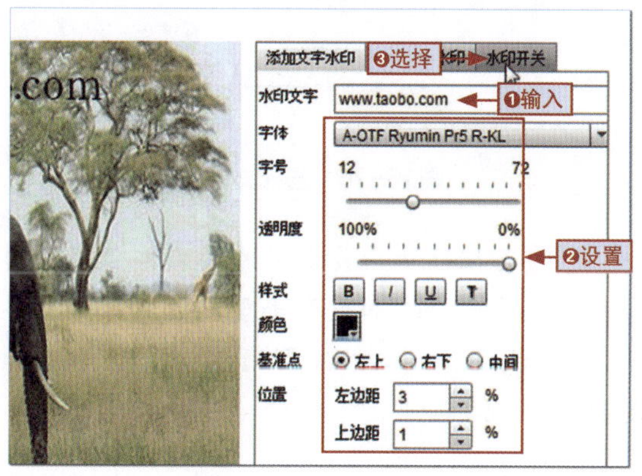

图16-10 设置水印

步骤03 ❶在打开的页面中选中“开启”复选框，❷再单击“保存”按钮即可，如图16-11所示。

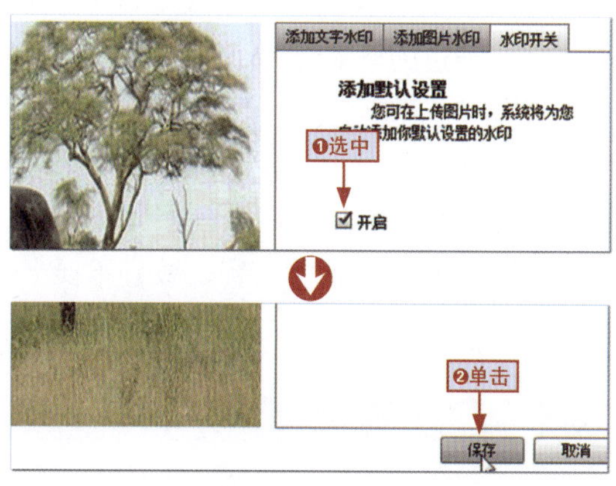

图16-11 保存设置

水印设置好以后，在下次上传图片时选中“添加水印”复选框即可自动将水印添加到上传的图片中，如图16-12所示。

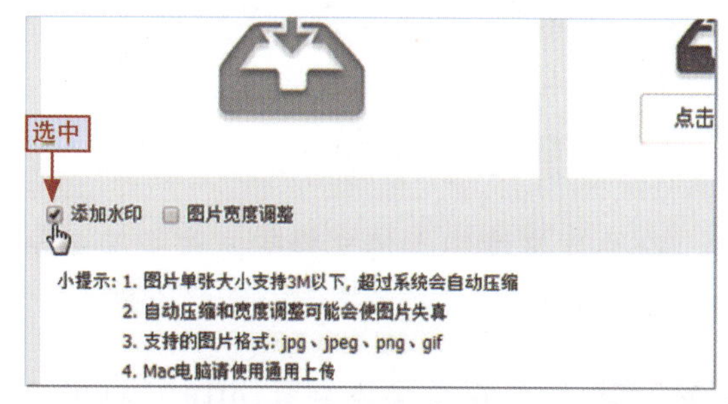

图16-12 图片上传页面

16.2.3 百度文库推广法

百度文库是百度提供的在线分享文档的平台，是提高网店曝光率的外部推广平台，进行百度文库推广并不是随便上传几个文档那么简单，同样需要掌握一定的方法，具体方法如下。

学习目标 掌握百度文库推广的方法
难度指数 ★★

● 注意格式

上传至百度文库的文档需要审核以后才能通过，通常情况下，格式为PDF的文档被审核通过的概率会相对较高。

● 注意内容

上传至百度文库的内容一定要是有意义、有价值和实用性的内容，最好不要上传新闻类的内容。

● 注意广告内容

在文库上做广告宣传不能直接放链接和电话号码，可以采取软文广告和图片打水印的方法等。

● 提高账户级别

百度文库的等级越高，文档审核通过的概率也会相对高些，平时持续积累提高账户等级也是很有必要的。

在百度文库中上传文档的方法很简单，具体操作如下。

步骤01 进入百度文库首页(http://wenku.baidu.com/)，❶输入百度账号和密码，❷单击“用户登录”按钮，如图16-13所示。

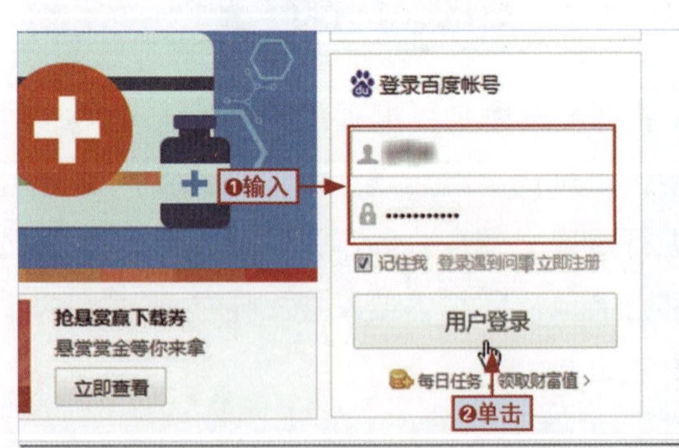

图16-13 登录百度文库

步骤02 登录成功后单击“上传我的文档”按钮，如图16-14所示。

图16-14 准备上传文档

步骤03 在打开的页面中单击“上传我的文档”按钮，如图16-15所示。

图16-15 进入上传文档页面

步骤04 ❶在计算机中选择要上传的文档，❷单击“打开”按钮，如图16-16所示。

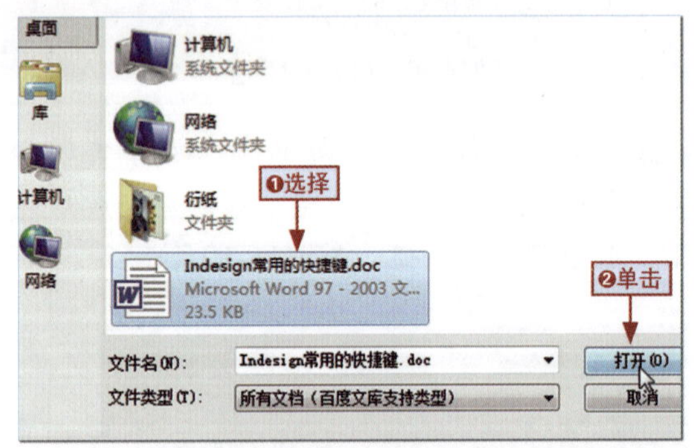

图16-16 选择文档

步骤05 ❶在打开的页面中填写文档标题、简介和分类等信息，❷设置类型和售价后，❸单击“确认上传”按钮即可完成上传，如图16-17所示。

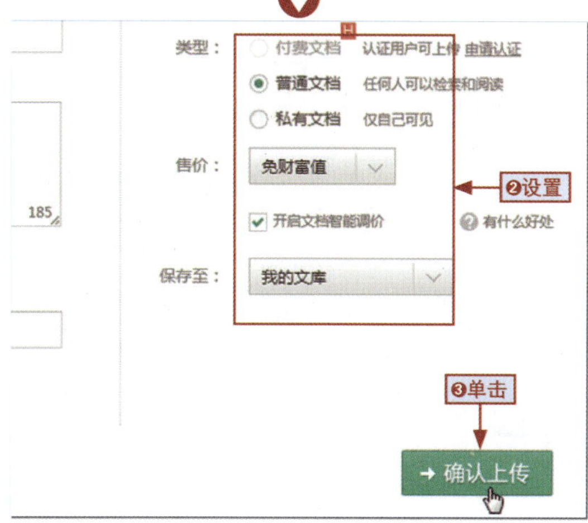

图16-17　上传文档

16.2.4 百度知道推广法

许多人遇到不懂的问题都习惯于在百度知道中提问，当用户在百度搜索引擎中搜索相关关键词时百度知道的搜索结果常常排在前面，因此百度知道也可以成为一种很好的营销工具，在百度知道中推广也要掌握一定的方法，具体内容如下。

学习目标　认识百度知道推广的两种方法

难度指数　★★

● 不要直接放上链接

在回答他人问题时最好不要直接放上网站的链接，这样会导致答案不被通过，同时提问者也不会单击链接查看。

● 间接广告

通过回答问题的方式进行广告时要间接地完成广告行为，而不能打硬性广告。比如回答“关于淘宝网哪家网店销售手工艺品比较好”的问题时，不能直接回答我的××店铺较好，可以使用“我经常在××网店购买，他家宝贝种类很多，服务到位，价格也便宜，你可以进网店看看”等类似的回答方法。

● 做自问自答

通过自问自答的方式推广时要注意回答问题的时间间隔，不能提问后马上就回答，最好距离一个星期左右，同时也可以使用多个账号进行回答，并提出追问的问题再继续回答，这样循序渐进地引出广告内容。

下面来看看如何在百度知道中回答他人的提问。

步骤01 进入百度知道首页(http://zhidao.baidu.com/)并登录个人账号，选择“问题分类”下拉菜单中的分类，比如选择“文化艺术”命令，如图16-18所示。

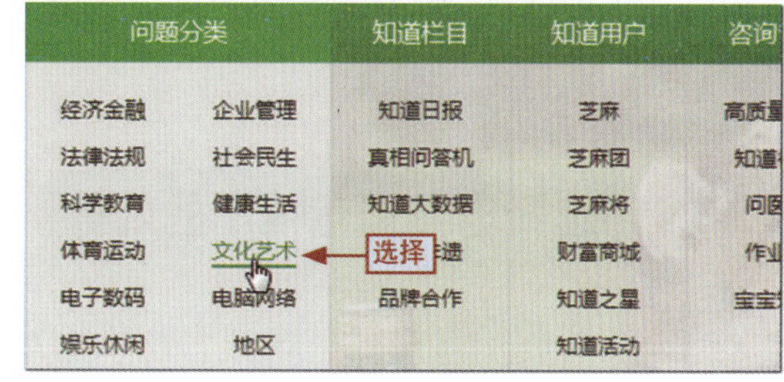

图16-18　选择分类

步骤02 ❶在打开的页面中选择问题单击“回答”超链接，❷输入回答，❸再单击“提交回答”按钮即可，如图16-19所示。

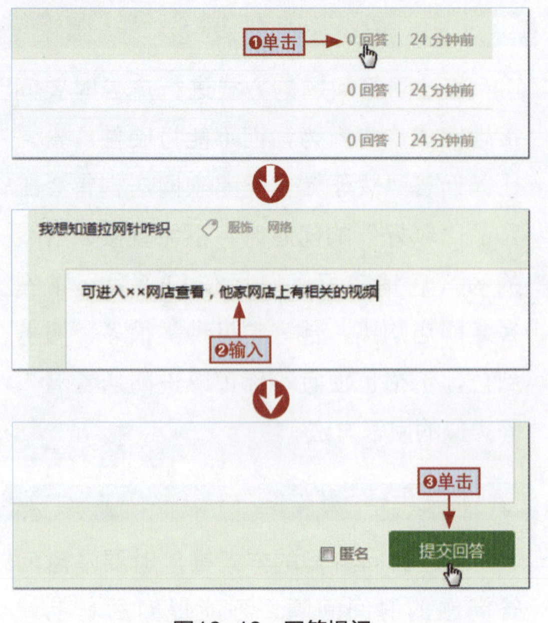

图16-19　回答提问

要在百度知道中提问，只需进入百度知道提问页面(http://zhidao.baidu.com/new)，输入问题和描述，再单击“提交问题”按钮即可，如图16-20所示。

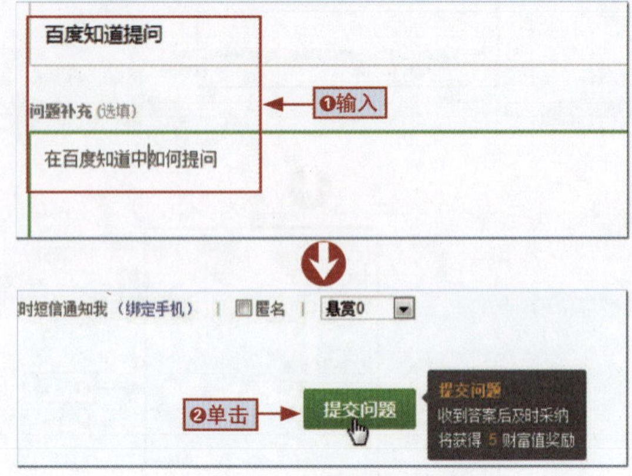

图16-20　在百度知道中提问

16.3 省心的电商推广

小白：每天都要忙于为订单发货，还要兼顾推广网店，真的是太忙了。

阿智：如果网店经营较好，个人没有太多精力推广网店，不妨把推广的工作交给电商运营的公司，既省心又省力。

目前市场上有许多电商代运营服务公司，他们能够为淘宝店铺和天猫店铺提供全套的推广服务，包括店铺信誉优化、爆款打造、直通车推广以及手机淘宝推广等。

16.3.1 选择电商运营推广的好处

随着电商的快速发展，许多电商代运营公司也逐渐成长起来，那么，选择电商代运营究竟有哪些好处呢，具体内容如下。

学习目标　了解选择电商运营公司推广网店的优势

难度指数　★

● 经验丰富

电商代运营公司通常都有专业的网店营销推广团队，相比个人推广而言，其拥有更多的经验，同时也拥有淘宝资源优势，能够更快速地看到营销推广效果。

● 节省时间

选择电商代运营公司，淘宝店主不用每天对着计算机忙于推广、宝贝上下架以及店铺装修等工作，可以有更多的时间用于其他工作。

● 节省人才招聘成本

网店经营过程中需要组建个人的团队，包括促销管理人员、推广人员、培训人员以及监管人员等，电商运营公司可以提供全套的推广服务，不用额外招聘推广人员。

● 获得优秀人才

优秀的网店运营人员常常很抢手，如果招聘到不合格的员工，有可能白白浪费推广费用却收不到效果，与代运营公司合作便可以获得优秀人才。

● 不用担心人才流失

自己辛苦培养起来的运营人员可能会由于其他原因离职，而如果和电商运营公司合作则不用担心这个问题，只需按照合同约定办事即可。

16.3.2 如何寻找服务商

电商运营公司的类型有很多种，根据收费方式的不同，主要可以分为收取基础服务费服务商、收取提点费用服务商和收取基础服务费+提点费的服务商，下面就来认识这3种服务商。

学习目标	了解电商运营公司类型
难度指数	★

● 收取基础服务费

收取基础服务费的公司只会让客户支付服务费，不会提点，但常常会要求客户签订一年期以及以上的合同，或者要求客户一次性付清全款等。

● 收取提点费用

电商运营公司收取的提点费通常是按照销售额的百分比来收取的，比如收取销售额的5%~10%，这种收费方式不会要求客户一次性支付大量金额，费用都是按月收取的。

● 收取基础服务费和提点费

收取基础服务费和提点费的公司会根据每月制定的销售额来收取基础服务费和提点费，按照销售额的梯度来确定费用的多少。

与电商代运营公司合作通常会经历以下的流程，如图16-21所示。

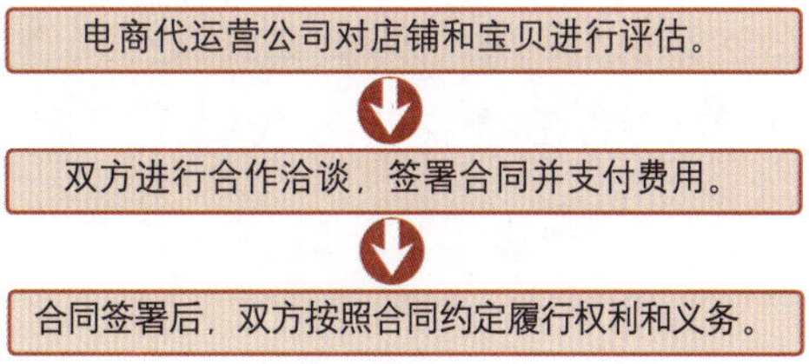

电商代运营公司对店铺和宝贝进行评估。

双方进行合作洽谈，签署合同并支付费用。

合同签署后，双方按照合同约定履行权利和义务。

图16-21 与电商代运营公司的合作流程

并不是所有的网店都适合做电商代运营，在与运营公司合作前首先要评估店铺自身是否适合，具体可以从以下几个方面来判断，如图16-22所示。

1.店铺的产品有一定的优势，但是销路不顺畅，产品已经做过推广。

2.店铺经营效率较好，但是没有专业的运营人员，希望由专业团队进行推广和管理。

3.店铺经营顺畅，但是店主还要忙于其他工作，希望两者能够兼顾。

4.店铺运营很好，但是只限于淘宝平台，想要扩充其他平台。

图16-22　适合做电商代运营的网店

16.3.3 寻找服务商的要点

市场上的网店代运营商良莠不齐，要选择一家好的公司还需要把握以下要点。

学习目标	掌握如何选择网店代运营商
难度指数	★★

● 看实力

有实力的代运营公司能够提供更优质的资源和人才，同时也不用担心公司是骗子公司或者有倒闭风险等。

● 看报价

选择代运营公司，费用很关键，不同的公司报价会有所不同，在看公司提供的报价单时要注意收费方式以及费用明细内容。

● 看方案

通常在与公司洽谈的过程中，代运营的公司都会针对店铺的具体情况提出方案，在看方案时要了解其是否足够具体，不能是“一纸空文”。

● 看案例

看代运营公司提供的案例可以了解到公司是否有做过类似行业的经验，并且可以进入提供案例的网店中查看其网店目前的状况。

● 看部门是否齐全

正规的公司都有完善的职能部门，包括运营部、策划部、客服部、推广部以及数据部等，可以进行实地考察，察看公司的工作环境以及员工的工作氛围如何，以此来判断公司是否正规。

● 多对比

在选择代运营公司时并不是只与一家公司进行洽谈，可以与多家公司进行洽谈，对比几家公司的优势和劣势，选择出最适合自己网店的代运营公司。

16.4 方便的手机推广设置

小白：前面的推广设置基本上都在计算机上操作，要是没有计算机岂不是不能推广了？

阿智：在手机淘宝中同样可以进行店铺的推广设置，包括宝贝天天特价报名、优惠券设置和淘金币设置等。

在经营网店的过程中会遇到出差或者其他原因导致无法使用计算机进行营销推广的情况，这时可以使用手机进行推广，手机淘宝中同样提供了不少的营销工具。

16.4.1 用手机海报进行推广

在手机营销推广工具中提供了“秒赞”工具，其通过制作海报的方式来分享宣传，下面来看看如何在手机淘宝中设置“秒赞”。

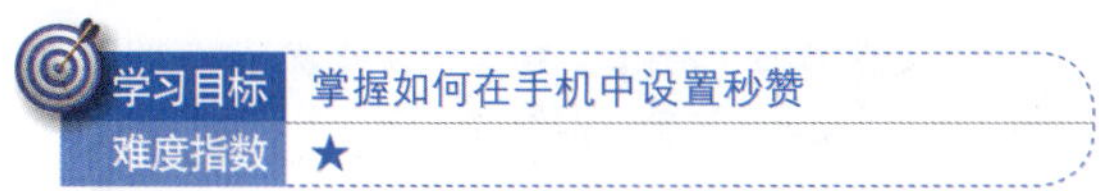

步骤01 打开手机淘宝并登录淘宝账号，在“我的淘宝”页面中点击“我是商家”超链接，如图16-23所示。

图16-23 进入手机淘宝

步骤02 在打开的页面中点击“营销推广”超链接，如图16-24所示。

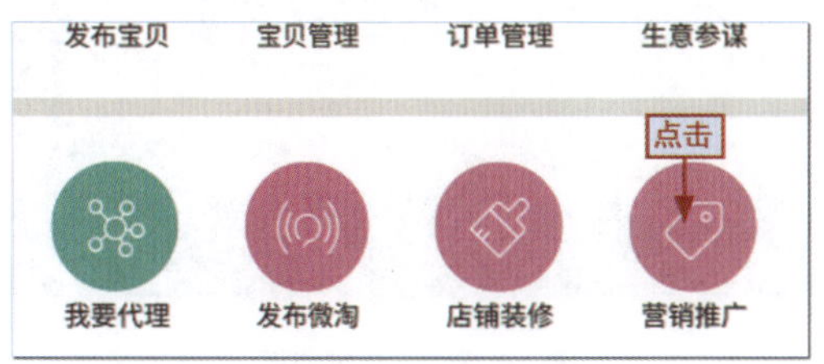

图16-24 进入我的店铺页面

步骤03 在打开的页面中点击“秒赞”超链接，如图16-25所示。

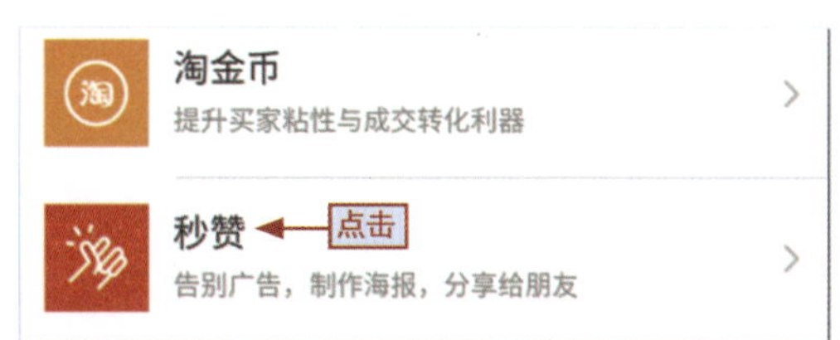

图16-25 准备设置秒赞

步骤04 在打开的页面中点击“新品发布”超链接，如图16-26所示。

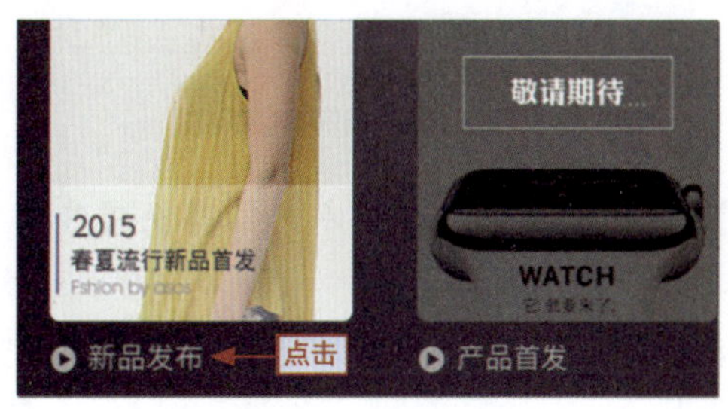

图16-26 选择模板

步骤05 在打开的页面中点击“✎”按钮准备编辑，如图16-27所示。

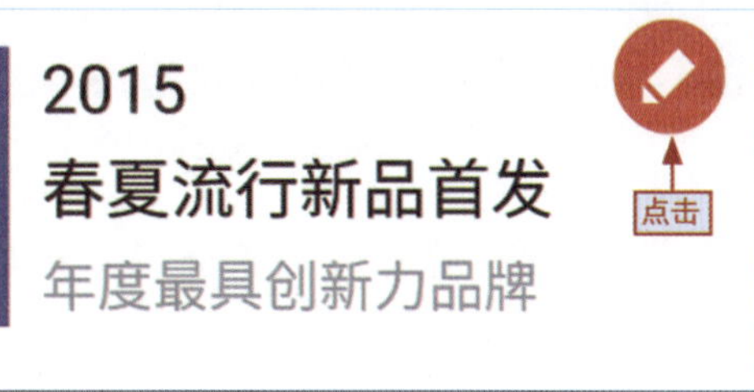

图16-27 准备编辑

步骤06 ❶进入编辑页面，点击要更换的文字，❷在打开的输入框中输入文字内容，❸再点击“确定”按钮，如图16-28所示。

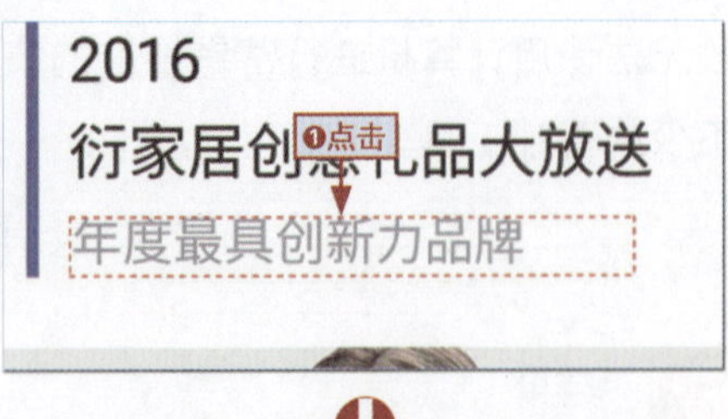

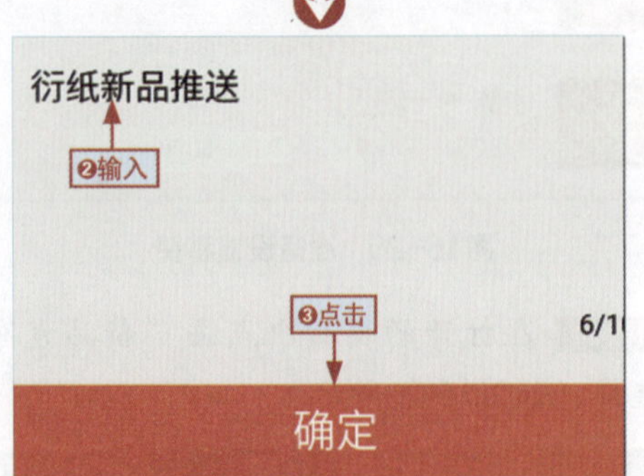

图16-28　编辑文字内容

步骤07 点击图片后，点击“替换图片”按钮，如图16-29所示。

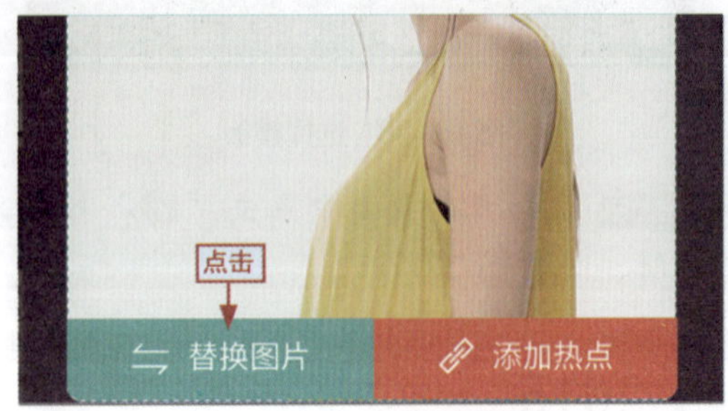

图16-29　准备替换图片

步骤08 在打开的页面中点击“从相册选择”按钮，如图16-30所示。

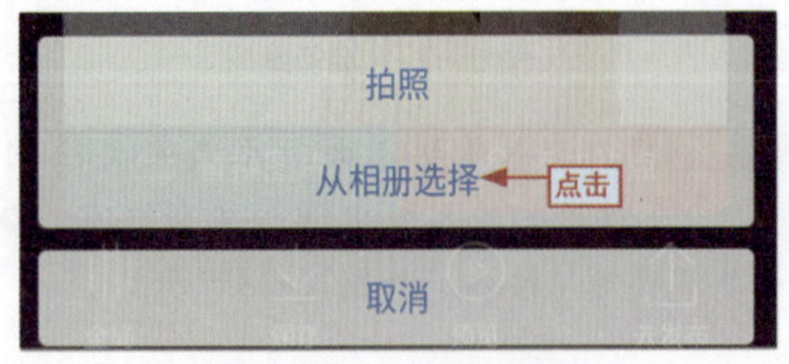

图16-30　进入手机相册

步骤09 ❶在手机中选择图片，❷再点击“下一步”按钮，如图16-31所示。

图16-31　选择照片

步骤10 将所有文字和图片替换完成后点击“去发布”按钮，如图16-32所示。

图16-32　发布海报

步骤11 ❶进入编辑发布信息页面，更换封面图片，❷输入文字内容，❸再点击“发布”按钮，如图16-33所示。

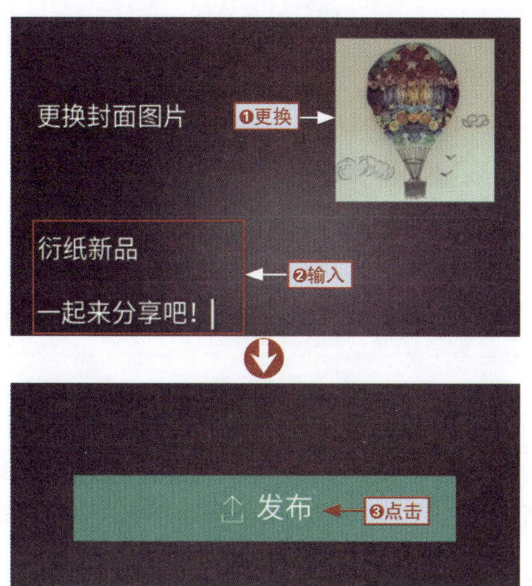

图16-33 完成发布

发布成功后点击“分享到其他站点”按钮，可以将海报分享到其他平台，如图16-34所示。

图16-34 分享到其他平台

16.4.2 用手机进行其他推广设置

通过手机进行淘金币、优惠券和其他推广工具的设置都很方便，下面来看看如何使用手机编辑“满就送”营销活动。

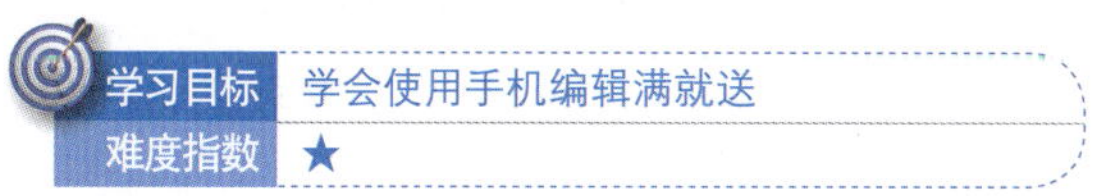

学习目标	学会使用手机编辑满就送
难度指数	★

步骤01 进入手机淘宝营销推广页面，点击“满就送”超链接，如图16-35所示。

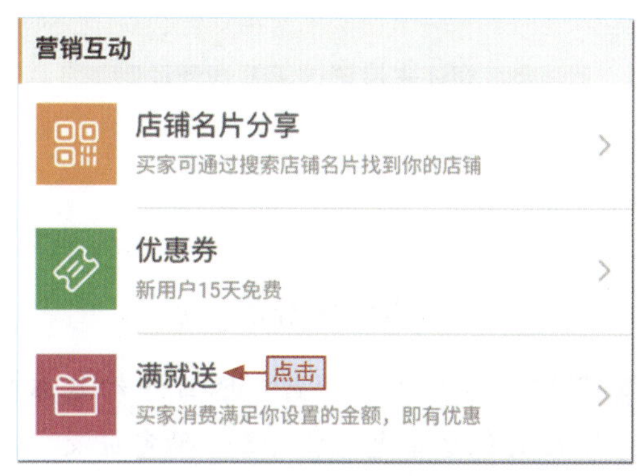

图16-35 进入营销推广页面

步骤02 在打开的页面中点击“撤销活动”按钮可撤销活动，如图16-36所示。

图16-36 准备撤销活动

步骤03 在打开的页面中点击“确定”按钮即可撤销，如图16-37所示。

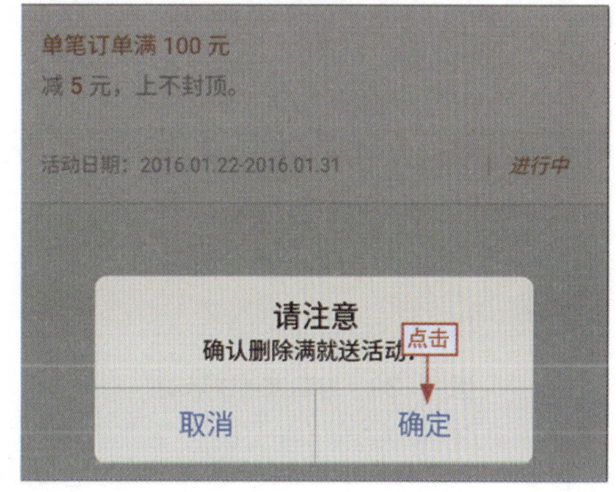

图16-37 撤销活动

步骤04 如果要创建活动则点击“马上创建”按钮，如图16-38所示。

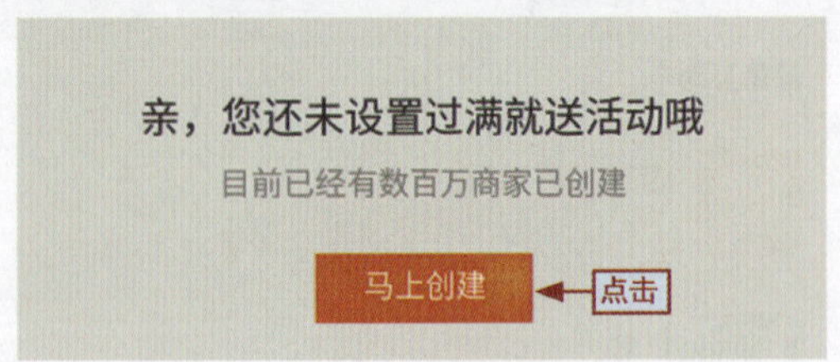

图16-38 准备创建活动

步骤05 ❶在打开的页面中填写活动基本信息，❷设置优惠信息，❸点击“确定提交”按钮，如图16-39所示。

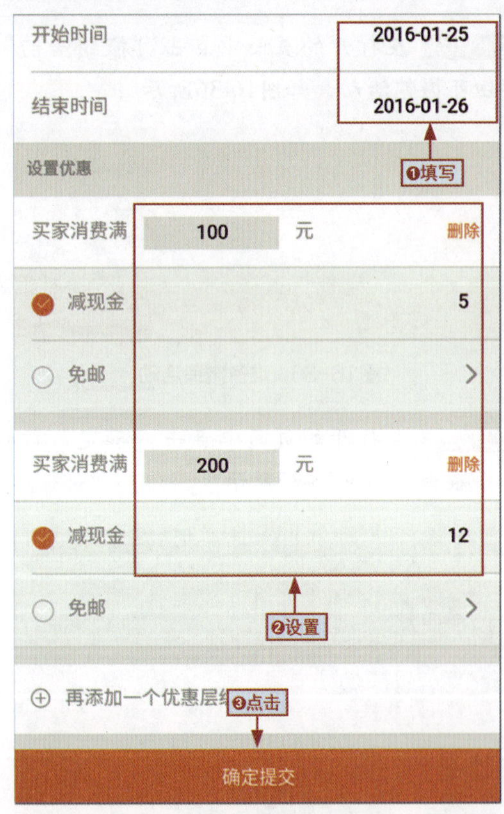

图16-39 编辑满就送活动

设置成功后即可看到设置的优惠活动信息，如图16-40所示。

图16-40 创建成功

手机淘宝中提供的其他推广工具还有美折促销、好礼等你拆、每日一星、无敌引流、淘拼拼、小铺抢人和疯狂砍价等，如图16-41所示。

图16-41 其他营销工具

如果要使用这些营销工具需要订购后才能使用。

给你支招 | 使用手机短信推广

小白：在其他网店购买过宝贝后，每到有促销活动时他们就会给我发送短信消息提醒，我也想给我店内的客户发送短信促销信息，应该如何操作？

阿智：使用千牛工作台开通爱用交易插件后使用短信关怀工具即可，下面来看看如何开通该业务，具体操作如下。

步骤01 登录千牛工作台，单击主界面中的“市场”按钮，如图16-42所示。

图16-42　登录千牛工作台

步骤02 进入服务市场后，选择“已订购”选项，如图16-43所示。

图16-43　进入服务市场

步骤03 在打开的页面中单击“爱用商品”超链接，如图16-44所示。

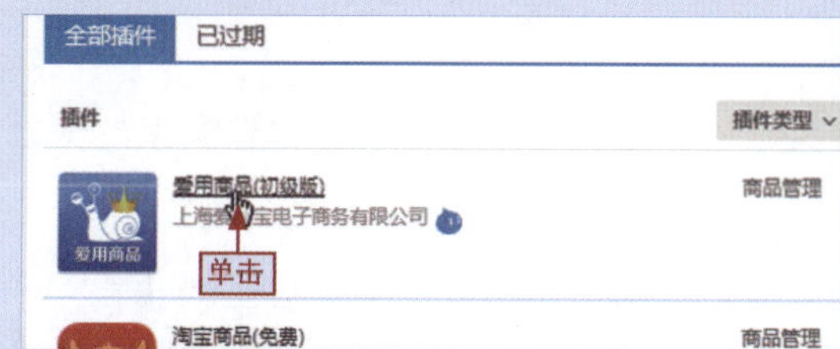

图16-44　选择插件

步骤04 在打开的页面中单击“进入爱用交易”超链接，如图16-45所示。

图16-45　准备进入爱用交易

步骤05 在打开的页面中单击“立即使用”按钮，如图16-46所示。

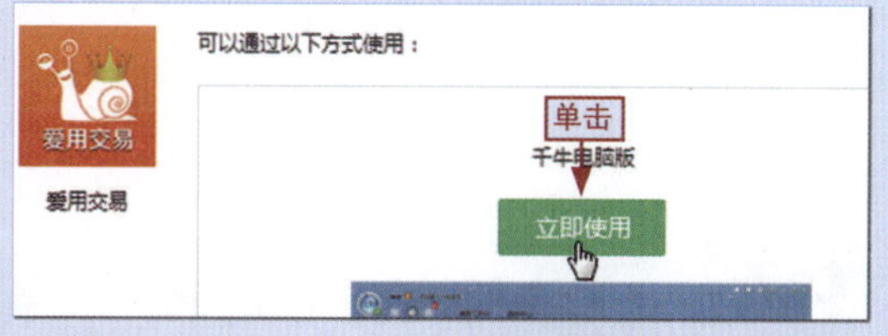

图16-46　准备使用爱用交易

步骤06 在弹出的“爱用交易授权”对话框中单击“立即授权”按钮，如图16-47所示。

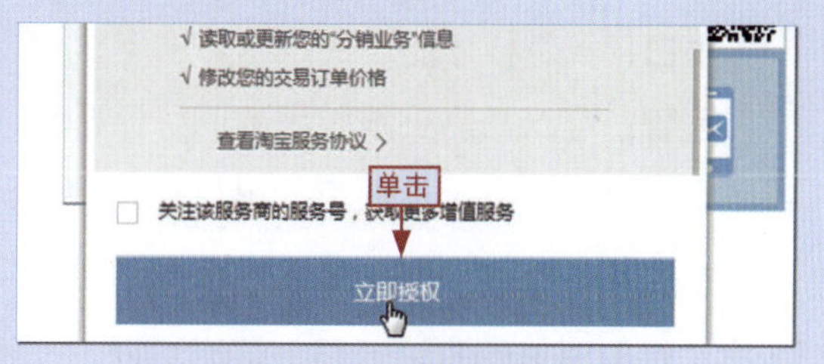

图16-47　软件授权

步骤07 在打开的页面中单击“授权并登录”按钮，如图16-48所示。

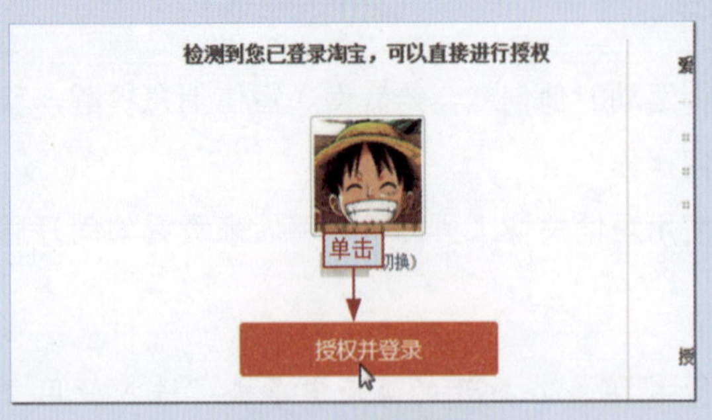

图16-48 授权并登录

步骤08 在打开的页面中选择“短信关怀”选项，如图16-49所示。

图16-49 选择短信关怀工具

步骤09 ❶在打开的页面中输入短信条数，❷单击“立即购买”按钮，如图16-50所示。

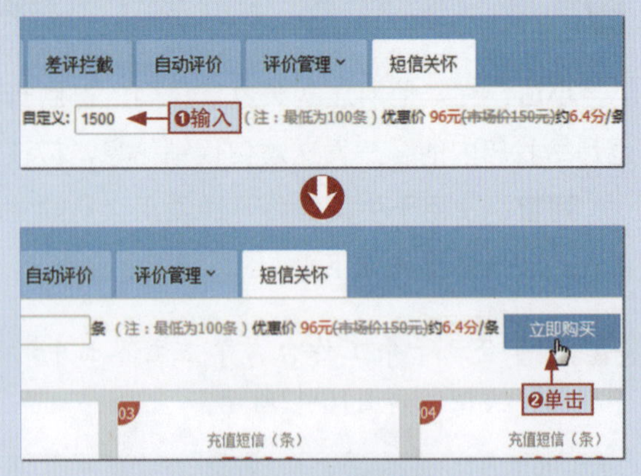

图16-50 购买短信

完成支付后即可成功订购短信条数，即可给网店中的客户发送促销短信。

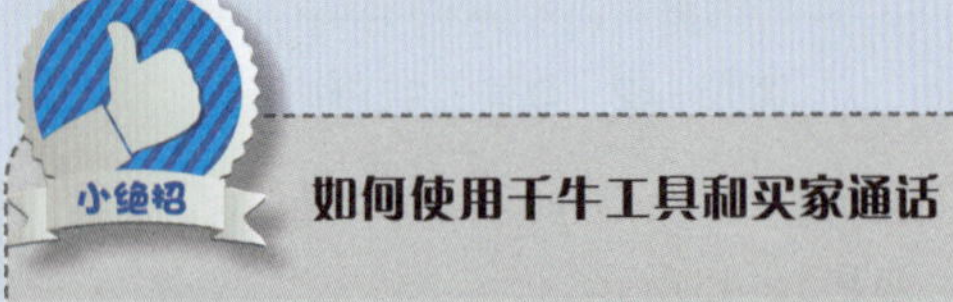

小绝招 **如何使用千牛工具和买家通话**

千牛工作台提供了“阿聆”插件，使用这个插件可以和买家通话，当买家接到电话后，电话中会显示“淘宝商家服务”的标志。

给你支招 | 利用评论做推广

阿智： 我在淘宝网中购买宝贝通常都会看买家评论，好评多的我才会下单，你的网店也可以利用买家好评进行推广。

小白： 我怎样才能让买家给好评呢？

阿智： 可以从物流跟踪服务、好评返利、给买家感谢信和主动联系等方式让买家感受到店铺的良好服务，从而让买家给出好评。

在买家下单以后卖家通常需要过一段时间才会发货，买家不会实时关注订单的状态，但是却希望得知宝贝的物流信息，这时可以主动给买家发送物流信息，让买家知道自己购买的宝贝的物流状态，这会让买家觉得卖家的服务很贴心，如图16-51所示的是短信物流跟踪提醒信息。

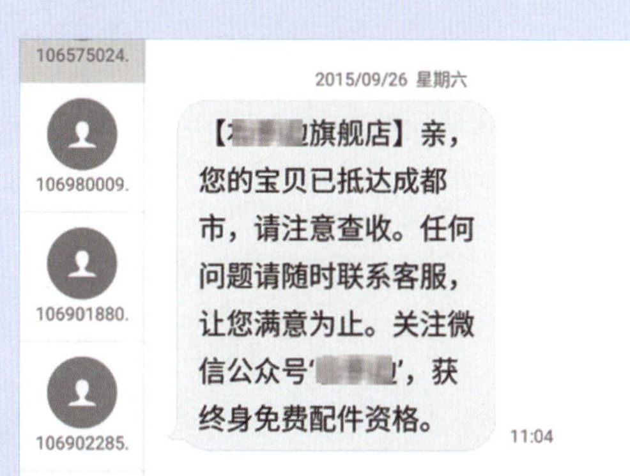

图16-51 物流跟踪提醒短信

使用“豆兔”短信工具可以实现物流情况自动发送，只需进入服务市场找到豆兔软件后单击“立即订购”按钮完成订购即可使用，如图16-52所示的是豆兔软件订购页面。

图16-52 豆兔软件订购页面

在为买家发货时可以在包裹中放置一张感谢信，内容主要为感谢买家购买宝贝，并希望买家给予好评，也可以在包裹里放置售后服务卡，让买家感受到店铺的用心经营。

为了让买家积极给予好评还可以采取好评返现的方式，这样买家才有好评的动力，如图16-53所示为好评返现卡。

图16-53 好评返现卡

为了让新买家清楚店内宝贝的质量和客服的服务品质，可以把宝贝好评状况截图，放置在宝贝描述页面中，如图16-54所示。

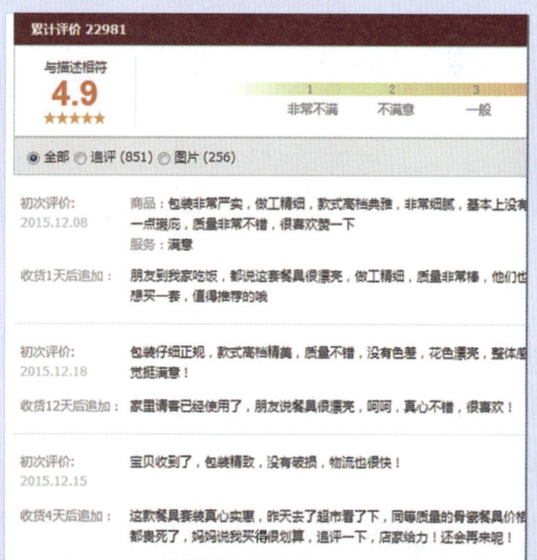

图16-54 详情页面宝贝好评截图

买家购买的宝贝难免会出现因为物流不当导致商品损坏的情况，当出现这种状况后要积极与买家沟通协商解决，不能置之不理或者和买家起争执，这样会对店铺造成不良影响；如果是无理取闹的买家也不用害怕他给差评，只需在买家的差评后进行中肯的回复即可。